制度、效率和中国城市住房保障

孙斌艺◎著

ZhiDu XiaoLv He
ZhongGuo ChengShi ZhuFang BaoZhang

中国经济出版社
CHINA ECONOMIC PUBLISHING HOUSE
·北京·

图书在版编目(CIP)数据

制度、效率和中国城市住房保障 / 孙斌艺著. --北京：中国经济出版社，2023.6（2025.4 重印）
ISBN 978-7-5136-7332-7

Ⅰ. ①制… Ⅱ. ①孙… Ⅲ. ①城市-保障性住房-研究-中国 Ⅳ. ①F299.233.1

中国国家版本馆 CIP 数据核字(2023)第 092613 号

策划编辑 姜 静
责任编辑 李玄璇
责任印制 李 伟
封面设计 任燕飞

出版发行 中国经济出版社
印 刷 者 北京艾普海德印刷有限公司
经 销 者 各地新华书店
开 本 710mm×1000mm 1/16
印 张 20.25
字 数 355 千字
版 次 2023 年 6 月第 1 版
印 次 2025 年 4 月第 2 次
定 价 78.00 元
广告经营许可证 京西工商广字第 8179 号

中国经济出版社 **网址** www.economyph.com **社址** 北京市东城区安定门外大街 58 号 **邮编** 100011
本版图书如存在印装质量问题，请与本社销售中心联系调换(联系电话：010-57512564)

前 言
PREFACE

本书是在国家社会科学基金项目“制度、效率和中国住房保障研究”（课题编号：17BJY218）研究报告基础上修改而成的。

习近平总书记强调，“加快推进住房保障和供应体系建设，是满足群众基本住房需求、实现全体人民住有所居目标的重要任务，是促进社会公平正义、保证人民群众共享改革发展成果的必然要求”。住房保障制度的发展和完善涉及普通人群最关心、最现实的切身利益，高效合理的住房保障制度是提升人们生活水平的重要保证，也是实现社会公平目标的重要体现。人们在理论上提出了各式各样的模式和框架，在实践中也不断引入条件不一、规模不同的具体保障房类型。然而，住房保障制度处于一个相对尴尬的状态之中，追求公平目标而常常受到不公平的诟病，试图兼顾效率但真实成本始终居高不下。

改革开放之初，我国住房方面仍然以计划经济体制下的福利分配为主。长期的实践表明，福利分配制度存在严重低效率的弊端，无法高效率地使用有限的资源。20 世纪 80 年代末市场化改革逐步进入住房领域，90 年代开始在全国铺开以公有住房出售为主体的住房制度改革，商品房市场迅速发展起来。

经历了 30 多年的住房市场化改革之后，人们的整体居住状况得到了巨大的改善，居住困难问题从全面性、全国性现象逐渐变化为局部性、区域性现象，全国性的住房短缺问题得以解决，全国大部分地区人均住房面积达到 30 多平方米。不过，在市场化改革过程中，出现了不同社会阶层实际住房状况的巨大差异，引发了人们对中低收入阶层居住问题的关注，住房困难问题也从绝对居住空间狭小转化为相对居住面积差异。由此，社会各界普遍认为住房领域逐步出现了严重的公平性问题。一方面，政府运用经济、金融和行政手段对商品房市场进行越来越多的干预，希望降低住房价格，满足中等收入者的需求；另一方面，政府投入越来越多的资金开发建设各类保障性住房，以期满足中低收入者和低收入者的需求。

在追求住房公平性的过程中，政府主导建设了建设主体、准入条件、覆盖面和退出方式各不相同的保障性住房。在政府提供了较多满足中低收入者的保障性住房的同时，保障性住房建设低效率的弊端又一次显现出来。这一时期的实践又一次证实，追求公平性目标会对住房开发建设的效率产生重要的影响。如果不断扩大保障性住房的覆盖面，那么低效率问题可能会重新成为我国住房领域面临的重大问题。

由此可以看到，在住房制度改革和发展的实践中，公平和效率两个主题不断重现。住房保障制度的设计和运行既要追求公平的社会目标，又要防止低效率状态重现，这是深入研究建立以效率改进为导向的住房保障制度的实践要求。

本书的主要内容如下。

第一章绪论，主要阐述本书的研究背景和意义，全面系统地分析国内外研究文献的主要成果，在此基础上概要阐释研究内容和逻辑思路，并对研究的创新、不足和尚需深入研究的问题进行说明。

第二章和第三章集中于理论分析。其中第二章高效住房保障制度的一般性特征，结合我国的实际情况，从理论上分别阐述了住房保障制度的公平普适性目标、保障性住房的补贴有效性特征、保障性住房与商品房存在的替代效应和保障性住房的激励效能等核心问题。第三章保障性住房的供求理论模型，在建立供求基准模型并得出理论结论的基础上，将模型扩展到包括银行、政府、存在不同类型的保障性住房以及限购限售限贷等情形，从中得出相应的理论结论和政策含义，为其后的实证分析奠定理论基础。

第四章和第五章聚焦中外城市住房保障制度的发展。其中第四章中国城市住房保障制度的发展历程，说明了中国城市住房保障制度的历史变化和截至目前取得的效果、现有不同类型的住房保障制度的核心特点、我国保障性住房建设现状，并对不同城市具体实施的住房保障制度的一致性和差异性状况进行分析。第五章国外住房保障制度的经验比较和借鉴，分别研究了美国、德国和新加坡等典型发达国家住房保障制度的发展，归纳了世界各国不同类型住房保障制度的特点，在此基础上得出其住房保障制度对我国的借鉴意义。

第六章、第七章和第八章是围绕中国城市住房保障制度的实证研究。其中第六章中国城市住房保障制度评价：效率角度的理论探讨，分析了我国现行住房保障制度存在效率缺陷的主要表现，结合实地调研数据对生产效率、分配效率和运行效率较低的问题进行分析，探讨了造成现行住房保障制度效率缺陷的主要原因，并分析了造成这些缺陷的主要作用方式。第七章中国城市住房保障制度评价：满意度视角的实证分析，分析了全国26个有代表性的城市保障性住房及住房保障制度实施的实地调研结果。第八章中国城市住房保障潜在需求与财政可承受度的实证分析，从保障性住房需求、最大化社会福利和财政可承担的住房保障支出水平与商品房价格关系三个维度进行实证研究，根据实证结果对第三章建立的理论模型的相关要素进行证实或证伪，为制度框架设计提供实证依据及设计方向。

第九章以效率改进为导向的中国住房保障制度的优化研究，在阐述制度框架设计基本特征的基础上，提出了效率改进导向住房保障制度的目标和结构，并从保障范围、提供方式、资金来源和保障支出方式、空间选址、保障退出方式等方面系统阐述了效率改进导向保障性住房供应的实施方式。

第十章研究结论，简明扼要地归纳了研究的理论结论、实证结论和政策建议。

本书研究团队成员包括华东师范大学经济与管理学部孟星、王盛、余倩妮、蔡幼阳、李烨、顾伊丽，上海易居房地产研究院黄炜炜、何德媛、卢雅。团队成员为课题顺利进行和圆满结项付出了巨大的努力，其中余倩妮、蔡幼阳、李烨全程参与了研究，并协助开展了全国范围内的问卷调研、数据整理分析和部分初稿撰写等工作。

在研究过程中，得到了许多专家学者中肯的意见和建议，特别感谢上海易居房地产研究院张永岳教授、上海师范大学崔光灿教授和华东师范大学施有文副教授等在课题开题、研究开展、多次研讨会中对研究设计、研究内容、制度框架等方面提出的真知灼见。同时，衷心感谢本课题匿名评审专家们的鉴定意见，这些意见和建议有效地提升了研究质量。

当然，限于作者水平和时间，本书尚存在许多不足之处，对相关问题的研究还有待进一步深入，住房保障制度改革仍然任重道远，需要根据实践和发展不断拓展思路，努力提升中国城市住房保障制度的运行效率，切实为提升中国城市住房水平而进一步深化研究。书中的不足乃至错漏之处，由作者负责，还请读者见谅和指正。衷心期望本书能对我国城市住房保障制度的健康发展起到积极的推动作用。

孙斌艺

2023 年 1 月 16 日

目 录
CONTENTS

01 第一章 绪 论

2019 年 4 月 16 日，在解决“两不愁三保障”突出问题座谈会上，习近平总书记提出，“在住房安全保障方面，全国需要进行危房改造的 4 类重点对象大约 160 万户，其中建档立卡贫困户约 80 万户。一些地方农房没有进行危房鉴定，或者鉴定不准”①。2013 年中共中央政治局加快推进住房保障体系和供应体系建设集体学习，习近平总书记强调，“加快推进住房保障和供应体系建设，是满足群众基本住房需求、实现全体人民住有所居目标的重要任务，是促进社会公平正义、保证人民群众共享改革发展成果的必然要求”②。住房保障制度的发展和完善涉及普通人群最关心、最现实的切身利益，高效合理的住房保障制度是提升人们生活水平的重要保证，也是实现社会公平目标的重要组成部分。我国农村地区的住房及住房保障情况与城市地区存在较大差异，相关数据缺失较为严重，第七次人口普查结果显示，居住在城镇的人口为 90199 万人，占总人口的 63.89%，城镇化率在未来将进一步提高，农村地区住房保障问题具有一定的重要性，但城镇住房保障问题显得更加迫切，因此，本书的研究范围集中于城市住房保障领域。本章主要阐述研究背景和意义，系统分析与城市住房保障制度相关的文献的基本情况，在此基础上阐释本研究的主要内容及内在的逻辑思路，并对本研究的创新、不足和尚需深入研究的问题进行说明。

第一节 研究背景和意义

住房问题尤其是城市住房问题历来是社会各阶层、政府部门和学术界关

① 习近平．关于全面建成小康社会补短板问题[J]．求是，2020(11)．

② 新华网．习近平在中共中央政治局第十次集体学习时强调加快推进住房保障和供应体系建设 不断实现全体人民住有所居的目标[EB/OL]．http：//politics. people. com. cn/n/2013/1030/c1024-23379618. html.

注的重点领域。人们在理论上提出了各式各样的模式和框架，在实践中也不断引入条件不一、规模不同的具体保障房类型。然而，住房保障制度处于一个相对尴尬的状态之中，追求公平目标而常常受到不公平的诟病，试图兼顾效率但真实成本始终居高不下。需要从理论和实践两个方面不断深化住房保障制度的研究。

改革开放之初，我国住房方面仍然是以计划经济体制下的福利分配为主，长期的实践表明福利分配制度存在严重低效率的弊端，无法高效率地使用有限的资源，无法利用价格机制反映住房领域的各种信息，资源配置效率低下，无法有效地解决人们的居住困难问题，更无法解决一次分配后人们面临情况变化后的住房流动问题。福利分配制度下的低租金制，一方面抑制了人们筹措投资资金和投资的热情，另一方面也迅速放大了人们的居住需求，由此我国深受住房短缺之苦。

20 世纪 80 年代末市场化改革逐步进入住房领域，90 年代开始在全国铺开以公有住房出售为主体的住房制度改革，商品房市场迅速发展起来。这一时期由市场化程度提高带来的高效率得到社会各方面的认可，全国城镇住房面积存量也从 1990 年初的不到 12 亿平方米，增加到 2020 年末的约 280 亿平方米。

从历史发展角度来看，我国长时间实践了看似无偿、免费、公平的福利分房，实际上，由于其效率极端低下，限制了住房存量的增加，随着人口的增加，人们的居住状况反而日益恶化。这一时期的实践证实了住房制度以公平目标为主导会严重损害住房的开发建设，意愿中的公平目标并不能提供更多的住房供人们消费，如果不解决住房开发的效率问题，公平目标将无从实现。

经历 30 多年的住房市场化改革之后，人们的整体居住状况得到了巨大改善，居住困难问题从全面性、全国性现象逐渐变化为局部性、区域性的现象，全国性的住房短缺问题得以消除，全国大部分地区人均住房面积达到 30 多平方米。不过，在市场化改革过程中，不同社会阶层实际住房状况出现了巨大差异，引发了人们对中低收入阶层居住问题的关注，住房困难问题也从绝对居住空间狭小转化为相对居住面积差异。由此，社会各界普遍认为住房领域逐步出现了严重的公平性问题。一方面，政府运用经济、金融和行政手段对商品房市场进行越来越多的干预，希望降低住房价格，满足中等收入者的需求；另一方面，政府投入越来越多的资金开发建设各类保障性住房，以期满足中低收入者和低收入者的需求。

在追求住房公平性的过程中，政府主导建设了建设主体、准入条件、覆盖面和退出方式各不相同的保障性住房。在政府提供了较多满足中低收入者的保障性住房的同时，保障性住房建设低效率的弊端又一次显现出来，表现在同等投资资金情形下开发建设的保障性住房数量少、成本高、质量低、寻租行为严重；同等规模政府行政管理财力和人力投入情况下，保障性住房分配迟缓、审核审查时间长、过程复杂、隐瞒现象严重、社会矛盾巨大；同等运行经费情况下，保障性住房管理质量低下、服务“缺斤短两”现象严重。这一时期的实践又一次证实，单纯设计公平普适性目标会对住房开发建设使用等各方面的效率产生重要影响。如果不断扩大保障性住房的覆盖面，那么低效率问题可能会重新成为我国住房领域面临的重大问题。

由此可以看到，在住房制度改革和发展的实践中，公平和效率两个主题不断重现，住房保障制度的设计和运行既要追求公平的社会目标，又要防止低效率状态重现。任何国家的住房保障制度在目标设计上，都要兼顾效率和公平，尤其是对住房困难群体的住房保障，更是多基于公平或公平下的社会效率，以更好地实现社会公平正义，维护社会的和谐与稳定。习近平总书记指出，住房问题既是民生问题也是发展问题，关系千家万户切身利益，关系人民安居乐业，关系经济社会发展全局，关系社会和谐稳定。我国在习近平新时代中国特色社会主义思想指引下，在中国共产党的领导下，建立社会主义市场经济，确定这一目标显得尤为重要。那么，在公平性目标给定的条件下，如何突破现存住房保障制度的效率缺陷，在有限资源条件下如何更好地实现住房保障制度兼顾公平和效率的目标，这是深入研究建立以效率改进为导向的中国城市住房保障制度的实践要求。

从相关理论研究方面来看，国内外取得的成果为研究以效率改进为导向的住房保障制度奠定了较为坚实的基础，提供了较为全面的研究视角，对指导我国住房制度改革起到了积极的推动作用。总体而言，这些研究集中在住房保障制度的社会和经济效应、住房保障的具体政策措施，在住房保障制度的效率特征方面也有不少研究。不过，建立以效率改进为导向的住房保障制度在设计方面较为匮乏，使得本研究具有较强的理论意义。

第二节　文献综述

一、住房保障相关的基础理论

1. 住房过滤理论

过滤理论在20世纪20年代由Bugress分析城市布局时提出。IraS. Lowry将其定义为："过滤就是在统一价格指数下，某一已存在住房的实际价值的变化。进言之，住房单元可以向上过滤，也可以向下过滤。"过滤理论的运用范围逐步从城市布局拓展到住房布局及其住房市场的变迁，反映了不同档次住房在不同收入阶层逐级流动的态势。Ohls[①]构造了住房市场过滤理论的一般均衡模型，提出在过滤的底端由政府提供货币补贴满足低收入群体的居住需求，这种方式比政府直接开发建设公共住房或保障性住房的效率更高。

国内不少学者运用住房过滤理论分析了我国的住房市场，在此基础上提出了住房保障制度设想。钱瑛瑛[②]提出了类似融合型的保障性住房布局，即一方面根据住房过滤原理规模化开发经济适用房，另一方面充分利用存量住房过滤出来的住房，两种方式同时使用，分散解决住房困难群体的需求。程益群[③]提出随着我国经济的发展，推动经济适用房、限价房建设，增加保障性住房供应，抑制房价上涨，当整个住房市场供求处于较为平稳的状态时，这类住房向下过滤，从而为中低收入群体提供较为充足的低价住房供应。雷晓康和吴砚[④]提出为使住房过滤顺利运行，住房市场需要发展到相对成熟的阶段，供求处于相对平稳的状态。在住房市场还存在一定缺陷的阶段，应当由政府介入，运用合理的补贴模式提高低收入家庭的支付能力，使其有能力吸收过滤出来的住房。侯淅珉[⑤]提出在住房市场处于相对供求平衡时，要建立以旧住房为主体的保障性住房体系，即以较低标准的存量住房作为解决低收入阶层住

---

① OHLS JAMES. Public policy toward low incoming housing and filtering in housing markets[J]. Journal of Urban Economics, 2 (April): 144-171.

② 钱瑛瑛. 中国住房保障政策研究——经济适用房与廉租房[J]. 中国房地产, 2003(8): 57-60.

③ 程益群. 住房保障法律制度研究[D]. 北京: 中国政法大学, 2009.

④ 雷晓康, 吴砚. 陕西省城镇低收入家庭住房保障政策研究[D]. 西安: 西北大学, 2010.

⑤ 侯淅珉. 基于社会福利的住房保障准入条件、模式与策略研究[D]. 武汉: 华中科技大学, 2013.

房的主要渠道。张孟娇①认为适宜的住房保障制度能够根据不同的收入阶层确定不同的住房水平，住房过滤需要将低收入群体与高收入群体的供需意愿结合起来，提高住房资源的使用效率，降低政府在住房保障方面的财政负担。

2. 住房梯度消费理论

住房梯度消费理论是从人们的住房消费、住房需求满足的时序特征出发来研究问题。White② 认为梯度或梯级消费是家庭基于其家庭结构、家庭年龄结构、收入水平、生命周期阶段等，确定在某一特定时期居住房屋的档次、区位和质量，住房消费观念与这些因素相适应。刘姣③认为消费者具有不同的特征，同时住房支付能力受多种因素影响且随着时间不断变化，因此住房消费也需要与这些因素变化相协调，呈现梯度变化的特征。

结合住房梯度消费理论的基本原理，刘玉录④建立了“海拔型住房分配模式”，也就是目前我国多地采取的多层次住房供应体系，收入从高到低分别对应商品房、经济适用房或成本价微利房、廉价解困房，不同收入群体对应不同类型的住房。成思危⑤根据国家统计局的五等分收入分层结构，提出依据当地职工平均收入水平的一定倍数或一定比例区分不同收入阶层，不同收入阶层根据自身的收入状况选择不同类型的住房。不同标准、不同质量、不同档次的住房能够满足不同收入层次人们的需求，同时在人们收入不断提高的情况下，居住条件不断向更高一级推进。姚玲珍⑥在其他学者研究的基础上提出了我国公共住房政策的理想模式，认为建立市场化条件下的分层分类住房供应体系能够有效解决人们的居住困难问题。住房政策要根据不同收入阶层运用不同的供应方式提供不同类型的住房。褚超孚⑦和贾生华指出市场化改革能够有效解决住房问题，住房保障应当依赖旧住房存量，不能完全依靠政府投资新建各类廉租房，商品房市场要适应我国居民收入不断提高的情况，建设符合未来发展趋势的高质量住房。张孟娇⑧提出构建合理的住房保障制度需要

---

① 张孟娇．咸阳市区住房保障机制及其运行研究[D]．延安：延安大学，2016.

② WHITE E N. Modern Europe-Etat, finances et economie pendant la revolution francaise [J]. The Journal of Economic History, 1992(3).

③ 刘姣．居民商品房梯度消费与房价关系研究[D]．西安：西安建筑科技大学管理学院，2010.

④ 刘玉录．城市居民收入与住房政策设计[J]．中国房地产，1997(9).

⑤ 成思危．中国城镇住房制度改革——目标模式与实施难点[M]．北京：民主与建设出版社，1999.

⑥ 姚玲珍．中国公共住房政策模式研究[M]．上海：上海财经大学出版社，2009.

⑦ 褚超孚．城镇住房保障模式及其在浙江省的应用研究[D]．杭州：浙江大学，2005.

⑧ 张孟娇．咸阳市区住房保障机制及其运行研究[D]．延安：延安大学，2016.

分层次进行研究，廉租房面向最低收入群体，公共租赁房面向中低收入群体，而经济适用房或共有产权房面向中等收入群体。

3. 公平效率理论

对于协调住房市场的公平和效率两者之间关系的研究是住房保障制度建设的一个重点领域。程益群①主要研究了完善住房保障法律制度的问题。他认为从效率角度来看，一方面，住房和住房市场本身存在市场失灵的问题，即外部性、不完全竞争、信息不对称等问题；另一方面，住房市场具有供求调节时滞长、存在周期性波动、短期内无法快速调整的特点，从而其效率较低。从公平角度来看，住房资产价值稳定优良，政府由土地获得的收入用于城市基础设施形成了公共财产，因此需要为社会提供一定的住房保障以满足住房困难家庭的需求。

在住房保障制度的效率特征方面，对这一制度的效率缺陷国外有深入的研究，如 Milton F 和 George J S②、Marc Nerfin③、Milton F 等④、Mankiw⑤⑥、Sandra J Newman⑦、Elizabeth A Graddy 和 Raphael W Bostic⑧ 等指出由于这种制度对人们激励机制的扭曲，存在效率低下的固有特征。Peterson 和 Tateh⑨ 对比研究了私人和国家提供社会住房的成本效率问题。Ramsey⑩ 认为住房市场存在显著的连续性特征，如果在一定时期内潜在的住房需求者的收入不足，无法依靠其收入支付住房的首付款，这时处于低端的住房的市场需求量就会下降。在整个住房市场消费链条上，一个环节如低端住房的市场需求量下降，

---

① 程益群．住房保障法律制度研究[D]．北京：中国政法大学，2009.

② MILTON F, GEORGE J S. Roofs or ceilings? The current housing problem. irvington－on－hudson [M]. N. Y.: Foundation for Economic Education, 1946: 22.

③ MARC N. Towards a housing policy[J]. The Journal of Modern African Studies, 1965, 3(4): 543-565.

④ MILTON F, ROSE F. Free to Choose[M]. Penguin, Harmondsworth, 1980.

⑤ MANKIW N G. Consumer durables and the real interest rate[J]. The Review of Economics and Statistics, 1985, 67(3): 353-362.

⑥ MANKIW N G. Real business cycles: A new keynesian perspective[J]. The Journal of Economic Perspectives, 1989, 3(3): 79-90.

⑦ SANDRA J N. Housing policy and home－based Care[J]. The Milbank Quarterly, 1995, 73(3): 407-441.

⑧ ELIZABETH A G, RAPHAEL W B. The role of private agents in affordable housing policy[J]. Journal of Public Administration Research and Theory: J-PART Vol. 20, Supplement 1: The State of Agents: A Special Issue, 2010 (Jan): i81-i99.

⑨ PETERSON W P, TATEH J. An economic model of the demand and need for social Housing[M]. Department of Environment, Transport and the Regions, London, 1988: 227.

⑩ RAMSEY R. Developing affordable housing: A practical guide for nonprofit organition[M]. 2006.

会扩散到整个住房市场，从而影响市场的有效运行。James 和 Simon① 通过研究英国、法国和瑞典的政府与住房市场的关系，分辨出自由主义、社团主义和社会民主主义三种典型体制，指出住房市场放松管制会提升经济效率和社会公平，政府干预住房市场在避免短期行为、确保土地和资本以最低成本长期供给，以及促进住房供给效率方面具有重要作用。欧阳华生、江克忠、贾春梅②指出，我国分税制改革尚未形成激励地方政府自觉增加住房保障财政供给的机制，现行财政分权模式不利于增强地方政府住房保障供给能力。今后需要结合分税制改革，明确中央和地方各级政府的住房保障责任，并将其作为财政投入的依据，结合我国的城市化进程以及保障性住房供给、城市最低和低收入群体的住房保障需求，合理规划和制定住房保障政策，增加财政投入，提高供给水平。

住房保障制度的公平效率理论的实质是两者的平衡协调问题。不少学者认为，通过保障社会中由于某些原因导致住房困难的群体，既能够促进住房方面的公平性，促进社会和谐和稳定，也能够提升效率。邹春芳③提出住宅保障制度需要遵循公平与效率相结合的原则。效率原则是在保障性住房资源有限条件下尽可能以最低的成本提供给受保障群体，或者能够尽最大可能满足尽可能多的受保障群体的居住需求。公平原则要求一方面提供最多劳动者能够获得最多的报酬，另一方面又能够使社会的弱势群体满足最基本的居住需要。两者有效结合是住房保障制度得以顺利运行的重要基础。

二、住房保障体系的构建

在住房保障的具体政策措施方面，在政府住房政策上，主要集中在公房供给、租金控制和住房补贴等方面。Malpezzi 和 G Ball④ 对比分析了租金管制是如何随着成本的变化而调整的基本机制，分析了世界范围内不同的租金控制体系的基本经济效应。Galster⑤ 认为，补贴需求方的政策通常要优于补贴供

① JAMES B, SIMON D. Success and failure in housing provision: European systems compared pergamon [J]. Journal of European Social Policy, 1994(6).

② 欧阳华生，江克忠，贾春梅. 基于财政分权的地方住房保障财政供给能力实证研究[J]. 湖北经济学院学报，2014，12(2)：59-65.

③ 邹春芳. 论住宅保障法的基本原则[D]. 武汉：华中科技大学，2007.

④ MALPEZZI S, G BALL. Rent control in developing countries[J]. World Bank Discussion Paper, 1991(129).

⑤ GALSTER G. Comparing demand-side and supply-side housing policies: Make an spatial perspectives [J]. Housing Studies, 1997(12).

给方的政策。在不同保障政策的比较上，Bengt、József、Iván[①] 和 Toman、Michael[②] 讨论了住房价格控制政策和租赁政策之间的相互作用问题，研究表明，发展中国家公共住房的私有化对改善住户状况具有积极的意义。Edgar[③] 认为向低收入者提供住房补贴会对这些人群其他消费支出、劳动力供给产生影响，会产生一系列综合效应，如影响受补贴者的其他福利状况，会对社区周边不受补贴住房的价格产生影响，同时住房补贴方式的不同，也会对整体保障成本水平产生巨大的影响。Jan 和 Otto[④] 通过研究墨西哥自建房和公共住房的历史状况指出，从成本、可负担性和效率角度来看，低收入群体自建房对解决其住房问题更胜一筹。Michael 和 Stuart[⑤] 指出基于地点进行补贴的中低收入群体住房对住房投资有显著的挤出效应，减少了可供中低收入者选择的住房，降低了其福利水平。Cecilia[⑥] 指出对中低收入者的住房补贴产生了非预期的后果，获得补贴者反而会选择更小、更拥挤的公寓，这显示出人们会基于自身的经济条件选择最佳的住房和其他消费品的消费结构，增加人们的选择自由度可以提高中低收入者整体的福利水平。倪鹏飞[⑦]对中国住房保障的基本制度、管理体制、运行机制、配套制度进行了系统的设计，提出了住房保障制度体系建设的“时间表”和“路线图”。胡绍雨[⑧]提出重点发展廉租房、弱化发展经济适用房、取消限价房、建立完善的住房租赁制度、解决住房“夹心层”问题、多渠道筹集建设资金和加快住房法治化建设等相应的解决和完善办法。

廉租房指“政府和单位在住宅领域实现社会保障职能，向具有城镇常住户口的最低收入家庭提供的租金相对低廉的普通住宅”[⑨]。国外学者对廉租房的租金问题研究成果较为丰富。Gyourko 指出住房租金控制既要考虑其实施的收

---

① BENGT T, JÓZSEF H, IVÁN T. The reform of housing in Eastern Europe and the Soviet Union[M]. New York：Routledge, 1992.

② TOMAN, MICHAEL A. The difficulty in defining sustainability[J]. Resources, 1992, 106(Winter)：3-6.

③ EDGAR O O. Housing programs for low-income households[R]. NBER working paper 8208, 2001.

④ JAN B, OTTO V. Between self-help - and institutional housing：A bird's eye view of Mexico's housing production for low and (lower) middle-income groups[J]. Habitat International, 2010, 34(3)：359-365.

⑤ MICHAEL D E, STUART S R. Crowd out effects of place-based subsidized rental housing：New evidence from the LIHTC program[J]. Journal of Public Economics, 2010, 94(11-12)：953-966.

⑥ CECILIA E. Economic incentives, housing allowance, and housing consumption：An unintended consequence of a shift in housing policy[J]. Journal of Housing Economics, 2014(23)：17-27.

⑦ 倪鹏飞．中国住房保障制度体系的总体设计[J]．价格理论与实践，2013(4)：11-16.

⑧ 胡绍雨．新时期我国住房保障制度的改革探索[J]．技术经济与管理研究，2013(3)：75-79.

⑨ 汪泓，赵鉴．构建和完善上海廉租房体系的研究[J]．上海工程技术大学学报，2001(S1)：32-37.

益和成本，同时还要考虑不同收入群体的住房支付能力，进一步的租金控制还会对整个社会的收入分配公平性产生影响，其产生公平效应会影响租金控制的实际效果。Gyourko 和 Linneman① 通过实证研究提出住房租金控制政策产生了收入分配效应，同时对不同收入群体造成的影响存在明显差异，贫困家庭能够从中获得较大的利益。Holmes② 运用美国的人口及其变化的数据，预测了住房市场供求平衡的态势，在此基础上分析了政府对住房市场干预的影响，认为美国政府住房保障政策应当以租金为重点，设计对低收入群体有益的选择方案。

国内学者对全国各地的廉租房制度运行进行了较为深入的研究。如郑云峰③认为廉租房的保障对象是城镇常住最低收入家庭，方式以租金补贴或者实物配租为主，这类住房的特征是只租不售。陈中友④对合肥市廉租房政策进行了分析，其申请者为无收入或收入很低的群体，在确定家庭收入和居住面积两个保障标准线基础上，进行审核和分配。马启轩⑤、褚超孚⑥、胡渊⑦、张敏⑧、邱冬阳和王牧⑨等分别研究了我国整体层面及浙江、上海等城市廉租房制度存在的问题，主要包括保障对象较为狭窄，新市民等群体未纳入保障，相关管理制度和数据缺失严重，收入申报和审核难度大，资金来源单一且稳定性差，廉租房租金收取和使用、房屋维护保养和物业管理存在缺陷，廉租房退出机制不完善，退出较为困难等。

在增加受保障群体支付能力以及提供住房稳定资金来源方面，国内学者对公积金制度的实施及其效果也进行了较多的研究。在肯定住房公积金的有益作用之外，不少学者研究了公积金存在的缺陷及改进方式。褚超孚⑩、董媛⑪通过调研提出，住房公积金存在的问题主要有，大量资金沉淀，决策较为复杂，导致资金利用率较低；公积金覆盖面和归集率受各城市条件

---

① GYOURKO J, LINNEMAN P. Equity and efficiency aspects of rent control: An empirical study of New York City[J]. Journal of Urban Economics, 2006, 26(1): 54-74.

② HOLMES C. A New Vision for York: Rout Housing[M]. New Ledge, 2005.

③ 郑云峰．中国城镇保障性住房制度研究[D]．福州：福建师范大学，2014.

④ 陈中友．合肥市廉租房准入与退出机制研究[D]．合肥：安徽大学，2014.

⑤ 马启轩．公共租赁房制度研究[D]．重庆：西南政法大学，2011.

⑥ 褚超孚．城镇住房保障模式及其在浙江省的应用研究[D]．杭州：浙江大学，2005.

⑦ 胡渊．构建我国多层次住房保障体系问题研究[D]．武汉：华中师范大学，2008.

⑧ 张敏．我国城镇低收入人群住房政策研究[D]．苏州：苏州大学，2007.

⑨ 邱冬阳，王牧．廉租房——城镇住房弱势群体救助的现实选择[J]．重庆建筑大学学报，2003(6).

⑩ 褚超孚．城镇住房保障模式及其在浙江省的应用研究[D]．杭州：浙江大学，2005.

⑪ 董媛．城市住房公积金运行状况研究[D]．太原：山西财经大学，2016.

限制还存在较大的差异；管理体制和机制不健全，违规挤占挪用现象时有发生。Mattias[①]、张敏[②]、陈杰[③]、左楠[④]等认为公积金是强制性的储蓄，同时贷款条件较为苛刻，导致真正住房困难群体获得贷款的概率反而较低，从而产生拉大不同收入群体住房差异的效应。为此，杜文[⑤]提出住房公积金制度需要进行创新，调整公积金管理中心模式，强化公积金运营，引入公积金贷款证券化，建立市场主导型的政策性住房金融制度。尹宗明[⑥]研究了强化住房公积金制度的内部约束机制，建立住房公积金绩效评价指标体系等路径的作用。黄锐[⑦]主要研究了如何强化住房公积金的监督体系，以有效防止资金挤占挪用行为。

在经济适用房研究领域，国内众多研究者认为我国的经济适用房体制仍然存在一定的缺陷。经济适用房供应中存在供应面积失控、配套设施供应残缺不全、户型设计不合理等问题，选址集中安排也容易导致低收入群体过度聚集问题[⑧⑨]。在其销售中存在不符合保障条件者进入市场，销售价格与经济性相背离等问题[⑩⑪]。在其运行管理中存在缺乏有效退出机制、产权不明晰、行政管理成本高昂，以及开发企业寻租行为严重等问题[⑫⑬]。黄征学[⑭]认为部分城市的经济适用房开发建设影响了房地产市场的正常发展，扭曲了住房市场的价格信号，阻碍了资源的正常流动，造成土地收益流失，土地使用市场化进程遭到破坏，无法运用土地价格有效地配置土地资源。当然，还有不少学者如申卫星[⑮]指出，经济适用房有效地减轻了中低收入群体的居住压力，也

---

① MATTIAS B. China's housing provident fund：Its success and limitations[M]. Housing Finance International，2006.

② 张敏．我国城镇低收入人群住房政策研究[D]．苏州：苏州大学，2007.

③ 陈杰．中国住房公积金的制度困境与改革出路分析[J]．公共行政评论．2010(3)：91-119.

④ 左楠．农民工住房公积金缴存与商品房购买研究[D]．南京：南京农业大学，2014.

⑤ 杜文．我国城镇住房保障制度研究[D]．成都：四川大学，2006.

⑥ 尹宗明．决策、运作、监督三位一体实现住房公积金高效运作[J]．中国房地产，2005(8).

⑦ 黄锐．浅谈住房公积金体系的建立[J]．中国房地信息，2006(2).

⑧ 马启轩．公共租赁房制度研究[D]．重庆：西南政法大学，2011.

⑨ 褚超孚．城镇住房保障模式及其在浙江省的应用研究[D]．杭州：浙江大学，2005.

⑩ 胡渊．构建我国多层次住房保障体系问题研究[D]．武汉：华中师范大学，2008.

⑪ 李书田，匡敏．"经济适用房"建设缘何步履维艰？[J]．价格与市场，2005(3)：14-15.

⑫ 胡渊．构建我国多层次住房保障体系问题研究[D]．武汉：华中师范大学，2008.

⑬ 杜文．我国城镇住房保障制度研究[D]．成都：四川大学，2006.

⑭ 黄征学．经济适用房的政策效应分析[J]．经济科学，2004(3)：92-101.

⑮ 申卫星．经济适用房共有产权论——基本住房保障制度的物权法之维[J]．政治与法律，2013(1)：2-11.

缓解了政府的财政压力。Barkley 研究了共有性质的经济适用房，也就是目前我国部分城市正在实施的共有产权房。国内外学者认为共有产权房是一种特殊类型的经济适用房，通过产权共享在一定时期内提高住房的可支付性，降低购房者的支付压力，可以有效缓解中低收入群体的住房困难问题，提高住房自有率。Duda 等结合我国住房保障制度的发展历程，提出我国应当推动这种类型住房市场的发展，同时对现有住房政策进行反思。胡渊、申卫星提出，相较于其他购买型的保障性住房，共有产权房具有产权清晰、市场范围明确、政府管理成本相对较低、市场退出方式明确等优点。

在住房保障制度的补贴方面，国内外研究一般集中于分析三种不同角度的补贴分类及其相关效应方面。第一，补住房（国内称为“砖头补贴”）和补人群（国内称为“人头补贴”）。Galster①、张敏②、蒋芳芳③、侯淅珉④等认为针对相关受保障人群直接补贴效率更高，这类补贴相当于直接增加相关人群的收入，不会改变住房市场不同产品以及住房与其他产品和劳务的相对价格，产生的扭曲效应较小，即不会对资源配置产生重大影响。同时政府对市场的直接行政干预程度较低，政府的行政管理成本、监督成本等相对可控。胡渊、申卫星认为共有产权房形式使住房补贴方式结合了“补人头”与“明补”，将市场定价与政府拥有的产权结合起来，降低了转卖获利的空间，弱化了保障性住房分配不公平的问题，同时有利于住房保障资金的有效循环，提升了住房保障水平。

第二，实物补贴和货币补贴。O'Sullivan 指出，在特定条件下，为短期内迅速解决住房短缺问题，提供住房实物分配较为有利，但长期实施这种政策会导致资源利用效率下降，不同收入阶层的负担出现较大差异。黄征学⑤对经济适用房建设效率的研究表明货币补贴相对效率更高。不过，也有不少学者持不同的观点。例如，顾书桂⑥结合我国住房保障制度实施中取得的成效，得出实物补贴优于货币补贴的结论。

第三，供给方补贴和需求方补贴。供给方补贴主要是针对建设一方，如房地产开发企业，而需求方补贴则是针对受保障群体或购房者。国外不少学

---

① GALSTER G. Comparing demand-side and supply-side housing policies: Make an spatial perspectives [J]. Housing Studies, 1997(12).

② 张敏．我国城镇低收入人群住房政策研究[D]．苏州：苏州大学，2007.

③ 蒋芳芳．哈尔滨市中低收入家庭住房保障体系研究[D]．哈尔滨：哈尔滨工业大学，2008.

④ 侯淅珉．基于社会福利的住房保障准入条件、模式与策略研究[D]．武汉：华中科技大学，2013.

⑤ 黄征学．经济适用房的政策效应分析[J]．经济科学，2004(3)：92-101.

⑥ 顾书桂．中国租房货币补贴的悖论[J]．贵州社会科学，2012.

者结合理论和实证研究提出，需求方补贴能够有效地反映市场需求状况，鼓励市场提供能更好地满足这类群体需求的住房，而供给方补贴则容易偏离市场发展方向，导致实际居住者的境况恶化。国内学者钱瑛瑛①指出，供给方补贴相对于需求方补贴而言存在着效用损失，即需求方补贴等价于人们的收入增加，接受补贴方可以根据当前市场上各种产品和劳务的价格重新分配其收入，可能会把一部分获得的补贴用于购买其他更能满足其需求的产品和劳务，增加其效用。同时，收入增加时，受补贴群体更有能力消费档次更高、面积更大的住房，能够在一定程度上改善其居住条件。不过，也有一些学者结合2008年全球金融危机得出不同的观点，程益群②指出，美国通过这类补贴鼓励收入水平较低的居民购买住房，提高住房自有率，当经济条件发生变化时，这类人群无法偿付贷款本息，导致金融市场崩溃，因此需求方补贴和供给方补贴需要综合考虑和权衡。

国内外的一系列研究表明，住房保障的对象从收入角度而言，集中于最低收入、低收入或者扩展到中低收入群体。在我国，新型城市化条件下住房保障中除上述群体以外，进入城市的农民工以及暂时性支付能力不足的“夹心层”群体最受关注。

Michael③、Vallejos 等④认为农村人口在城市化过程中向城市转移，通常这类群体在就业能力方面存在缺陷，同时原有的生活方式和习惯也与城市存在冲突，因此无法在短期内提升住房支付能力，往往会生活在居住条件恶劣的环境中。娄文龙⑤认为，在我国，户籍制度、针对农民工住房保障的相关法律、城市规划等对农民工产生了严重的制约。张洋⑥的调研发现农民工的实际居住条件恶劣，其满意度也较低。侯淅珉⑦认为城市化进程中农村人口融入城市是一个必然的过程，这类群体是城市住房需求的重要构成部分，也是城市经济和社会协调发展的重要条件，亟须建立相应的制度予以考虑。

---

① 钱瑛瑛．中国住房保障政策研究——经济适用房与廉租房[J]．中国房地产，2003(8)：57-60.

② 程益群．住房保障法律制度研究[D]．北京：中国政法大学，2009.

③ MICHAEL H. Social housing in transition[J]. Netherlands Journal of Housing and the Built Environment, 1994(4): 38-40.

④ VALLEJOS Q, QUANDT S, GRZYWACZ J. Migrant farmworkers' housing conditions across an agricultural season in North Carolina [J]. American Journal of Industrial Medicine, 2011(7): 533-537.

⑤ 娄文龙．农民工住房保障问题研究述评[J]．湖南农业大学学报(社会科学版)，2016，17(5)：55-62.

⑥ 张洋．长沙市新生代农民工住房保障满意度影响因素的实证研究[D]．长沙：湖南农业大学，2016.

⑦ 侯淅珉．基于社会福利的住房保障准入条件、模式与策略研究[D]．武汉：华中科技大学，2013.

前述建立多层次住房供应体系的基本模式中，住房的供给涉及三个层次：商品房、经济适用房（共有产权房或类似住房）和公共租赁房（含廉租房等）。供应结构决定了市场分层格局，李斌①、刘梅②、顾书桂③等指出三个层次之间存在过渡层次，既不符合经济适用房的资格条件，又缺乏商品房的支付能力，以及申请人不满足廉租房申请条件且缺乏经济适用房的支付能力。雷晓康和吴砚④、李凯⑤等归纳了处于"夹心层"的这些中间层次的主要对象：高校新近毕业的学生、经济相对发达地区从不发达地区引进的人才、刚参加工作的公务员、外来务工人员等，当然，这些群体有一定的重合。这两个过渡层次的住房需求需要在整个住房保障体系或者住房制度设计中进行考虑，从而避免因住房困难形成新的社会问题。

三、住房保障与商品房价格

货币补贴实施较为便捷，节约了对住房本身千差万别特征的鉴别和核定，其在西方发达国家的住房保障项目中使用较多，由此国外学者对货币补贴对商品房市场和价格影响的研究较多。货币补贴主要是指为最低收入或低收入的家庭提供租金补贴，或者补贴一定的购房价款。Susin 通过研究发现，从 20 世纪 80 年代开始的租房券项目补贴了更多的中低收入家庭，使得美国 90 个大都市的平均租金上涨了 16%。Anne Laferrere 使用法国的数据发现，一部分租金补贴转移到租赁住房业主，从而推动了租金的上涨。国内学者王斌等运用住房过滤模型分析了我国的"人头补贴"机制，得出的基本结论为，这种方式提高了中低收入家庭对低档住房的需求，在给定这类住房供给的情况下，促使其价格上涨，从而会加速中高档住房的过滤速度，进而造成商品房价格整体上升。Eriksen 等运用美国的住房数据，得出略有不同的观点，他们认为整体上租房券对商品房的市场租金影响较小，不过对不同的大都市区的影响存在一些不同，相对而言，供给弹性越小，该都市区的住房租金涨幅越大。

不同国家存在各种类型的保障性住房项目，如英国、美国等的公共住房，我国的经济适用房、共有产权房、公共租赁房、廉租房等，不同类型保障性

---

① 李斌．社会排斥理论与中国城市住房改革制度[J]．社会科学研究，2002(3)：106-110.

② 刘梅．需求主导型的城市住房保障体系研究[D]．青岛：青岛大学，2008.

③ 顾书桂．论以租代买的经济性质——兼驳"买不如租"观[J]．哈尔滨师范大学社会科学学报，2011(2)：49-53.

④ 雷晓康，吴砚．陕西省城镇低收入家庭住房保障政策研究[D]．西安：西北大学，2010.

⑤ 李凯．俄罗斯住房保障研究[D]．咸阳：西北农林科技大学，2010.

住房对商品房价格影响的文献相对较为丰富。

许多国内外学者的研究指出，保障性住房建设会推动当地商品房价格的上涨。如国外学者 Murray 结合美国的数据指出其公共住房建设对私人开发的住房产生较大的挤出效应，从而在给定商品房供给的情况下，建设公共住房会放大人们的住房需求从而使房价提高。Lee 运用韩国的数据同样验证了政府开发投资保障性住房对商品房具有一定的挤出效应，而且随着居民的住房自有率提高，这种挤出效应的显著性有所增强。国内学者陶红飞运用供求模型分析了经济适用房投资对商品房价格影响的三种情况，提出我国土地供给受政府较强的限制，即总体土地供应限制较大，当开发投资经济适用房时，商品房用地供给减少，商品房价格提高较为明显。吴锐等建立了向量自回归(VAR)的计量模型，对经济适用房和商品房进行了数据分析，通过脉冲响应分析及方差分解得出，在短期内商品房的价格随着经济适用房的投资增加出现加速上涨，影响效应持续 10 个月左右。薛兆丰从理论分析得出结论，认为通过市场化方式提供住房的效率最好，在住房领域由政府替代市场同样会削弱市场效率，非但不能降低住房价格，反而有进一步推高住房价格的倾向。

一些学者研究认为，保障性住房对商品房价格存在一定的抑制作用。Galster 指出，保障性住房对周边商品房价格产生了负向效应，商品房距离保障性住房越近受到的负向影响越大，可能与保障性住房建设档次较低、居住人群的收入和文化程度较低，以及相关配套设施缺乏有直接关系。牛毅指出，经济适用房建设具有稳定整体住房市场价格的作用，通过对我国 1997—2005 年的全国层面数据的研究得出，经济适用房销售面积占整体住房销售面积的比例每提高 1 倍，其稳定房价的贡献率提高 0.456 倍。王先柱等使用供求模型提出，保障性住房会分流住房市场需求，从而导致整体房价存在下跌的趋势。王先柱运用我国 1999—2007 年省级层面的面板数据研究得出，弹性系数为 0.046。王斌等通过对全国 1997—2010 年数据构建结构向量自回归(SVAR)模型得出的结论为，经济适用房投资会对房价产生负向冲击。陈嘉颖构建面板向量自回归(PVAR)模型得出，保障性住房支出的滞后项对整体住房价格存在一定的抑制效应，研究表明在 10 个滞后期中都存在抑制效应，反映了保障性住房支出的影响是相对持久的。赵昱等运用沈阳市 2002—2011 年的时间序列数据，分析了经济适用房的投入比，显示经济适用房的投入比与当年商品房均价呈负相关关系，是其格兰杰因。

还有一些学者研究认为，保障性住房建设对商品房价格的影响不显著。郑华指出，经济适用房与商品房相比，开发比例很小，总体投资增幅也较低，同时经济适用房选址较为偏远，不会对整体房价产生重大影响，尤其是对各城市中心城区房价影响更小。李英等指出，保障性住房的重点不在于控制房价，而在于解决中低收入家庭的居住问题。同时被保障人群的收入水平较低，不具备购买商品房的能力，不会分流商品房的需求，因此对商品房价格的影响较小。Albright 则运用地区分类，分析了存在保障性住房的城市地区和不存在保障性住房的城市地区，比较了相关保障性住房区域开发前后的价格变化，比较后发现其对商品房价格的影响较小。

2010 年后，我国的保障性住房类型不断增多，相关数据也日益完备，国内不少学者结合最新数据进行了一些研究。张旦辉运用供求模型得出保障性住房对房价的影响是两方面的，从需求方面考虑，分流了需求，有导致商品房价格下降的影响；从供给方面即土地供应方面考虑，同样分流了供给，有导致商品房价格提高的影响。最终的影响取决于两者的相对变动幅度。实证结果显示，保障性住房对需求的影响更大，整体呈现抑制商品房价格的效应。对于高档商品房的价格呈现推高的效应。刘园等运用动态面板门限模型的研究表明，保障性住房的供给数量处于低位时存在房价抑制效应，而处于较高水平时存在推高房价的效应。吴福象等根据东部、中部、西部地区进行了分区域影响差异研究，主要结论是在东中部地区，保障住房的开发建设能够分流住房需求，使房价涨幅趋缓。西部地区各类保障性住房建设同时会改善城市基础设施，会产生较为显著的溢出效应，从而推动房价上涨。张璇运用因子分析法分析了 20 个保障性住房的相关指标，得出主要因子为保障性住房建设标准及保障性住房供应规模，同时发现商品房价格与保障性住房供应规模呈反方向变动关系。周文兴等研究发现，商品房价格与经济适用房投资总额之间存在先下降后上升的动态变化关系。潘爱民等得出的结论认为，在短期内经济适用房的替代效应占主导地位，使得商品房价格下降；在长期内则收入效应占主导地位，有导致商品房价格上涨的影响。

四、我国住房保障制度存在的问题及相关建议

1. 住房保障覆盖范围

针对住房保障的覆盖范围，曹国安和曹明①、胡渊②、程益群③等提出要

① 曹国安，曹明．西方国家的住房保障体制及其启示[J]．中国房地产，2003(6)：73-76.

② 胡渊．构建我国多层次住房保障体系问题研究[D]．武汉：华中师范大学，2008.

③ 程益群．住房保障法律制度研究[D]．北京：中国政法大学，2009.

建立保障水平的层次化及手段的多元化，所谓保障水平的层次化是指不同收入水平的居民享受不同程度的保障，将住房保障的覆盖面扩展到更多的家庭，使其都能够享受政府住房保障制度带来的益处。手段的多元化是指运用行政、财税、金融和投资等措施，结合我国居民的整体居住状况、人们的住房支付能力、各级政府的财政负担能力，就此确定住房保障的基准。不过，不少学者对此提出异议。钱瑛瑛①、褚超孚②认为我国当前确定的住房保障覆盖范围过于宽泛，将中等甚至中高收入群体（占整体国民的六成到八成）均纳入住房保障范围，会降低住房保障制度的效率，也会对商品房市场产生巨大的冲击。同时会退回经实践证明效率极其低下的福利性无偿住房分配制度下，最终反而会降低住房保障水平。钱瑛瑛③认为住房保障的覆盖面需要严格定义，住房保障局限在最低收入和低收入群体，通过廉租房和经济适用房满足这两类群体的居住需求，其他收入阶层主要依靠各种档次的商品房市场予以解决。

此外，针对随着经济社会的不断发展，住房保障历史标准与当前中低收入群体普遍状况相脱节，从而使住房保障覆盖面不断缩小等问题，李小兰④、王晓艳⑤提出住房保障政策需要进行动态化调整，承租人收入、居住条件和家庭资产变化后及时退出，经济适用房购买者补贴返还，或者共有产权房购买者产权赎回等，使有限的保障房能够高效利用。随着物价上涨、住房价格和租金上涨，应及时或按一定的规则调整住房困难标准和保障房申请标准，以避免保障房现状与标准相脱节。

2. 保障性住房选址和空间布局问题

杨靖等⑥、雷晓康和吴砚⑦认为我国各城市财政依赖土地出让收入问题仍然较为突出，同时中央、省级政府每年会下达保障性住房建设指标，因此各种交通、城市基础设施比较完备的中心或接近中心的城区土地价格上升较快，能够给政府带来较高的收入，保障性住房则会被挤到城市边缘的城乡接合部。

---

① 钱瑛瑛．中国住房保障政策研究——经济适用房与廉租房［J］．中国房地产，2003（8）：57-60.

② 褚超孚．城镇住房保障模式及其在浙江省的应用研究［D］．杭州：浙江大学，2005.

③ 钱瑛瑛．中国住房保障政策研究——经济适用房与廉租房［J］．中国房地产，2003（8）：57-60.

④ 李小兰．论我国城镇住房保障制度建设——香港住房保障政策与模式的启示［D］．武汉：武汉科技大学，2007.

⑤ 王晓艳．大连市 X 区住房保障现状及对策研究［D］．大连：大连理工大学，2012.

⑥ 杨靖，张嵩，汪冬宁．保障性住房的选址策略研究［J］．城市规划，2009，33（12）：53-58.

⑦ 雷晓康，吴砚．陕西省城镇低收入家庭住房保障政策研究［D］．西安：西北大学，2010.

这些区域交通不便，城市基础设施不完备，相关居住者通勤成本提高、通勤时间过长和生活成本高昂，在解决居住问题的同时造成了生活水平下降乃至大幅降低。与此同时，集中建设大型保障性住房居住区使得居住的空间分异加剧，出现低收入聚集区，容易引发各类治安、卫生、教育等社会问题。郑思齐和张英杰①认为保障性住房的空间选址布局亟须进行优化，需要运用一定的制度安排、政策措施及相对完善的市场加以解决，改善城市的经济社会空间演变，提升城市低收入家庭整体生活水平，为其创造更多、更好的发展机会。

针对保障性住房的具体选址措施方面，杨靖等②提出了五个方面的选址策略："重视新市区、近郊区、老城区的平衡"，"将保障性住房选址纳入居住社区规划范围"，"控制用地规模、适度地混合居住"，"结合公共交通、发展公交主导模式"，"适当接近产业用地"等。吕艳和陈淑云等提出了运用 TOD (Transit-Oriented Development)模式改善选址问题，以公共交通为依托优化土地使用布局。郑思齐和张英杰③、王贤磊④认为根据住房保障政策的基本目标，优化选址空间布局有利于提高受保障群体的福利，通过"在普通商品房中分散配建保障住房来实现基于'社区混合，邻里同质'规划理念的'大混居，小聚居'的保障住房空间布局方式"。郑思齐和张英杰③提出合理的保障性住房选址必须权衡社会效益和土地机会成本。

3. 保障房的准入和退出机制

在保障性住房的准入方面，我国大多数城市一般依据收入水平限制住房保障范围，钱瑛瑛⑤、陈中友⑥等认为我国个人收入的信息管理还存在一些漏洞，家庭收入的审核验证存在较多的困难。工薪收入是家庭收入的一部分，家庭各类资产统计核实常有遗漏。同时，由于家庭各方面条件处于动态变化之中，导致最终接受住房保障的群体与政策欲覆盖的群体存在偏差。李凯⑦指

---

① 郑思齐，张英杰．保障性住房的空间选址：理论基础、国际经验与中国现实[J]．现代城市研究，2010，25(9)：18-22.

② 杨靖，张嵩，汪冬宁．保障性住房的选址策略研究[J]．城市规划，2009，33(12)：53-58.

③ 郑思齐，张英杰．保障性住房的空间选址：理论基础、国际经验与中国现实[J]．现代城市研究，2010，25(9)：18-22.

④ 王贤磊．我国保障住房供给问题的研究[D]．武汉：华中师范大学，2013.

⑤ 钱瑛瑛．中国住房保障政策研究——经济适用房与廉租房[J]．中国房地产，2003(8)：57-60.

⑥ 陈中友．合肥市廉租房准入与退出机制研究[D]．合肥：安徽大学，2014.

⑦ 李凯．俄罗斯住房保障研究[D]．咸阳：西北农林科技大学，2010.

出在实际审核操作中，根据收入水平确定的收入余额法等方式，在某种程度上会忽略反映收入分配结构状况。侯浙珉[1]认为我国目前仍然处于二元经济结构中，是城市化和工业化的快速发展期，我国住房保障准入条件不能忽视与户籍制度联系在一起的一系列经济社会关系。

在保障性住房退出问题上，黄安永和朱新贵[2]、马骁骑[3]、陈中友[4]等认为我国保障性住房的退出机制比较粗糙，精细度不够，管理者斟酌裁量的余地较大。当接受保障的群体的居住条件和收入状况发生变化，无法及时有效地掌握相关信息，也缺乏系统有效的监督保障机制。对于违反保障资格，骗取保障性住房的申请者的惩罚措施和力度均不足。同时对受保障群体的内在激励和约束不足，这些人群没有动力主动退出。

此外，不少学者也从整体上研究了保障性住房的准入和退出机制。胡渊[5]认为可以对不同收入阶层实施差别价格，实现不同层次消费者的分离均衡，由此才能有效建立多层次的住房保障体系。陈中友[6]提出确定保障标准线，这一标准线以家庭租赁住房的可承受能力为基础进行判断。李小兰[7]、王晓艳[8]提出建立和完善住房信息系统，“健全个人信用系统、收入申报制度、公示评议制度等配套系统及规章制度”，严格审核保障性住房申请者，使保障性住房真正落到需要保障的人群。雷晓康和吴砚[9]认为可以通过建立保障性住房管理信息系统，与受保障群体紧密结合起来，将其收入和居住状况与其他机构如金融、产权、保险、税务等系统相连，进行动态更新。

4. 保障性住房来源和资金来源

博立特·马克[10]通过研究20世纪70年代世界不同国家住房制度的实际经验得出的结论，是这些住房制度成功运行需要设计稳定的资金来源，需要建

---

① 侯浙珉．基于社会福利的住房保障准入条件、模式与策略研究[D]．武汉：华中科技大学，2013.

② 黄安永，朱新贵．我国保障性住房管理机制的研究与分析——对加快落实保障性住房政策的思考[J]．现代城市研究，2010.

③ 马骁骑．关于天津市住房保障模式几个问题的研究[D]．天津：天津大学，2012.

④ 陈中友．合肥市廉租房准入与退出机制研究[D]．合肥：安徽大学，2014.

⑤ 胡渊．构建我国多层次住房保障体系问题研究[D]．武汉：华中师范大学，2008.

⑥ 陈中友．合肥市廉租房准入与退出机制研究[D]．合肥：安徽大学，2014.

⑦ 李小兰．论我国城镇住房保障制度建设——香港住房保障政策与模式的启示[D]．武汉：武汉科技大学，2007.

⑧ 王晓艳．大连市X区住房保障现状及对策研究[D]．大连：大连理工大学，2012.

⑨ 雷晓康，吴砚．陕西省城镇低收入家庭住房保障政策研究[D]．西安：西北大学，2010.

⑩ 博立特·马克．住房金融[M]．朱田顺，译．北京：改革出版社，1990.

立相应的住房金融制度。Miles 等认为各种金融创新工具为解决居民的住房问题起到了积极的作用，为房地产业的发展提供了稳定可靠的融资渠道。Julian[①] 提出政府应当拓展保障性住房的融资渠道，有效地引入各类社会资本，制定相应政策鼓励社会组织以捐赠等方式来补充保障性住房补贴资金。蒋芳芳[②]、黄安永和朱新贵[③]根据我国历年发布的相关数据，认为我国保障性住房方面的财政资金投入不足，资金缺口巨大，同时存在管理粗放等问题。李小兰[④]、郑云峰[⑤]、葛春燕[⑥]等都提出了扩展住房保障资金渠道，除政府财政资金投资以外，需要通过税费减免等激励措施吸引金融机构、企业、非营利组织投入保障性住房建设。胡渊[⑦]、杜文[⑧]认为需要完善住房金融体系，建立抵押贷款二级市场，增加住房贷款的流动性，建立房地产依托投资基金，成立住房储蓄银行等，以提高政府住房保障资金的使用效率。

根据保障性住房供给渠道狭窄、供应量不足等问题，杜文[⑨]、雷晓康和吴砚[⑩]、周雯倩[⑪]等提出一方面要运用多种方式新建保障性住房，另一方面需要充分挖掘市场中存在的存量住房，开拓保障性住房的供给渠道，有效降低较为陈旧住房的空置率。

5. 保障性住房的政府职能

文献研究表明，不同学者对政府在保障性住房方面的具体职能、承担范围等方面存在不同的观点，不过由政府承担全社会的住房保障责任是国内外的广泛共识。世界各国针对住房保障的立法、政策、规章等鲜明地反映了这一点，这也是国内外诸多文献一再说明的观点。当然，国内一些学者认为我国政府还需要进一步强化住房保障方面的工作。冯念一等[⑫]认为我国保障性住

① JULIAN D. Affordable housing in Australia：Some key problems and pripritie s for action[J]. Melbourne：Australian Housing and Urban Research Institute，2007(9).

② 蒋芳芳．哈尔滨市中低收入家庭住房保障体系研究[D]．哈尔滨：哈尔滨工业大学，2008.

③ 黄安永，朱新贵．我国保障性住房管理机制的研究与分析——对加快落实保障性住房政策的思考[J]．现代城市研究，2010(10)：16-20.

④ 李小兰．论我国城镇住房保障制度建设——香港住房保障政策与模式的启示[D]．武汉：武汉科技大学，2007.

⑤ 郑云峰．中国城镇保障性住房制度研究[D]．福州：福建师范大学，2014.

⑥ 葛春燕．河北省城镇居民住房保障水平研究[D]．保定：河北大学，2014.

⑦ 胡渊．构建我国多层次住房保障体系问题研究[D]．武汉：华中师范大学，2008.

⑧ 杜文．我国城镇住房保障制度研究[D]．成都：四川大学，2006.

⑨ 杜文．我国城镇住房保障制度研究[D]．成都：四川大学，2006.

⑩ 雷晓康，吴砚．陕西省城镇低收入家庭住房保障政策研究[D]．西安：西北大学，2010.

⑪ 周雯倩．湖南省农民工市民化过程中住房保障制度研究[D]．湘潭：湘潭大学，2015.

⑫ 冯念一，陆建忠，朱嫣．对保障性住房建设模式的思考[J]．建筑经济，2007(8)：27-30.

房的建设过程中，政府在前期投资和保障性住房运行管理方面的介入不足，降低了住房保障的实际效用。陈琳等①认为不同层级政府以及政府内部各个部门，在住房保障方面存在权责不清等问题，在一定程度上延缓了保障性住房建设，降低了工作效率。蔡冰菲②、郑云峰③、陈琳等④认为政府应当整合各种资源，建立与保障房有关的权责明晰的政府层级和各部门架构，降低政府行政管理成本，提升保障房建设和管理效率。

五、国外住房保障制度及其运行

对于典型国家的住房保障制度的具体内容和相关分析在本研究第五章详细阐述，本节重点介绍部分相关研究的观点。

在住房保障制度的经济效应和社会效应方面，国外学者主要结合经济学、社会学、经济地理学等相关学科的理论，运用计量经济学方法研究住房保障制度与住房价格、利率、投资、经济结构、股票市场、经济增长、经济周期等的相互关系，分析这一制度的经济效应和社会效应，如 Kaethe K Liepmann⑤、Nathan Glazer⑥、Meera Mehta 和 Dinesh Mehta⑦、Arun Kumar⑧、Robert M Buckley 和 Jerry Kalarickal⑨、Elizabeth A Graddy 和 Raphael W Bostic⑩。

国内学者有代表性的研究有，高晓慧⑪运用基本经济学理论对价格控制和货币补贴的相关政策效应进行了分析，认为货币补贴政策对消费者的影响明

---

① 陈琳，谭剑，谭建辉，等．保障性住房建设任务分配模型构建探讨——基于广州的实证分析[J]．广州大学学报(社会科学版)，2016.

② 蔡冰菲．政府住房保障责任的理论基础论析[J]．社会科学家，2008(3).

③ 郑云峰．中国城镇保障性住房制度研究[D]．福州：福建师范大学，2014.

④ 陈琳，谭剑，谭建辉，等．保障性住房建设任务分配模型构建探讨——基于广州的实证分析[J]．广州大学学报(社会科学版)，2016.

⑤ KAETHE K L. English housing policy since the war[J]. The American Economic Review, 1937, 27(3): 503-518.

⑥ NATHAN G. Housing policy and the family[J]. Journal of Marriage and Family, Government Programs and the Family, 1967, 29(1): 140-163.

⑦ MEERA M, DINESH M. Faith in "Invisible Hand" draft national housing policy[J]. Economic and Political Weekly, 1987, 22(34): 1435-1437.

⑧ ARUN K. National Housing Policy: The implications[J]. Economic and Political Weekly, 1989, 24(23): 1285-1291, 1293-1294.

⑨ ROBERT M B, JERRY K. Housing policy in developing countries: Conjectures and refutations[J]. The World Bank Research Observer, 2005, 20(2): 233-257.

⑩ ELIZABETH A G, RAPHAEL W B. The role of private agents in affordable housing policy[J]. Journal of Public Administration Research and Theory: J-PART Vol. 20, Supplement 1: The State of Agents: A Special Issue, 2010(Jan): i81-i99.

⑪ 高晓慧．对现阶段我国住房政策效应的分析[J]．价格理论与实践，2000(8): 31-32.

显大于价格控制政策。刘维新[①]指出要反映经济适用房的商品性和保障性的双重属性，需要从建立住房保障机构、修改相关条款、补贴方式和完善经济适用房相关的共有产权制度四个方面进行改革和创新。孙斌栋和刘学良[②]提出为解决中低收入家庭的住房问题，各地政府开始大规模建设经济适用房和廉租房，这种建设模式会强化特定区域住户构成的均质化和单一化，低收入群体会集中分布于城市的某些地方，一般会集中到劣势区位，引发严重的社会问题。

赵奉军等[③]提出以提升住房需求水平为主导的政策性和商业性金融政策存在推高房价的效应，同时会产生显著的挤出效应，不但无法有效解决中低收入群体住房支付能力不足的问题，还可能出现进一步恶化的趋势。通过加快保障房建设，建立住房供给双轨制，调整住房供给结构，着力提高城镇中低收入居民住房的支付能力，最终才可能实现"住有所居"的长期目标。孙建欣等[④]提出了基于调控机制的经济适用房保障模式分类及其适用性评价指标体系，定量分析了全国35个重点城市的建议性保障模式。武中哲[⑤]提出，"后单位社会"的住房保障中新旧体制和新旧结构性因素并存，政府与社会成员之间以及社会组织之间的权利关系处于动态建构的状态。

王晓艳[⑥]指出美国政府近年来对住房保障的财政投入逐步增大，联邦财政投入的比重相对稳定。其住房保障制度发展较为成熟完善，有较为完备的住房相关立法。同时，建立了公共住房建设和租房券或住房补贴制度，与住房保障相关的金融制度也较为完备，为住房保障制度的顺利运行奠定了良好的基础。

美国住房保障方式呈现多样化态势。潘文辉[⑦]、张敏[⑧]、席卫群[⑨]、陈中

① 刘维新."体制与制度创新"是经济适用房改革的必然选择[J].中国房地产金融，2007(2)：3-4.

② 孙斌栋，刘学良.美国混合居住政策及其效应的研究述评——兼论对我国经济适用房和廉租房规划建设的启示[J].城市规划学刊，2009(1).

③ 赵奉军，高波，骆祖春.支付能力、金融支持与住房供给双轨制[J].江海学刊，2011(3)：67-73，238.

④ 孙建欣，吕斌，陈睿.中国城市经济适用房保障模式研究[J].城市发展研究，2012(5).

⑤ 武中哲.住房保障中的福利政治与政府行为——以"后单位社会"为背景[J].社会科学，2014(10)：72-79.

⑥ 王晓艳.大连市X区住房保障现状及对策研究[D].大连：大连理工大学，2012.

⑦ 潘文辉.美国低收入家庭住房保障政策对我国的启示[J].中国房地产，2005(4)：45-48.

⑧ 张敏.我国城镇低收入人群住房政策研究[D].苏州：苏州大学，2007.

⑨ 席卫群.国外住房保障体系中财税政策的借鉴及启示[J].税务研究，2008(4)：89-91.

友[①]分析了为解决低收入家庭住房问题，美国建立了“住房税金信用计划”“租金资助计划”“抵押贷款保险和担保制度”“住房特别资助法案”“投资兴建公共住房”等。对于中低收入家庭，美国重点进行税收和金融扶持，提升住房自有率。除了需求方的支持，供给方也为私人开发企业提供低息贷款进行保障性住房开发投资。程益群[②]分析了美国需求方保障政策的实际运行状况，认为这种为低收入群体提供住房补贴、利息免税、租房券等的需求方支持计划，降低了政府财政负担，也有利于更好地运用市场机制调节资源配置的功能。

在住房保障覆盖范围动态化问题上，郑云峰[③]指出根据美国经济社会发展状况，同时结合联邦、州和地方政府的财政状况，美国在不同时期实施了公共住房、私人开发企业补贴、房租补贴等，较为有效地解决了人们的居住困难问题。

新加坡住房保障制度最接近全民住房保障，同时政府在住房保障制度的制定和执行中居于核心地位。程益群[④]、S Vasoo 和 James[⑤]、郑云峰[⑥]、陈中友[⑦]、黄安永和朱新贵[⑧]的研究比较系统地介绍了新加坡的住房保障制度。新加坡确立了政府主导的公共组屋(公共住房)供应体系。通过政府建立的建屋发展局进行开发投资，通过减免各项土地费用和税费方式对其间接补贴。政府制定了完整的住房分配资格条件和按收入及家庭结构确定的轮候次序。新加坡居民可以根据相关条件在一定补贴条件下租赁或购买组屋。

Paul M Collier[⑨] 介绍了英国的住房保障制度。英国政府建立了房屋协会这一非营利机构。通过建立房屋协会为中低收入群体提供住房。房屋协会在政府的协助下，运用优惠条件获得融资新建住房，并利用利润再投资维持整个机构的正常运营。

---

① 陈中友. 合肥市廉租房准入与退出机制研究[D]. 合肥：安徽大学，2014.

② 程益群. 住房保障法律制度研究[D]. 北京：中国政法大学，2009.

③ 郑云峰. 中国城镇保障性住房制度研究[D]. 福州：福建师范大学，2014.

④ 程益群. 住房保障法律制度研究[D]. 北京：中国政法大学，2009.

⑤ S VASOO，JAMES L. Singapore，social development，housing and the central provident fund[J]. International Social Welfare，2001(10).

⑥ 郑云峰. 中国城镇保障性住房制度研究[D]. 福州：福建师范大学，2014.

⑦ 陈中友. 合肥市廉租房准入与退出机制研究[D]. 合肥：安徽大学，2014.

⑧ 黄安永，朱新贵. 我国保障性住房管理机制的研究与分析——对加快落实保障性住房政策的思考[J]. 现代城市研究，2010(10)：16-20.

⑨ PAUL M C. Governance and the quasi-public organization：A case study of social housing [J]. Critical Perspectives on Accounting，2005 (16)：929-949.

陈中友①认为英国住房保障制度中设计的准入退出机制具有重要意义。保障房准入方面政府根据英国经济社会发展水平和家庭收入状况确定“标准住房福利”收入线，这一标准线为住房福利的分界线。在标准线基础上，再根据特定人群的特殊情况确定额外补贴待遇。在退出机制方面，英国相关法律规定了购买权条款，租赁家庭可以根据自身的经济条件变化按一定的折扣优惠购买租住的住房。

从发达国家住房保障制度的整体发展趋势来看，程益群②指出三个方面：一是政府直接介入程度降低，减少直接开发投资保障性住房；二是整合梳理针对需求方的补贴，整体财政资金支持转向提升住房自有率；三是减少政府直接补贴，运用财税金融等工具鼓励和支持通过市场提供保障性住房。

第三节 本研究的主要内容和逻辑思路

一、本研究的主要内容

本研究围绕构建中国城市以效率改进为导向的住房保障制度这一主题，围绕历史和现状、理论和实证以及制度框架设计和实施方式的路径进行了深入的探索，各章节的主要内容如下。

第一章绪论，主要阐述研究背景和意义，全面系统地分析国内外研究文献的主要成果，在此基础上概要阐释研究内容和逻辑思路，并对本研究的创新、不足和尚需深入研究的问题进行说明。

第二章高效住房保障制度的一般性特征，结合我国的实际情况，从理论上分别阐述了住房保障制度的公平普适性目标、保障性住房的补贴有效性特征、保障性住房与商品房存在的替代效应和保障性住房的激励效能等核心问题。

第三章保障性住房的供求理论模型，在供求基准模型并得出理论结论的基础上，将模型扩展到包括银行、政府、存在不同类型的保障性住房以及限购限售限贷等情形，从中得出相应的理论结论和政策含义，为其后的实证分析奠定理论基础。

---

① 陈中友. 合肥市廉租房准入与退出机制研究[D]. 合肥：安徽大学，2014.

② 程益群. 住房保障法律制度研究[D]. 北京：中国政法大学，2009.

第四章中国城市住房保障制度的发展历程，说明了中国城市住房保障制度的历史变化和截至目前取得的效果、现有不同类型的住房保障制度的核心特点、我国保障性住房建设现状，以及对不同城市具体实施的住房保障制度的一致性和差异性状况进行了分析。

第五章国外住房保障制度的经验比较和借鉴，分别研究了美国、德国和新加坡等典型发达国家住房保障制度的发展，归纳了世界各国不同类型住房保障制度的特点，在此基础上得出其住房保障制度对我国的借鉴意义。

第六章中国城市住房保障制度评价：效率角度的理论探讨，分析了我国现行住房保障制度存在效率缺陷的主要表现，结合实地调研数据对生产效率、分配效率和运行效率较低进行了分析，探讨了造成现行住房保障制度效率缺陷的主要原因，并分析了造成这些缺陷的主要作用方式。

第七章中国城市住房保障制度评价：满意度视角的实证分析，分析了全国 26 个有代表性的城市保障性住房及住房保障制度实施的实地调研结果。

第八章中国城市住房保障潜在需求与财政可承受度的实证分析，从保障性住房需求、最大化社会福利和财政可承担的住房保障支出水平与商品房价格关系三个维度进行实证研究，根据实证结果对第三章建立的理论模型的相关要素进行证实或证伪，为制度框架设计提供实证依据及设计方向。

第九章以效率改进为导向的中国住房保障制度的优化研究，在阐述制度框架设计基本特征的基础上，提出了效率改进导向住房保障制度的目标和结构，并从保障范围、提供方式、资金来源和保障支出方式、空间选址、保障退出方式等方面系统阐述了效率改进导向保障性住房供应的实施方式。

第十章研究结论，简明扼要地归纳了本研究的理论结论、实证结论和政策建议。

二、本研究的逻辑思路

从逻辑思路上看，本研究报告利用国内外对住房保障制度相关理论和实证研究的主要成果，从理论上分析住房保障制度的具体特征及其存在的效率缺陷，结合我国的具体国情，从生产效率、分配效率和运行效率三个方面，在满足住房保障公平目标的基础上，确立提升整体效率水平的住房保障制度框架，并运用计量经济学方法进行实证检验，从而为政府决策提供理论依据。具体的逻辑思路框架如图 1. 1 所示。

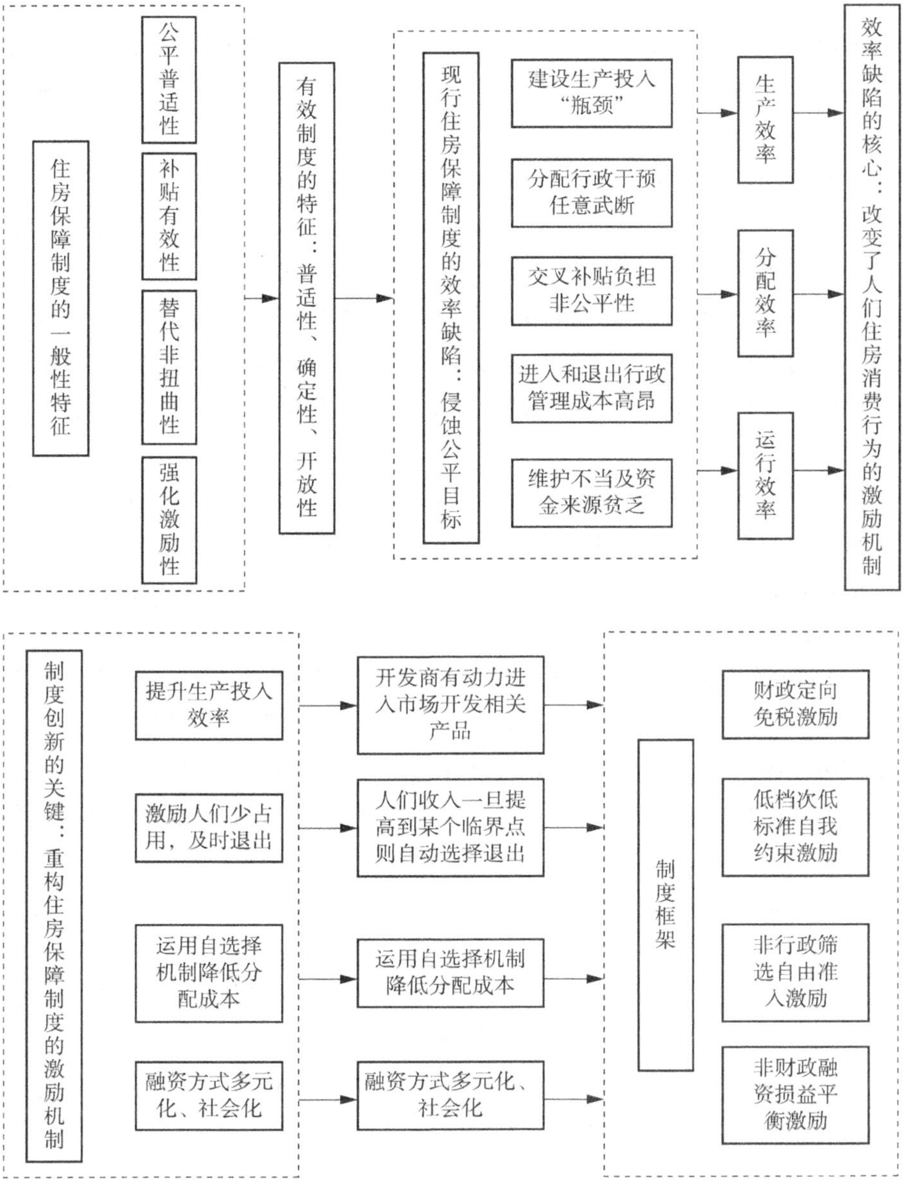

图 1.1 研究的逻辑思路框架

（1）研究分析住房保障制度的一般性特征，主要是运用经济理论研究制度的公平普适性目标、保障性住房的补贴有效性特征、保障性住房与市场化住房存在的替代非扭曲性以及保障资金来源单一性的激励效能。

（2）在有效制度普适性、确定性和开放性原则基础上，研究现行住房保障制度的效率缺陷，包括建设生产投入“瓶颈”、分配行政干预任意武断、交叉补贴负担非公平性、进入和退出行政管理成本高昂、维护不当及资金来源贫乏等问题，从理论和实证角度阐释其侵蚀公平目标的基本作用机制，分别分析其对生产效率、分配效率和运行效率的相关影响。

(3)建立理论模型，研究分析住房保障制度效率缺陷的核心，分析这一制度对人们住房消费行为激励机制的影响路径，运用计量经济模型并结合全国以及各地住房保障制度设立和发展过程中的实际数据获得定量证据。

(4)建立理论模型，研究分析住房保障制度创新的核心要素，分析与人们面临的激励因素改变协调一致的以效率改进为导向的住房保障制度的基本条件，从理论上推导和分析不同条件下各个经济变量之间的相互关系和影响机制。

(5)采取需求分析法、居民可支付能力分析法以及财政可负担水平分析法建立实证分析模型，研究我国保障住房的实际需求、如何提升住房方面的福利水平，并提供结合我国人口、经济、社会发展趋势及当前国情下财政可承担的住房保障的定量依据。

(6)研究分析以效率改进为导向的住房保障制度框架设计，分析该框架的基本特征、需要具备的条件，以及设计和实施的关键点。同时结合典型发达国家住房保障制度的经验，提出我国保障性住房供应的方式、融资渠道、空间选择、保障模式、不同区域不同城市保障区别等问题，并提出与之配套的政策建议。

本研究报告的重点是，由于现有住房保障制度对人们住房消费行为激励因素产生扭曲，使其在实施过程中存在效率低下的制度缺陷，需要建立兼容住房保障制度的公平和效率因素，在理论上阐释两者结合或者寻求两者合适的平衡点。而难点在于，对应于保障性住房和市场化住房有两种不同范式。其中隔离范式认为，效率问题是住房保障制度本身的制度缺陷，只要存在这种制度就不可能兼顾效率目标，为保障我国住房发展兼顾公平与效率，应将商品房和保障性住房分置于两个隔离领域，贯彻“各司其职、同步推进、量比适当、协调发展”的原则。这一观点是我国不少区域的实际模式。而连续统一体范式认为，保障性因素蕴含在不同住房类型上，保障性特征只有程度上的差异，这一连续统一体只有在统一的市场中交互作用才能既实现住房公平目标又不失效率特征。

第四节 本研究的创新、不足和尚需深入研究的问题

一、本研究的学术价值和应用价值

针对住房保障制度的经济理论和实证研究所隐含的一个前提假设就是，由政府在不受资源利用效率约束条件下，满足社会中一部分居住水平较低群体的住房需求。在此前提下分析住房保障制度采取何种具体形式，如廉租房、公共租赁房、经济适用房、共有产权房、两限房等；保障性住房的产权归属配置；覆盖范围应当控制在什么水平；哪类人群可以进入；如何划分收入线；政府应当如何补贴低收入群体；什么条件下要求强制退出等问题。

产生这种倾向的主要原因是我国现行的住房保障制度是由各级政府为主导建立的制度体系，政府集制定、实施、监督的角色为一体，实施中占用了大量的财政资源，付出了大量的管理成本，政府的激励因素与公众的激励因素相互错位，政府部门缺乏提升效率的直接激励。

同时，中央和地方政府的财权与事权的不平衡分配导致住房保障制度具体实施中管理成本高，在降低效率的同时，无法高效地分配有限的保障性住房，从而侵蚀了预定的公平目标。本研究报告基于中国住房保障制度建立和发展的现实背景，研究基于生产效率、分配效率和运行效率三个视角的住房保障制度理论，从而为我国住房保障制度提供较为充分的理论依据和政策参考。

具体而言，本研究的学术价值在于，从学科领域来看，以效率为依归分析住房保障制度是经济学的重要研究范围，建立在资源强约束条件下最大限度地提升住房保障制度实施的生产效率、分配效率和运行效率，能够以给定的资源更有效地实现预定的住房公平目标，实现住房保障领域中的兼容公平和效率的目标，这就需要从主流经济学理论出发提供前后一致、逻辑自洽的理论，从而提升住房保障制度的整体效率水平，有效避免住房保障制度重蹈高投入、低产出的覆辙。因此，基于效率视角研究中国住房保障制度问题具有重要的理论价值。

本研究的应用价值在于，最近几年，各地因地制宜地积极开展住房保障工作，例如，我国各城市大力发展经济适用房、公共租赁房（含廉租房）、北京的自住房、上海的共有产权房等，但在保障性住房规划目标实施中，如土

地供应、建设资金筹措、开发企业进入模式、保障住房分配、保障对象进入机制和退出机制等均存在效率低下的问题。因此，研究提升住房保障制度符合效率原则的框架体系，特别是如何将政府、开发商、普通人群、被保障人群的激励因素与保障性住房开发建设活动相兼容，在兼顾住房发展的公平和效率两个方面，具有重要的应用价值。

二、本研究的不足与尚需深入研究的问题

本研究聚焦于我国住房保障制度实际运行中反映出来的低效率问题，试图通过制度性调整提升住房保障制度的效率，以期耗费较小的社会资源尽可能多地解决人们的居住问题，改善我国人民群众整体的居住条件，增强人民群众的获得感和凝聚力。由于受研究对象和范围所限，对与我国住房保障制度相关度较小的论题涉及较少，使得本研究成果存在一些不足之处，未来需要拓展研究范围，在以下几个方面加以深入研究：

(1)受研究者水平、研究时间和研究经费限制，本研究现场调研的广度和深度方面存在一定的不足。本研究根据前期学术界的相关研究成果筛选了一些有代表性的城市进行现场调研，未能将调研范围扩展到全国范围，由点及面推断全国情况有可能存在较大的偏差。同时现场调研受到受访者配合度、理解能力和调研人员引导等因素的影响，可能使调研结果不能全面客观地反映我国住房保障制度实施的实际情况。另外，调研问卷设计也受到研究者学术水平的限制，可能无法深入反映我国住房保障制度下各群体的感知和认识，问卷所涉及的问题设置、选项设置也可能存在不完整、不全面、不深入的问题，从而导致得出的结论存在偏差。需要设计更加完整深入的保障性住房访谈提纲和调研问卷，以期获得关于保障性住房的定性数据(主观意愿数据、受保障群体的特征数据)，制订定时跟踪调研计划，获得住房保障制度实施的时间序列数据，从变动中发现和总结规律。

(2)本研究在进行过程中受制于数据指标体系、统计口径和资料来源等问题，部分实证分析的全面性、准确性和指向性不足，影响了实证分析结果的说服力，得出的实证结论的参考价值下降。因此，设计更加完整全面的、能够用于住房保障制度跟踪研究的数据结构尤为重要，通过全新的数据结构跟踪保障性住房的运行状况，评估其效果，为进一步完善住房保障制度提供重要的参考。拟具体划分为政府层次、开发建设企业或机构层次、受保障群体层次、保障扩大区群体(没有接受保障或不符合一个或多个条件的人群)等指

标体系，这些数据按月或季度收集汇总发布，在此基础上进行时间序列分析。

(3)目前本研究构建的理论模型是主流的供求模型，分析手段主要是静态和比较静态分析，没有将保障性住房完整的存量—流量关系、销售—租赁关系全部纳入模型，导致对部分理论关系的阐述不够深入。在理论和实证研究方法上，本研究试图建立一个完整统一的经济理论模型，将住房保障制度相关理论变量整合起来，形成解释相关原理、明确基本因果逻辑关系的理论框架。当然，囿于学术水平，对于相关宏观经济变量、制度变量处理方式可能存在一定的局限性，可能无法有效地揭示这些变量之间的深层关系。在实证分析环节，受制于相关宏观经济数据的可得性以及统计口径，部分变量使用了替代变量，由于部分变量无法获得合适的数据也无法使用替代变量只能作舍弃处理，这势必会影响实证分析结果，导致实证结论的说服力有所降低。

(4)建立效率改进导向的住房保障制度需要不断跟踪该制度的实施状况，对其生产效率、分配效率和运行效率进行实时评估，不断总结制度运行的基本规律，以期对制度进行适时修正和调整。因此，未来的一个重要研究方向就是如何构建住房保障制度效率评估的评价指标体系和模型、实时评估程序和方法。

(5)由于我国不同区域、不同城市的经济发展水平、保障性住房建设的历史状况千差万别，从全国层面只能建立一般性的、原则性的、方向性的住房保障制度，各城市需要根据自身情况进行适应性调整。本研究对部分有代表性城市的制度细节进行了实地调研，也进行了一定的分析，但还有一些难以触及的城市需要深入研究。尤其需要对这些城市具体采取的住房保障制度的细节差异进行研究，评价分析其效率水平，同时追踪产生这些效率差异的原因，为完善住房保障制度提供更加完整的依据。

(6)受制于本研究的研究目标和范围，目前设计的制度框架确定了制度设计的基本方向、原则和操作方式，但在具体制度实施过程中还会遇到各种各样现实的矛盾和问题，在未来的研究中还需要设计具有实际可操作性的法规细则，从而确保在实际实施中实现效率目标。同时还需要进一步确定依据何种条件建立不同城市住房保障制度的差异性规则和实施细则。

02 第二章 高效住房保障制度的一般性特征

从制度经济学角度来看，一项制度具备普适性、确定性和开放性三个特征时，那么这项制度的运行成本较低，能够产生有效地协调社会中各不同利益主体行为的作用，即满足这三项特征的制度是有效的，能够达到预期的目的。所谓普适性主要是指制度对于社会活动中的所有个体都具有普遍性，符合制度设定条件的个体均受该项制度的约束，同时能够获取与这项制度相关的权利。所谓确定性是指该项制度对于所有社会个体都具有明确的含义，社会中各利益主体对这项制度预期会发生什么、个体会受到该项制度何种影响的理解基本上是一致的。所谓开放性是指该项制度具有随着环境条件变化进行优化调整的能力，能够尽可能地协调不同利益主体诉求的变化，制度运行过程中发生的冲突处于可控范围之内。

具体到住房保障制度，有效制度的三种特性主要体现在住房保障制度需要满足公平普适性、补贴有效性、替代非扭曲性和强化激励性几个方面。高效住房保障制度公平普适性的基本含义在于住房保障制度面向全体国民，不因其民族、户籍、地域等条件而被区别对待，任何国民满足一定的条件均能够获得相关保障，同时不使社会中其他国民承担的成本超过必要的限度。补贴有效性意指有效的住房保障制度是对一部分国民由于其非自身原因导致的住房不足进行补贴，补贴有效性能够缓解其住房不足但不会激励没有得到补贴者的寻租行为，即补贴不会成为社会中一部分人获得额外利益的工具，补贴的限度不能超过人们最基本的居住水平。替代非扭曲性是指保障性住房与商品房之间共同形成房地产市场，二者存在此消彼长的关系。有效的住房保障制度需要将保障性住房限制在一定水平，避免其对商品房的替代而降低整个房地产市场的效率。强化激励性与前面几个特性紧密相关，主要强调高效的住房保障制度对国民具有良性激励效能，尤其是受保障群体在环境和自身收入状况改变时有动力脱离保障，激发个人不断依靠自身的能力改善居住条件。这几种特性结合在一起，能够使住房保障制度满足普适、确定和开放的条件，从而提升住房保障制度的效率。本章主要围绕这四种特性进行分析，阐述这些特性的主要含义以及实现以效率改进为导向的住房保障制度的基本理论。

第一节　住房保障制度的公平普适性目标

“公平正义是中国特色社会主义的内在要求，所以必须在全体人民共同奋斗、经济社会发展的基础上，加紧建设对保障社会公平正义具有重大作用的制度，逐步建立社会公平保障体系。共同富裕是中国特色社会主义的根本原则，所以必须使发展成果更多更公平惠及全体人民，朝着共同富裕方向稳步前进。”[①]这是习近平总书记关于社会主义社会建设的重要论述内容之一，住房、医疗、教育等社会保障体系均以公平性为基本价值理念，足以见得公平之于社会的重要性。虽然学术界对公平有不同的定义，以至难以进行定量分析，但只有做到公平才能稳定群众、安定社会，因此将公平普适性作为高效住房保障制度的目标具有基础性意义。

一、制度公平普适性的一般含义

公平或公正。不同时期的不同社会阶级对公平有不同的解释和理解，主要受其生产力和生产关系的影响。从我国历史发展的各个时期来看，平均主义的公平观或公正观在社会上及一些政策的具体实施中影响巨大，对公平的理解更多局限于结果的一致性。

公平最一般的含义是对相同环境中不同的人同等对待，适用相同的标准。古典自由主义信奉自由至上，在经济活动中拒绝政府干预，追求机会平等，但该观点仅强调初始阶段的公平性以至难以保证后续阶段的稳定。福利经济学则重点探究了效率与公平的关系，当没有任何个体利益受损的前提下无法提高一个人的福利时，即实现帕累托最优时，此时的效率和公平达到最理想的状态，故推崇政府的分配功能以实现社会保障的发展。

发展至中国特色社会主义新阶段，新时代又赋予公平理论新的内涵，党的十八大提出要“逐步建立以权利公平、机会公平、规则公平为主要内容的社

---

① 习近平．紧紧围绕坚持和发展中国特色社会主义学习宣传贯彻党的十八大精神(2012 年 11 月 17 日)[M]//十八大以来重要文献选编(上)．北京：中央文献出版社，2014.

会公平保障体系，努力营造公平的社会环境，保证人民平等参与、平等发展权利”①。公平理论还体现在社会主义核心价值观中的“公正”和“平等”。而住房保障制度正是基于公平原理，通过保障弱势群体的住房权利来促进社会和谐发展。

组织行为学家 Adams 认为，从管理角度出发，员工的工作积极性取决于自身感受到的公平感，通过比较组织内外部人员的自身收益与工作投入比值，来判定自身待遇的公平性。即若自身报酬/自身投入=他人报酬/他人投入，则认为公平；若不相等则认为不公平，从而出现偷懒、发牢骚等负面行为。因此，随着住房保障制度的出台，受保障人群不仅会与未受保障人群进行比较，还会与同样享受住房保障的人群进行对比。该行为进一步要求住房保障制度在全过程(起点、过程和结果)均应保持公平普适性。因此，基于制度公平普适性的一般含义，高效住房保障制度的公平应体现在起点公平(权利和机会公平)、过程公平(规则公平)和结果公平(分配公平)。

二、起点公平

起点公平范畴是一种权利和机会的公平，指的是无论民众的家庭职业收入及其他个体差异如何，均不影响其住房权利和获取政府住房保障的机会。虽然每个个体拥有差异较大的财富从而影响其居住条件，但人人住有所居的美好愿景确定了每一位民众的居住权，拥有根据自身支付能力选择不同住房形式的机会，包括商品房、出售型保障性住房(经济适用房、共有产权房等)、出租型保障性住房(廉租房、公共租赁房等)等。

起点公平是保障后续公平的前提和依据，只有肯定起点公平、权利平等、机会均等，才有形成结果公平的可能性。这意味着拥有不同条件的个人或家庭适用同样的接受或不接受住房保障的机会，接受住房保障的标准或条件是非个人性的，不依个人的其他特征而改变。

例如，如果保障性住房的分配按照人们的收入水平高低来确定，那么所有收入水平低于这一标准的群体均有同样的可能性获得保障房。进而，当收入超过这一标准时该人或家庭无权获得保障房，已经获得的保障房必须退出。

① 胡锦涛．坚定不移沿着中国特色社会主义道路前进 为全面建成小康社会而奋斗——在中国共产党第十八次全国代表大会上的报告[R/OL]．[2012-11-08]．http：//news. china. com. cn/politics/2012-11/20/content_ 27165856. htm.

三、过程公平

过程公平也可以称为规则公平，指的是在住房保障制度实施过程中遵循公开透明的规则，规则是对所有国民开放的，是可重复且可验证的，不受任何人的干扰或控制。

所谓开放是指所有国民都能够清晰地了解规则的内涵与每个权利主体的关系，任何一个有正常理解能力的个体都能够依据这些规则清楚地理解划定保障的范围以及哪些人或家庭可以获得保障。可重复性是指受保障群体和保障水平确定后，更改具体执行规则的操作者或政府管理人员，同样能够得出与前者类似的结论。可验证性意味着所有个人都可以依据规则验证获得保障的某人或家庭符合相关条件，而没有获得保障者不符合相关条件。

然而，由于保障性住房项目通常是由政府依靠税收融资而完成的，实质上是一部分纳税人对另一部分纳税人的补贴，是一种收入转移，不是权利和义务的对等交换，因此存在较大寻租空间，人们有较强的动力获取这些免费的或低价的资源。

实践中，保障性住房项目在开发过程中可能存在政府相关人员与开发企业合谋的现象，权力寻租将导致开发商竞标的不公平；同时对申请保障性住房群体的审核过程不可避免地具有一些模糊性和不透明性，导致具体操作人员拥有较大的自由裁量权，使得获得保障的群体不符合相关规则条件，导致应当获得保障的人群利益受损，难以达成住房保障制度的目标。

因此，过程公平强调在保障性住房项目的开发投资活动中，在受保障群体的进入和退出管理中，需要配套设计合理的措施，确保规则的一致性和有效性，使最终获得保障的群体与拟达成的目标相吻合。

四、结果公平

结果公平涉及保障房的分配结果，指的是住房保障项目分配公正、合理，受保障群体和非受保障群体均对结果无异议，真正实现社会发展成果的共享。值得注意的是，结果公平不是结果平均，不是每个人或家庭拥有相同面积、档次和地段的住房，而是在既定保障制度规则条件下，有限的保障房分配给恰当的群体，实现给定资源约束条件下的社会福利最大化。

我国现处于并将长期处于社会主义发展的初级阶段，可供分配的资源受到极大约束，中高收入群体也难以承担过高的收入转移义务。同时，虽然我国改革开放 40 多年来人们的居住水平整体得到大幅提升，但还有一部分国民居住状况堪忧，提升其居住水平的压力较大，保障性住房基本处于供不应求的状况。再加上历史遗留的各种问题，各种利益纠集在一起异常复杂。由此，保障性住房分配的结果难以达到绝对的公平，不同时期获得保障房的群体之间也会存在差异。例如，早期的许多经济适用房的居住条件可能劣于目前针对最低收入群体的廉租房。

结果公平的目标意在促成缩小分配结果差距，是阶段性的、过程性的，需要经过相当长的时间逐步完成。结果公平是让商品房群体不挤占保障房，保障性住房住户安于保障房的居住条件。这也是为之后其他社会保障的公正性奠定基础。所以结果公平是公平目标是否达成的直观表现，确保分配结果符合人民的意愿是重中之重。

因此，综合而言，住房保障制度的公平目标并非追求绝对的平均化，而是在有限的土地和财政资源条件下赋予人们同等的住房权利，居住条件较差的中低收入家庭获得平等的申请保障性住房项目的机会，继而相关部门遵守既定规则对其进行审核后进入分配环节，分配结果可以使得全体公民所付出的成本与获得的住房权益之比对等，最终达到社会福利最大化。

第二节　保障性住房的补贴有效性特征

保障性住房项目的本质是社会资源的再分配，是一部分纳税人对另一部分纳税人的补贴。通常由于经由政府税收和支出两个环节，这种直接补贴性特征会被弱化，甚至出现部分获得住房保障的人群认为其是政府给予的免费福利，要尽力地多取不予。同时对提供补贴的一方缺乏尊重感恩之心，在某些情况下还不断抱怨提供补贴的中高收入阶层“为富不仁”，鼓动政府运用税收手段惩罚中高收入者。这些错误认识在一定程度上损害了住房保障制度，导致其目标发生偏移，成为“劫富济贫”的工具，弱化了该制度可能达成的福利效果。在补贴形式上，目前实施的住房保障制度也有类似弱化来源的特点，可以划分为供给端补贴和需求端补贴、实物补贴和货币补贴，高效住房保障制度需要充分反映不同补贴方式的优点，抑制其缺陷，实现补贴的高效率。

一、供给端补贴

供给端补贴是指从保障性住房开发建设一方入手，通常由政府主导，通过划拨土地、税收减免等政策鼓励房地产开发企业进行保障性住房项目的开发，或直接建设公共住房以增加住房供给。这种补贴方式相当于政府购买房地产开发企业的服务，由此提供的低价出售型保障房和低租金出租型保障房的补贴相对隐蔽而间接，不会直接增加政府的财政支出流。在我国特定的土地所有制情况下，供给端补贴是政府提供保障性住房较为容易实施的形式。

供给端补贴还可以采取政府直接财政补助的形式，使保障性住房的开发企业能够获得一定的开发利润。这种方式是收入转移的显性形式。

此外，在我国部分城市实施保障房配建制度，即房地产开发企业在开发商品房时必须免费配建一定比例（如5%、10%或15%）的保障性住房。这种情况相当于直接由房地产开发企业补贴保障性住房的购买者或租赁者，间接地由商品房购买者以较高的价格购买商品房而补贴配建的保障房的使用群体。

从补贴实施成本来看，供给端补贴面对的主要是开发企业，谈判、合同安排等面对的主体较为单一，交易成本较低，实施较为简单。

二、需求端补贴

需求端补贴主要是直接针对居住困难的个人或家庭，通常采用收入补贴、租金补贴、购买补贴、税费减免等方式，是一种较为直接的收入转移方式。

从经济学效用理论来看，该方式对住房市场而言相当于增加了受保障家庭的收入，从而提高了受补贴家庭单位货币下的住房消费效用，也改变了住房市场的需求，其他条件给定的情况下，有提高整体住房价格的影响。

由于需求端补贴面对的是不确定的消费者群体，数量庞大，其收入、财产、住房状况以及其他条件较为复杂，通常而言，补贴会诱发大量的行政管理成本，甄别哪些群体属于受保障群体较为困难。

三、实物补贴

所谓实物补贴就是政府开发建设或者筹集房源提供给符合一定条件的城市家庭或个人租赁，如廉租房、公共租赁房，是租赁型实物住房补贴方式。当政府提供土地由私人开发企业建设经济适用房、共有产权房和限价房等由符合条件的城市家庭或个人购买，属于销售型实物住房补贴。

从供给端补贴和需求端补贴这一分类角度来看，实物补贴主要是需求端补贴，是直接向受保障群体提供住房，以解决其居住困难问题。

实物补贴在实际操作中已经显示出其低效率的特点，主要是限制了人们的选择范围，减弱了住房保障制度的适应弹性，往往由于实物住房退出操作难度较大，政府行政管理成本高昂，无法有效借助市场竞争机制功能，从而导致资源配置效率低下。

实物补贴可以直接通过增加房地产市场的供给以满足不同层次的住房消费者。虽然保障性住房的建设和筹集往往意味着政府需要更多的财力、物力支持，且周期较长，可能导致补贴范围较小，引起应受保障人群内部的不公平现象，但总体而言实物补贴效果更具有可预见性。

四、货币补贴

所谓货币补贴则是通常为了使这类补贴能够真正达到住房保障的目的，由政府根据相关政策规定，对符合一定条件的受保障的城市家庭或个人发放一定数量的货币，对其租赁或购买住房进行补贴，根据受保障群体的租购住房行为进行货币补贴，避免人们使用获得的货币补贴用于其他类型消费。例如，凭支付房租的收据或发票报销获得租赁补贴，先行购房后凭购房发票领取补贴，或者直接向受保障群体发放租房券或购房券，用于抵扣租金或购房款。

与其他补贴方式相比，货币补贴的高效率特征较为明显。当政府直接向符合一定标准的受保障家庭或个人发放货币补贴，由受保障群体按照自己的工作状况、自身的收入(含保障性的补贴收入)、生活条件、家庭结构等各种条件自行选择不同区位的住房类型。由此，受保障家庭或个人就会依据自身条件进行优化选择，如更换工作时不受固定保障房所处位置的限制，可选择范围扩大，更容易找到适合自己的工作。在子女教育的不同阶段，可以选择不同的居住区域，有利于提升下一代的受教育水平。

货币补贴本质上直接增加了受保障家庭或个人的收入，对保障性住房与其他产品和劳务的相对价格关系的扭曲性影响较小，受保障的家庭或个人可以基于收入增加状况做出自己的最佳选择。与此同时，这种住房保障制度设计，使政府面对的决策变量有效减少，降低了制度运行成本，由这些家庭或个人自主选择、“对号入座”，大大降低了甄别、监督和管理的困难，减少保障性住房的运营成本。

同时，与直接实物住房分配相比，货币补贴可以极大地节约行政管理成本，政府保障性住房运营和管理机构能够减少人员投入，降低资金耗费，使有限的政府预算用于提供更多的保障性住房。

最为重要的是，根据经济学的基本原理，政府的货币补贴没有直接干扰住房市场本身的运作，只从间接渠道对不同人群的收入总量和结构方面产生影响，市场相对价格保持较为稳定的关系，通过受保障群体的竞争，使得特定区域的保障性住房能够有效地分配给最需要的群体。此外，与政府直接投资或实物分配相比，政府是市场活动的规则制度制定者和监督执行者，其根本性职能在于公正地执行市场规则，促进整个住房市场有效地配置稀缺资源。同时，众多住房开发商之间的竞争会使住房整体价格趋于下降，拥有住房的业主也需要和其他业主竞争有限的租户，房租也有下降的趋势。因而，消费者群体福利水平会有效提高。

但货币资金补贴也存在弊端，一方面，补助的资金可能在交易环节被住房所有者或销售者侵蚀，导致房价和租金的上涨；另一方面，如果不对补贴资金的用途进行限制，获得补贴的家庭或个人可能将资金用于其他消费品，从而无法达到解决居住困难的目的。

因此，各类补贴各有优劣，在实际运用过程中要综合利用这四类补贴，做到因时因地制宜、扬长避短。比如，我国现行的廉租房制度，以租金配租为主，实物配租、租金核减为辅。租金配租是需求端补贴和货币补贴的结合，实物配租是供给端补贴和实物补贴的结合，而租金核减是需求端补贴和货币补贴的结合。

第三节　保障性住房与商品房的替代非扭曲性

我国城市住房保障制度的长期实践表明，市场化改革成功解决了我国城市绝大多数的住房问题。根据国家统计局数据推算，1978—2020 年，我国城镇住房存量从不到 14 亿平方米增加到 276 亿平方米，城镇人均住房建筑面积从 8.1 平方米增加到 40 多平方米，城镇住房套均建筑面积从 44.9 平方米增加到 89.6 平方米，城镇住房套数从约 3100 万套增加到 3.11 亿套。因此，有效的住房保障制度需要将保障性住房限制在合理水平，避免因其对商品房的替代而降低整个房地产市场的效率。

一、替代非扭曲性的含义

当保障性住房的交通条件、房屋质量、区位、配套设施等因素向商品房趋近时，会分流一部分商品房的需求，改变整个住房市场的供求关系和相对价格关系。由于保障性住房的价格和租金不是这类住房真实代价的反映，相对于在市场供求作用基础上形成的商品房的价格和租金，保障性住房的价格和租金在不同程度上是低于均衡水平的低价格和低租金。当价格和租金低于均衡水平时，一方面会放大需求，即在同等住房质量条件下会诱使人们更多地占用保障性住房；另一方面如果没有政府补贴，相关企业提供保障性住房的积极性会受到抑制。保障性住房和商品房之间的相对价格差距会日益扩大，商品房占住房的比重也会受到抑制。

综合国家统计局历年的数据，从全国人口普查和1%抽样调查的住房建设年代数据分析，约有97%的城镇住房为1978年以来建造，约87%的城镇住房为1990年以来建造，约60%的城镇住房为2000年以来建造。我国城镇住房存量中商品房大约占40%，自建房约占30%，剩余30%为原来公有住房出售和近年来开发的保障性住房。在各级政府部门的推动下，保障性住房所占比重呈逐年上升趋势。商品房的价格和租金能够全面而及时地反映各种资源稀缺状况，从而能够引导资源流向最佳的区位和住房类型，具有较高的经济效率。从经济学理论角度分析，人为地改变相对价格会产生较为严重的扭曲效应，导致住房方面的整体效率下降。

高效住房保障制度需要尽可能地减少这种扭曲效应，替代非扭曲性的基本含义就是尽可能运用价格机制、市场机制解决城市住房问题，由价格引导稀缺资源的有效配置。对于保障性住房的行政分配也可以通过创造市场、设计市场等“模拟”市场方式减缓扭曲效应的影响。

二、各类保障房与商品房之间的替代效应

随着我国住房供应体系的完善，保障性住房和商品房存在显著的替代效应。由于保障性住房的类别众多，除了整体上存在替代效应，不同类型保障房与商品房的替代程度存在较为明显的差异。

1. 公共租赁房对市场化房屋租赁的替代效应

公共租赁房相较于市场化的租赁型房屋，一般存在租金较低而进入和退出条件严格的特点。比如，联明雅苑是上海首批公共租赁房试点项目之一，租金较周边小区市场化租赁住房低20%~30%，但其具有较高的准入门槛：

(1)符合政府的规章制度，《公共租赁房管理办法》第七条规定，申请者需满足在本地无房或现有住房面积、收入和财产低于规定的特定标准，在本地有较为稳定的工作，且就业达到一定的年限；

(2)企业推荐，针对联明雅苑小区周边集聚的第二产业企业雇用了较多劳动力，而这些员工大多收入低下且没有固定住房，企业可帮助其在此申请员工宿舍；

(3)住房保障部门审核，对申请人的申请材料、财政证明、住房状况等情况进行复核，并将符合规定的申请人予以公示。

同时，其具有严格的退出机制：

(1)租赁期满六年必须主动退出；

(2)当不满足准入条件之一或将公共租赁房转租时，应强制退出。

市场化的租赁型住房租金较高但不受以上限制。但即便如此，从理论上分析，公共租赁房通过锁定特定供给对象，分担了一大批中低收入家庭或个人的租赁需求。同时公共租赁房项目由政府支持，可以在一定程度上保证租期的稳定性和租金的合理化。加之后期较强的公共租赁房运营能力，着力保护公共租赁房租户权益，可以有效改善房地产租赁市场的供给短缺现状，弥补个人出租住房的不足。

2. 经济适用房等对商品房的替代效应

经济适用房和共有产权房等对商品房的替代效应更为显著。以往的经济适用房为降低价格不断削减土地供给成本和住房开发成本。然而由于地方政府对土地财政的依赖，往往将偏僻的土地用于经济适用房建设，导致经济适用房可能存在交通不便，医疗、教育等配套设施相对欠缺等特点。

而共有产权房是一种特殊的经济适用房，被保障家庭和政府按照出资比例享有部分房屋产权，被保障家庭可根据自身能力对政府享有产权部分进行购买，若被保障家庭的收入超过标准时，政府有权对其享受产权部分收取租金，因此两者利益并不冲突从而使得共有产权房和商品房在本质上相同，可以拥有类似的质量。例如，在 2017 年北京住建委就已经明确表示共有产权房和商品房在落户、子女入学等方面一视同仁。2019 年 4 月 1 日，北京教委再次重申共有产权房子女入学政策方面不会被差别对待，进一步体现了共有产权房和普通商品房的统一性。两者最大的区别在于共有产权房被附加 5~10 年的锁定期，5 年内不得转让，10 年后仅能转让给拥有购买共有产权房资格的购房者。该条款有效控制了投资和投机需求的进入，让有限的资源分配给真正需要住房的民众。

3. 其他保障房对商品房的替代效应

其他类型的保障房还包括廉租房、人才公寓、安置房(动迁房)、两限房等类型。这些类型有些是由特定历史原因形成的，有些类型则是反映其在租赁和购买方式、补贴方式上的不同，也是整个房地产市场结构中的重要构成部分。

这些保障房类型可以根据其市场化程度的差异与商品房形成不同的替代关系。类似地，这种替代效应一方面分流了商品房市场需求，商品房价格存在下降的趋势；另一方面由于这类住房同样直接或间接依赖政府财政支持，人们的税收负担加重，可支配收入水平减少，也会降低商品房市场的需求，即相当于把对商品房的需求直接或间接地转移到保障性住房方面。

三、保障性住房的“模拟”市场

保障性住房的“模拟”市场主要是借助房地产市场实际运行情况、真实供求关系的状况、商品房价格和租金等决策要素辅助其运行，使其能够完整反映保障性住房的真实经济成本。政府在保障性住房计划投资、开发建设、运行管理过程中，运用这些真实经济成本进行决策。

具体而言，高效住房保障制度下，保障性住房的需求端，要以显性形式反映被保障群体所享受的福利水平。即根据真实经济成本核算出的保障性住房的实际价格或租金向社会明示，一方面能够让全社会明确为提供保障性住房所承担的真实代价，确定政府财政支出所负担的数量，也为税收提供确定的依据；另一方面也使享受福利者明确获得好处的数量，对社会为其提供的帮助怀有感激之情。例如，公共租赁房先按市场租金水平确定租金的合理水平，然后以市场租金的70%~90%的较低租金向特定人群出租，由此可以达到上述目的。相对于其他隐性的保障性住房类型，公共租赁房更好地结合了市场机制，具备较高的生产效率、分配效率和运行效率。

从保障性住房的供给端来看，高效住房保障制度下，需要向相关房地产开发企业按商品房价格水平支付对价，即相关房地产企业按商品房开发方式进行保障性住房开发，然后直接按市场价格向政府出售或交付住房。原有的保障性住房隐性土地成本同样显性化，纳入开发企业的经营核算范围。各类间接补贴直接化、显性化。由此，政府以市场化方式控制供给端，由开发企业在统一的竞争性市场中提供保障性住房，从而保证供给端的市场效率。例如，共有产权房在供给端一侧尽可能地运用市场方式运行，同样较好地结合了市场机制，具备较高的生产效率。

第四节　保障性住房的激励效能

住房保障制度由于其天然的福利性，具有低价或免费的特点，同时政府在其中处于主导地位，由此改变了人们行为的诱因，鼓励人们不断寻求提升住房保障的范围和幅度。在这种情况下，为满足保障覆盖面扩大化和保障水平不断提升的需求，政府往往通过税收获取更多的财政收入，通过扩大债务的方式为保障“升级”融资。一方面，高税收会抑制企业发展最终阻碍经济的发展，增加税收难以持续，使得保障本身缺乏“保障”。同时，高债务仍需要未来的高税收偿付，因而“寅吃卯粮”的行为具有不可持续性。另一方面，过度依赖福利的国民可能会产生惰性，出现过度依赖保障的行为。因此，高效住房保障制度需要具备抑制这些效应的能力，需要改变人们的激励方向，在控制保障性住房支出水平条件下改善人们的居住状况。

一、激励的基本含义

激励的基本含义是激发、鼓励，触发主体内在动力而行动。从住房保障制度来看，是指政府通过一定的制度设计，运用某些外部奖励形式，提供一定的适宜的工作环境，并制定一定的行为规则及惩罚手段，激发、引导和规范相关利益主体的行为，从而达成制度的目标。科学管理之父弗雷德里克·泰勒于20世纪初开始研究激励理论。目前有代表性的理论主要分为四种类型：内容型激励理论、综合激励理论、行为修正型激励理论和过程型激励理论。根据内容型激励理论能够较好地理解高效住房保障制度激励效能的合理性和必要性。

住房保障项目作为我国社会保障体系的重要组成部分，为防止陷入“高福利陷阱”，应充分发挥高效住房保障制度的激励效能，抑制激励偏向，做到精准识别被保障人群、精准施策、精准退出。

二、制定合理的住房保障群体范围

在我国推行住房保障制度过程中，有些城市和学者提出要将住房保障范围扩大到社会人口的85%，即只有剩余15%的人口能够通过商品房市场解决居住问题，而社会绝大多数人口要通过住房保障制度来解决。当住房保障群体范围不断扩大时，住房价格由显性激励转向隐性激励因素。人们面对的直接决策变量即价格趋向于零，在此情况下，会产生需求的急剧放大效应，即政府投入得再多也无法满足人们无限的住房需求，住房的浪费现象也会日趋严重，会产生少数人占据大量住房的情况，严重降低了住房保障制度的运行效率。

当住房价格不能调整资源配置时，需要以其他的非价格变量来调节，如住房数量、面积、档次、配置等，也需要分别核实人们的各种身份特征，根据住房的特征确定其质量高低，根据人们的身份特征来确定获得住房的先后顺序，以此来分配有限的住房。由此，势必需要大量的行政管理人员耗费大量的时间和精力来甄别这些特征，再加上这些特征具有一定的模糊性，分配人员拥有较大的自由裁量权，从而会诱发大量的寻租和腐败行为，重蹈过去计划经济时期福利分房的覆辙，大大降低住房方面的效率，最终会重新出现住房困难问题。

因此，高效住房保障制度需要严格限定保障范围，将其限制在依靠自身努力完全无力解决居住问题的群体上，将有限的公共资源用于解决必须保障的群体。制度诱导具备一定支付能力的群体尽量依赖市场解决。事实上，改革开放以来正是有效地利用了市场机制，才使得我国在较短时间内解决了众多人口的居住问题，也才有了较为充足的财力来解决中低收入者的居住问题。

三、激励被保障群体脱离被保障范围

高效住房保障制度的有效运行需要将有限的公共资源尽量用于自身完全无力解决住房困难的群体，严格限制保障覆盖的人群范围，使有一定能力自行改善居住条件的群体缺乏寻求保障的动力，充分提升有限保障房的使用效率，提升其周转速度。

对于获得保障房的群体要设计足够的激励手段，鼓励其主动提升劳动技能，增加收入，更快地依靠个人或家庭的能力脱离保障。简言之，高效住房保障制度发展的目的就是无须保障，使得社会大众提升能力，尽快脱离保障。

具体而言，可以采取对积极退出保障房的群体进行奖励，而对已超过被保障范围而未及时退出的群体进行惩罚，通过改变外部条件定向刺激人们做出主动退出被保障群体，提升社会整体利益的行为。

03 第三章 保障性住房的供求理论模型

为进一步从理论上明确采取特定的住房保障制度对房地产市场及整体经济的相关影响，在第二章对高效住房保障制度的一般性特征进行分析的基础上，本章运用标准的经济学模型进行分析，以期揭示其中的因果逻辑关系，阐明其影响机制，为后续进行实证分析和制度设计提供理论基础。本章先从最简单的基准模型出发，进而扩展到包含金融机构、政府、保障性住房等各个更加复杂而现实层面的模型。

第一节　基准模型

基准模型是经济学标准的供求模型，房地产市场供给和需求两种影响力量共同作用于市场，形成市场均衡，得出均衡条件下的住房价格和住房数量。其中影响住房需求的因素包括住房价格、家庭收入、消费者偏好、其他非住宅产品和劳务的价格、消费者对未来价格的预期、社会规范、外部环境等。影响住房供给的因素包括住房价格、土地价格、其他中间投入品价格、其他相关产品和劳务的价格、生产者对未来价格的预期、技术和管理状况等。政府政策通常是作为一个外生变量同时对住房需求和供给产生影响。

为反映家庭住房消费的动态性，同时为考虑各种市场变量(如利率)和政府干预变量(如补贴率和税率)的影响，本章采用两阶段消费者跨期选择模型，该模型也很容易从两阶段扩展到有限多阶段以及无限期界模型，不会改变模型得出的理论结论的基本含义。

一、模型假设

在本章的经济模型分析中，为简化起见，假设家庭群体是类似的或者同一类家庭是相似的，即使有区别也主要是一些可识别且有限特征方面的区别，从而避免单纯由于家庭（个人）的个性、情境、短期动机等因素而对其选择行为产生影响。这一假定并不是回避相关因素在实际经济决策中的影响，而是为了突出显示关键因素的经济影响，忽略这些细节不会对基本选择行为产生重要影响。此外，模型的总体假设还涉及住房品质的差异，在实践中住房由于所处区位、面积、装修标准、周边交通等配套设施存在差异，每一套住房都是特异的，本章假定住房是同质的，尤其是面对同一类家庭而言，住房品质相同。在实际经济分析中住房价格通常能够有效地反映这些差异，基准模型具体的假设包括以下几个方面：

（1）房地产市场中仅存在家庭和开发商，在基准模型中暂时忽略政府、金融机构等主体。家庭生存两期并在两期中选择最优的住房和其他产品的消费路径，跨期折现率为 r。

（2）代表性地区的代表性家庭，在第 t 期效用由家庭的商品房消费 D_t 和除商品房消费以外的其他消费 C_t 决定。

（3）消费者的效用函数形式为科布-道格拉斯型。

（4）居民的收入 Y 全部用于购买住房和其他消费，其中商品房价格为 P_{D_t}，其他消费的价格为 P_{C_t}。

（5）开发商开发成本 F 是商品房供给 S_t 的二次函数，其中开发成本又包括土地成本 LC 和建筑成本 DC。

二、家庭需求函数

家庭通过在两期选择住房消费和其他消费路径，以寻求两期效用之和达到最大化，即

$$U=u(D_1+C_1)+\theta u(D_2+C_2) \tag{3.1}$$

其中，θ 为未来效用的折现系数。

在两期的情形下，暂时不考虑住房的新建量，那么第 1 期结束后可供第 2 期消费的住房存量为第 1 期存量减去住房的折旧，若设折旧率为 δ，那么两期住房存量的关系为

$$D_2=(1-\delta)D_1 \tag{3.2}$$

另外，收入是在这一问题中家庭的外生变量，设收入增长率为 g，则有

$$Y_2=(1+g)Y_1 \tag{3.3}$$

两期间除住房以外的产品和劳务的价格上涨率即通货膨胀率为 ρ，则有

$$P_{C_2}=(1+\rho)P_{C_1} \tag{3.4}$$

住房价格上涨率为 h，则有

$$P_{D_2}=(1+h)P_{D_1} \tag{3.5}$$

家庭每期的效用函数为科布-道格拉斯型的，可以转化为对数线性形式

$$u_t=C_t^{\alpha}\cdot D_t^{\beta}$$

即

$$u_t=\alpha\ln(C_t)+\beta\ln(D_t)$$

则

$$u_1=\alpha\ln(C_1)+\beta\ln(D_1)$$

$$u_2=\theta[\alpha\ln(C_2)+\beta\ln(D_2)]$$

由前所述，家庭购买住房和非住房的其他产品和劳务，由此获得满足，根据假设 4，家庭的跨期预算约束为

$$\text{s. t. } C_1P_{C_1}+D_1P_{D_1}+\frac{C_2}{1+r}P_{C_2}+\frac{D_2}{1+r}P_{D_2}=Y_1+\frac{Y_2}{1+r} \tag{3.6}$$

其中，r 为利率或折现率。

为计算家庭跨期预算约束条件下的效用最大化，构造拉格朗日函数

$$L=u(D_1+C_1)+\theta u(D_2+C_2)-\lambda\left(C_1P_{C_1}+D_1P_{D_1}+\frac{C_2}{1+r}P_{C_2}+\frac{D_2}{1+r}P_{D_2}-Y_1-\frac{Y_2}{1+r}\right)$$

也就是

$$L=\alpha\ln(C_1)+\beta\ln(D_1)+\theta[\alpha\ln(C_2)+\beta\ln(D_2)]-$$
$$\lambda\left(C_1P_{C_1}+D_1P_{D_1}+\frac{C_2}{1+r}P_{C_2}+\frac{D_2}{1+r}P_{D_2}-Y_1-\frac{Y_2}{1+r}\right)$$

根据两期住房存量、收入、通货膨胀率和住房价格上涨率的关系，经代换可得

$$L=\alpha\ln(C_1)+\beta\ln(D_1)+\theta\{\alpha\ln(C_2)+\beta[\ln(1-\delta)D_1]\}-$$
$$\lambda\left[C_1P_{C_1}+D_1P_{D_1}+\frac{C_2}{1+r}(1+\rho)P_{C_1}+\frac{(1-\delta)D_1}{1+r}(1+h)P_{D_1}-Y_1-\frac{(1+g)Y_1}{1+r}\right] \tag{3.7}$$

分别对 D_1、C_1、C_2 和 λ 求一阶导数，得出四个一阶最优条件：

$$\frac{\partial L}{\partial D_1}=\frac{\beta(1+\theta)}{D_1}-\lambda\left[1+\frac{(1-\delta)(1+h)}{1+r}\right]P_{D_1}=0 \tag{3.8}$$

$$\frac{\partial L}{\partial C_1}=\frac{\alpha}{C_1}-\lambda P_{C_1}=0 \tag{3.9}$$

$$\frac{\partial L}{\partial C_2}=\frac{\theta\alpha}{C_2}-\lambda\ \frac{1+\rho}{1+r}P_{C_1}=0 \tag{3.10}$$

$$\frac{\partial L}{\partial \lambda}=C_1P_{C_1}+D_1P_{D_1}+\frac{1+\rho}{1+r}C_2P_{C_1}+\frac{(1-\delta)(1+h)}{1+r}D_1P_{D_1}-Y_1-\frac{(1+g)}{1+r}Y_1=0 \tag{3.11}$$

将式(3.9)分别代入式(3.8)和式(3.10)，可得

$$C_2=\frac{\theta(1+r)}{1+\rho}C_1 \tag{3.12}$$

$$\beta(1+\theta)C_1P_{C_1}=\alpha\left[1+\frac{(1-\delta)(1+h)}{1+r}\right]D_1P_{D_1} \tag{3.13}$$

式(3.11)可改写为

$$C_1P_{C_1}+\frac{1+\rho}{1+r}C_2P_{C_1}+\left[1+\frac{(1-\delta)(1+h)}{1+r}\right]D_1P_{D_1}=\left(1+\frac{1+g}{1+r}\right)Y_1 \tag{3.14}$$

将式(3.13)代入式(3.14)，可得

$$\left[1+\frac{\beta(1+\theta)}{\alpha}\right]C_1P_{C_1}+\frac{1+\rho}{1+r}C_2P_{C_1}=\left(1+\frac{1+g}{1+r}\right)Y_1 \tag{3.15}$$

由式(3.12)、式(3.14)、式(3.15)求解 D_1、D_2、C_1、C_2，可得

$$D_1^*=\frac{\beta}{\alpha+\beta}\cdot\frac{2+r+g}{1+r+(1-\delta)(1+h)}\cdot\frac{Y_1}{P_{D_1}} \tag{3.16}$$

$$D_2^*=(1-\delta)\cdot\frac{\beta}{\alpha+\beta}\cdot\frac{2+r+g}{1+r+(1-\delta)(1+h)}\cdot\frac{Y_1}{P_{D_1}} \tag{3.17}$$

$$C_1^*=\frac{1}{1+\theta}\cdot\frac{\alpha}{\alpha+\beta}\cdot(1+\frac{1+g}{1+r})\cdot\frac{Y_1}{P_{C_1}} \tag{3.18}$$

$$C_2^*=\frac{\theta}{1+\theta}\cdot\frac{1}{1+\rho}\cdot\frac{\alpha}{\alpha+\beta}\cdot(2+r+g)\frac{Y_1}{P_{C_1}} \tag{3.19}$$

其中，D_1^* 是家庭跨期选择最优化情形下住房的需求函数。

该需求函数表明，家庭最优跨期选择中对住房的需求与收入同方向变动，与住房价格反方向变动。需求变动水平与效用折现率 θ、住房与其他产品和劳务的相对效用$\frac{\beta}{\alpha}$、利率 r、住房价格上涨率 h、经济增长率 g 有关。

三、开发商利润和供给函数

根据前述假设，房地产开发商的利润函数为

$$\pi=S_t\cdot P_{D_t}-F$$

$$F=\frac{1}{2}f(LC,\ DC)\cdot S_t^2$$

开发商利润最大化的一阶条件为

$$\frac{\partial\pi}{\partial S_t}=P_{D_t}-f(LC,\ DC)S_t=0$$

由此，可得供给函数为

$$S_t=\frac{P_{D_t}}{f(LC,\ DC)}$$

同时增加开发商商品房价格预期 $P_{D_t}^e$ 对商品房供给的影响，供给方对商品的涨价预期会相应减少当期供给，因此开发商的商品房供给函数可以表示为

$$S_t=\frac{P_{D_t}}{f(LC,\ DC)}\cdot\frac{1}{P_{D_t}^e}$$

在两期模型中，$t=1$，2，由此，可得两期的供给函数分别为

$$S_1=\frac{P_{D_1}}{f(LC,\ DC)}\cdot\frac{1}{P_{D_1}^e}\tag{3.20}$$

$$S_2=\frac{P_{D_2}}{f(LC,\ DC)}\cdot\frac{1}{P_{D_2}^e}\tag{3.21}$$

四、市场均衡的静态和比较静态分析

当市场供求相等时，达到均衡，由此可得

$$\frac{P_{D_1}}{f(LC,\ DC)}\cdot\frac{1}{P_{D_1}^e}=\frac{\beta}{\alpha+\beta}\cdot\frac{2+r+g}{1+r+(1-\delta)(1+h)}\cdot\frac{Y_1}{P_{D_1}}\tag{3.22}$$

$$\frac{P_{D_2}}{f(LC,\ DC)}\cdot\frac{1}{P_{D_2}^e}=(1-\delta)\cdot\frac{\beta}{\alpha+\beta}\cdot\frac{2+r+g}{1+r+(1-\delta)(1+h)}\cdot\frac{Y_1}{P_{D_1}}\tag{3.23}$$

求解得到住房的均衡价格

$$P_{D_1}^*=\sqrt{\frac{\beta}{\alpha+\beta}\cdot\frac{2+r+g}{1+r+(1-\delta)(1+h)}\cdot Y_1\cdot f(LC,\ DC)\cdot P_{D_1}^e}\tag{3.24}$$

$$P_{D_2}^*=(1+h)\sqrt{\frac{\beta}{\alpha+\beta}\cdot\frac{2+r+g}{1+r+(1-\delta)(1+h)}\cdot Y_1\cdot f(LC,\ DC)\cdot P_{D_1}^e}\tag{3.25}$$

市场均衡时的均衡住房数量为

$$D_1^*=\sqrt{\frac{\beta}{\alpha+\beta}\cdot\frac{2+r+g}{1+r+(1-\delta)(1+h)}\cdot\frac{Y_1}{f(LC,\ DC)\cdot P_{D_1}^e}}\tag{3.26}$$

$$D_2^* = (1+h)\sqrt{\frac{\beta}{\alpha+\beta}\cdot\frac{2+r+g}{1+r+(1-\delta)(1+h)}\cdot\frac{Y_1}{f(LC,\ DC)\cdot P_{D_1}^e}} \tag{3.27}$$

由住房的均衡价格和均衡数量的表达式，可以得出关于收入、成本、预期价格的比较静态导数。

$$\frac{\partial P_{D_1}^*}{\partial Y_1}=\frac{1}{2}\times\sqrt{\frac{\beta}{\alpha+\beta}\cdot\frac{2+r+g}{1+r+(1-\delta)(1+h)}\cdot f(LC,\ DC)\cdot P_{D_1}^e}\cdot\frac{1}{\sqrt{Y_1}}$$

$$\frac{\partial P_{D_1}^*}{\partial P_{D_1}^e}=\frac{1}{2}\times\sqrt{\frac{\beta}{\alpha+\beta}\cdot\frac{2+r+g}{1+r+(1-\delta)(1+h)}\cdot Y_1\cdot f(LC,\ DC)}\cdot\frac{1}{\sqrt{P_{D_1}^e}}$$

$$\frac{\partial P_{D_1}^*}{\partial f(LC,\ DC)}=\frac{1}{2}\times\sqrt{\frac{\beta}{\alpha+\beta}\cdot\frac{2+r+g}{1+r+(1-\delta)(1+h)}\cdot Y_1\cdot P_{D_1}^e}\frac{1}{\sqrt{f(LC,\ DC)}}$$

$$\frac{\partial D_1^*}{\partial Y_1}=\frac{1}{2}\times\sqrt{\frac{\beta}{\alpha+\beta}\cdot\frac{2+r+g}{1+r+(1-\delta)(1+h)}}\cdot\frac{1}{\sqrt{Y_1\cdot f(LC,\ DC)\cdot P_{D_1}^e}}$$

$$\frac{\partial D_1^*}{\partial f(LC,\ DC)}=-\frac{1}{2}\times\left[\frac{\beta}{\alpha+\beta}\cdot\frac{2+r+g}{1+r+(1-\delta)(1+h)}\right]^{\frac{1}{2}}\cdot(P_{D_1}^e)^{-\frac{1}{2}}\cdot[f(LC,\ DC)]^{-\frac{3}{2}}$$

$$\frac{\partial D_1^*}{\partial P_{D_1}^e}=-\frac{1}{2}\times\left[\frac{\beta}{\alpha+\beta}\cdot\frac{2+r+g}{1+r+(1-\delta)(1+h)}\right]^{\frac{1}{2}}\cdot(P_{D_1}^e)^{-\frac{3}{2}}\cdot[f(LC,\ DC)]^{-\frac{1}{2}}$$

根据基本经济理论和参数的实际经济意义，可以确定模型中各个参数的取值范围，6 个比较静态导数中的相关参数，α、β、r、g、δ、h 均为非负值，可知，$\frac{\partial P_{D_1}^*}{\partial Y_1}>0$、$\frac{\partial P_{D_1}^*}{\partial P_{D_1}^e}>0$ 和 $\frac{\partial P_{D_1}^*}{\partial f(LC,\ DC)}>0$。意味着当收入、开发商成本和预期价格水平提高时，均衡价格水平也会提高。

$\frac{\partial D_1^*}{\partial Y_1}>0$、$\frac{\partial D_1^*}{\partial f(LC,\ DC)}<0$ 和 $\frac{\partial D_1^*}{\partial P_{D1}^e}<0$，可得，当收入提高时，住房均衡数量增加。而开发商成本和预期价格水平提高时，住房均衡数量减少。

五、基准模型的理论结论和政策意蕴

(1)住房价格是供给和需求两种力量共同作用的结果，任何因素都是通过需求、供给或两者共同对住房价格起作用的。其政策意蕴在于，如果政府希望干预住房价格，那么可以通过对供求两类因素中的一个或多个起作用。

(2)住房价格与家庭效用函数的类型有关，线性效用函数情形下，住房消费与其他消费之间是线性可加的、相分离的，即住房消费与其他非住房消费不存在直接的替代关系，只有在收入给定情况下才存在替代效应。非线性效用函数情形下，住房消费与其他非住房消费之间存在直接的替代关系，效用是直接相关的。其政策意蕴在于，政府改变住房价格，那么住房与其他非住房产品和劳务的相对价格发生变动，家庭会改变收入在两类产品方面的分配。例如，降低住房价格时，家庭会把更多的收入投入住房方面，这样就会减少对非住房产品和劳务的消费；政府改变其他非住房产品和劳务的相对价格也会产生扭曲效应，改变资源在不同领域的分配。当政府具有其他政策目标时，这些目标通常会产生冲突。例如，政府希望推动除住房外其他产业的增长，又想降低住房价格，通常而言，这两个政策目标不会同时实现。

(3)住房价格与住房消费在总消费中所占的比重呈同方向变动关系，反映了住房价格的需求方因素。同时，α 和 β 分别反映了非住房消费和住房消费的效用弹性系数。

(4)开发商的边际成本水平 $f(LC, DC)$ 对住房价格产生直接影响，从成本一方来看，随着开发量的增加，边际成本上升，住房价格会上涨。本模型中没有对开发商的成本性状进行分析，假设其为典型的关于住房数量的二次函数。不过，可以明确地看出开发商的土地成本和建筑成本对住房价格的直接影响。其政策意蕴在于，如果政府控制土地数量和使用方向，那么土地成本会提高，在其他条件给定的情况下，住房价格也会相应提高。

(5)住房消费者和开发商对未来价格的预期具有协同作用，同时，预期相同时两者存在相互强化的效应，即消费者和开发商均预期价格上涨的情况下，住房价格会以更快的速度上涨。预期不同时二者会相互抵消，即一方预期价格上涨另一方预期价格下跌，则价格变动方向不确定，具体变化方向取决于哪一方的预期居于主导地位。其政策意蕴在于，政府政策往往带有政府对市场前景的判断，这种判断会通过对家庭和开发商的价格预期传递到住房均衡价格上。例如，政府采取行政性措施抑制住房价格反而会强化涨价的预期，住房价格可能以更快的速度上涨，恰恰与政策调控的方向相左。

第二节　扩展模型 I

基准模型中只有家庭和企业两类经济行为主体，虽然是现实的极度简化，但准确地反映了决定住房市场的主导力量。现代经济中银行作为金融中介机构，能够有效地节约市场供求双方的交易成本，提升经济运行效率。本节主要扩展到包含银行等金融机构的情形。

一、模型假设

(1)房地产市场中存在家庭、开发商和银行等金融机构，扩展模型Ⅰ中引入银行等金融机构；

(2)代表性地区的代表性家庭，在第 t 期效用由其商品房消费量 D_t 和除商品房消费之外的其他消费量 C_t 决定，且效用函数同样设为科布-道格拉斯型；

(3)家庭的收入 Y 和贷款 L 全部用于购房支出和其他消费支出，其中商品房价格为 P_{h_t}，其他消费的价格为 P_{C_t}，居民贷款利率为 i；

(4)开发商开发成本 F 是商品房供给 S_t 的二次函数，其中开发成本又包括土地成本 LC、建筑成本 DC 和资金成本 φM(开发商贷款利率为 φ)。

二、家庭需求函数

在存在消费者住房贷款的情况下，家庭的效用函数与基准模型一致。假设家庭在第1期贷款，第2期还款，当然也可以在第1期出借资金，第2期获得更多的可消费的资金，这一假定不影响其中反映的逻辑关系。贷款利率为 i，那么家庭两期的预算约束为

$$\text{s. t. } C_1P_{C_1}+D_1P_{D_1}+\frac{C_2}{1+r}P_{C_2}+\frac{D_2}{1+r}P_{D_2}+\frac{1+i}{1+r}L=Y_1+L+\frac{Y_2}{1+r} \tag{3.28}$$

由上述预算约束可知，当贷款利率 i 等于跨期折现率 r 时，预算约束与基准模型完全一致，即贷款活动对跨期预算约束没有影响，仅是家庭收入在两期的等价变动。事实上，这也反映了实际生活中有些家庭充当资金的提供者，有些家庭是资金的需求者，贷款利率反映了资金的实际使用成本，折现率反映了社会平均的时间偏好，当二者不一致时，部分家庭会从资金提供者或需求者转化为另一种类型，调整自己的消费路径，调整达到均衡时会使二者相一致。

当贷款利率 i 等于跨期折现率 r 时，住房需求函数与基准模型完全相同，借贷行为是中性的。

扩展模型Ⅰ与基准模型的差异在于贷款利率 i 与跨期折现率 r 不相等时所引发的效应，两者不相等的原因可能源于，政府对部分贷款者进行税收补贴、减免，或者直接为部分家庭提供资金，这也是一些国家住房保障制度采取的做法。

由此，构造拉格朗日函数

$$L=\alpha\ln(C_1)+\beta\ln(D_1)+\theta[\alpha\ln(C_2)+\beta\ln(D_2)]-$$
$$\lambda\left(C_1P_{C_1}+D_1P_{D_1}+\frac{C_2}{1+r}P_{C_2}+\frac{D_2}{1+r}P_{D_2}-Y_1-\frac{Y_2}{1+r}-\frac{r-i}{1+r}L\right)$$

分别对 D_1、C_1、C_2 和 λ 求一阶导数，得出四个一阶最优条件

$$\frac{\beta}{D_1}+\frac{\theta\beta}{D_1}-\lambda\left[P_{D_1}+\frac{1-\delta}{1+r}(1+h)P_{D_1}\right]=0 \tag{3.29}$$

$$\frac{\alpha}{C_1}-\lambda P_{C_1}=0 \tag{3.30}$$

$$\frac{\theta\alpha}{C_2}-\lambda\frac{(1+\rho)P_{C_1}}{1+r}=0 \tag{3.31}$$

$$C_1P_{C_1}+D_1P_{D_1}+\frac{C_2}{1+r}(1+\rho)P_{C_1}+\frac{(1-\delta)D_1}{1+r}(1+h)P_{D_1}-Y_1-\frac{(1+g)Y_1}{1+r}-\frac{r-i}{1+r}L=0 \tag{3.32}$$

可见，除了与预算约束条件等价的一阶条件，其他三个一阶条件与基准模型是完全一致的。

求解可得扩展模型Ⅰ的四个最优结果：

$$D_1^*=\frac{\beta}{\alpha+\beta}\cdot\frac{(2+r+g)Y_1+(r-i)L}{1+r+(1-\delta)(1+h)}\cdot\frac{1}{P_{D_1}} \tag{3.33}$$

$$D_2^*=(1-\delta)\cdot\frac{\beta}{\alpha+\beta}\cdot\frac{(2+r+g)Y_1+(r-i)L}{1+r+(1-\delta)(1+h)}\cdot\frac{1}{P_{D_1}} \tag{3.34}$$

$$C_1^*=\frac{1}{1+\theta}\cdot\frac{\alpha}{\alpha+\beta}\cdot\left[\left(1+\frac{1+g}{1+r}\right)Y_1+\frac{r-i}{1+r}L\right]\cdot\frac{1}{P_{C_1}} \tag{3.35}$$

$$C_2^*=\frac{\theta}{1+\theta}\cdot\frac{1}{1+\rho}\cdot\frac{\alpha}{\alpha+\beta}\cdot[(2+r+g)Y_1+(r-i)L]\frac{1}{P_{C_1}} \tag{3.36}$$

其中，D_1^* 是第 1 期家庭的住房需求函数。从该函数中可以看出贷款项的影响，若贷款利率 i 小于跨期折现率 r，相当于给家庭一个 $(r-i)$ 数量的补贴，这一补贴对住房需求的影响与增加收入类似，会增加住房需求。若贷款利率 i 大于跨期折现率 r，则相当于给家庭收入一个 $(i-r)$ 数量的税收或罚款，对住房需求的影响与减少收入类似，会减少住房需求。

三、纳入银行后的供给函数和市场均衡分析

房地产开发商的利润函数为

$$\pi=S_t\cdot P_{h_t}-F$$

$$F=\frac{1}{2}f(LC,\ DC,\ \varphi M)\cdot S_t^2$$

一阶求导可得开发商的供给函数

$$S_t=\frac{P_{h_t}}{f(LC,\ DC,\ \varphi M)}$$

同时增加开发商商品房价格预期 $P_{h_t}^{Se}$ 对商品房供给的影响，供给方对商品的涨价预期会相应减少当期供给，因此开发商的商品房供给函数可以表示为

$$S_t=\frac{P_{h_t}}{f(LC,\ DC,\ \varphi M)}\cdot\frac{1}{P_{ht}^{Se}}$$

由此，当市场达到均衡时，有

$$\frac{P_{D_1}}{f(LC,\ DC,\ \varphi M)}\cdot\frac{1}{P_{D_1}^e}=\frac{\beta}{\alpha+\beta}\cdot\frac{(2+r+g)Y_1+(r-i)L}{1+r+(1-\delta)(1+h)}\cdot\frac{1}{P_{D_1}} \tag{3.37}$$

$$\frac{P_{D_2}}{f(LC,\ DC,\ \varphi M)}\cdot\frac{1}{P_{D_2}^e}=(1-\delta)\cdot\frac{\beta}{\alpha+\beta}\cdot\frac{(2+r+g)Y_1+(r-i)L}{1+r+(1-\delta)(1+h)}\cdot\frac{1}{P_{D_1}} \tag{3.38}$$

商品房的均衡价格为

$$P_{D_1}^*=\sqrt{\frac{\beta}{\alpha+\beta}\cdot\frac{(2+r+g)Y_1+(r-i)L}{1+r+(1-\delta)(1+h)}\cdot f(LC,\ DC,\ \varphi M)\cdot P_{D_1}^e} \tag{3.39}$$

$$P_{D_2}^*=\sqrt{(1-\delta)\cdot\frac{\beta}{\alpha+\beta}\cdot\frac{(2+r+g)Y_1+(r-i)L}{1+r+(1-\delta)(1+h)}\cdot f(LC,\ DC,\ \varphi M)\cdot P_{D_1}^e} \tag{3.40}$$

商品房的均衡数量为

$$D_1^*=\sqrt{\frac{\beta}{\alpha+\beta}\cdot\frac{(2+r+g)Y_1+(r-i)L}{1+r+(1-\delta)(1+h)}}\cdot\frac{1}{\sqrt{f(LC,\ DC,\ \varphi M)\cdot P_{D_1}^e}} \tag{3.41}$$

$$D_2^*=(1-\delta)\sqrt{\frac{\beta}{\alpha+\beta}\cdot\frac{(2+r+g)Y_1+(r-i)L}{1+r+(1-\delta)(1+h)}}\cdot\frac{1}{\sqrt{f(LC,\ DC,\ \varphi M)\cdot P_{D_1}^e}} \tag{3.42}$$

同理，可以计算出均衡价格关于各个变量的比较静态导数如下

$$\frac{\partial P_{D_1}^*}{\partial Y_1}=\frac{1}{2}\times\sqrt{\frac{\beta}{\alpha+\beta}\cdot\frac{2+r+g}{1+r+(1-\delta)(1+h)}\cdot f(LC,\ DC,\ \varphi M)\cdot P_{D_1}^e}\cdot\frac{1}{\sqrt{Y_1}}$$

$$\frac{\partial P_{D_1}^*}{\partial f(LC,\ DC,\ \varphi M)}=\frac{1}{2}\times\sqrt{\frac{\beta}{\alpha+\beta}\cdot\frac{(2+r+g)Y_1+(r-i)L}{1+r+(1-\delta)(1+h)}\cdot P_{D_1}^e}\cdot\frac{1}{\sqrt{f(LC,\ DC,\ \varphi M)}}$$

$$\frac{\partial P_{D_1}^*}{\partial P_{D_1}^e}=\frac{1}{2}\times\sqrt{\frac{\beta}{\alpha+\beta}\cdot\frac{(2+r+g)Y_1+(r-i)L}{1+r+(1-\delta)(1+h)}\cdot f(LC,\ DC,\ \varphi M)}\cdot\frac{1}{\sqrt{P_{D_1}^e}}$$

$$\frac{\partial P_{D_1}^*}{\partial L}=\frac{1}{2}\times\sqrt{\frac{\beta}{\alpha+\beta}\cdot\frac{r-i}{1+r+(1-\delta)(1+h)}\cdot f(LC,\ DC,\ \varphi M)\cdot P_{D_1}^e}\cdot\frac{1}{\sqrt{L}}$$

由上可知，4 个比较静态导数的取值为正，反映了收入、开发成本、预期价格和贷款量与均衡价格同方向变动，这 4 个变量增加会造成均衡价格水平提高。

进一步，可以计算出住房均衡数量关于各个变量的比较静态导数如下

$$\frac{\partial D_1^*}{\partial Y_1}=\frac{1}{2}\times\sqrt{\frac{\beta}{\alpha+\beta}\cdot\frac{2+r+g}{1+r+(1-\delta)(1+h)}}\cdot\frac{1}{\sqrt{f(LC,\ DC,\ \varphi M)\cdot P_{D_1}^e\cdot Y_1}}$$

$$\frac{\partial D_1^*}{\partial L}=\frac{1}{2}\times\sqrt{\frac{\beta}{\alpha+\beta}\cdot\frac{r-i}{1+r+(1-\delta)(1+h)}}\cdot\frac{1}{\sqrt{f(LC,\ DC,\ \varphi M)\cdot P_{D_1}^e\cdot L}}$$

$$\frac{\partial D_1^*}{\partial f(LC,\ DC,\ \varphi M)}=-\frac{1}{2}\times\sqrt{\frac{\beta}{\alpha+\beta}\cdot\frac{(2+r+g)Y_1+(r-i)L}{1+r+(1-\delta)(1+h)}}\times$$

$$\frac{1}{\sqrt{P_{D_1}^e}}\cdot\frac{1}{[\sqrt{f(LC,\ DC,\ \varphi M)}]^3}$$

$$\frac{\partial D_1^*}{\partial P_{D_1}^e}=-\frac{1}{2}\times\sqrt{\frac{\beta}{\alpha+\beta}\cdot\frac{(2+r+g)Y_1+(r-i)L}{1+r+(1-\delta)(1+h)}}\cdot\frac{1}{\sqrt{f(LC,\ DC,\ \varphi M)}}\cdot\frac{1}{(\sqrt{P_{D_1}^e})^3}$$

从住房的均衡数量来看，$\frac{\partial D_1^*}{\partial Y_1}>0$、$\frac{\partial D_1^*}{\partial L}>0$，收入与贷款量及均衡数量同方向变动。$\frac{\partial D_1^*}{\partial L}<0$、$\frac{\partial D_1^*}{\partial P_{D_1}^e}<0$，即贷款量和预期价格与住房均衡数量反方向变动，这里的关系非常明确，如开发商预期价格提高的情况下有囤积住房的倾向，以待未来价格水平提高时出售而获取更大的利润。

四、扩展模型Ⅰ的理论结论和政策意蕴

扩展模型Ⅰ加入了金融机构，金融中介机构的介入可以从以下几个方面影响房地产市场。

(1) 改变了家庭的选择空间，家庭收入可以在时间和空间的一定范围内进行调整，如消费者可以把未来的收入转移到当前来消费。由此改变了住房均衡价格和均衡数量的时间路径，由于当前需求水平提高，会使第 1 期住房价

格上涨，同时导致第2期住房价格下跌。其政策意蕴在于政府对家庭住房贷款进行补贴时，会改变价格和数量的时间路径，使住房价格比无补贴时波动性更大。

(2)改变了开发商的决策空间，开发商可以在自有资金不足以投资的情况下进行投资。改变了消费者和开发商的决策成本因素，从金融机构借入资金的消费者和开发商需要支付利息。如果政府对开发商的信贷政策发生变化，那么会改变开发商进行住房投资的量，即补贴会增加开发商投资。但最终的效应如何，取决于政府补贴资金的来源，如果来自税收，那么使家庭的可支配收入减少，对住房的需求减少，从而抑制住房价格，减少住房数量。因此政策效果取决于补贴资金来自税收还是其他收入，以及这两个因素对家庭和开发商的相对影响如何。

(3)金融机构降低了消费者、开发商的信息成本和交易成本，使原本无法进行的生产和消费活动可以进行。即金融机构从资金盈余的消费者或开发商处获得资金，转而借贷给资金不足的消费者或开发商，专业化可以使金融机构更易于规避金融风险，降低资金融通过程中的信息成本和交易成本。

第三节　扩展模型Ⅱ

前述模型没有考虑政府的影响，保障性住房通常以政府为主体，政府可能作为供应主体，也可能主要作为约束主体，间接供应保障性住房。由此会对市场产生重要的影响，改变了家庭、开发企业以及银行等金融机构的行为约束条件。本节将政府视为直接提供保障性住房的主体进行分析。由于保障性住房建设水平是由政府部门基于多种因素，如住房保障标准、城市经济发展水平、城市当前和历史的住房存量状况，以及在人群中的分布结构状况、城市财政收入水平、城市其他公共支出水平和目标等综合确定的结果，是由政府部门主动确定的变量，但受上述因素影响，政府行政主管部门的政治考量是决定性的。因此，适合将政府可决定的外生变量(如保障性住房的存量和每期流量)纳入模型。

一、模型假设

(1)房地产市场中除了家庭、开发商以及银行等金融机构，还存在政府部门，政府部门利用税收 T，一方面提供公共产品 G，另一方面为中低收入家庭直接提供保障性住房 B；

（2）代表性地区的代表性家庭，在第 t 期效用同样由商品房消费 D_t，以及除商品房消费支出外的其他消费支出 C_t、保障性住房数量 B 和公共产品 G 决定，且效用函数同样假设为科布-道格拉斯型；

（3）家庭的收入 Y 和贷款量 L 全部用于购房支出、其他消费支出和向政府支付税款，其中商品房价格为 P_{h_t}，保障房价格为 P_{B_t}，其他消费的价格为 P_{C_t}，家庭贷款利率为 i；

（4）开发商开发成本 F 是商品房供给 S_t 的二次函数，其中开发成本又包括土地成本 LC、建筑成本 DC 和资金成本 φM（开发商贷款利率为 φ）。

二、家庭需求函数

引入政府部门税收、公共物品和保障性住房后，家庭每期的效用函数变为

$$u_t = C_t^{\alpha} \cdot D_t^{\beta} \cdot B_t^{\gamma} \cdot G_t^{\varepsilon}$$

则

$$u_1 = \alpha\ln(C_1) + \beta\ln(D_1) + \gamma\ln(B_1) + \varepsilon\ln(G_1)$$

$$u_2 = \theta[\alpha\ln(C_2) + \beta\ln(D_2) + \gamma\ln(B_2) + \varepsilon\ln(G_2)]$$

政府部门提供公共物品和保障性住房需要以税收融资，那么家庭的跨期预算约束变为

$$\text{s. t. } C_1P_{C_1} + D_1P_{D_1} + B_1\overline{P_B} + G_1 + \frac{C_2P_{C_2}}{1+r} + \frac{D_2P_{D_2}}{1+r} + \frac{B_2\overline{P_B}}{1+r} + \frac{G_2}{1+r} = Y_1 - T_1 + \frac{Y_2}{1+r} - \frac{T_2}{1+r} \tag{3.43}$$

由于保障性住房的价格或支付条件和形式由政府确定，为简化分析，假定两期的价格一致且为固定值 $\overline{P_B}$，同时不失一般性，假定保障性住房价格或支付条件小于商品房，即保障性住房可以无偿或低价分配给家庭。本部分将保障性住房与商品房一并引入模型主要是为了分析两者的关系，在实践中，往往人们能够负担得起商品房就无权获得保障性住房。

此外，两期间折旧率 δ、收入增长率 g、通货膨胀率 ρ 和商品房价格上涨率 h，与基准模型设定一致。

同样，求解家庭跨期预算约束条件下的效用最大化，构造拉格朗日函数

$$L = \alpha\ln(C_1) + \beta\ln(D_1) + \gamma\ln(B_1) + \varepsilon\ln(G_1) +$$

$$\theta[\alpha\ln(C_2) + \beta\ln[(1-\delta)D_1] + \gamma\ln(B_2) + \varepsilon\ln(G_2)] -$$

$$\lambda\left[C_1P_{C_1} + D_1P_{D_1} + B_1\overline{P_B} + G_1 + \frac{C_2P_{C_2}}{1+r} + \frac{(1-\delta)D_1P_{D_2}}{1+r} + \frac{B_2\overline{P_B}}{1+r} + \frac{G_2}{1+r} - Y_1 + T_1 - \frac{Y_2}{1+r} + \frac{T_2}{1+r}\right]$$

$$D_1^* = \frac{\beta}{\alpha+\beta} \cdot \frac{1}{1+r+(1-\delta)(1+h)} \cdot$$

$$\{(1+r)(Y_1-T_1)+Y_2-T_2-(1+r)[(1+\theta)B_1\overline{P_B}+G_1]-G_2\}\frac{1}{P_{D_1}} \tag{3.44}$$

$$D_2^* = (1-\delta) \cdot \frac{\beta}{\alpha+\beta} \cdot \frac{1}{1+r+(1-\delta)(1+h)} \cdot$$

$$\{(1+r)(Y_1-T_1)+Y_2-T_2-(1+r)[(1+\theta)B_1\overline{P_B}+G_1]-G_2\}\frac{1}{P_{D_1}} \tag{3.45}$$

$$C_1^* = \frac{1}{1+\theta} \cdot \frac{\alpha}{\alpha+\beta} \cdot \left[Y_1-T_1+\frac{Y_2-T_2}{1+r}-(1+\theta)B_1\overline{P_B}-G_1-\frac{G_2}{1+r}\right] \cdot \frac{1}{P_{C_1}} \tag{3.46}$$

$$C_2^* = \frac{\theta}{1+\theta} \cdot \frac{1+r}{1+\rho} \cdot \frac{\alpha}{\alpha+\beta} \cdot \left[Y_1-T_1+\frac{Y_2-T_2}{1+r}-(1+\theta)B_1\overline{P_B}-G_1-\frac{G_2}{1+r}\right]\frac{1}{P_{C_1}} \tag{3.47}$$

三、引入政府部门后的市场均衡分析

商品房供给函数与扩展模型Ⅰ相同，重写如下

$$S_t = \frac{P_{h_t}}{f(LC,\ DC,\ \varphi M)} \cdot \frac{1}{P_{h_t}^{Se}}$$

住房市场达到均衡时，有

$$\frac{P_{D_1}}{f(LC,\ DC,\ \varphi M)} \cdot \frac{1}{P_{D_1}^e} = \frac{\beta}{\alpha+\beta} \cdot \frac{1}{1+r+(1-\delta)(1+h)} \cdot$$

$$\{(1+r)[Y_1-T_1-G_1-(1+\theta)B_1\overline{P_B}]+Y_2-T_2-G_2\} \cdot \frac{1}{P_{D_1}} \tag{3.48}$$

$$\frac{P_{D_2}}{f(LC,\ DC,\ \varphi M)} \cdot \frac{1}{P_{D_2}^e} = (1-\delta) \cdot \frac{\beta}{\alpha+\beta} \cdot \frac{1}{1+r+(1-\delta)(1+h)} \cdot$$

$$\{(1+r)[Y_1-T_1-G_1-(1+\theta)B_1\overline{P_B}]+Y_2-T_2-G_2\} \cdot \frac{1}{P_{D_1}} \tag{3.49}$$

由此，商品房的均衡价格为

$$P_{D_1}^* = \sqrt{\frac{\beta}{\alpha+\beta} \cdot \frac{1}{1+r+(1-\delta)(1+h)}} \cdot$$

$$\sqrt{\{(1+r)[Y_1-T_1-G_1-(1+\theta)B_1\overline{P_B}]+Y_2-T_2-G_2\}} \cdot$$

$$\sqrt{\frac{1}{P_{D_1}} \cdot f(LC,\ DC,\ \varphi M) \cdot P_{D_1}^e} \tag{3.50}$$

$$P_{D_2}^* = \sqrt{(1-\delta) \cdot \frac{\beta}{\alpha+\beta} \cdot \frac{1}{1+r+(1-\delta)(1+h)}} \cdot$$

$$\sqrt{\{(1+r)[Y_1-T_1-G_1-(1+\theta)B_1\overline{P_B}]+Y_2-T_2-G_2\}}\cdot$$
$$\sqrt{\frac{1}{P_{D_1}}\cdot f(LC,\ DC,\ \varphi M)\cdot P^e_{D_1}} \tag{3.51}$$

住房均衡数量与扩展模型Ⅰ类似。同样，引入政府部门后的扩展模型Ⅱ的结构与扩展模型Ⅰ相似，相关的比较静态导数不再一一推导其显性表达式，此处仅进行定性分析。由市场均衡得出的住房均衡价格和均衡数量可以得到

$$\frac{\partial P^*_{D_1}}{\partial Y_1}>0,\ \frac{\partial P^*_{D_1}}{\partial T_1}<0,\ \frac{\partial P^*_{D_1}}{\partial G_1}<0,\ \frac{\partial P^*_{D_1}}{\partial B_1}<0,\ \frac{\partial P^*_{D_1}}{\partial f(LC,\ DC,\ \varphi M)}>0,\ \frac{\partial P^*_{D_1}}{\partial P^e_{D_1}}>0$$

也就是说，住房均衡价格与收入、开发成本和预期价格同方向变动，与税收、公共物品支出、保障性住房数量反方向变动。

$$\frac{\partial D_1}{\partial Y_1}>0,\ \frac{\partial D_1}{\partial T_1}<0,\ \frac{\partial D_1}{\partial G_1}<0,\ \frac{\partial D_1}{\partial B_1}<0,\ \frac{\partial D_1}{\partial f(LC,\ DC,\ \varphi M)}<0,\ \frac{\partial D_1}{\partial P^e_{D_1}}<0$$

即住房均衡数量除与收入同方向变动外，与税收、公共物品支出、保障性住房数量、开发成本、预期价格都呈反方向变动。

值得关注的是，保障房价格对商品房价格的影响，由下式可得

$$\frac{\partial P_{D_1}}{\partial (B_1 P_{B_1})}<0$$

上式为负意味着，当政府增加保障性住房支出时，由于保障性住房的价格（或受保障家庭支付的直接或间接成本）显著低于商品房价格，更多的家庭试图选择保障性住房，从而降低对商品房的需求，进而对商品房价格产生抑制作用。

四、纳入动态因素的扩展模型Ⅱ

由于包括商品房和保障性住房的房地产市场是动态变化的，本节将外部动态干扰因素纳入进行分析。主要涉及保障性住房流量、商品房流量、政府对需求方和供给方的外生干预变量。

1. 模型补充假设

（1）假设当期保障性住房数量为 B_t，则当期保障性住房流量为 $\Delta B_t=B_{t+1}-B_t$。

（2）假设当期商品房数量为 D_t，则当期商品房流量为 $\Delta D_t=D_{t+1}-D_t$。

（3）政府对需求方和供给方的外生干预变量分别为 F_{D_t} 和 F_{S_t}。具体表现形式为政府限购（对需求方）和限售（对供给方）等政策干预（实际经济活动中政

府干预手段较为复杂，为简化起见，此处限定为上述干预，其他情形对均衡价格和均衡数量的影响类似）。

其他假设与前面模型一致。

2. 纳入动态因素后的家庭最优化

纳入动态因素后的家庭每期的效用函数变为

$$u_t = C_t^{\alpha} \cdot D_t^{\beta} \cdot B_t^{\gamma} \cdot G_t^{\varepsilon}$$

则

$$u_1 = \alpha\ln(C_1) + \beta\ln(D_1) + \gamma\ln(B_1) + \varepsilon\ln(G_1)$$

$$u_2 = \theta[\alpha\ln(C_2) + \beta\ln(D_2) + \gamma\ln(B_2) + \varepsilon\ln(G_2)]$$

家庭的跨期预算约束变为

$$\text{s. t. } C_1 P_{C_1} + D_1 P_{D_1} + B_1 \overline{P_B} + G_1 + \frac{C_2 P_{C_2}}{1+r} + \frac{D_2 P_{D_2}}{1+r} + \frac{B_2 \overline{P_B}}{1+r} + \frac{G_2}{1+r} = Y_1 - T_1 + \frac{Y_2}{1+r} - \frac{T_2}{1+r} \tag{3.52}$$

同样，求解家庭跨期预算约束条件下的效用最大化，得出

$$D_1^* = \frac{\beta}{\alpha+\beta} \cdot \frac{1}{1+r+(1-\delta)(1+h)} \cdot$$

$$\{(1+r)(Y_1 - T_1) + Y_2 - T_2 - (1+r)[(1+\theta)B_1 \overline{P_B} + G_1] - G_2\} \frac{1}{P_{D_1}} \tag{3.53}$$

$$D_2^* = (1-\delta) \cdot \frac{\beta}{\alpha+\beta} \cdot \frac{1}{1+r+(1-\delta)(1+h)} \cdot$$

$$\{(1+r)(Y_1 - T_1) + Y_2 - T_2 - (1+r)[(1+\theta)B_1 \overline{P_B} + G_1] - G_2\} \frac{1}{P_{D_1}} \tag{3.54}$$

与前述分析一致，主要原因是保障性住房和商品房流量在下一期归入存量，在两期模型下与比较静态分析结果相同。

政府政策干预表现新的约束：

当 $D_1^* < F_{D_1}$ 时，政策干预不发生作用。当 $D_1^* \geq F_{D_1}$ 时，政策干预发生作用，这时的均衡数量即为 F_{D_1}。

当 $D_2^* < F_{D_2}$ 时，政策干预不发生作用。当 $D_2^* \geq F_{D_2}$ 时，政策干预发生作用，这时的均衡数量即为 F_{D_2}。

另外，当政府对供给方进行干预时，相关约束与需求方干预结果类似。

当 $D_1^* \geq F_{S_1}$ 时，当 $D_2^* \geq F_{S_2}$ 时，政策干预在动态情况下发生作用，这时的均衡数量即为 F_{S_1} 和 F_{S_2}。

动态情况下，每期市场均衡可以得到

$$\frac{\partial P_{D_t}^*}{\partial Y_t}>0,\ \frac{\partial P_{D_t}^*}{\partial T_t}<0,\ \frac{\partial P_{D_t}^*}{\partial G_t}<0,\ \frac{\partial P_{D_t}^*}{\partial B_t}<0,$$

$$\frac{\partial P_{D_t}^*}{\partial f(LC,\ DC,\ \varphi M)}>0,\ \frac{\partial P_{D_t}^*}{\partial P_{D_t}^e}>0$$

其中，$\frac{\partial P_{D_t}^*}{\partial \Delta B_t}<0$。

即动态时每期住房均衡价格与收入、开发成本和预期价格同方向变动，与税收、公共物品支出、保障性住房数量反方向变动。与保障性住房流量反方向变化，即当期保障性住房流量变大，会进一步降低均衡价格。

$$\frac{\partial D_t}{\partial Y_t}>0,\ \frac{\partial D_t}{\partial T_t}<0,\ \frac{\partial D_t}{\partial G_t}<0,$$

$$\frac{\partial D_t}{\partial B_t}<0,\ \frac{\partial D_t}{\partial f(LC,\ DC,\ \varphi M)}<0,\ \frac{\partial D_t}{\partial P_{D_t}^e}<0$$

其中，$\frac{\partial D_t}{\partial \Delta B_t}<0$。

即住房均衡数量除了与收入同方向变动，与税收、公共物品支出、保障性住房数量、开发成本、预期价格都呈反方向变动。值得注意的是，保障性住房流量变大，同样会降低商品房均衡价格，与保障性住房存量水平的影响方向是一致的。该式为负意味着，当政府增加保障性住房支出时，由于保障性住房的价格（或受保障家庭支付的直接或间接成本）显著低于商品房价格，更多的家庭试图选择保障性住房，从而降低对商品房的需求，进而对商品房价格和数量产生抑制作用。

五、扩展模型Ⅱ的理论结论和政策意蕴

扩展模型Ⅱ增加了政府角色，政府作为保障性住房的直接供给者，资金来源是对家庭和企业的税收，与企业的区别是以社会福利最大化为目标。扩展模型Ⅱ中并没有设置家庭获得保障性住房的条件，即家庭既可以选择商品房也可以选择保障性住房，将保障性住房设定为与商品房相类似的另一种产品。

（1）政府作为直接供给者对人们的收入（收入效应）产生影响，一方面，税收降低了家庭拥有的可支配收入，从而减少了包括住房消费在内的所有消费支出；另一方面，补贴支出增加了人们的可支配收入，公共物品支出提高了人们可供消费的非住房消费水平。

（2）政府提供保障性住房，改变了消费者的住房需求选择空间，从商品房

转向保障性住房，同时由于保障性住房具有低价的特点，消费者需求还会产生扩张效应。

（3）当政府成为保障性住房的直接供给者时，从所有家庭通过税收为保障性住房建设融资，向社会提供保障性住房，其经济实质是所有家庭用税收来补贴获得保障性住房的家庭。

（4）住房供给结构发生变化，整个房地产市场价格的数量结构均发生变化。在整个住房市场规模给定时，商品房数量和保障性住房数量呈现此消彼长的态势。

（5）其他条件给定时，如果政府给予开发商开发保障性住房的优惠条件，那么商品房会被保障性住房供给替代。假设保障性住房的品质与商品房一致，家庭免费或支付较低价格可以获得保障性住房，如果政府不限定获得保障性住房的条件，那么商品房会被完全替代。当政府提供的保障性住房数量不足以满足所有家庭的需要时，政府只有采用其他甄别判断标准，限制谁可以获得保障性住房的条件，才可能维持保障房体系的运行。

第四节　扩展模型Ⅲ

除通过改变家庭、开发企业和金融机构面临的经济条件而影响市场以外，政府通常还会运用各种行政干预措施对房地产市场施加影响。扩展模型Ⅲ结合这些行政干预措施对房地产市场的影响进行一些理论分析。在理论模型中采取两期模型进行分析，实证研究中可以根据研究需要扩展至多期模型，本节得出的基本结论不会发生变化。

一、模型假设

（1）房地产市场中存在家庭、开发商和银行等金融机构，政府成为约束者，对三方的行为进行约束，通过限购、限贷和限售等手段限定其购买、贷款和出售数量；

（2）代表性地区的代表性家庭第 t 期效用由商品房消费 D_t 和除商品房消费外的其他消费 C_t 决定，且效用函数为科布-道格拉斯型；

（3）居民的收入 Y 和贷款 L 全部用于购房和其他消费，其中商品房价格为 P_{h_t}，其他消费的价格为 P_{C_t}，居民贷款利率为 i；

（4）开发商开发成本 F 是商品房供给 S_t 的二次函数，其中开发成本又包

括土地成本 LC、建筑成本 DC 和资金成本 φM（开发商贷款利率为 φ）。

二、限购条件下（限制需求方购买住房数量）

在扩展模型Ⅱ的基础上，限购条件下，家庭原来的跨期预算约束变化为

$$\text{s. t. (1)}\ C_1P_{C_1}+D_1P_{D_1}+B_1P_{B_1}+G_1+\frac{C_2P_{C_2}}{1+r}+\frac{D_2P_{D_2}}{1+r}+\frac{B_2P_{B_2}}{1+r}+\frac{G_2}{1+r}=Y_1+T_1+\frac{Y_2}{1+r}+\frac{T_2}{1+r}$$

$$\text{s. t. (2)}\ D_1^*\leqslant\overline{D_1},\ D_2^*\leqslant\overline{D_2}$$

这时，第二节得出的住房需求函数(3.41)受 s. t. (2)的制约，需求曲线上满足 s. t. (2)的部分才会发挥作用。具体而言，在图 3.1 中限购条件不发生作用，供求均衡时的均衡价格和均衡住房数量分别为 P_h^* 和 Q_h^*，其中，$Q_h^*<\overline{D_1}$，政府的限购约束没有产生影响。这种情况下市场均衡及比较静态结果与第三节的理论结论一致。

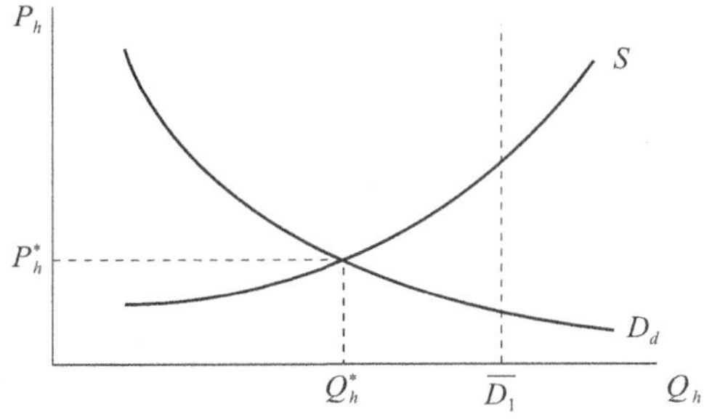

图 3.1　限购条件不发生作用

在图 3.2 中限购条件发生作用，供求均衡时均衡价格和均衡住房数量分别为 P_h^* 和$\overline{D_1}$，相当于限购时使家庭住房需求被固定在$\overline{D_1}$水平，政府的限购约束产生了影响，在这种情况下限购对整个住房价格均产生下降性影响。

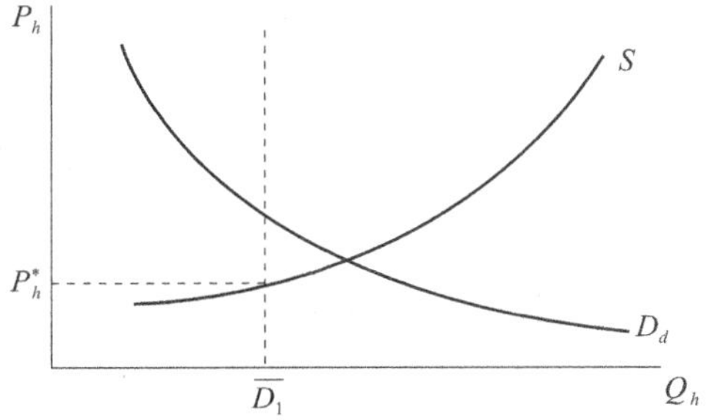

图 3.2　限购条件发生作用

三、限售或限制供应条件（限制供给方）

在扩展模型Ⅱ的基础上，限售或限制供应条件下，家庭的跨期预算约束没有变化，开发商的供给函数面临如下约束：

$$\text{s. t. } S_1^* \leqslant \overline{S_1}, \ S_2^* \leqslant \overline{S_2}$$

如图 3.3 所示，这时的限售条件无法发挥作用。供求均衡时的均衡价格和均衡住房数量分别为 P_h^* 和 Q_h^*，其中，$Q_h^* < \overline{S_1}$，政府的限售约束没有产生影响。开发商的供给函数不受影响，市场均衡及比较静态结果与第三节的理论结论一致。

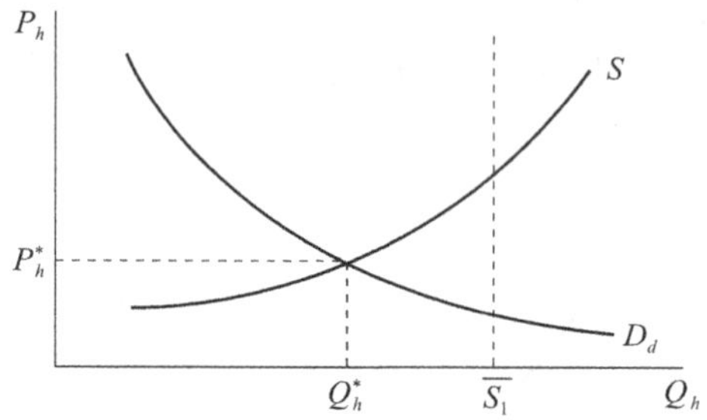

图 3.3　限售条件不发生作用

如图 3.4 所示，这时的限售条件约束了开发商的行为。供求均衡时的均衡价格和均衡住房数量分别为 P_h^* 和$\overline{S_1}$。相当于$\overline{S_1}$以上部分的供给曲线不发生作用，开发商只能销售$\overline{S_1}$数量的住房。这时的均衡价格由$\overline{S_1}$数量下需求函数决定，即较高的需求竞争有限的产品，通常情况下均衡价格会提高。

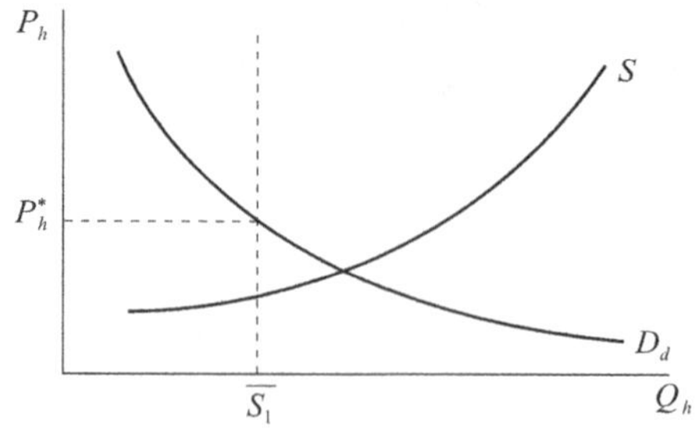

图 3.4　限售条件发生作用

四、限制条件向部分家庭提供保障性住房

通常政府会根据一定的政策目标，设定在一定的收入、住房拥有量等门槛值条件下为一部分家庭提供保障性住房。

在这一条件下，相当于按照一定的限制条件将房地产市场划分为两个存在隔离的市场，商品房市场和保障性住房市场。当然，由于实际操作中存在问题，限制条件本身有一定的模糊性，行政性审核出现偏差或故意收窄或放松限制条件等原因，这两个分市场不会是截然分开的，中间存在一些模糊地区或灰色市场。本部分为避免使模型复杂化，不考虑两个分市场混杂在一起的问题，即假设限制条件能够有效地将两个分市场隔离。

一般而言，将收入作为房地产市场限制性条件在实践中易于操作，也容易得到人们的认可，公平性感知较强。如果将收入作为限制条件，那么两个分市场隔离相当于：

1. 商品房市场

$$\text{s.t.}\ (1)\ C_1P_{C_1}+D_1P_{D_1}+G_1+\frac{C_2P_{C_2}}{1+r}+\frac{D_2P_{D_2}}{1+r}+\frac{G_2}{1+r}=Y_1-T_1+\frac{Y_2}{1+r}-\frac{T_2}{1+r}$$

$$\text{s.t.}\ (2)\ Y_1>\overline{Y_1},\ \ Y_2>\overline{Y_2}$$

结合约束条件(2)，可得商品房分市场的需求函数为

$$D_1^*=\frac{\beta}{\alpha+\beta}\cdot\frac{1}{1+r+(1-\delta)(1+h)}\cdot[(1+r)(Y_1-T_1-G_1)+Y_2-T_2-G_2]\frac{1}{P_{D_1}} \tag{3.55}$$

$$D_2^*=(1-\delta)\cdot\frac{\beta}{\alpha+\beta}\cdot\frac{1}{1+r+(1-\delta)(1+h)}\cdot[(1+r)(Y_1-T_1-G_1)+Y_2-T_2-G_2]\frac{1}{P_{D_1}} \tag{3.56}$$

$$Y_1>\overline{Y_1},\ \ Y_2>\overline{Y_2} \tag{3.57}$$

2. 保障性住房市场

考虑到保障性住房数量主要由政府外生地决定，假设两期间保障性住房数量服从下述关系

$$B_2=(1+\mu)B_1$$

为提升人们的居住水平，保障面扩大，则 $\mu>0$。保障面维持不变时，$\mu=0$。若降低住房保障面，$\mu<0$。本处推导保障性住房需求函数的实质是反映政府外生地确定保障性住房数量所受到的约束条件。

$$L=\alpha\ln(C_1)+\gamma\ln(B_1)+\varepsilon\ln(G_1)+\theta\{\alpha\ln(C_2)+\gamma\ln[(1+\mu)B_1]+\varepsilon\ln(G_2)\}-$$

$$\lambda\left[C_1P_{C_1}+B_1\overline{P_B}+G_1+\frac{C_2(1+\rho)P_{C_1}}{1+r}+\frac{(1+\mu)B_1\overline{P_B}}{1+r}+\frac{G_2}{1+r}-Y_1+T_1-\frac{Y_2}{1+r}+\frac{T_2}{1+r}\right]$$

$$\text{s. t. }(1)C_1P_{C_1}+B_1\overline{P_B}+G_1+\frac{C_2P_{C_2}}{1+r}+\frac{B_2\overline{P_B}}{1+r}+\frac{G_2}{1+r}=Y_1-T_1+\frac{Y_2}{1+r}-\frac{T_2}{1+r}$$

$$\text{s. t. }(2)Y_1\leqslant\overline{Y_1},\ Y_2\leqslant\overline{Y_2}$$

结合约束条件(1)和约束条件(2)，可得保障性住房分市场的需求函数为

$$B_1^*=\frac{\gamma}{\alpha+\gamma}\cdot\frac{1}{2+r+\mu}[(1+r)(Y_1-T_1-G_1)+Y_2-T_2-G_2]\cdot\frac{1}{\overline{P_B}}\tag{3.58}$$

$$B_2^*=(1+\mu)\cdot\frac{\gamma}{\alpha+\gamma}\cdot\frac{1}{2+r+\mu}[(1+r)(Y_1-T_1-G_1)+Y_2-T_2-G_2]\cdot\frac{1}{\overline{P_B}}\tag{3.59}$$

$$Y_1\leqslant\overline{Y_1},\ Y_2\leqslant\overline{Y_2}$$

如果我们将两期商品房市场和保障性住房市场需求加总起来，可以得到整个住房市场的需求，为

$$D_1^*+B_1^*=[(1+r)(Y_1-T_1-G_1)+Y_2-T_2-G_2]\cdot$$

$$\left[\frac{\beta}{\alpha+\beta}\cdot\frac{1}{1+r+(1-\delta)(1+h)}\cdot\frac{1}{P_{D_1}}+\frac{\gamma}{\alpha+\gamma}\cdot\frac{1}{2+r+\mu}\cdot\frac{1}{\overline{P_B}}\right]\tag{3.60}$$

由此可知，两个市场既有分离的部分[式(3.60)中第二项]，也有相互关联的部分[式(3.60)中第一项]。其中的逻辑关系也非常明确，即保障性住房需要政府运用税收为其融资，税收则会减少家庭在两期的可支配收入。从这个意义上看，商品房和保障性住房存在替代的关系，替代效应的大小取决于$\left[\frac{\beta}{\alpha+\beta}\cdot\frac{1}{1+r+(1-\delta)(1+h)}\right]$和$\left(\frac{\gamma}{\alpha+\gamma}\cdot\frac{1}{2+r+\mu}\right)$两个系数的相对大小以及商品房价格$P_{D_1}$和保障性住房价格$\overline{P_B}$(或受保障家庭与保障性住房有关的直接或间接成本)。

五、扩展模型Ⅲ的理论结论和政策意蕴

(1)扩展模型Ⅲ与扩展模型Ⅱ不同，政府不是直接供给者，而是一个约束者，即对家庭、企业Ⅰ和企业Ⅱ的行为进行约束。家庭：限购、限贷。企业Ⅰ：限售、限产品结构。企业Ⅱ：限贷款条件、限资金流向。这些约束限制了家庭、开发商和银行等金融机构的选择范围。从经济效率角度来看，缩小选择范围会使资源调整到最佳用途受到限制，通常情况下会造成效率损失。

效率损失大小取决于限制条件是紧还是松。

(2)对家庭的约束，限购政策相当于对需求施加一个数量型条件，当限购数量小于住房均衡数量时，该条件发生作用。限贷政策相当于缩小家庭调节资金的时间范围和数量，降低了住房需求。住房需求减少会降低住房价格，确实能够达到政府希望限制住房价格的目的。不过，在实践中单纯的数量限制措施发挥作用较为困难，人们总会寻找限制政策的漏洞来规避限制，因此数量限制措施必须附加越来越多的条件，监督难度会越来越大，从这个意义上说，限制政策必然会大幅提高行政管理成本，降低市场交易活动的效率。

(3)对开发商(企业Ⅰ)的约束，限售相当于对供给施加一个数量型条件，限产品结构则使开发商的产品供给结构与市场需求结构可能一致也可能不一致，出现结构性供求非均衡，部分产品类型供过于求，部分产品类型供不应求。与此同时，限售数量高于市场均衡数量时，限制条件不发生作用。只有限售数量小于市场均衡数量时，限制条件才能起到限制市场的作用。限售相当于为市场确定了有限的供应指标，能够获得这一指标的开发商或所有开发商只有一定比例的住房可以进入市场进行交易，从而导致限售数量与开发商利润最大化数量及家庭效用最大化数量不一致，最终会降低整个经济活动的效率。

(4)对银行等金融机构(企业Ⅱ)的约束，限贷款条件相当于限定了进入房地产市场的家庭数量，限资金流向相当于限定了房地产开发商投资的基本方向。同样地，限贷政策会导致住房市场需求减少，住房价格存在下降趋势，或者使开发商投资水平下降，住房价格存在上升趋势。具体变化方向取决于限贷政策的特定条件以及对借贷双方限制程度的强弱。

(5)政府对三类市场参与主体的行为进行约束，改变了三方的决策空间，改变了不同选择的相对价格或成本-收益关系，从而产生资源配置的扭曲效应。扭曲程度和方向取决于各种限制政策的具体特性，会产生各种限制政策对市场活动的混杂效应。其中，最为重要的一点是会扰乱价格协调资源配置的信号作用，无法有效地引导资源实现最优配置。

04 第四章 中国城市住房保障制度的发展历程

经由计划经济体制下对住房福利分配制度的不断探索取得的经验，我国在改革开放以后，逐步确立了建立社会主义市场经济体制的发展道路。市场化改革迅速解决了我国大部分国民的住房问题。在这一过程中，我国住房存量和住房制度经历了发展、停滞、调整、改革、再发展的历程，为建立高效的住房保障制度奠定了坚实的实践经验基础。结合第二章和第三章的理论分析，本章阐述我国住房保障制度发展的简要过程，介绍在不同历史时期占主导地位的住房保障制度的特点，当前不同类型保障性住房的基本特点，以及典型城市的制度差异。

第一节　中国城市住房保障制度的历史沿革和效果

不同历史时期我们对住房问题、采取何种住房保障制度的认知存在一定的差异，这决定了当时采取的制度特征，回顾历史有助于总结在这一进程中的经验和教训，为新时期构建以效率改进为导向的住房保障制度奠定良好的基础。

总体而言，由于我国住房制度改革进程与住房保障制度的建立和发展紧密联系，因此，我国在改革开放以后，逐步确立了建立社会主义市场经济体制的发展道路。住房市场化改革迅速解决了我国大部分国民的住房问题。两相比较会发现，在这一过程中，我国住房制度发展的历程为建立高效的住房保障制度奠定了坚实的实践经验基础。在改革探索试点阶段（1978—1997年），各地纷纷探索建立多层次的住房供应体系，其中以经济适用房为代表，同时以上海市为试点并在全国推行住房公积金制度。1991年上海市借鉴新加坡的公积金制度的实施经验，试行住房公积金制度，经过一段时间的运行，对缓解上海市居住困难问题起到了积极作用，筹集了大量的资金，这一制度于 1994 年进行全国推广。1994 年 7 月 18 日，国务院发布《关于深化城镇住房制度改革的决定》，“把住房建设投资由国家、单位统包的体制改变为国家、单位、个人三者合理负担的体制；把各单位建设、分配、维修、管理住房的体制改变为社会化、专业化运行的体制；把住房实物福利分配的方式改变为以按劳分配为主的货币工资分配方式；建立以中低收入家庭为对象、具有社会保障性质的经济适用房供应体系和以高收入家庭为对象的商品房供应体系”。在整个住房制度改革的历程中，突出的特征在于运用市场化的方式激活商品房市场，由市场解决绝大多数居民的住房问题，对于中低收入居民尤其是低收入群体的住房问题则通过分层次的保障性住房体系加以解决，即通过分层方式将公平和效率在一定程度上结合起来。

住房制度市场化及完善阶段（1998 年至今），尤其是党的十九大报告明确提出坚持住房的居住功能的基本定位，推动“加快建立多主体供给、多渠道保障、租购并举的住房制度”，更加关注中低收入群体的住房问题，同时在住房保障制度设计方面强化公平性。我国逐渐加大对公共租赁房、共有产权房、两限房、一般性租赁住房等住房类型的支持力度，新型住房保障制度正逐步建立，这一时期成为形成较为完备体系的阶段，是在效率基础上进一步强化公平性的阶段。

一、低租金福利分配行政性管理阶段（1949—1977 年）

新中国成立以后，我国确立了以公有制为主体的计划经济制度，具体则是仿照苏联模式，实行高度集中的计划经济体制，在住房方面采取低租金、福利无偿分配的方式，即“统一建设、统一管理、统一分配、以租养房”的政策。住房福利分配制度与新中国成立初期对社会主义经济的基本认识相匹配，在“衣、食、住、行”等各方面均由政府主导，取消商品和市场，住房作为最重要的生活资料，当然也纳入了计划经济体制之中。在新中国成立初期，整体经济发展水平极为低下，集中力量解决人们的迫切需求，在一定程度上改善了居民的居住问题。

直到改革开放之前，我国的住房制度具有统一建设管理、集中计划供给、实物福利性分配以及非营利性的特点。1978 年之前，政府在居民住房的建设和维护方面按当时价格水平计算，平均花费分别为 250 亿元和 100 亿元，但收回的租金仅约10亿元。[①] 当住房成为福利项目，职工享受低租金时，住房的建设和维护资金入不敷出，无法维持简单再生产，后续住房建设和投资乏力，只有部分经济条件较好的企业、事业单位和政府部门能够享受较高的住房福利，其他相当多的企业、事业单位无力进行住房投资，导致这部分群体的住房状况日益困难。随着新中国成立后人口的急剧增长，城镇居民人均住房面积由初期的4.5平方米降为改革开放前的3.6平方米。从主要城市的人均住房面积数据来看，1949—1978年，大部分城市的人均住房面积不升反降，如包头从7.3平方米下降到3.4平方米，抚顺从5.2平方米下降到2.9平方米，西宁从8.8平方米下降到3.8平方米(见表4.1)。城市居民的住房困难情况日益严峻，与住房相关的矛盾突出，可见住房福利分配制度无法有效地解决当时的住房问题。

表4.1　主要城市人均住房面积变化　　单位：平方米

城市	1949年	1978年	1988年	1998年
北京	4.7	4.6	7.2	14.83
天津	3.8	3.3	6.4	12.58
石家庄	3.4	3.5	7.5	14.80
太原	4.7	4.0	6.6	11.93
大同	3.8	3.1	5.0	10.65
长治	2.7	3.4	7.4	10.61
包头	7.3	3.4	5.5	12.59
沈阳	4.6	3.5	5.2	12.30
鞍山	5.3	2.9	5.7	11.68
抚顺	5.2	2.9	4.9	10.83
丹东	3.9	2.8	7.0	11.14
吉林	5.2	3.1	5.2	10.80
哈尔滨	3.4	3.1	5.3	12.78
安阳	4.3	2.5	6.5	12.33
荆州	6.0	4.8	8.0	12.36
襄樊	4.1	3.5	6.6	11.60

① 张军．中国经济未尽的改革(多位经济学家解读14项改革攻坚难题)[M]．北京：东方出版社，2015.

续表

城市	1949 年	1978 年	1988 年	1998 年
长沙	5.1	4.0	6.9	12.45
株洲	4.3	4.0	6.4	15.73
郴州	3.3	3.9	7.1	11.12
广州	4.5	3.8	7.3	11.55
南宁	20.2	3.4	5.6	13.06
柳州	4.8	3.6	5.9	13.75
桂林	2.7	3.2	5.6	13.86
北海	5.3	5.1	6.7	17.47
重庆	3.2	3.0	4.7	12.11
南充	4.6	3.9	6.8	9.02
南通	5.5	4.5	5.7	13.49
南昌	4.6	3.6	6.2	11.00
济南	3.3	4.1	7.5	15.75
西宁	8.8	3.8	6.5	10.79
青岛	3.3	3.9	6.1	13.42
郑州	2.2	3.1	7.4	12.78
上海	3.8	4.5	6.3	13.91
无锡	3.0	4.2	6.8	14.56
常州	4.2	3.5	6.7	15.85
西安	3.4	3.4	6.1	11.12
宝鸡	3.6	3.5	6.0	10.63
延安	1.3	2.9	6.5	5.71
昆明	4.6	3.4	7.3	13.72

资料来源：国家统计局城市社会经济调查总队．新中国城市 50 年[M]．北京：新华出版社，1999.

二、改革探索试点阶段（1978—1997 年）

1. 公有住房出售和调整租金启动时期(1978—1982 年)

1978 年，党的十一届三中全会开启了改革开放的浪潮，在经济体制改革过程中，商品和市场逐步回归，我国逐步尝试建立社会主义市场经济体制，住房制度也纳入改革日程。1980 年，《邓小平谈建筑业和住宅问题》的论著中提出了住房商品化和私有化的基本改革思路。这一时期，党和国家逐步提出出售公有住房、调整租金，改革住房福利分配制度，推动个人建房买房的改革总体设想，逐步启动住房商品化的发展。1981 年开始扩大公有住房出售的试点范围，在 23 个省和直辖市开展相关试点探索工作。

然而在改革开放初期经济发展水平较为低下，城镇居民收入只能维持最基本的生活，无力承担全价公有住房，效果较为有限。部分城市如上海，开展了一定范围的差价换房工作，使承租公有住房的家庭能够进行调整，改善居住条件，拆分几代同堂的大家庭，减少通勤、就学时间和距离等。这一时期不同城市的各种实践操作为后期进一步深化改革提供了许多有益的经验。

2. 补贴出售公有住房(1982—1985 年)

1982 年，我国政府在郑州、沙市、常州和四平四个城市展开“三三试点”工作，即为减轻职工购房负担，提高住房开发建设效率，解决历史遗留问题，加快住房商品化进程，对公有住房进行补贴出售，政府、单位及个人各承担房价的 1/3，有效地激发了人们的购房热情。截至 1985 年底，全国补贴出售公有住房共计 1092. 8 万平方米。

补贴出售公有住房虽减轻了职工的购房负担，使得部分无房或者住房困难的职工积极购房，但由于公有住房长期实行低租金制，住房宽裕的职工更偏好低租金承租公有住房。与此同时，补贴售房的高额成本转嫁于政府和单位，无法有效地回笼资金，更无法进行后续的住房建设，不利于住宅业的持续发展，也无法进一步改善人们的居住条件。

3. 提租补贴时期(1986—1990 年)

由于成本价出售公有住房和补贴出售公有住房在当时条件下存在一些困难，使得相关城市的试点工作推进速度较慢。同时持续了几十年的低租金无偿实物配给的住房福利分配制度因缺乏资金，无法全面反映住房建设和使用的实际成本，使得住房分配中错配现象严重，除了部分经济效益较好的企业，大量的国有企业缺乏资金投资建设住房，住房短缺的现象一直难以缓解。改革当时的福利性住房制度的呼声越来越高。1986 年，为总体负责协调全国的住房制度改革工作，国务院成立住房制度改革领导小组。在各地先期各种探索的基础上，确立了提租、补贴、出售公有住房的住房制度改革基本框架。1987 年，国务院先后批准了烟台、唐山、蚌埠等城市提出的住房制度改革方案，建立了以“提租补贴、空转起步、推动售房、建立基金、银行配合”为核心的方案的试点。1988年召开了全国第一次住房制度改革工作会议，第一个全国性住房制度改革方案形成，这一方案的核心是“提租发补贴”。同年2月，国务院发布了《关于印发全国城镇分期分批推行住房制度改革实施方案的通知》，改革的主要内容包括上调公有住房租金，实施住房券补贴；建立城镇、单位及个人住房基金；改革金融体制，调整信贷结构等。

这一时期的住房政策以提租增资（工资）为主，变实物分配为货币分配，变暗补为明补，使价格在一定程度上起到了调节存量住房资源分配的作用，使有限的住房实现更好的分配，即城市工作地与居住地间隔较远的职工可以通过一定限度的交易减少通勤时间，住房面积较大而人口较少的住户可以与情况相反的住户进行交易，改善双方的居住条件或生活条件。同时，通过出售公有住房，使企业和城市获得了一部分建设资金，在一定程度上推动了城镇住房建设，也激活了房地产业的发展。但由于长期处于低租金无偿分配制情形下，基础租金水平较低，大幅提租导致企业面临较大的困难，同时居民的承受能力也较低，受1988年全面放开物价改革的影响，随着物价以较快速度上涨，住房补贴使得城市财政压力骤增。在这种情况下，提房租发补贴、出售公有住房的住房制度改革在执行过程中也面临着重重困难。

4. 全面推进及住房保障制度形成期（1991—1997年）

国务院于1991年6月发布了《关于继续积极稳妥地促进城镇住房制度改革的通知》，进一步明确了“分步提租、交纳租赁保证金、新房新制度、集资合作建房、出售公房”等多种形式深化住房制度改革的思路。第二次全国住房工作会议于1991年10月召开，会议中提出实行新房先卖后租、新房新租、有偿租房，明确了“租、售、建”多种形式并举，其中提租是改革的重点，确立了以“多提少补”或“小步提租不补贴”等为主体的公有住房租金改革的基本原则。国务院住房制度改革领导小组于1991年12月31日发布了《关于全面推进城镇住房制度改革的意见》，该意见指出“城镇住房制度改革是经济体制改革的重要组成部分，改革的根本目的是缓解居民住房困难，逐步实现住房商品化”。“按照社会主义有计划商品经济的要求，改革公房低租金制，将实物福利分配制度逐步转变为货币工资分配制度。”这是关于我国城镇住房制度改革的重要文件，是全面推进改革，发展房地产市场，迅速提升全民的居住水平和条件的重要起点。1992年在党的十四大上正式确立了我国要建立社会主义市场经济体制，会议强调加快推进城镇住房制度改革进程，使之与社会主义市场经济体制相适应。1993年11月，全国第三次住房制度改革工作会议召开，明确了我国住房制度改革以“出售公房为重点，售、租、建并举”为核心的方案。

在新一轮改革过程中，各地纷纷探索建立多层次的住房供应体系，其中以经济适用房为代表，同时以上海市为试点并在全国推行住房公积金制度。1991 年上海市借鉴新加坡的公积金制度的实施经验，试行住房公积金制度，经过一段时间的运行，对缓解上海市居住困难问题起到了积极作用，筹集了大量的资金，这一制度于 1994 年在全国进行推广。1994 年 7 月 18 日，国务院发布《关于深化城镇住房制度改革的决定》(国发〔1994〕43 号)，“把住房建设投资由国家、单位统包的体制改变为国家、单位、个人三者合理负担的体制；把各单位建设、分配、维修、管理住房的体制改变为社会化、专业化运行的体制；把住房实物福利分配的方式改变为以按劳分配为主的货币工资分配方式；建立以中低收入家庭为对象、具有社会保障性质的经济适用房供应体系和以高收入家庭为对象的商品房供应体系；建立住房公积金制度；发展住房金融和住房保险，建立政策性和商业性并存的住房信贷体系；建立规范化的房地产交易市场和发展社会化的房屋维修、管理市场，逐步实现住房资金投入产出的良性循环，促进房地产业和相关产业的发展”①。进一步明确了公有住房“提租(按成本价出租)发补贴”政策思路，建立以高收入家庭为对象的商品房供应体系，同时建立具有社会保障性质的、以中低收入家庭为对象的经济适用房供应体系。

1994 年 12 月 15 日，国务院住房制度改革领导小组、建设部、财政部联合发布《城镇经济适用房建设管理办法》(建房〔1994〕761 号)，将经济适用房正式定义为“经济适用房是指以中低收入家庭住房困难户为供应对象，并按国家住宅建设标准(不含别墅、高级公寓、外销住宅)建设的普通住宅”②。经济适用房制度的建立是从原来低租金无偿分配福利住房制度向市场化、商品化住房制度转变的过程中，党和政府认识到中低收入住房困难户无法通过市场化方式解决住房困难，需要通过建立健全住房保障制度予以解决，这一制度有效推动了经济适用房的起步和发展。1995 年，在全国部分城市进行以“安居工程”为核心的经济适用房建设的试点工作，“安居工程”成为建立住房新体

---

① 国务院．关于深化城镇住房制度改革的决定(国发〔1994〕43 号)[EB/OL]. http://www.gov.cn/zhuanti/2015-06/13/content_ 2878960. htm.

② 建设部，国务院住房制度改革领导小组，财政部．关于印发《城镇经济适用房建设管理办法》的通知(建房〔1994〕761 号)[EB/OL]. http://www.mohurd.gov.cn/wjfb/200611/t20061101 _ 157519. html.

制、转变住房分配机制的示范工程。

上海市与全国公积金的缴存额情况见图 4. 1。

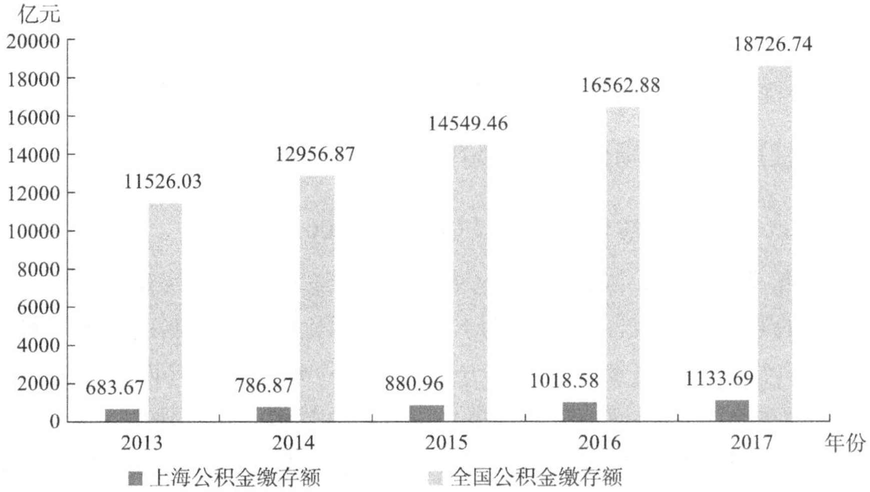

图 4. 1　上海市与全国公积金的缴存额情况

同时，由于住房公积金在住房资金的筹集方面发挥了现实的和潜在的作用，1994 年 7 月，国务院转发的《关于深化城镇住房制度改革的决定》（国发〔1994〕43 号）明确指出要“全面推行住房公积金制度”。此后，住房公积金制度在全国 35 个大中城市和 213 个地级以上城市逐步建立和完善起来。同时批准于 1995 年底前在独立运行的解放军、煤炭、铁路、石油系统建立住房公积金制度，于 1996 年 10 月在中央机关建立住房公积金制度。从上海实行住房公积金制度至今，公积金制度的推行在全国取得很大成绩。2018 年，实缴职工 861. 21 万人，实缴单位 39. 31 万家。2018 年末，缴存余额 4094. 62 亿元，同比增长 14. 43%，缴存总额 9554. 03 亿元，同比增长 15. 82%。2018 年末提取总额 5459. 41 亿元，其中，2018 年提取额 788. 96 亿元，同比增长 7. 04%。2018 年，回收个人住房贷款 338. 74 亿元，发放公积金个人住房贷款 11. 07 万笔，共计 729. 68 亿元。住房公积金制度达到了“取之于民，用之于民，造福于民”的目的。截至 2018 年末，累计发放个人住房贷款 254. 15 万笔，共计 7788. 78 亿元，贷款余额 3921. 96 亿元，同比分别增长 4. 55%、11. 07%、10. 34%[①]。

① 上海市住房公积金 2018 年年度报告［R/OL］. https：//www. shgjj. com/html/newxxgk/ndbg/208086. html.

从1991年开始的住房制度改革的核心可以视为对原有计划经济体制相配套的住房福利分配制度的否定，反映了住房同样是商品的本质特点，运用价格机制能够有效地配置各种生产要素，促进住房建设。但是，在改革过程中，存量公有住房出售使得原有的不公平固定下来，这一阶段后期大力发展经济适用房，对提高中低收入群体的居住水平起到了一定的纠正作用。

三、住房制度市场化及完善阶段（1998年至今）

1. 土地和住房市场化初期阶段(1998—2006年)

1998年7月3日，国务院发布《关于进一步深化城镇住房制度改革、加快住房建设的通知》(国发〔1998〕23号)，提出“深化城镇住房制度改革的目标是停止住房实物分配，逐步实行住房分配货币化；建立和完善以经济适用房为主的多层次城镇住房供应体系；发展住房金融，培育和规范住房交易市场”①，确立了深化我国城镇住房制度改革的基本思想，其核心在于稳步推进住房商品化及社会化，建立与社会主义市场经济体制相适应，同时符合中国国情的新型城镇住房制度。通过制度建设，促进住房建设，使住宅业成为我国新的经济增长点，以此不断满足我国城镇各收入阶层群体日益增长的住房需求。

为进一步深化住房制度改革，充分发挥市场经济在资源配置中的基础性作用，我国逐步建立了适应市场经济的土地制度。自1988年深圳第一次国有土地使用权出让以来，逐步建立起有中国特色的土地市场。2002年5月，国土资源部发布了《招标拍卖挂牌出让国有土地使用权规定》(国土资源部令第11号，2007年9月21日国土资源部第3次部务会议修订)，明确“商业、旅游、娱乐和商品住宅等各类经营性用地，必须以招标、拍卖或者挂牌方式出让”，通过市场化竞争方式，使能够提供土地最佳使用方式的出价方获得国有土地的使用权，由此有效提升了国有土地资源的利用效率，同时使地方政府获得了强化城市基础设施建设的重要资金来源，原来拥有国有土地划拨使用权的使用方在这一过程中也获得了资金，盘活了土地资源。

在这一阶段，我国进一步完善了以经济适用房为主体的多层次住房供应体系，逐步建立了中低收入群体的住房保障制度。1998年23号文件提出了廉租房制度，如上海市政府于2000年出台了《上海市城镇廉租房试行办法》，提出“廉租房是指政府向符合城镇居民最低生活保障标准且住房困难的家庭，提

---

① 国务院．关于进一步深化城镇住房制度改革、加快住房建设的通知(国发〔1998〕23号)[EB/OL]．http：//www.anhua.gov.cn/257/310/312/content_ 1112726.html.

供租金补贴或者以低廉的租金配租具有社会保障性质的普通住房”[①]。2003年，国务院发布《关于促进房地产市场持续健康发展的通知》（国发〔2003〕18号），进一步强化了经济适用房所具备的住房保障属性，同时也对经济适用房的建设和管理做出了更为细化的规定，指出要完善我国的廉租房制度，同时强化市场监管和规范市场服务。2003年12月31日，建设部、财政部、民政部、国土资源部、国家税务总局发布《城镇最低收入家庭廉租房管理办法》（建设部令2004第120号）[②]（2007年9月26日《廉租房保障办法》公布实施，同时废止了《城镇最低收入家庭廉租房管理办法》），对廉租房的资金来源、保障方式、准入和退出等方面进行了详细的规定。廉租房的资金来源，确定实行以财政预算安排为主，同时确立多种渠道筹措的原则，主要涉及市和县财政预算安排的资金，社会捐赠的资金；对于住房公积金产生的增值收益，确立了按一定标准提取作为城市廉租房的补充资金，以及其他渠道筹集的资金。确定了原则上集中满足基本住房需要，结合市、县财政承受能力以及居民住房状况，在此基础上确定最低收入家庭廉租房拟达到的保障水平。对于廉租房的保障方式通常以发放住房租赁补贴为主，而以实物配租和租金核减为辅。确定了城镇最低收入家庭的人均廉租房保障面积标准，在原则上不应超过当地人均住房面积的60%。租金标准方面，廉租房租金由维修费、管理费两项因素构成。廉租房的单位面积住房租赁补贴的基本标准，按照当地住房市场上的平均租金水平与廉租房租金标准之间的差额计算。

2005年，国务院办公厅转发了《建设部等部门关于做好稳定住房价格工作意见的通知》（国办发〔2005〕26号）。经过一段时间的实践，于2016年转发了《建设部等部门关于调整住房供应结构稳定住房价格意见的通知》（国办发〔2006〕37号），对规范发展经济适用房、完善廉租房制度提供了指导性意见，同时提出了“两限房”政策。建设部《关于印发〈城镇廉租房工作规范化管理实施办法〉的通知》（建住房〔2006〕204号）对城镇廉租房的具体管理提供了细则，涉及廉租房工作的实施程序、管理及服务、组织考核和动态管理等机制。

市场化初期阶段，一方面深化城镇住房制度改革，停止住房实物分配，鼓励买房，改变了原有住房福利分配制度，强化了市场化、商品化的基本定位；另一方面，运用经济适用房、廉租房等政策逐步解决中低收入群体的住

① 上海市房屋土地资源管理局．上海市城镇廉租房试行办法［EB/OL］．http：//unn. people. com. cn/GB/channel2/2196/2197/200106/20/73316. html.

② 建设部，财政部，民政部，国土资源部，国家税务总局．城镇最低收入家庭廉租房管理办法［EB/OL］．http：//www. mohurd. gov. cn/fgjs/jsbgz/200611/t20061101_ 159059. html.

房困难问题。

2. 市场化改革与住房保障并重阶段(2006—2012 年)

通过市场化改革，我国人民的居住问题得到有效解决，住房存量急剧攀升，城镇人均住房建筑面积达到 32.9 平方米，比 2007 年增加了 2.8 平方米。2006 年，党的十六届六中全会进一步提出推动发展住房保障。2007 年，提出改革低收入群体住房问题，着力改善中低收入群体的住房困难问题。自 2007 年初在广州市全国首个两限房项目开工以来，两限房逐步在全国各城市尤其是房价上涨较快的城市中推广开来。

2007 年 8 月，国务院颁布了《关于解决城市低收入家庭住房困难的若干意见》(国发〔2007〕24 号)，提出“2007 年底前，所有设区的城市要对符合规定住房困难条件、申请廉租房租赁补贴的城市低保家庭基本做到应保尽保；2008 年底前，所有县城要基本做到应保尽保”。“十一五”期末，“全国廉租房制度保障范围要由城市最低收入住房困难家庭扩大到低收入住房困难家庭；2008 年底前，东部地区和其他有条件的地区要将保障范围扩大到低收入住房困难家庭”。对于“廉租房保障对象的家庭收入标准和住房困难标准，由城市人民政府按照当地统计部门公布的家庭人均可支配收入和人均住房水平的一定比例，结合城市经济发展水平和住房价格水平确定。廉租房保障面积标准，由城市人民政府根据当地家庭平均住房水平及财政承受能力等因素统筹研究确定。廉租房保障对象的家庭收入标准、住房困难标准和保障面积标准实行动态管理，由城市人民政府每年向社会公布一次”。对于廉租房的基本保障方式，“实行货币补贴和实物配租等方式相结合，主要通过发放租赁补贴，增强低收入家庭在市场上承租住房的能力。每平方米租赁补贴标准由城市人民政府根据当地经济发展水平、市场平均租金、保障对象的经济承受能力等因素确定”①。

2008 年开始，我国开始大规模实施保障性安居工程，主要包括三种类型的保障性住房，以满足不同收入群体的住房需求。第一类是公共租赁房(含廉租房)、经济适用房和限价商品房；第二类是各种棚户区改造，其中有城市棚户区、国有工矿棚户区、林区棚户区、垦区棚户区和煤矿棚户区等；第三类是农村各类危房改造和游牧民的定居工程，建立了相对完备的分层次住房保障体系。2010 年 6 月，住房和城乡建设部等部委联合下发了《关于加快发展公共租赁房的指导意见》(建保〔2010〕87 号)，提出“公租房供应对象主要是城市

① 国务院．关于解决城市低收入家庭住房困难的若干意见[EB/OL]. http://www.gov.cn/zwgk/2007-08/13/content_714481.htm.

中等偏下收入住房困难家庭。有条件的地区，可以将新就业职工和有稳定职业并在城市居住一定年限的外来务工人员纳入供应范围。租金水平由市、县人民政府统筹考虑住房市场租金水平和供应对象的支付能力等因素合理确定，并按年度实行动态调整。租赁合同期限一般为 3~5 年，合同期满后承租人仍符合规定条件的，可以申请续租。但只能用于承租人自住，不得出借、转租或闲置，也不得用于从事其他经营活动”①。

在这一时期，我国的住房保障制度形成了市场化商品房、经济适用房、公共租赁房（在本阶段刚刚起步）、廉租房的多层次体系，分别对应着不同收入阶层群体，在制度上为各阶层各收入阶段群体满足住房方面的需求提供了保障。不过，这一阶段市场化商品房和经济适用房居于核心地位，受制于成本和收益关系问题，其他两种重要的保障性住房发展较为缓慢，各类主体动力不足，政府财政投入也受到较大的限制，从而导致中低收入群体住房困难问题没有得到根本解决。

3. 新型住房制度的建立和发展阶段（2013 年至今）

2013 年，习近平同志提出住房问题既是民生问题也是发展问题的重要命题。根据住房问题的新形势和新情况，党的十九大报告明确提出坚持住房的居住功能的基本定位，推动“加快建立多主体供给、多渠道保障、租购并举的住房制度”。

改革开放以来，我国的房地产市场发展迅猛，房地产投资连年增长，城镇住房存量从 1978 年不到 14 亿平方米增加到 2018 年的 276 亿平方米。随着城市化进程加快，城镇人口迅速增加，2018 年城镇常住人口达到 83137 万人，与此同时，城镇人均住房建筑面积则从 1978 年的 8.1 平方米增至 2019 年的 39 平方米，是 1949 年 8.3 平方米的 4.7 倍，人民的居住水平得到空前的提高。从住房结构上看，商品房居于主导地位，而其他类型的保障性住房对于解决人们的居住问题也起到了至关重要的作用。1994—2007 年，全国共建设各类廉租房和经济适用房等保障性住房达 1000 多万套。截至 2018 年底，全国城镇保障性住房以及各类棚改安置住房累计开工 7000 多万套，其中公共租赁房（含廉租房）1612 万套、经济适用房 573 万套、限价商品房 282 万套、棚改安置住房 4522 万套，约 2 亿名居住困难的群众大幅改善了住房条件②。根据在石家庄、深圳、西安、宁波、苏州、温州、上海等 26 个城市的调研结

① 住房和城乡建设部，发展改革委，财政部，国土资源部．关于加快发展公共租赁房的指导意见[EB/OL]．http：//www.mohurd.gov.cn/zxydt/201006/t20100613_201315.html.

② 中国房地产业协会．2020 中国房地产年鉴[M]．北京：企业管理出版社，2020.

果，商品房占比最高，达40%，基本实现了人民住有所居(见图4.2)。

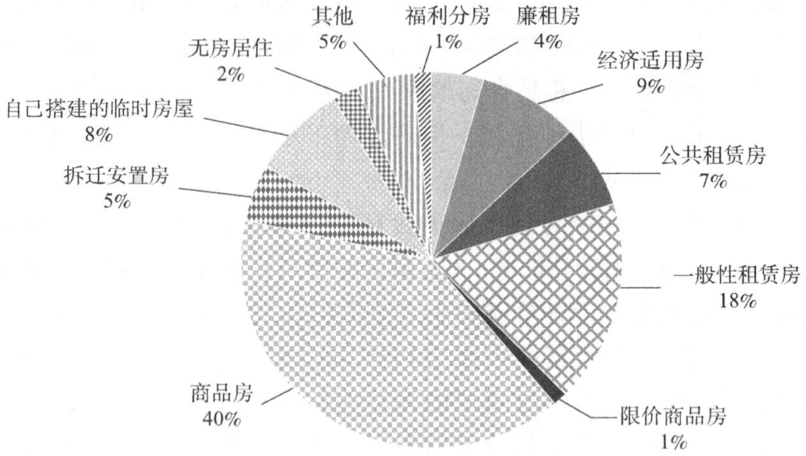

图4.2　26个城市住房结构调研结果

与此同时，各级政府专项用于住房保障的各项支出也在增加(见图4.3)，2018年全国保障性安居工程财政支出达7372亿元，同比增长46.4%，支持棚户区改造开工626万套，完成30万套公共租赁房配套基础设施建设，完成农村危房改造190万户①，为解决中低收入者的居住困难问题奠定了良好的基础。

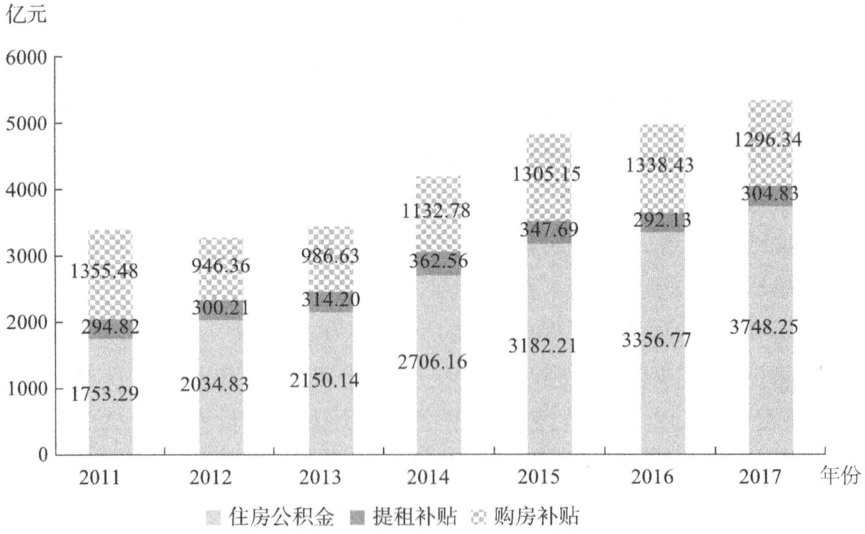

图4.3　住房保障支出情况

① 新华社.2018年全国保障性安居工程财政支出同比增长46.4%[EB/OL]. http://www.gov.cn/xinwen/2019-06/05/content_ 5397707.htm.

但是，在这一过程中住房价格也呈现持续攀升状态，部分一线城市住房价格在未扣除通货膨胀因素基础上增长了20余倍，严重抑制了中低收入者通过自身努力改善居住状况。

2013年开始，为进一步抑制房价快速上涨，有效地解决中低收入群体的居住困难问题，我国逐渐加大对公共租赁房、共有产权房、两限房、一般性租赁住房等住房类型的支持力度，新型住房制度正在逐步建立，这一时期成为形成较为完备体系的阶段。总结三个阶段的发展历史，我们可以发现，我国住房保障制度是根据经济社会发展所处的不同阶段，逐渐调整适应而来的，处于不断探索和完善的过程之中。其相关特点如表4.2所示。

表4.2 各时期中国住房保障制度的特点

阶段	经济制度及环境特点	特点
低租金福利分配行政性管理阶段(1949—1977年)	计划经济体制	低租金无偿实物福利分配
改革探索试点阶段(1978—1997年)	改革开放，市场经济体制逐步建立，计划经济逐步退出	提租补贴，土地有偿使用制度，多层次住房供应体系以及住房公积金的确立
住房制度市场化及完善阶段(1998年至今)	社会主义市场经济体制建立和完善	分阶段取消住房福利分配制度，逐步建立市场化住房制度，建立和完善了以经济适用房为主体的住房保障制度

第二节 当前我国不同类型保障性住房及其基本特点

我国住房制度政策的核心在于对不同收入阶层的家庭实行不同的住房供应体系，对高收入家庭由市场调控实行市场价，提供商品房；对中低收入家庭以政府调控为主，提供共有产权房、两限房、经济适用房等；对最低收入家庭由政府提供廉租房。我国的住房保障制度经过不断发展完善，形成多层次的住房供应体系，保障对象基本覆盖了城市中低收入群体及外来务工人员等。根据住房和城乡建设部、财政部、国家发展改革委联合印发的建保〔2013〕178号文件的规定，自2014年起，将原廉租房政策和公共租赁房政策进行合并，统称公共租赁房。截至目前，我国住房保障制度按保障方式可以划分为实物保障和货币保障两种形式。其中，实物保障性住房又可以分为租赁型保障住房和购置型保障住房。而租赁型保障住房可以细分为廉租房和公共租赁房；购置型保障住房可以细分为经济适用房和限价商品房。棚户区改造房与上述保障房可以合称为中国保障性住房体系，且目前重心向公共租赁房方向倾斜。我国保障性住房体系特点见表 4.3。

表 4.3　我国保障性住房体系特点

类型	细分类型	适用对象	产权	标准	方式	房源	资金来源	土地供应
购置型保障住房	经济适用房	初期为中低收入家庭（年家庭收入在 3 万元以下），后期为低收入家庭	有限产权	60 平方米左右	出售（保本微利）	新建、改建、购买	社会资金	划拨并享有一定的财税优惠政策
	限价商品房	中等收入偏下的住房困难家庭	拥有和商品房同等产权	90 平方米以内	出售	新建	社会资金	招标、拍卖、挂牌
租赁型保障住房	廉租房	初期为最低收入家庭，后改为低收入家庭	归属政府或公共机构	50 平方米以内	租金补贴或实物配租	新建、改建、购买、租赁	财政预算支出、10% 的土地出让净收益、住房公积金增值收益、社会捐赠资金	划拨
	公共租赁房	中等偏下收入住房困难家庭、居住满一定年限的外来务工人员、新就业职工	归属政府或机构投资者	单套 60 平方米以内，套均 40 平方米左右	只租不售	新建、改建、收购、长期租赁	财政资金、信贷、企业债券、住房公积金贷款、保险资金、信托资金	划拨
棚户区改造房		成片棚户区居民		无限制	出售	新建	财政资金、信贷、居民、开发商	招标、拍卖、挂牌、划拨

一、经济适用房

1. 经济适用房的基本含义

我国提出的经济适用房指政府供应土地，在货币金融政策和税费等财政政策方面提供一定的优惠条件，在限定建设标准、限定价格的基础上向城市中低收入家庭出售的具备一定保障性的政策性商品房。国家计委、建设部等在不同文件中也提出有一定变化的定义，如在2002年《经济适用房价格管理办法》中指出，“经济适用房，是指纳入政府经济适用房建设计划，建设用地实行行政划拨，享受政府提供的优惠政策，向城镇中低收入家庭供应的普通居民住房”①。

2. 经济适用房的特点

（1）核心在于具有经济性（合算、价格低廉）和适用性（满足居住基本要求）的特点。经济性是指与当地整体收入水平相联系，与完全市场价格相比，其销售价格相对较低，中低收入家庭具备较高的住房支付能力；适用性是指满足基本居住条件，同时房屋的建筑标准没有削减或降低，较小套型内实现住房的基本使用功能。

（2）政府进行行政、土地、金融、财政等政策干预和扶持。经济适用房的建设用地由政府划拨并给予一定的金融和财政支持；以保本微利为原则，确保住房的利润率不高于3%。

（3）与商品房相比，其上市交易流转受到一定的交易条件和年限的限制。经济适用房购买者不拥有完全产权，土地所有权为划拨性质，只拥有有限产权，5年内不可上市交易，购买满5年，补交土地出让金才能取得完全产权。

3. 经济适用房的相关制度和政策及其变化

与经济适用房相关的制度和政策，主要是从我国中央政府层面推动，各地区根据当地的情况进行适应性调整。具体涉及一些重要的政策规定如下。

建设部、国家土地管理局、国家工商行政管理局、国家税务总局于1993年8月发布了《关于加强房地产市场宏观管理 促进房地产业健康持续发展的意见》，提出“要实行集资建房、合作建房等多种形式加快经济适用房的建设，保持住宅建设稳定增长”②。

1994年7月，国务院发布《关于深化城镇住房制度改革的决定》，再次提出建立双层次的住房供应体系，一是具有社会保障性质的以城市中低收入家庭为主要对象的经济适用房的建设供应体系，二是以高收入家庭为主要对象

---

① 国家计委，建设部．国家计委、建设部关于印发经济适用房价格管理办法的通知（计价格〔2002〕2503号）[EB/OL]. http://www.mohurd.gov.cn/wjfb/200611/t20061101_157655.html.

② 建设部，国家土地管理局，国家工商行政管理局，国家税务总局．关于加强房地产市场宏观管理 促进房地产业健康持续发展的意见[EB/OL]. http://www.mohurd.gov.cn/wjfb/200611/t20061101_157486.html.

的商品房建设供应体系。

1994年12月，建设部、国务院住房制度改革领导小组、财政部发布了《城镇经济适用房管理办法》，对经济适用房的指导原则、界定、价格确定、主管部门、购买对象认定标准、建设原则、资金来源、政策扶持等方面进行了原则性的规定。

1998年7月，国务院发布《关于进一步深化城镇住房制度改革、加快住房建设的通知》，明确“建立和完善以经济适用房为主的多层次城镇住房供应体系”，“对不同收入家庭实行不同的住房供应的政策”，并进一步划分为三个层次，“最低收入家庭租赁由政府或单位提供的廉租房，中低收入家庭购买经济适用房，其他收入高的家庭购买、租赁市场价商品房”①。

2002年10月，国家发展计划委员会、建设部共同制定了《经济适用房价格管理办法》，确定“经济适用房价格实行政府指导价”。“制定经济适用房价格，应当与城镇中低收入家庭经济承受能力相适应，以保本微利为原则，与同一区域内的普通商品房价格保持合理差价，切实体现政府给予的各项优惠政策。”“经济适用房基准价格由开发成本、税金和利润三部分构成。”重点指出，不得计入经济适用房价格的费用项目，包括“(一)住宅小区内经营性设施的建设费用；(二)开发经营企业留用的办公用房、经营用房的建筑安装费用及应分摊的各种费用；(三)各种与住房开发经营无关的集资、赞助、捐赠和其他费用；(四)各种赔偿金、违约金、滞纳金和罚款；(五)按规定已经减免及其他不应计入价格的费用”②。

2007年12月，建设部、国家发展改革委、监察部、财政部、国土资源部、中国人民银行、国家税务总局七个部门发布《经济适用房管理办法》(以下简称《办法》)，重点强调了经济适用房相关的优惠和支持政策，也就是经济适用房建设用地确保优先供应，以划拨方式供应。免收各种行政事业性收费(如城市基础设施配套费等)及政府性基金。同时规定，购买经济适用房的家庭可以向商业银行申请贷款。同时规定“严禁以经济适用房名义取得划拨土地后，以补交土地出让金等方式，变相进行商品房开发”。

在建设管理方面，则要求“统筹规划、合理布局、配套建设，充分考虑城市低收入住房困难家庭对交通等基础设施条件的要求，合理安排区位布局”，

① 国务院．关于进一步深化城镇住房制度改革、加快住房建设的通知[EB/OL]. http://www.china.com.cn/law/flfg/txt/2006-08/08/content_7058347.htm.

② 国家计委，建设部．国家计委、建设部关于印发经济适用房价格管理办法的通知(计价格〔2002〕2503号)[EB/OL]. http://www.mohurd.gov.cn/wjfb/200611/t20061101_157655.html.

“单套的建筑面积控制在60平方米左右，合理确定经济适用房建设规模和各种套型的比例”。

在价格管理领域，《办法》明确了“经济适用房的价格应当以保本微利为原则。其销售基准价格及浮动幅度，由有定价权的价格主管部门会同经济适用房主管部门，依据经济适用房价格管理的有关规定，房地产开发企业实施的经济适用房项目利润率按不高于3%核定；市、县人民政府直接组织建设的经济适用房只能按成本价销售，不得有利润”。

在准入和退出管理等方面，《办法》“建立严格的准入和退出机制。经济适用房由市、县人民政府按限定的价格，统一组织向符合购房条件的低收入家庭出售。经济适用房供应实行申请、审核、公示和轮候制度。市、县人民政府应当制定经济适用房申请、审核、公示和轮候的具体办法，并向社会公布”。

当城市低收入家庭在申请购买经济适用房时，需要同时符合下列条件：“(一)具有当地城镇户口；(二)家庭收入符合市、县人民政府划定的低收入家庭收入标准；(三)无房或现住房面积低于市、县人民政府规定的住房困难标准。”“经济适用房供应对象的家庭收入标准和住房困难标准，由市、县人民政府根据当地商品房价格、居民家庭可支配收入、居住水平和家庭人口结构等因素确定，实行动态管理，每年向社会公布一次。经济适用房购房人拥有有限产权。购买经济适用房不满5年，不得直接上市交易，购房人因特殊原因确需转让经济适用房的，由政府按照原价格并考虑折旧和物价水平等因素进行回购。购买经济适用房满5年，购房人上市转让经济适用房的，应按照届时同地段普通商品房与经济适用房差价的一定比例向政府交纳土地收益等相关价款，具体交纳比例由市、县人民政府确定，政府可优先回购；购房人也可以按照政府所定的标准向政府交纳土地收益等相关价款后，取得完全产权。”①

二、两限商品房

1. 两限商品房的含义

两限商品房是为了满足在城镇中收入不足以购买商品房，同时又不满足廉租房等申请标准的家庭。这类家庭的收入一般处于中等水平，为其提供住

① 建设部，发展改革委，监察部，等．经济适用房管理办法[EB/OL]．http：//www.chinanews.com/estate/kong/news/2007/12-01/1092713.shtml.

房的住房保障制度，通常最主要的表现形式是限价格。为使这类住房的总价较低、可承担性较强，往往还会限制套型。因此，这类住房又称为限价房，属于市场化商品房与廉租房和经济适用房之间的过渡和补充类型。

2. 两限商品房的特点

(1)保障属性较弱，基础是商品性住房，是在商品房基础上增加了一些保障因素，在其开发建设中需要缴纳土地出让金和各项税费。

(2)销售价格受到限制，其价格低于普通的市场化商品房，但高于经济适用房。

(3)以房价定地价。限价商品房在被限定房屋价格、建设标准和销售对象的条件下出让，通过测算开发成本和合理利润，在此基础上确定土地出让的价格范围，从源头上控制最终销售价格。

(4)与住房价格调控有关。2000 年以后，我国尤其是一线城市呈现房价急剧上涨的态势，政府出台了一系列的政策抑制房价，但收效甚微。两限房在某种程度上是通过直接限制价格和套型来抑制价格的，由于受其所希望达成的目的所限，是有一定保障意义的普通商品房。

3. 两限商品房的相关制度和政策及其变化

2006 年 5 月 24 日，国务院办公厅以国办发〔2006〕37 号文件转发建设部等九部委《关于调整住房供应结构稳定住房价格的意见》，提出“要优先保证中低价位、中小套型普通商品房和廉租房的土地供应，其年度供应量不得低于居住用地供应总量的 70%；土地供应应在限套型、限房价基础上，采取竞地价、竞房价的办法，以招标方式确定开发建设单位”①。该意见中“限套型”“限房价”的普通商品房，即两限商品房。

在具体实施中，各城市两限商品房的规定有所不同。在准入方面，家庭年收入、住房及总资产净值通常需要符合一定的标准，这一标准随着居民收入、住房状况和房价变动因素进行动态调整。在退出方面，已购入限价商品房的家庭在取得契税完税凭证或者房屋所有权证满 5 年后，政府允许其按市场价出售所购住房，出售后按照当时限价商品房价格与同地段普通商品房价格之间差额的一定比例，向政府交纳土地收益等价款。为控制住房总价，两限商品房在套型方面通常以建筑面积 90 平方米以下为主，一室户控制在 60 平方米以下，两室户控制在 75 平方米以下。

① 国务院办公厅转发建设部等部门关于调整住房供应结构稳定住房价格意见的通知(国办发〔2006〕37 号)[EB/OL]. http://www.gov.cn/ztzl/2006-06/30/content_323678.html.

三、共有产权房

根据北京市住房和城乡建设委员会、发展改革委、财政局、规划和国土资源管理委员会于 2017 年 9 月 20 日发布的《北京市共有产权房管理暂行办法》，共有产权房“指政府提供政策支持，由建设单位开发建设，销售价格低于同地段、同品质商品房价格水平，并限定使用和处分权利，实行政府与购房人按份共有产权的政策性商品房”①。

根据上海市人民政府关于修改《上海市共有产权保障住房管理办法》的决定（沪府令 26 号）的定义，共有产权房是“指符合国家住房保障有关规定，由政府提供政策优惠，按照有关标准建设，限定套型面积和销售价格，限制使用范围和处分权利，实行政府与购房人按份共有产权，面向符合本市规定条件的中低收入住房困难家庭供应的保障性住房”②。

共有产权房是指由地方政府将一部分土地出让收益让渡给购买人，以较低的价格将住房出售给符合特定条件的中低收入家庭，以此为中低收入家庭提供一定的保障，间接提高其住房支付能力。这时，受保障家庭与地方政府签订合同，确定双方各自的产权份额，同时确定共有产权房未来在市场上交易的基本条件以及销售价款的分配份额。共有产权房由中低收入家庭与政府按份额共有住房产权。

目前我国采取共有产权房模式的主要有北京、上海、深圳、成都、黄石、淮安等城市。从操作方面来看，住房产权份额比例一般有两种形式：一是受保障家庭支付能力相对较高时，受保障家庭的产权份额较高；二是支付能力仍然较低的特殊困难家庭，受保障家庭的产权份额较低。具体产权份额通常由实施这一模式的城市确定。

购买了共有产权房后，购买人未来可以有两种不同的处理方式：

一是受保障家庭在收入水平提高的情况下，可以申请购买政府拥有部分的产权份额。不同城市有不同的规定，如北京明确规定未满 5 年不允许转让，因特殊原因确实需要转让的，由共有产权房的政府代持机构进行回购。“代持机构放弃优先购买权的，购房人可在代持机构建立的网络服务平台发布转让

① 北京市住房和城乡建设委员会，发展和改革委员会，财政局，规划和国土资源管理委员会．关于印发《北京市共有产权房管理暂行办法》的通知（京建法〔2017〕16 号）[EB/OL]．http：//zjw.beijing.gov.cn/bjjs/xxgk/ztzl/gycqzf/zcfg23/432910/index.shtml.

② 上海市人民政府关于修改《上海市共有产权保障住房管理办法》的决定（沪府令 26 号）[EB/OL]．http：//www.shanghai.gov.cn/nw2/nw2314/nw2319/nw12344/u26aw63342.html.

所购房屋产权份额信息，转让对象应为其他符合共有产权房购买条件的家庭。新购房人获得房屋产权性质仍为‘共有产权房’，所占房屋产权份额比例不变。”①

二是上市转让共有产权房，出售价款按受保障家庭与政府的合同约定产权比例分配。

从实质上看，共有产权房可以看作经济适用房的特殊形式。事实上，上海市于2009年6月发布《上海市经济适用房管理试行办法》，2016年5月1日正式失效，由2016年3月发布、5月实施的《上海市共有产权保障住房管理办法》替代。与经济适用房相似的特点在于土地依行政划拨方式提供。销售价格方面，如上海“单独选址、集中建设的共有产权保障住房建设项目结算价格以保本微利为原则”，销售基准价格则是“以结算价格为基础，并综合考虑本市保障对象的支付能力以及相近时期、相邻地段内共有产权保障住房项目价格平衡等因素确定”。“配建的共有产权保障住房销售基准价格，综合考虑本市保障对象的支付能力以及相近时期、相邻地段内共有产权保障住房项目价格平衡等因素确定。”②

四、公共租赁房（含廉租房）

我国廉租房和公共租赁房自2014年起并轨，统一称为公共租赁房。

1. 廉租房

廉租房是指政府为满足城镇居民最低生活保障的基本条件，在存在住房困难时，为这类家庭提供一定的租金补贴，或者按低租金租赁给这类家庭的保障性住房，满足其最基本居住需求，主要是面向最低收入群体的保障性住房，属于住房保障制度中最需要保障的部分，具有一定的社会救济性质。

其基本特点是，保障对象是最低收入住房困难群体，通常这类群体除居住困难外，收入水平也很低，如处于整个收入分层中最低的5%左右的群体。这类保障房的分配方式通常以租金补贴为主，而以实物配租和减免租金等方式作为辅助。廉租房的资金来源实行财政专户管理，定向用于廉租房补贴资金的发放、收购和建设廉租房、廉租房日常的维修保养，以及提供相应的物

① 北京市共有产权房管理暂行办法[EB/OL]. http://zjw.beijing.gov.cn/bjjs/xxgk/fgwj3/gfxwj/zfcxjswwj/432910/index.shtml.

② 上海市人民政府关于修改《上海市共有产权保障住房管理办法》的决定(沪府令26号)[EB/OL]. http://www.shanghai.gov.cn/nw2/nw2314/nw2319/nw12344/u26aw63342.html.

业管理服务等；廉租房制度通常具有严格的准入机制，必须满足收入和住房方面的严格资格条件限制，同时，为保证租金补贴、实物配租公平公开，执行较为严格的准入、轮候和退出机制。

前已述及，1998 年 7 月国务院发布《关于进一步深化城镇住房制度改革加快住房建设的通知》，为我国确立了建立多层次城镇住房供应体系，根据收入水平差异实施不同的住房供应政策，按收入从低到高分别对应不同的住房供应渠道，其中，最低收入家庭由政府提供廉租房，收入处于中低水平的家庭提供经济适用房，而收入达到中高及高收入的家庭则提供市场化商品房。

1999 年 4 月，建设部发布《城镇廉租房管理办法》，界定了廉租房的适用对象、房屋来源、租金水平确定和补贴方式、申请及审批的相关程序。2000 年 9 月，上海市颁布了较为详细的、可操作性较强的《城镇廉租房试行办法》，2001 年 12 月在全市推开。2004—2007 年发布实施了《城镇最低收入廉租房管理办法》，2007 年 9 月 26 日发布《廉租房保障办法》进行了更新调整，完整确定了廉租房保障方式、保障资金及房屋来源、申请与核准、监督管理和法律责任。核心政策在于确定了廉租房的保障方式，是通过货币补贴和实物配租二者协同的政策，对低收入住房困难家庭发放住房补贴支付房租，或者向申请廉租房的家庭提供实际住房，按低廉的标准收取租金。2013 年 12 月，住房和城乡建设部、财政部、国家发展改革委发布《关于公共租赁房和廉租房并轨运行的通知》①，我国各地从 2014 年起公共租赁房和廉租房二者并轨运行，之后统称为公共租赁房，执行统一的政策，这部分住房或受保障群体一般享有比面向中低收入阶层的常规公共租赁较多的补贴。

2. 公共租赁房

公共租赁房是指政府提供一定的土地、税费等政策优惠，由专业化经营管理机构按市场化方式运营，依据当地一般居住条件确定租赁住房面积水平，按略低于市场水平的租金，向特定租赁对象提供的保障性租赁住房。2014 年起我国廉租房和公租房开始并轨，统称为公共租赁房。

公共租赁房的基本特点是保障对象广泛。一方面着力于解决无力按市场价格购买住房的中低收入家庭居住困难问题，另一方面是为解决刚刚就业缺乏资金积累的大学毕业生和在城市居住满一定年限的外来务工人员（一般称为“夹心层”群体）的居住困难问题。公共租赁房的产权或所有权归属于政府或机构投资

① 住房和城乡建设部，财政部，国家发展改革委．关于公共租赁房和廉租房并轨运行的通知［EB/OL］. http：//www. mohurd. gov. cn/wjfb/201312/t20131206_ 216468. html.

者，保障对象为承租者。

在制度设计方面，公共租赁房是从2010年6月住建部、发展改革委、财政部、国土资源部、人民银行、国家税务总局、银行业监督管理委员会发布的《关于加快发展公共租赁房的指导意见》，确立了政府组织、社会参与、因地制宜、分别决策、统筹规划、分步实施等基本原则，“公共租赁房供应对象主要是城市中等偏下收入住房困难家庭。有条件的地区，可以将新就业职工和有稳定职业并在城市居住一定年限的外来务工人员纳入供应范围。公共租赁房的供应范围和供应对象的收入线标准、住房困难条件，由市、县人民政府确定。已享受廉租房实物配租和经济适用房政策的家庭，不得承租公共租赁房”。“公共租赁房租金水平，由市、县人民政府统筹考虑住房市场租金水平和供应对象的支付能力等因素合理确定，并按年度实行动态调整。符合廉租房保障条件的家庭承租公共租赁房的，可以申请廉租房租赁补贴。”[①]2010年9月，财政部发布《关于支持公共租赁房建设和运营有关税收优惠政策的通知》，明确规定在公租房建设以及经营过程中免征城镇土地使用税、印花税、契税、土地增值税等优惠措施，以扶持公共租赁房市场的发展。

2011年1月，国务院办公厅发布《关于进一步做好房地产市场调控工作有关问题的通知》(国办发〔2011〕1号)，提出“要努力增加公共租赁房供应。各地要在加大政府投入的同时，完善体制机制，运用土地供应、投资补助、财政贴息或注入资本金、税费优惠等政策措施，合理确定租金水平，吸引机构投资者参与公共租赁房建设和运营。鼓励金融机构发放公共租赁房建设和运营中长期贷款。要研究制定优惠政策，鼓励房地产开发企业在普通商品房建设项目中配建一定比例的公共租赁房，并持有、经营，或由政府回购”[②]。

住房和城乡建设部于2012年5月发布、7月施行的《公共租赁房管理办法》中，进一步集中对公共租赁房的申请与审核、轮候与配租、使用与退出、法律责任等进行了详细的规定。其中，申请条件主要有：在本地无住房，有住房但住房面积低于规定的标准，申请者的收入、财产低于规定的标准。此外，申请人为外来务工人员的，需要在本地稳定就业达到规定年限。这些条件充分体现了公共租赁房集中于解决“夹心层”群体的居住困难问题。当公共租赁房供应量小于登记审核通过量时，确定了轮候排队的基本原则和方法，

---

① 住建部，发展改革委，财政部，等．关于加快发展公共租赁房的指导意见[EB/OL]．http：//www.mohurd.gov.cn/zxydt/201006/t20100613_201316.html.

② 国务院办公厅．关于进一步做好房地产市场调控工作有关问题的通知(国办发〔2011〕1号)[EB/OL]．http：//www.gov.cn/zwgk/2011-01/27/content_1793578.htm.

如综合评分、随机摇号等方式。为使公共租赁房尽可能地提升效率，满足“夹心层”群体阶段性的居住需求，其租赁期限通常限定为不超过 5 年。对于公共租赁房的租金水平，则是政府住房保障主管部门与有关部门商定，按照略低于同地段住房市场租金水平的原则确定的，从而确保政府相关土地、税费方面的优惠能够传递到租赁群体，降低其居住方面的负担。

五、棚户区改造

棚户区改造是结合我国的实际情况、城市发展历史，为改善城镇居民的居住环境，对于一些设施不全、房屋危旧的街区，进行系统性重建。由于这些街区的居住者普遍收入水平较低，居住较为困难，因此棚户区改造成为我国特有的一种住房保障类型。棚户区改造是一种历史性的、阶段性的住房保障类型，棚户区改造基本完成后不需要单独作为一种住房保障类型。棚户区改造的基本特点是由政府主导、按市场方式运作，通过系统性重建，一方面改善了这类低收入群体的居住条件，另一方面也提升了这些区域的城市功能和环境。

我国棚户区改造运用财政补贴、税费减免、土地出让收益返还等优惠政策推动这一进程，同时在改造项目中通过建设一定比例的商业服务设施和商品房，吸引各类社会资金，以期在较短时间内解决棚户区问题。

第三节　我国保障性住房建设现状及制度定位

在我国，由于各省份的经济发展状况存在差异，住房的历史情况也有相当大的不同。在建立住房保障制度过程中，既有各省（区、市）按照中央的统一部署和要求建立相应的制度，也有各省（区、市）根据本区域实际情况进行的各种探索，从而使得不同省（区、市）（尤其以城市为主体）的住房保障制度既有一致性，也有反映本地特点的差异性。

一、我国商品房和保障性住房建设现状

党的十一届三中全会以后，我国住房领域的改革开放日益深化。1988 年，国务院决定在全国城镇普遍实行收取土地使用费，开始试行土地使用权有偿转让，这为中国土地市场的形成与快速成长创造了良好的制度环境。以土地出让面积和土地出让金额为例，1999 年土地出让面积仅为 4.54 亿平方米，

2017年达到22.54亿平方米，年均增长速度为9.3%；土地出让金额由2017年的0.051万亿元快速增长到2020年的8.414万亿元，年均增长速度达到29.0%。

房地产业是资金密集型产业，资金是房地产业发展的重要动力与支撑。在政府及银行等金融机构的支持下，我国房地产开发投资额持续增长，由1998年的3579.58亿元持续增长到2020年的141442.97亿元，年均增长速度达到18.8%。其中，住宅投资是房地产开发投资的重点，其占比保持在60%以上，在2008年甚至达到72%以上(见表4.4)。

表4.4　1998—2020年房地产业关键生产要素的投入规模

年份	土地出让面积（亿平方米）	土地出让金额（千亿元）	房地产开发投资额(亿元)	住宅投资额（亿元）	城镇房地产业就业人数(万人)
1998	—	—	3579.58	2117.94	—
1999	4.54	0.51	4010.17	2637.63	88.03
2000	4.86	0.60	4901.73	3318.74	97.19
2001	9.04	1.30	6245.48	4278.74	—
2002	12.42	2.42	7736.42	5267.35	113.40
2003	19.36	5.42	10106.12	6782.41	120.23
2004	18.15	6.41	13158.25	8836.95	133.43
2005	16.56	5.88	15759.30	10768.19	146.51
2006	23.30	8.08	19382.46	13611.62	153.95
2007	23.50	12.22	25279.65	18010.25	166.47
2008	16.59	10.26	30579.82	22081.26	172.68
2009	22.08	17.18	36231.71	25618.74	190.92
2010	29.37	27.46	48267.07	34038.14	211.63
2011	33.39	31.50	61739.78	44308.43	248.58
2012	32.28	26.90	71803.79	49374.21	273.71
2013	36.70	42.00	86013.38	58950.76	373.73
2014	27.18	33.40	95035.61	64352.15	402.24
2015	22.14	29.80	95979.00	64595.00	417.34
2016	20.82	35.60	102580.61	68703.87	431.74
2017	22.54	49.90	109798.53	75147.88	444.80
2018	—	—	120263.51	85192.25	466.01

续表

年份	土地出让面积（亿平方米）	土地出让金额（千亿元）	房地产开发投资额（亿元）	住宅投资额（亿元）	城镇房地产业就业人数（万人）
2019	—	—	132194.26	97070.74	510
2020	—	84.14	141442.97	104445.72	—
年均增速	9.3%	29.0%	18.8%	20.0%	9.7%

资料来源：历年《中国统计年鉴》。

房地产业的产出规模持续快速增长。房地产业是从事房地产开发、经营、管理和服务的产业。与我国城镇化发展水平相对应，房地产开发是过去40年来我国房地产业的主要环节。在土地、资金与劳动力等生产要素快速增长的直接推动下，房地产新开工面积和竣工面积、销售面积和销售额等指标取得了快速持续的增长。

从房地产新开工面积和竣工面积来看，1999年商品房新开工面积为21410.83万平方米，2020年上升到224433.15万平方米，年均增长速度达到11.84%；同期商品房竣工面积由14556.53万平方米上升到91218.22万平方米，年均增长速度达到9.13%。从商品房销售面积和销售额来看，销售面积由1999年的22579.41万平方米上升到2020年的176086.20万平方米，年均增长速度达到10.27%；商品房销售额由1999年的2987.87亿元快速上升到2020年的173612.66亿元，年均增长速度达到21.34%（见表4.5）。

表4.5　1999—2020年中国房地产业主要产出指标

年份	商品房新开工面积（万平方米）	商品房竣工面积（万平方米）	商品房销售面积（万平方米）	商品房销售额（亿元）
1999	21410.83	14556.53	22579.41	2987.87
2000	25104.86	18637.13	29582.64	3935.44
2001	29867.36	22411.90	37394.18	4862.75
2002	34975.75	26808.29	42800.52	6032.34
2003	41464.06	33717.63	54707.53	7955.66
2004	42464.87	38231.64	60413.86	10375.71
2005	53417.04	55486.22	68064.44	17576.13
2006	55830.92	61857.07	79252.83	20825.96
2007	60606.68	77354.72	95401.53	29889.12
2008	66544.77	65969.83	102553.37	25068.18

续表

年份	商品房新开工面积(万平方米)	商品房竣工面积(万平方米)	商品房销售面积(万平方米)	商品房销售额(亿元)
2009	72677.43	94755.00	116422.05	44355.17
2010	78743.88	104764.65	163646.87	52721.24
2011	92619.94	109366.75	191236.87	58588.86
2012	99424.96	111303.65	177333.62	64455.79
2013	101434.99	130550.59	201207.84	81428.28
2014	107459.05	120648.54	179592.49	76292.41
2015	100039.10	128494.97	154453.68	87280.84
2016	106127.71	157348.53	166928.13	117627.05
2017	101486.41	169407.82	178653.77	133701.31
2018	209341.79	93550.11	171654.36	149972.74
2019	227153.58	95941.53	171557.87	159725.12
2020	224433.15	91218.22	176086.20	173612.66
年均增速	11.84%	9.13%	10.27%	21.34%

房地产业的快速发展对我国政府财政税收增长及居民住房条件改善等都起着重要作用。其中，房地产开发企业经营税金及附加是我国房地产开发企业经营主营业务应负担的营业税、消费税等，是政府财政收入的重要组成部分。我国房地产开发企业经营税收及附加总额自 1991 年以来呈现持续增长走势，特别是自 2004 年以来快速增长，2019 年土地和房地产相关税收中，契税 6213 亿元，同比增长 8.4%；土地增值税 6465 亿元，同比增长 14.6%；房产税 2988 亿元，同比增长 3.5%；耕地占用税 1390 亿元，同比增长 5.4%；城镇土地使用税 2195 亿元，同比下降 8%。

房地产业的快速发展极大地改善了我国居民的居住条件。人均住宅建筑面积是反映居民住房条件的重要指标。在计划经济时代，对于非生产性的房地产及职工住宅，由国家统一负责、统一建房、统一分配使用，导致资金无法实现良性循环，住房再生产步履维艰，城市职工的住房日益紧张。1981 年，我国人均住宅建筑面积仅 4.1 平方米。随着城镇化进程的推进及房地产市场化改革的深化，在城市居民新增人口持续增加的背景下，我国城市居民人均住宅建筑面积持续稳定增长，2020 年已达到 39.8 平方米，年均增长速度为 7.36%，城市居民的住房条件得到明显改善。同时，有效地减轻了住房保障的压力。

根据中国住房和城乡建设部统计，由于在不同的历史时期我国保障性住房类别存在一定的差异，前期的保障性住房以廉租房和经济适用房为主体，尤其是经济适用房建设在全国绝大多数城市铺开，有效地解决了中低收入家庭的居住困难问题。1994—2007 年，我国总计建设廉租房和经济适用房等各类保障性住房 1000 余万套。我国自 2008 年以来大规模实施保障性安居工程建设，对各类保障性住房进行梳理，主要涉及廉租房、经济适用房、公共租赁房、限价商品房、棚户区改造、农村各类危房改造和游牧民定居工程，截至 2018 年底，全国城镇保障性安居工程累计开工 7000 余万套，按户均人口 3 人计算，总计解决了 2 亿多人民的居住问题，其中棚改安置住房占 4500 多万套①。

2008 年开始、2010 年全面启动的城市和工矿棚户区改造取得了巨大进展，2015—2018 年年均改造量达到 600 万套以上，2019 年改造 316 万套，合计完成近 3000 万套(见表 4. 6)。

表 4. 6　2012—2019 年中国棚改项目及保障性安居工程完成量

时间	类型	数量(万套)	投资(亿元)
2012 年 1—10 月	城镇保障性安居工程	505	10800
2013 年 1—11 月	城镇保障性安居工程	544	11200
2014 年	城镇保障性安居工程	480	—
2015 年	城镇保障性安居工程	772	15400
	其中：棚改	601	—
2016 年	各类棚户区改造	606	14800
2017 年	各类棚户区改造	609	18400
2018 年	各类棚户区改造	626	17400
2019 年	各类棚户区改造	316	12000

资料来源：根据住房和城乡建设部历年公告整理。

与此同时，各级政府安排了大量土地用于经济适用房、廉租房、租赁用房的建设，如 2017 年三项用地规模分别达到 10158. 79 万平方米、984. 42 万平方米和 2088. 46 万平方米。其中，从 2003 年起经济适用房累计供应面积达到 167065. 67 万平方米，为保障性住房建设提供了较为充足的土地资源

① 张忠山．住房保障：为安居梦托底[N]. 中国建设报，2019-09-19.

（见表4.7）。

表4.7　国有建设用地和保障性住房土地供应面积　单位：万平方米

年份	国有建设用地	经济适用房	廉租房	租赁用房
1999	133317.97			28842.87
2000	241758.79			105438.16
2001	178678.27			10128.26
2002	235436.90			17555.82
2003	286436.66	3554.99		10551.61
2004	257919.71	4645.71		8772.53
2005	244269.47	5821.66		8044.13
2006	306805.89	5278.69		7587.83
2007	341973.95	5084.84		29397.16
2008	234184.68	5107.35		3615.97
2009	361648.75	10343.01	1394.29	9030.02
2010	432561.42	13292.14	3380.87	552.57
2011	593284.57	16238.19	6121.69	842.49
2012	711281.31	20245.62	9545.24	1700.12
2013	750835.48	22072.37	3731.38	2728.75
2014	647996.14	17525.23	2244.99	814.18
2015	540327.28	16143.80	1605.30	838.80
2016	531180.71	11553.28	1071.78	6091.38
2017	620245.92	10158.79	984.42	2088.46

资料来源：财政部，Wind数据库。

2009年全国公共财政住房保障支出合计1803.40亿元，2018年跃升至6806.37亿元，增长了约277%。2018年，保障性安居工程支出3697.45亿元，廉租房支出38.95亿元，农村危房改造支出456.93亿元，公共租赁房支出329.63亿元。9年间，全国公共财政住房保障支出累计达到42139.93亿元，其中，保障性安居工程支出26034.87亿元、廉租房支出3326.80亿元、棚户区改造支出8155.15亿元、农村危房改造支出3032.64亿元、公共租赁房支出4326.42亿元，从全国范围内全面改善了最低收入、中低收入家庭的住房困难问题（见表4.8）。

表 4.8　2009—2018 年我国各类保障性住房支出规模　　单位：亿元

年份	全国公共财政住房保障支出	保障性安居工程	廉租房	沉陷区治理	棚户区改造	少数民族地区游牧民定居工程	农村危房改造	公共租赁房
2009	1803.40	726.16	464.72	22.35	113.69	29.82	60.33	—
2010	2376.88	1228.66	689.64	7.33	231.25	37.30	138.76	—
2011	3820.69	2609.54	840.28	7.38	555.12	32.28	256.40	645.01
2012	4479.62	3148.81	596.85	8.49	580.08	47.30	497.58	858.59
2013	4480.55	3013.27	389.94	4.26	713.05	38.81	381.58	789.94
2014	5043.72	3428.55	175.59	5.10	886.90	12.50	375.94	715.11
2016	6776.21	4390.87	84.82	22.35	1722.44	9.29	445.79	597.43
2017	6552.49	3791.56	46.01	4.28	1684.84	6.42	419.33	390.71
2018	6806.37	3697.45	38.95	5.78	1667.78	1.14	456.93	329.63

资料来源：财政部，Wind 数据库。

注：Wind 数据库中 2015 年数据缺失。

我国地方政府是提供保障性住房的主体，近年来地方财政用于住房保障方面的支出连年增长，从 2010 年的 1990.4 亿元增加到 2018 年的 6299.92 亿元，增长了 216.5%。住房保障支出占地方财政支出的比重从 2010 年的 2.69%增加到 2018 年的 3.35%，其中 2016 年支出占比达到了 3.95%的较高水平，有力地推动了全国保障性住房的建设(见图 4.4)。

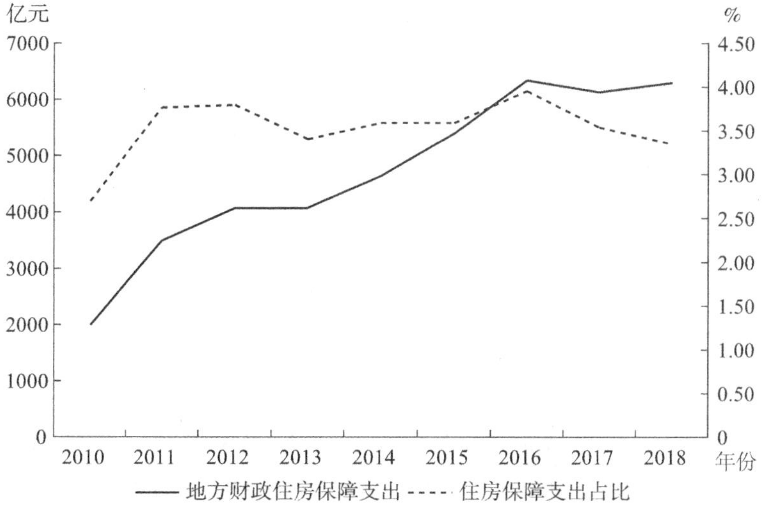

图 4.4　2010—2018 年中国地方财政住房保障支出水平及占比

表4.9和表4.10反映了我国2010—2018年各省、自治区和直辖市保障性住房建设计划和执行情况。由于各省(自治区、直辖市)报送和发布数据的及时性存在较大差异，表4.9和表4.10采集的数据存在一些遗漏，不过，从表4.9和表4.10可以清晰地看到各地将保障性住房建设作为一项重要的任务持续推进，基本能够按当年计划完成保障性住房的开发建设任务。最近十年，我国迅速形成了多层次的住房供应体系，保障性住房成为解决人们居住问题的重要选择，有效地提升了中低收入群体的住房支付能力。

表4.9　2010—2018年我国各省(自治区、直辖市)保障性住房建设计划情况

单位：万套

地区	2010年	2011年	2012年	2013年	2014年	2015年	2016年	2017年	2018年
北京	13.4	20		16		10.5			
上海		22	17.08	10.5		11.5	5		4.2
天津	9	23	10.5	8		3	5		3
江苏	24	21	31.5	23	26	26.61	25		
安徽	31.4	40	40	40	46.6253		26.6	33.2	28
福建	6.3783	24.41	15.89	10		12.5			2.1
江西	19.3	8.7288	30	32.24	33.6316	23			27.8
山东	11.8	24.3	30.51	23.56		53.7	49.3		84.33
河南	14.87	42.09	40	40		49	49		
湖北	10.7	12.5	33.53	25		46.59	41		
湖南	11.9	41.6		33.26	42.513		45.89	41.19	28.6
广东	13.6	31		7.8388			2.18		
河北	5.03	20	28.6	22		19	18		23
山西	25	28	33.2	18		25			
内蒙古	37.71	40.52	27.77	17.5		24.2			14.1
辽宁	13.78	34	21.9	17		21			
吉林	17.6	41.29	35.38	33.87		16.66			9.124
黑龙江	67	15.28	52	26		20	20.4		
四川	12.8	22	19	21		45	30		
广西	12.91	16.31	24.1			20	18.3		
海南	12.63	9.15	7.55	3.5		3.63		2.51	
贵州		10.5656	9.93	30		17	22.21		
云南		20	30	30.3		18.5			6.1

续表

地区	2010 年	2011 年	2012 年	2013 年	2014 年	2015 年	2016 年	2017 年	2018 年
陕西	16.1	44.83	43.6	33.7		16.3			20.2
甘肃	11.9	17.77				27.89			
青海	3.4	15	13.5	5.53		8.5			
宁夏		9.1	8.87	4.72		10.29	7		
新疆	15.5	23	29.5	29.6		30			

资料来源：财政部，Wind 数据库。

表 4.10　2010—2018 年我国各省（自治区、直辖市）保障性住房建设执行情况

单位：万套

地区	2010 年	2011 年	2012 年	2013 年	2014 年	2015 年	2016 年	2017 年	2018 年
北京	22.5	23	18		10.1	10.8	5.6	6.5	
天津	8.5	23.9	10.5	8	6.1	3			
江苏	21.2		32.8		27.8	29.22	27.4		
浙江	433	438.87			20.6				
福建	7.618	26.92	20.4		12.8667	14.3	13.45	7.7	
江西	20.1	32.6	30.38		33.05	23.26			
山东	19.37	38.9	34.3		31.6	54.7	54.7		
河南	28	45.12			65.16	48.5	36.91	58.87	
湖北	10.95	35.35			46.89				
广东	12.5	14.39			6.6				
河北	5.44	38.5			20				
内蒙古	39.26	40.6			24	28.5			
辽宁	7.8	34			32.8	23.9			
黑龙江	70.52	86.87	52.9		16.6	22.4			
四川	13.55	24.2			51.8				
广西	8.04	32			20.16	23.9			
海南	12.63	11.22			3.58	4.02	5.01	2.59	
贵州	10	23.96			16.9	22.26			

续表

地区	2010 年	2011 年	2012 年	2013 年	2014 年	2015 年	2016 年	2017 年	2018 年
云南	15	30.95	31.8		25	28.69			
甘肃	8.29	19			18.89				
青海	8.67	28.17			11.05				

资料来源：财政部，Wind 数据库。

二、我国住房保障制度整体状态及定位变化

对于目前我国住房保障制度整体状态的分析，可以使用如图 4.5 所示的框架，主要涉及住房状况、家庭收入、政府和市场关系、住房保障目标、开发投资方式、分配方式、金融工具运用等维度，这些维度的不同组合形成了不同的公平和效率交织状况。

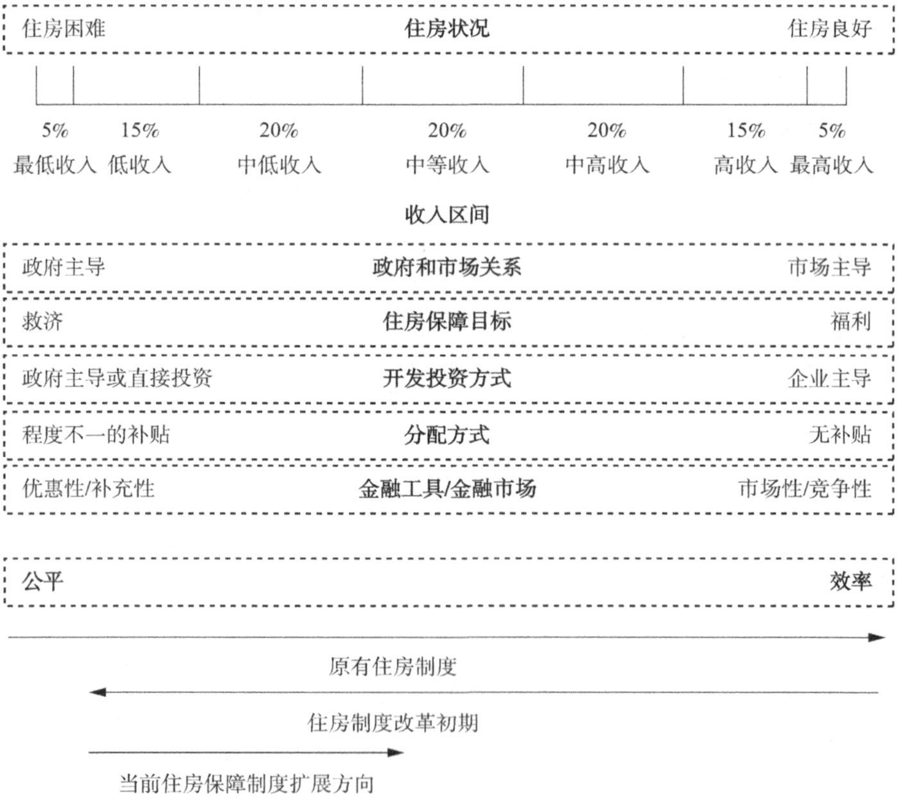

图 4.5　我国住房制度发展的基本结构

如果按图 4. 5 中线性展开分析，我国住房制度改革之前，原有的福利性无偿分配制度试图将公平放在首要位置，涵盖从低到高所有的收入阶层，在图 4. 5 中相当于沿着收入轴线向整体覆盖，这种做法会对效率产生巨大的负面影响，最终整体的住房状况并未得到有效改善。

住房制度改革初期，住房商品化、市场化居于主导地位，主要是借助市场化的效率优势，迅速增加住房存量，短时期内使住宅开发投资出现“井喷式”的增长，住房保障基本局限于廉租房这一较为狭窄的区间。反映在图 4. 5 中则是沿着收入轴线向左移动，试图通过接近全面的市场化解决住房问题。

随着我国经济迅速增长，人口向城市尤其是经济发展速度更快的中心城市、特大城市聚集，人们对改善住房条件的需求不断增长，从而推动住房价格水平迅速上涨。相对而言，中低收入以下群体的收入增长远远慢于房价的上涨速度，导致住房的相对差距日益扩大。这时，重新审视住房制度越发重要，将住房保障制度从廉租房定位于解决最低收入群体的住房问题扩展到解决中低收入、低收入群体的住房问题，由此，住房保障向经济适用房、共有产权房、公共租赁房等领域不断扩展。

采取哪种住房保障制度，实际上就是在图 4. 5 中选择何处定位，根据所处的历史阶段、经济发展水平、社会舆论、政府对住房问题认知的深化、政府的目标导向等在哪个位置达到一定的平衡，由此形成了特定的住房保障制度结构。

如图 4. 6 所示，目前我国住房保障制度形成的多层次住房供应体系，对应于不同的收入阶层和住房状况阶层。从收入阶层角度来看，廉租房主要对应最低收入阶层，解决其阶段性或长期性的住房问题（可能是由于缺乏劳动能力，或者因重大疾病、重大事故等形成相当长一段时间依靠个人或家庭能力无力在市场上解决住房问题）；经济适用房、共有产权房主要面对低收入、中低收入群体，解决其阶段性或长期性的住房问题，主要是在需求端通过政策手段提升其购买力，在供给端提供可负担性较强的住房供应。

其他类型则是与人们所处的收入阶层关系较小，是由于城市旧区改造、市政工程建设等原因形成的拆迁安置问题，由政府提供一定的优惠政策支持，较快地解决生活环境、市政基础设施等问题，同时解决这类群体的住房问题。

此外，由于各种历史原因形成的棚户区、沉陷区、少数民族地区游牧民定居、农村危房等问题日益突出，经济增长形成的较大的财力，也允许政府投入资金解决这类与收入关系较小、主要是居住条件恶劣的群体的问题。

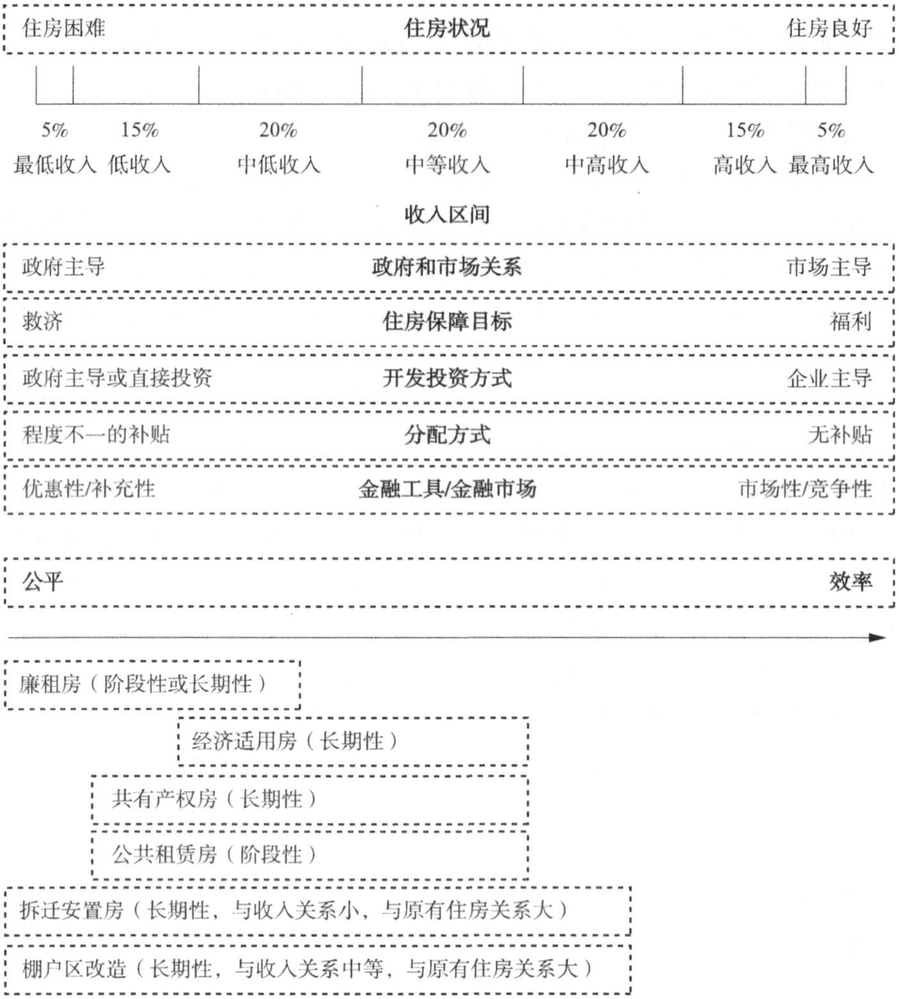

图 4.6　目前我国住房保障制度的基本结构

第四节　不同城市住房保障制度的一致性和差异性

在实施过程中，我国不同城市住房保障制度存在一定的一致性，反映了我国经济制度的一致性，确保了住房保障制度具有适度的稳定性，有利于全国住房保障方面的公平性。同时，不同城市住房保障制度也存在一定的差异性，反映了不同城市面临条件的差异，保证了住房保障制度具有特有的灵活性。相对而言，经济发达地区的探索多样化特征明显，有利于因城施策，更有利于实现住房保障方面的公平性和效率性两者之间深入结合。

一、不同城市住房保障制度的一致性

我国住房保障制度每一次大大小小的进展，都是由各城市根据当地的历史情况、人口流入和流出状况、现有住房状况、社会保障整体状况、住房保障的基本目标、经济发展水平、地方政府财政收支状况等，结合全国住房保障整体的政策，在党的领导下开展自身的探索，在探索过程中发现问题、分析问题并解决问题，提出新的解决方案，进而在全国范围内试点，通过试点再总结相关的经验和教训，最终将较为成熟的住房保障制度方案在全国范围内推行。

从城市住房保障制度一致性的角度分析，在我国，由于相对成熟的住房保障制度由中央统一部署，各城市保持了基本的一致性，只在具体操作细节方面存在一定的差异，体现了地方城市在具体操作上具有一定的灵活性，如住房保障的基本范围、拟解决人们住房方面的短期困难还是长期困难、准入门槛的高低、保障性住房面积设定以及与当地市场流行趋势的关系、申请流程、审核程序、登记鉴证、金融工具和金融手段、退出方式和流程、相关法律问题、具体负责部门、部门与部门之间的协调关系等。

例如，在全国范围内普遍推行的经济适用房政策，各城市主要遵循七部委下发的《经济适用房管理办法》执行，优惠和支持政策类似，主要涉及建设用地以划拨方式供应，土地在建设用地计划范围内优先供应；免收各种行政事业性收费（如城市基础设施配套费等）以及政府性基金；可以提取公积金购买，优先办理相关贷款，贷款利率有一定优惠；各种税费按优惠政策方案执行；等等。

对于经济适用房套型，全国提供了基本的指导原则，单套建筑面积 60 平方米左右，在这一面积范围基本要求下，地方政府可以基于地方经济状况、收入水平、人口规模和结构、家庭住房水平及结构等进行相对灵活的调整。

同时，经济适用房有较为严格的准入和退出机制。购买家庭需要同时符合多个条件，如有当地城镇户口、低于当地政府划定的低收入标准、无房或家庭住房面积低于政府确定的住房困难标准等。

在具体操作细则方面，经济适用房采取申请、审核、公示和轮候制度。审核采取各级政府调查索证等方式逐级进行审核，审核结果进行公示，公示无异议后，按收入状况、住房状况和申请顺序等要素轮候。

为尽可能多地解决住房困难家庭的问题，经济适用房通常只能购买一次，且购买面积需要符合核准标准，超过标准需要补交差价。如果购买经济适用房的家庭购买了商品房，那么该经济适用房由政府回购用于解决本市的住房保障问题。同时，享受住房福利分配购买经济适用房时需要先行退回福利住房。经济适用房在没有补交地价转换为完全产权时不能用于出租。

对于经济适用房的价格，2002 年由国家计委、建设部印发，于 2003 年执行的《经济适用房价格管理办法》对其进行了详细的规定，经济适用房价格以政府指导价的方式执行，保本微利，利润率不超过 3%，同时与当地同地段商品房价格维持一定的合理的价格差异。

在权属方面，经济适用房充分体现了其保障性的特点，权属登记中记载为经济适用房、划拨土地，因此购买者只拥有经济适用房的有限产权。①

又如，2014 年廉租房与公共租赁房并轨之前，各地实施的廉租房政策基本类似，最初以实物配租为主，但在实践中面临诸多操作问题，租赁管理困难，实物配租使低收入群体的工作地和居住地距离匹配存在较大困难，通勤成本居高不下，难以有效缓解低收入群体的困难。同时，租赁家庭收入审核较为困难，超过一定收入水平后退出存在较多的纠纷，强制搬离会引发大量的社会矛盾。后期则以租金补贴为主，实物配租居于相对次要的地位。租金补贴对低收入家庭居住地选择较为有利，工作地和居住地匹配较为容易。

二、不同城市住房保障制度的差异性

从城市住房保障制度的差异性来看，2019 年中国整体城市化率为 60.60%，2018 年为 59.58%，2017 年为 58.52%。人口的城市化率反映了人口向城市集中的趋势，当人口集中于城市区域会对该城市的住房市场、保障性住房需求产生巨大的影响，也对该城市解决人们的居住问题造成了程度不一的压力。因此，运用城市化率作为分类指标将我国大中城市划分为不同类型，可以发现不同类型城市保障性住房建设及制度变化的特点。

由于 2018 年和 2019 年 70 个大中城市保障性开发建设数据缺失较为严重，本处仅以 2011—2017 年较完整的数据进行分析。以最大值深圳 100%，最小值牡丹江市 34.32% 计算，区间范围为 65.68 个百分点，按城市化率分为 34.32%~50.74%、50.75%~67.16%、67.17%~83.58%、大于 83.58% 四种类型。当然，这一分类是相当粗略的，城市化率水平相差几个百分点没有本

① 建设部，发展改革委，监察部，财政部，国土资源部，人民银行，国家税务总局. 关于印发《经济适用房管理办法》的通知[EB/OL]. http://www.mohurd.gov.cn/wjfb/200712/t20071201_157795.html.

质的区别。

四类城市保障性住房供应情况的差异主要表现在以下四个方面。

一是城市化率高的城市，保障性住房供应面积普遍较高，这与城市化率高的城市往往人口集聚程度较高、经济发展水平高有直接的关系，同时这类城市住房差异较大，存在住房困难的群体的绝对数水平较高（见图4.7）。这类城市住房保障中需要重点解决两类暂时性住房困难群体的需求，一类是新近毕业的大学生，另一类是受这些城市经济发展水平较高吸引而来的人口。通常这两类人群当前收入水平较低，或者从其他地区进入这些城市时，收入与这些发达城市的住房价格相比差距巨大，导致当前购房能力不足。这些城市近年来保障性住房的重点在于公共租赁房和两限房，从阶段性、暂时性支付能力不足角度入手解决其居住困难问题。

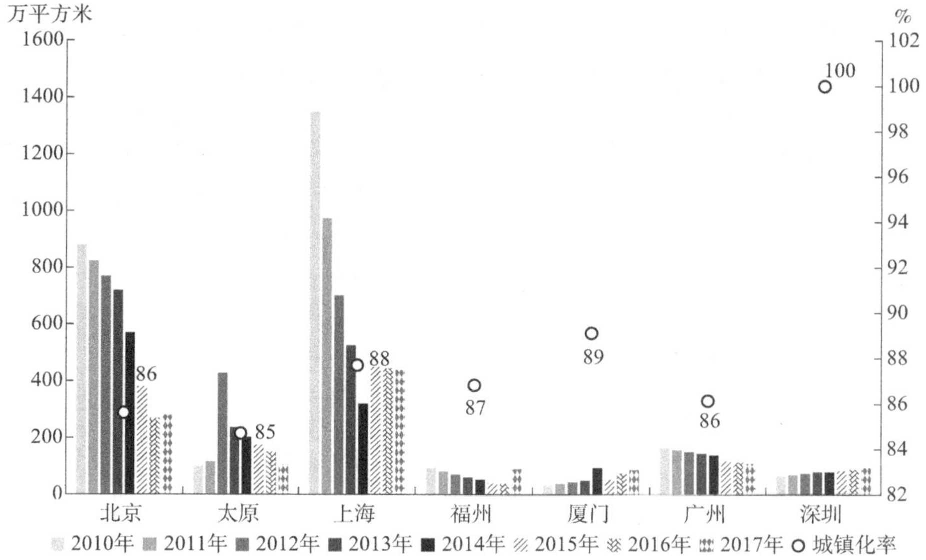

图4.7　第一类城市历年保障性住房供应量与城市化率比较

二是第二类城市中，除了少数城市，大多数城市保障性住房供应量呈逐年递减趋势，这与我国近年从中央到地方积极推动住房保障工作取得一定成效直接相关，也显示出通过前期住房制度改革和保障性住房集中供应在一定程度上有效地舒缓了住房压力（见图4.8）。不同类型城市的推进力度存在比较大的差异，这与当地历史状况、经济发展水平、居住困难程度等有着直接的关系。

三是第三类城市城市化率处于50.75%～67.16%，我国整体常住人口城市化率为59.58%，介于这一范围，这一区间正是城市化率以较快速度增加，城市人口快速聚集的时期，由此会形成一段时期内较多的住房困难人群，尤其

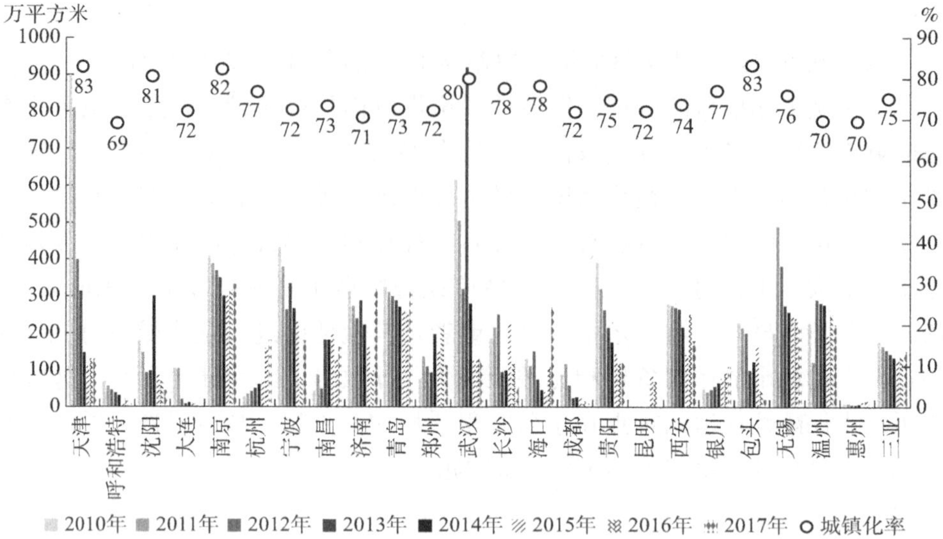

图 4.8　第二类城市历年保障性住房供应量与城市化率比较

是非户籍常住人口，对这些城市住房的租赁需求水平旺盛，也是解决这类城市住房保障的重点领域(见图 4.9)。近年来，从中央到地方越来越关注新市民的住房保障问题，也与这类城市有关，是影响未来保障性住房供应的重要因素之一。公共租赁房是这类城市保障性住房供应的重要构成部分。

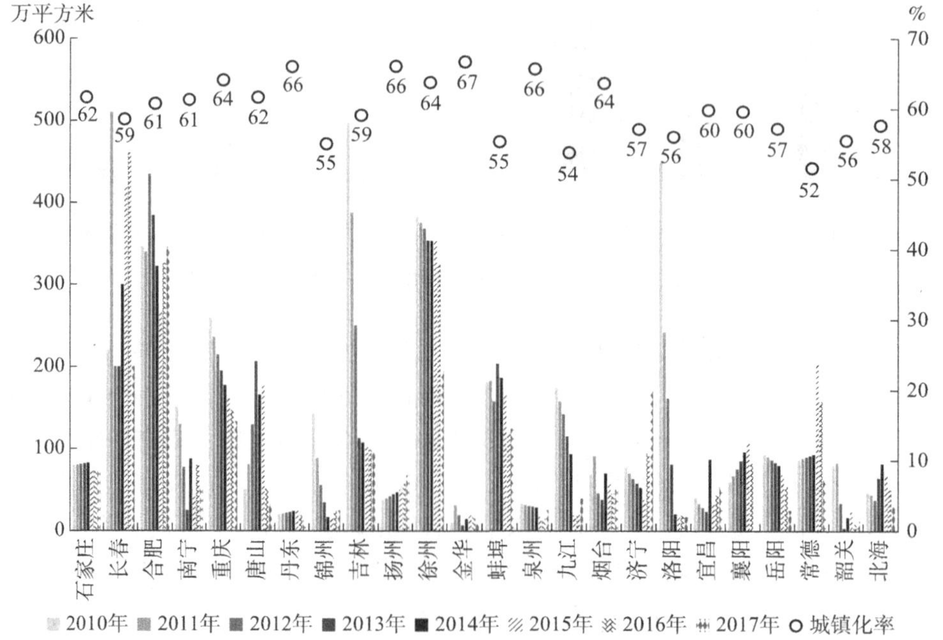

图 4.9　第三类城市历年保障性住房供应量与城市化率比较

四是处于第四类的城市城市化率远低于全国平均水平，与这类城市经济发展水平较低或者近年经济发展停滞，人口存在流出趋势，减缓了城市住房保障的压力有一定的关系，当然也有部分城市如桂林由于城市定位于旅游，因此城市化率较低(见图 4.10)。解决目前城市中住房困难群体的基本居住需求是其重要任务，同时这类城市中存在比较重的旧区改造任务，安置性住房在开发中居于相对重要的地位。

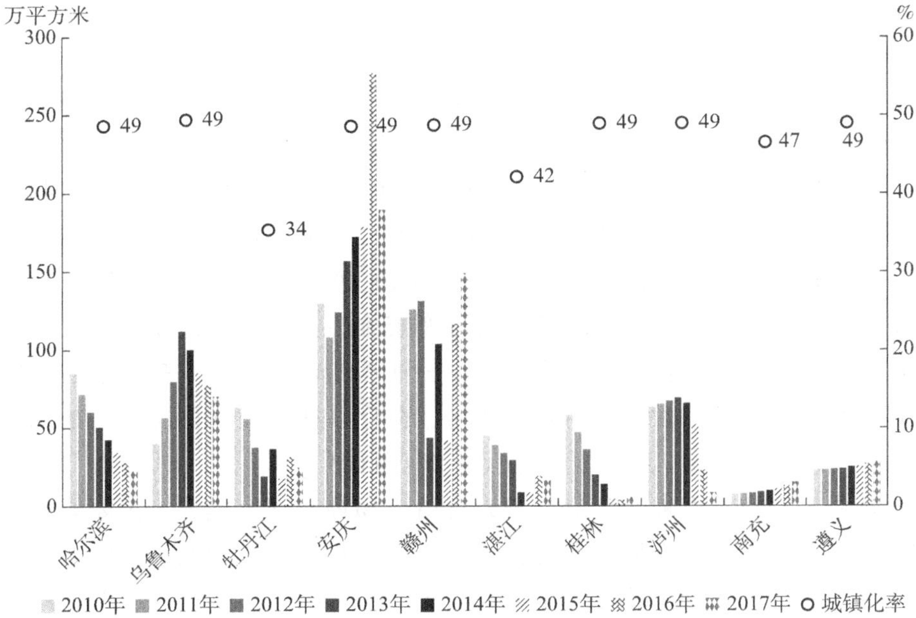

图 4.10　第四类城市历年保障性住房供应量与城市化率比较

05 第五章
国外住房保障制度的经验比较和借鉴

住房保障制度是国家为支持低收入群体或者特殊弱势群体满足其基本居住所需住房的制度。由于每个国家的社会制度、经济发展状况、文化以及价值观存在巨大差异，不同国家的住房保障制度也存在显著的不同。同时，住房保障制度具有何种特点以及如何发展演变，与该国家或地区的社会福利制度有着密切的联系，已有学者对各国采用的住房保障制度进行分类，其中最具有代表性的是丹麦学者安德森①在《福利资本主义的三个世界》一书中对西方国家社会政策和社会保障体系提出的三种福利基本模式，三种模式涉及的领域较为广泛，包括教育、就业、住房、医疗等社会公众普遍关心的问题，同时涉及政府和市场在这些领域的作用、范围和实际效果。

从住房保障方面来看，第一类为自由市场福利国家模式，主要有美国、加拿大、澳大利亚和新西兰等国家，以自由市场配置住房资源为主，住房保障限制在相对狭窄的范围内，对一部分经严格界定的低收入住房困难群体进行保障。第二类为合作主义福利国家模式，主要涉及德国、奥地利、意大利、法国等国家，与美国等相比较而言，政府在住房保障方面的作用更加明显，市场在其中起到一定的作用。第三类为社会民主福利国家模式，主要涉及新加坡、瑞典等国家，其中政府在住房资源配置中居于主导地位，同时建立了完整的住房保障制度，政府对住房的微观干预较为深入。

安德森所述的三种模式实质上反映了不同背景下政府与市场在住房方面的作用，是政府和市场关系的连续谱系，一个极端是完全由政府主导，另一个极端是完全由市场主导。当然，没有哪个国家处于这一谱系的两个极端，不同国家通常在基本的经济制度、经济发展水平、社会压力、文化和价值观的交织作用下定位于某个位置。

---

① [丹麦]埃斯平・安德森. 福利资本主义的三个世界[M]. 苗正民，滕玉英，译. 北京：商务印书馆，2010.

从 1995 年我国住房制度改革真正启动，1998 年全国全面深化市场化改革，至今已经 20 多年，与此同时，2020 年 GDP 超过 100 万亿元的水平，而住房保障方面还存在一些短板，充分借鉴发达国家住房保障制度的经验和教训，有利于建立有中国特色的住房保障制度，以更有效地解决我国人民的住房问题。在第四章对我国城市住房保障制度发展历程进行分析的基础上，本章重点阐述西方发达国家在住房保障制度方面取得的进展，以期借鉴国外在这方面的经验，尤其是在住房保障三种不同模式下，整体上实现了较高的生产效率、分配效率和运行效率的有代表性的美国、德国和新加坡的进展。当然，日本和英国等发达国家、一些发展中国家、新兴市场经济国家在住房保障制度方面的一些做法也值得借鉴，由于国内这方面的介绍和研究较多，本章不再一一述及。

第一节　世界各国住房保障制度的发展

每个国家的住房保障制度都是在本国特定的经济发展阶段和历史条件下形成的，是各种经济利益主体不断冲突、协调或者妥协的结果。改革开放 40 多年来，我国已经成为世界第二大经济体，虽然从人均水平看仍处于较低水平，仍属于发展中国家，但近些年整体经济实力的显著提升，为我国建立新型住房保障制度建立了深厚的物质条件。深入探讨发达国家的住房保障制度对我国当前有着更为直接的借鉴意义，本节通过对美国、德国和新加坡住房保障制度发展历程的介绍，可以为我国提供较为丰富的经验和教训。

一、美国住房保障制度的发展

1. 发展历程

相对而言，在美国住房问题方面，市场一直居于较为主导的地位，其住房保障和相关制度建立较晚。早期，住房保障是州政府的一项职能，由州政府直接投资建设公共住房，产权归州政府所有。20 世纪 30 年代“大萧条”之中和之后，罗斯福新政启动，联邦政府开始介入建设公共住房基金，由联邦政府划拨。基金的使用包括公共住房建设、现有住房维修保养和公共住房管理等几个方面。1932 年美国国会通过了《紧急援助与建设法》，为建设低收入家庭的住房提供贷款支持。1934 年通过了《国家住房法》，授权美国联邦政府成立联邦住房管理局和联邦储蓄贷款保险公司，引入长期限、低首付的住房抵押贷款，以期降低家庭的购房贷款负担。1938 年成立房利美(美国联邦住房抵押协会)，建立了住房抵押贷款二级市场，提高了住房抵押贷款的流动性。这一时期政府投资建设和管理公共住房是其住房保障的主要形式。从 1937 年美国《联邦住房法》通过以来，美国联邦政府一直向低收入家庭提供住房保障。通常美国由住房和城市发展部或者各类相关机构制订各种补贴计划，设定申请补贴者的各项资格要求如收入限制，低收入家庭按其收入支付一部分租金，其余部分由联邦政府支付。

第二次世界大战结束以后，城市人口急剧增加，美国住房短缺情况严重，住房质量不尽如人意。为解决这些问题，1949 年美国国会通过了新的《联邦住房法》，提出了国家住房政策目标，即每个家庭都能拥有适宜的居住环境，都可获得满意的住房。在这一目标下，住房保障政策范围开始扩大，从居住困难的贫困人群扩展到提升中等收入者的购房能力和住房自有率方面。这一时期美国政府对住房市场的干预主要集中于推动住房建设和城市更新计划，但实施这些政策的一个后果是低收入群体被迫搬离，加剧了居住困难问题。低收入贫困家庭在这一时期仍然需要依靠低租金的公共住房。

1968 年美国国会通过《住房与城市发展法》，20 世纪 60—70 年代，美国政府开始补贴私营房产商建造住房，同时运用各种金融激励措施鼓励私有住房业主为中低收入群体提供低于市场租金水平的保障性住房。

1974 年美国国会通过《住宅和社区开发法》，保障性住房转为向租住的低收入家庭提供补贴(如租房券)，停止资助新建公共住房，通过财政和税收手段鼓励私人开发商投资兴建保障性住房。租赁方补贴方式降低了政府投资建设、运营公共住房的财政负担。同时，使得包含租房券的租金水平与市场租金水平较为接近，比较有效地发挥了市场调节住房资源的作用，而且持有租房券的租赁者能够更好地选择与自身职住相匹配的住房。

2. 现有政策

2000 年至今，美国家庭税后实际收入中位数增长了约 20%，然而根据标普/凯斯-席勒指数，2019 年住房实际价格上涨了近 50%。尽管美国从 2016 年起整体住房自有率仍在不断提高，不过部分群体尤其是黑人群体的住房自有率仍处于较低水平，种族差异非常明显(如图 5.1 所示)。

美国低收入家庭收入的相当大份额用于支付房租。根据美国社区调查(the American Community Survey，2017)的结果(见图 5.2)，2017 年美国约有 4300 万名租赁者，其中 46% 的租赁人口的收入用于房租的份额超过 30%，

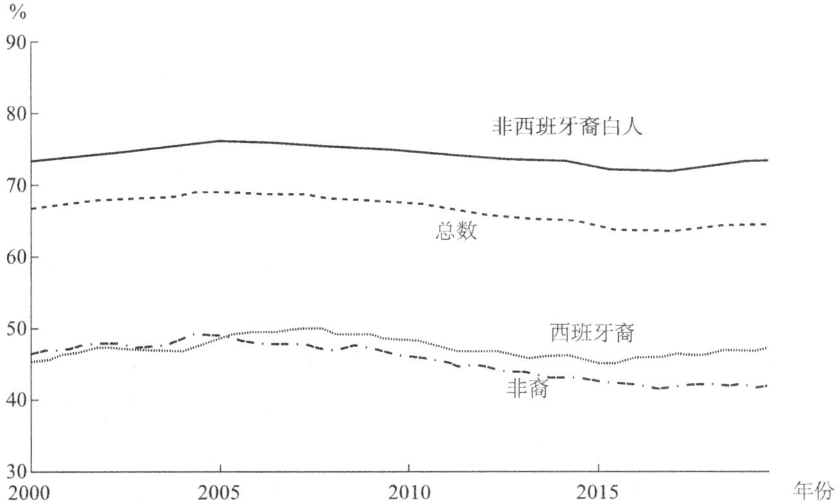

资料来源：美国人口普查局，普查数据。
注：数据表示四个季度的移动平均线。

图 5.1　2000—2019 年美国按种族划分的住房自有率状况

31%的租赁人口的收入用于房租的份额超过 40%，还有 23%的人口超过 50%。2017 年收入低于年 2 万美元的租赁者，约有 74%的人口用于房租的收入超过 30%，年收入介于 2 万美元至 5 万美元的租赁者，有 61%的人口用于房租的收入超过 30%。根据美国住房和城市发展部 2018 年的调查，2018 年 1 月约有 50 万名无家可归者。

家庭收入（美元）	2009年（%）	2017年（%）	百分点变化	变化百分率（%）
＜20000	76.6	74.3	–2.3	–3.0
20000~49999	50.2	61.0	10.8	21.5
50000~74999	15.2	23.5	8.3	54.4
75000~99999	6.8	10.3	3.5	51.3
≥100000	2.1	3.5	1.4	66.6
所有家庭租户	47.7	46.0	–1.7	–3.6

资料来源：美国社区调查，美国人口普查计算。

图 5.2　2009 年与 2017 年美国租赁住房家庭租金超过收入 30%的占比（按收入分组）

从整体模式来看，经过近一个世纪的发展，美国住房保障制度形成了市场主导、政府适度干预、个体自由选择以及供给需求双向补贴的模式。20世纪90年代以来，美国住房保障政策的实施重点逐步由政府新建公共住房及提升低收入家庭住房支付能力，调整到充分利用存量保障性住房，扩展低收入住房困难家庭的选择范围，改善中低收入家庭的住房支付能力，进一步强化住房公平和金融公平，将住房保障制度与其他如教育、医疗、贫困等社会政策结合起来。1995年，美国住房和城市发展部提出了保障性住房改革计划，将各类住房项目整合起来，以期更完整地评估各种项目的执行情况。

具体而言，保障性住房整合政策涉及四类联邦基金项目。第一类是住房券基金，整合了各类公共住房的租金补贴，补贴对象转向收入不超过地区收入中位数50%的家庭，大致相当于收入水平处于最低25%的家庭。租金补贴水平以大都市区标准质量住房的租金水平为基础进行核算。第二类是保障性住房基金，主要涉及各类联邦资助或对开发企业补贴的中低收入住房开发计划，这类项目主要由联邦运用财政手段资助开发企业建设面向中低收入者的住房。第三类是社区发展基金，是整合社区规模的发展基金项目，主要是将社区经济发展与保障性住房建设结合起来。第四类是无家可归者基金，即对各类项目中为无家可归者提供紧急住房救济的项目进行整合。例如，2019年，美国住房和城市发展部的租赁住房援助计划金额为420亿美元，第8条款[①]租房券项目(Section 8 Housing Choice Vouchers)230亿美元，第8条款租金援助项目(Section 8 Project-Based Rental Assistance)120亿美元，公共住房70亿美元。

在这一过程中，美国住房保障政策趋向于逐步减少联邦政府直接建设公共住房，相关财政投入主要用于现有公共住房的维护保养，将对开发企业的包括利率优惠、财政补贴和税收优惠等结合在一起的投资激励和对中低收入家庭的包括租房券在内的租金补贴等间接补贴作为住房保障的主要执行工具。整体而言，由于美国的住房保障政策更加倚重市场，其整体效率较高，在一定程度上运用较少的资金提升了住房保障水平。

3. 发展现状

从美国住房和城市发展部的数据来看，保障性住房项目总数2014年有所降低，之后一直保持平稳，市场缺口较大(见图5.3)。其中2015年以前住房租金补贴形式的项目居于主导地位，其次是政府提供的公共住房(见图5.4)。

---

① 第8条款(Section 8)项目是指基于1974年《住房与社区发展法》第8条款所规定的项目，包括两种类型，一类是租房券项目，另一类是租赁援助项目。

2016 年起，保障低收入者、老年人和残疾人持续获得安全、体面、负担得起的租赁援助合同开始出现并且占比最多。

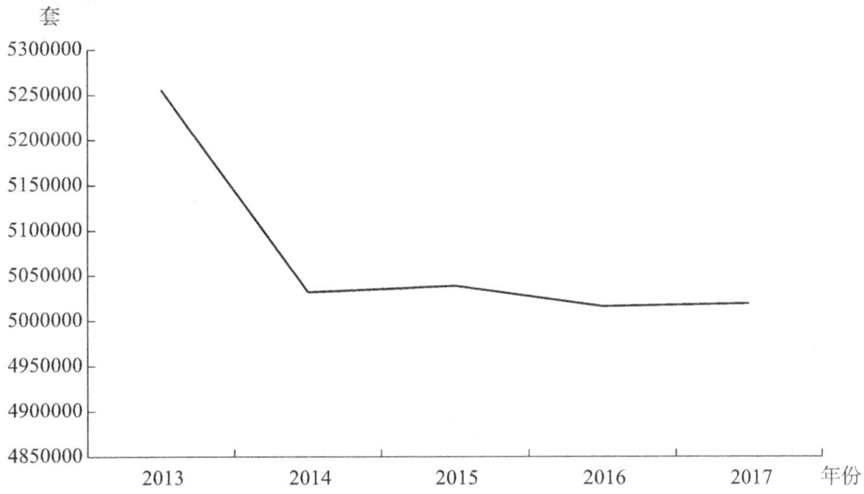

图 5. 3　美国住房保障项目总数

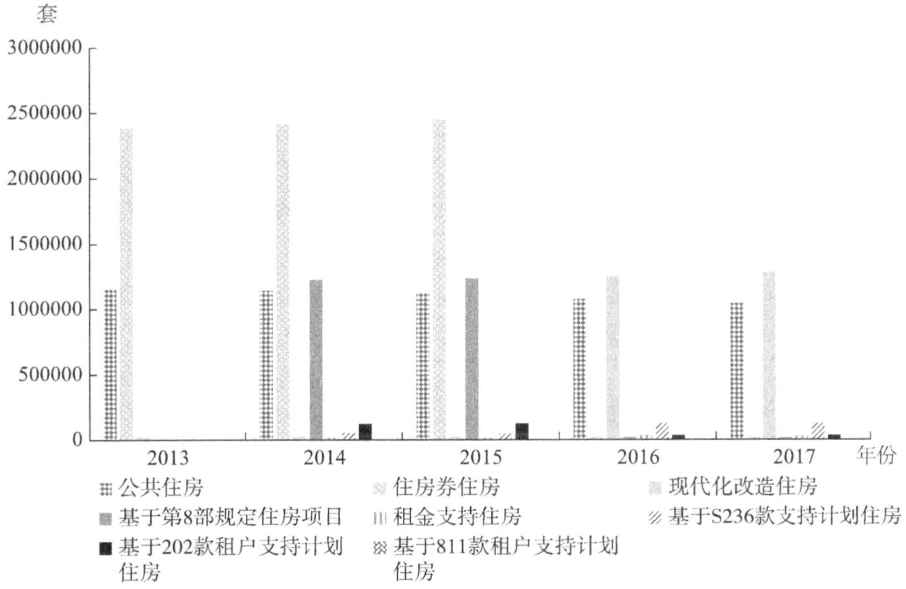

图 5. 4　2013—2017 年美国保障性住房项目分布状况

2008 年国际金融危机后，美国失业率急剧上升，保障性住房的需求也随之急剧增加，但同时美国保障性住房的建设市场化程度较高，金融危机时期众多房地产企业融资与资金回笼存在较大的困难，资金链十分紧张，保障房的建设因此受到巨大的影响。虽然近几年美国经济稳健复苏，但保障房住房的供应仍然十分有限，美国住房保障问题日益突出。美国人口调查局的统计数据显示，从 20 世纪 70 年代开始，每 10 年的人均住房年建造量都呈下滑趋势。1970—1979 年每千名居民平均年住房建造量为 8.2，下降到 2010—2018 年的 3.0。在不同的州差异更大，2010—2018 年得克萨斯州每千名居民年建造量为 5.2，佛罗里达为 4.3，而加利福尼亚和纽约分别仅为 2.0 和 1.7。最有代表性的是加利福尼亚州，从 20 世纪 70 年代、80 年代的 7.0、4.0 一路下滑。纽约则是自 20 世纪 70 年代每 10 年每千名居民平均年建造量小于 3.0 的州。美国关键住房政策相关法律见表 5.1。

表 5.1　美国关键住房政策相关法律

类别	颁布时间	法律名称	主要内容
住房总体政策	1934 年	《国家住房法》	成立联邦住房管理局；授权地方政府开始公共住房建设；授权联邦政府成立机构为家庭购房贷款提供担保
	1937 年	《联邦住房法》	授权联邦政府向地方公共住房建设提供资金支持
	1949 年	《联邦住房法》	确立了每个家庭都能居住在"体面的住房和适宜的居住环境中"的国家住房政策目标；强调了联邦政府在住房领域不可推卸的责任
	1954 年	《住房法》	修正 1949 年法案，联邦政府开始为住房修缮提供资助
	1956 年	《住房法》	要求公共住房分配向老年人倾斜，为因城市更新而被迫搬迁的家庭提供补偿
	1959 年	《住房法》	
	1965 年	《住房与城市发展法》	成立住房和城市发展部
	1968 年	《住房与城市发展法》	
	1974 年	《住房与社区发展法》	以"建设有活力的城市社区"为目标，将保障性住房与适宜的居住环境、扩展经济机会等相结合；设立联邦社区发展组团基金
	1976 年	《住房与城市发展法》	
	1987 年	《住房与社区发展法》	
	1990 年	《国家保障性住房法》《低收入住房保护与自有住房法》	应对联邦资助的私营保障性住房低租金规定期限到期的形势，提供激励确保保障性住房的供应
	1992 年	《住房与社区发展法》	
	1997 年	《受资助多家庭住房改革与可支付性法》	改革贷款制度，降低第 8 条对私营保障性住房建设的联邦补贴成本

续表

类别	颁布时间	法律名称	主要内容
住房金融市场方面的法律法规	1932 年	《联邦住房贷款银行法》	建立联邦住房贷款银行系统，为从事住房抵押贷款业务的储蓄贷款协会和储蓄银行提供融资并实行监督管理
	1938 年	《联邦国民抵押协会法》	设立联邦国民抵押协会，为办理住房抵押贷款业务的储蓄贷款协会和储蓄银行提供再融资
	1954 年	《住房法修正案》	重新明确联邦国民抵押协会的三大功能和业务范围
	1970 年	《紧急住房金融法》	成立联邦住房抵押公司，并进入抵押二级市场运作
	1976 年	《住房与社区发展抵押贷款公开法》	防止住房抵押贷款市场上的区域歧视
其他相关法律法规	1944 年	《军人修正法》	建立退伍军人管理局
	1951 年	《国防住房法》	
	1962 年	《公平住房机会令》（总统令 11063 号）《老年居民住房法》	
	1968 年	《公平住房法》	禁止住房销售和金融等领域的歧视，确认公平住房机会原则
	1965 年	《住房与城市发展部法》	
	1978 年	《社区再开发法》	
	1986 年	《税制改革法》	开始实施低收入住房税收补贴计划
	1987 年	《无家可归者资助法》	
	1988 年	《公平住房法修正案》	禁止任何基于家庭地位或残疾状况的歧视
	1989 年	《住房与城市发展部法修正案》	

资料来源：刘志林，景娟，满燕云．保障性住房政策国际经验：政策模式与工具[M]．北京：商务印书馆，2016.

二、德国住房保障制度的发展

1. 发展历史

整体而言，德国的住房保障制度属于政府与市场关系连续谱系的中间地带，第二次世界大战结束以后，德国的经济体制总体是市场经济体制，同时对社会政策投入了巨大的资源，一般称之为社会市场经济，其住房保障制度也与这种经济体制密切联系。

德国公共住房在西方发达国家起源较早。目前的住房保障制度是在第二次世界大战结束之后逐步发展起来的。第二次世界大战中德国住房损毁殆尽，战争结束后住房严重短缺。据德国联邦统计局数据，当时联邦德国境内原有的1000余万套住房约有1/5完全损毁，还有1/5严重损毁。战后初期，在盟国的占领和管制之下，德国对住房市场进行严格的租金管制，通过政府规定租金水平、禁止解除现有租赁合同、对贫困者进行住房安置，以此分配有限的住房资源。住房租金管理在战后特定时期起到了一定的作用，但其弊端也非常明显，低租金无法收回住房成本，无法维持住房的正常使用，也无法有效地调节供求关系。

1949年联邦德国成立后，经济部长艾哈德突破盟国的管制，放开了物价，重新确立市场经济的主导地位，德国经济迅速从战后恢复。艾哈德提出的社会市场经济模式成为德国的基本经济体制。在住房方面，1950年通过第一部《住房建设法》，1956年通过第二部《住房建设法》，规定"联邦、州、乡镇及乡镇联合区应当进行住房建设，特别是为广大民众建设大小、设施和房租适宜的住房(社会住房)"，利用公共资金建设社会住房的首要原则为"优先建造家庭住房，满足低收入人群的住房需求"。

德国第一部《住房建设法》通过包括无息和低息贷款在内的政府资助手段，对于新建、重建、修复和扩建住房提供税费减免优惠，同时政府为市场上的住房开发提供一定的融资担保，优先为建设社会住房提供土地。通过这些手段有效地降低了住房开发建设成本，鼓励了社会住房建设，住房供应迅速增加，人们的居住条件得到明显改善。

德国第二部《住房建设法》的副标题为住房与家庭法，从鼓励企业开发建设社会住房转向鼓励公民建造自有住房，积累私人财产。其目的在于推动整个社会增加住房建设，支持人们建造自住住房，增加针对住房方面的储蓄，降低政府在住房建设中的财政压力。

20世纪60年代，德国出现经济危机，政府公共开支压力骤增，一方面为解决失业问题增加了支出，另一方面对中等收入阶层减税，压缩了政府对社会住房建设的支持空间，导致社会住房供应受到抑制。同时，由于受租金管制的低租金社会住房与按成本租金调整的税收优惠住房的租金差异日益扩大，中等收入群体缺乏更换条件更好住房的意愿。因此，在这一时期，德国住房保障制度相应从关注供给端向需求端调整。为鼓励收入水平提高的家庭改善居住条件，从低端社会住房向条件较好的住房迁移，德国采取了租金补贴和法律支持的住房政策，1965年发布了《住房补贴法》，为从经济上保障租房者和所有者拥有最低限度的居住空间，为其提供租金补贴和住房负担补贴，补贴额度一般依据租户家庭收入确定，联邦政府和州政府各承担家庭实际应付租金与可承受租金之间的差额的一半，为一般家庭收入的15%～20%。1970年出台第二部《住房补贴法》，进一步提高了住房补贴的范围，规定“从经济上保障适足的、与家庭相当的居住条件”，并依据家庭规模、家庭总收入、租金与负担金额，详尽地制定了各种情形下的住房补贴金额上限，大大提高了住房补贴的可操作性与公平性①。

1971年，联邦德国政府出台了第一部《住房解约保护法》，规定业主不得随意解除租约，保护租赁者的合法权益，使租赁关系稳定化。同时，该法还规定业主调整租金需要满足特定的条件，如租金一年没有变化，拟提高的租金水平不得超过当地政府规定的同类型住房标准租金水平。1974年，第二部《住房解约保护法》则进一步规定，当出租人由于住房改造、维护成本变化、贷款成本变化等原因提高租金时，需要提供充分的证据并征得承租人同意。同时，如果住房运营成本下降，那么需要立即降低租金。1982年，德国政府出台《增加租赁住房供应法》，规定房租在3年内涨幅不得超过30%。通过上述住房政策的调整，德国住房市场的供需达到基本平衡的状态，人们逐步向质量较高的住房迁移，低水平社会住房占比逐步下降。

截至1989年，联邦德国户均住房已经达到0.96套，人口增速也逐步下滑，达到较为稳定的状态，相应地，住房紧张情况得到有效缓解。1990年8月两德统一后，民主德国的住房问题相对严峻得多。大量政府支出用于原东德地区的建设和住房开发。同时统一后，大量东德人口迁入西德导致住房供应再次出现缺口，德国政府重新加强对公共住宅建设的支持力度，继续对自有住宅建设、改造和维修进行鼓励和补贴，增加面向低收入阶层的住房供给。

1990年和2000年，德国政府两次修改《住房补贴法》，一方面，将住房补贴扩展到合并的东德地区；另一方面，根据生活成本变化增加住房补贴，避免租赁者的负担加重。政府的住房补贴支出从1991年的23亿欧元上升至2004年的52亿欧元。

在政府补贴方向上，除东德地区社会住房投资外，整体住房保障制度向补贴居民购买或建设自有住房倾斜。1995年《住房所有权津贴法》出台，采用住房津贴方式，改变了原先的折旧扣减补贴方式，根据联邦统计局的数据，1996年德国对居民自有住房的补贴达到128亿欧元。2001年9月，政府废除第二部《住房建设法》。到2005年，住房私有补贴维持在每年100亿欧元以上

① 李超君，张鸣．从大规模公共住房建设到有针对性的住房供给——二战后德国公共住房政策的发展和演进[C]//中国城市规划学会．生态文明视角下的城乡规划——2008中国城市规划年会论文集．大连：大连出版社，2008：4471-4481.

的规模。2005 年底住房总套数达到了 3800 多万套。

2005 年以后，德国的住房政策进一步调整，向市场主导转化。德国政府减少了社会住房建设，减少各类住房补贴，推动住房进一步市场化。2005 年 12 月，德国政府宣布自 2006 年起废除住房所有权津贴，对新建或新购住房不再提供津贴。同时，社会住房逐步退出，在整个住房存量中的比重不断降低，2016 年降到 125 万套。

通过建立多渠道的住房供应，截至 2018 年底，德国住房存量达到 4200 多万套，户均套数约为 1.02 套，其中自有住房和租房者人均拥有住房面积分别达到 49.9 平方米和 37.4 平方米，高于世界主要发达国家水平。

2. 现有政策

经过 70 年的发展，德国整体的住房状况实现了基本的供需平衡，虽然存在一些住房困难的群体，但整体上人们的居住状况处于发达国家的前列。目前的住房保障制度逐步朝着市场化程度更高的方向发展，政府对住房的干预相对而言逐步弱化。主要表现在如下六个方面：

(1)社会住房政策仍然沿着惯性延续，目前主要是原有社会住房存量的维持，其占比在不断缩小。

(2)政府向低收入家庭依据家庭人口数量、收入水平及租金占收入的比重等因素提供住房租金补贴。

(3)政府通过一定的财政政策、税收政策和金融政策鼓励私人建设自住住房，提升住房自有率。

(4)政府对住房租金及其变动、租户退租等进行管制，制定租金上限、调整租金上涨幅度、限制出租人无正当理由清退租户。

(5)建立住房储蓄体系，由参与人缴纳契约确定的储蓄后获得住房贷款资格，住房储蓄体系全封闭运作，定向用于建房贷款，具有较强的稳定性。

(6)一系列强化市场作用的政策举措有效地提升了德国保障性住房制度的运行效率，即在通过市场机制提供更多的住房选择基础上，减少了需要通过税收补贴来解决住房的人群，较好地实现了公平和效率兼顾的目标。

3. 发展现状

德国住房市场尤其是两德统一之后处于长期稳定状态。前述德国政府建立了较为完善的住房制度，高度重视住房保障制度建设，住房补贴制度、储蓄制度、税收优惠等政策的推行满足了居民的基本住房需求。德国自 1990 年以来价格指数始终保持较为平稳的状态。近年来，为弥补国内劳动力的不足，移民大量流入，海外资金流入房地产市场，从而导致住房价格有一定程度的上涨，但总体而言，房价保持了平衡态势。2017 年住房存量达到

4196.81 万套，居住面积总量约 38.5 亿平方米，人均居住面积为 46.5 平方米（见表 5.2）。

表 5.2　德国历年住房存量

类别	单位	2013 年	2014 年	2015 年	2016 年	2017 年
基于 2011 年人口普查的结果						
住房（住宅和非住宅建筑物内）	千套	40995.10	41221.20	41446.30	41703.30	41968.10
不同卧室数的住房数量						
1 卧室	千套	1318.70	1334.20	1348.60	1378.20	1406.40
2 卧室	千套	3750.70	3776.60	3805.10	3839.60	3877.40
3 卧室	千套	8945.20	8983.80	9024.80	9072.20	9124.00
4 卧室	千套	10486.90	10526.10	10565.30	10606.50	10651.10
5 卧室	千套	6960.60	7001.20	7039.90	7080.20	7120.00
6 卧室	千套	4498.60	4532.40	4564.50	4597.70	4630.20
7 卧室及以上	千套	5034.50	5067.00	5098.00	5129.00	5158.90
卧室总数	间	180298.6	181360.4	182295.7	183354.3	184427.8
居住面积总量	百万平方米	3743.50	3769.40	3795.00	3822.50	3850.70
住房存量结构						
每千居民住房数	个	508	508	504	507	507
套均居住面积	平方米	91.3	91.4	91.6	91.7	91.8
人均居住面积	平方米	46.3	46.5	46.2	46.5	46.5
户均卧室数	个	4.4	4.4	4.4	4.4	4.4

资料来源：德国联邦统计局，https://www.destatis.de/EN/Themes/Society-Environment/Housing/_node.html#sprg267180。

根据德国联邦统计局 2018 年微观住房调查数据，2015 年及其后迁入德国大都市区的家庭支付的房租超过了平均租金水平，每平方米约 7.7 欧元，平均租金收入比率为 27.2%，人均住房面积为 46.5 平方米。德国住房自有率从 1998 年的 40.9%增长到 2018 年的 46.5%（见表 5.3）。

表 5.3　德国住房自有率变化（按土地面积占比计算，%）

地区	1998 年	2002 年	2006 年	2010 年	2014 年	2018 年
巴登-符腾堡	48.3	49.3	49.1	52.8	51.3	52.6
拜仁	47.6	48.9	46.4	51	50.6	51.4
柏林	11	12.7	14.1	14.9	14.2	17.4

续表

地区	1998年	2002年	2006年	2010年	2014年	2018年
勃兰登堡	35.5	39.8	39.6	46.2	46.4	47.8
不来梅	37.5	35.1	35.4	37.2	38.8	37.8
汉堡	20.3	21.9	20.2	22.6	22.6	23.9
黑森	43.3	44.7	44.3	47.3	46.7	47.5
梅克伦堡前波莫瑞	32.2	35.9	33.2	37	38.9	41.1
下萨克森	48.9	51	49	54.5	54.7	54.2
北莱茵-威斯特法伦	37.4	39	38.7	43	42.8	43.7
莱茵兰-普法尔茨	55	55.7	54.3	58	57.6	58
萨尔	58.1	56.9	54.9	63.7	62.6	64.7
萨克森	28.7	31	29.5	33.7	34.1	34.6
萨克森-安哈尔特	36.5	39.6	37.9	42.7	42.4	45.1
石勒苏益格-荷尔斯泰因	46.8	49.4	47.1	49.7	51.5	53.3
图林根	39.2	41.8	40.6	45.5	43.8	45.3
德国	40.9	42.6	41.6	45.7	45.5	46.5
前东德地区	43.1	44.6	44.6	48.8	48.4	49.2

资料来源：德国联邦统计局，https://www.destatis.de/EN/Themes/Society-Environment/Housing/_node.html#sprg267180。

从租金收入比率来看，整个德国2018年为27.2%，处于发达国家较低的水平。从各州情况来看，汉堡最高，达到30.4%；萨克森最低，为22.7%（见表5.4）。

表5.4 2018年德国主要租赁家庭的租金收入比率（%）

地区	总和	不同人口家庭租金收入比率				
		1人	2人	3人及3人以上	包括	
					4人	5人及5人以上
德国	27.2	31.1	23.3	23.1	22.6	24.4
巴登-符腾堡	27.1	31.6	23.6	23.1	22.8	24.3
拜仁	27.2	31.2	23.7	23.0	22.5	23.5
柏林	28.2	32.0	23.9	24.2	23.5	25.4
勃兰登堡	24.5	27.9	21.2	20.7	20.5	21.8

续表

地区	总和	不同人口家庭租金收入比率				
		1人	2人	3人及3人以上	包括	
					4人	5人及5人以上
不来梅	29.8	33.2	25.3	25.3	24.0	26.9
汉堡	30.4	34.7	25.6	26.0	24.5	27.9
黑森	28.2	32.5	24.6	23.9	23.3	24.7
梅克伦堡前波莫瑞	26.1	29.9	21.8	21.5	21.1	22.6
下萨克森	26.9	30.6	23.1	22.5	21.6	24.1
北莱茵-威斯特法伦	28.2	32.4	24.1	24.0	23.7	25.2
莱茵兰-普法尔茨	27.3	31.1	23.6	23.2	23.0	23.7
萨尔	27.7	31.7	22.8	23.1	22.2	23，6
萨克森	22.7	26.3	19.0	18.7	18.2	19.6
萨克森-安哈尔特	25.0	28.7	20.2	20.7	20.3	24.3
石勒苏益格-荷尔斯泰因	29.3	33.0	24，8	25.1	23.9	27.8
图林根	23.1	26.5	19.5	19.2	19.1	21.6

资料来源：德国联邦统计局，https：//www.destatis.de/EN/Themes/Society-Environment/Housing/_node.html#sprg267180。

注：数据包括只提供了扣除取暖费用后的总租金和收入的家庭。数据来自2018年附加微观人口普查结果。

住房成本占家庭净可支配收入的比重，近10年间，从2008年的31.8%下降到2018年的26.1%。处于贫困线水平的家庭住房成本占比较高，2018年为49.4%，但与2008年相比，也下降了3.9个百分点，反映了德国近10年住房状况持续改善。从人们认为住房支出的经济负担状况来看，认为无负担的家庭占比从2008年的16.4%提高到2018年的29.4%，认为有一些负担的家庭占比从2008年的59.8%下降到2018年的57.5%，认为负担较重的家庭占比从2008年的23.8%下降到2018年的13.1%，可见整体负担出现明显降低。认为有一些负担的贫困线人口变化不太明显，从2008年的51.7%微降至2018年的51.6%，而认为负担较重的处于贫困线人口改善状况尤其明显，从2008年的36.2%下降到2018年的24.5%，下降了11.7个百分点，充分体现了德国住房保障制度取得了较为显著的成效（见表5.5、表5.6）。

表 5.5 住房成本占家庭净可支配收入的比重(%)

家庭类型	2008 年	2009 年	2010 年	2011 年	2012 年	2013 年	2014 年	2015 年	2016 年	2017 年	2018 年
按人口计算，总和	31.8	30.9	27.5	28.3	27.9	28.2	27.3	27.3	27.4	26.3	26.1
家庭类型(不处于贫困线家庭)											
单人独居	40.6	39.0	37.1	39.1	39.9	39.6	39.4	39.1	39.7	38.2	37.4
夫妻两人居住	38.5	39.5	37.1	38.7	38.5	35.7	34.4	34.9	35.0	33.7	35.4
2 个成年人无子女	29.5	28.4	25.7	26.2	25.6	26.9	25.5	25.4	25.5	24.2	24.2
2 个成年人和 2 个子女	30.6	29.6	24.5	24.4	23.6	23.4	22.7	22.9	22.1	21.8	21.2
处于贫困线人口的住房成本占比，总和	53.3	51.0	47.2	50.0	50.5	50.1	52.2	51.2	51.3	48.4	49.4
家庭类型(处于贫困线家庭)											
单人独居	60.3	57.5	54.4	57.1	60.2	58.6	59.8	59.6	60.1	57.2	57.3
夫妻两人居住	50.4	52.7	48.9	52.3	50.9	48.6	49.2	48.0	49.2	46.2	50.4
2 个成年人无子女	53.0	47.3	44.0	47.6	43.6	47.9	50.6	46.5	48.7	46.9	44.5
2 个成年人和 2 个子女	47.8	44.6	40.9	42.9	42.0	42.6	43.9	43.9	37.6	39.9	43.7

资料来源：LebeninEuropa(EU-SILC)-Eurostatdatabase. 德国联邦统计局，https://www.destatis.de/EN/Themes/Society-Environment/Housing/_node.html#sprg267180。

注：住房成本包括水费和废水处理费、能源和取暖费、住房维护费、抵押贷款利息(业主方)、保险费(业主方，如果租户也支付该项费用也需计入)和其他住房成本。

表 5.6 住房成本带来的经济负担(%)

家庭类型	2008 年	2009 年	2010 年	2011 年	2012 年	2013 年	2014 年	2015 年	2016 年	2017 年	2018 年
无负担											
人口总体情况	16.4	20.4	23.2	21.5	22.1	22.4	24.3	26.9	28.9	29.6	29.4
处于贫困线人口情况	12.1	15.9	17.9	16.4	16.7	17.5	16.6	20.8	21.5	22.3	24.0

续表

家庭类型	2008年	2009年	2010年	2011年	2012年	2013年	2014年	2015年	2016年	2017年	2018年
有一些负担											
人口总体情况	59.8	59.1	58.6	58.7	58.8	59.5	58.5	58.9	57.6	57.2	57.5
处于贫困线人口情况	51.7	52.2	51.4	50.7	51.5	52.4	54.9	52.7	53.3	53.3	51.6
负担较重											
人口总体情况	23.8	20.5	18.2	19.8	19.2	18.2	17.2	14.2	13.5	13.3	13.1
处于贫困线人口情况	36.2	31.9	30.7	33.0	31.8	30.1	28.5	26.5	25.2	24.4	24.5

资料来源：LebeninEuropa（EU－SILC）－Households'self－assessment. 德国联邦统计局，https：//www.destatis.de/EN/Themes/Society－Environment/Housing/Tables/burding－housing－costs－silc.html；jsessionid＝C4A1E6A2BE9822FC5AC522B8128A75CC.internet8711。

三、新加坡住房保障制度的发展

1. 发展历程

新加坡于1959年实现自治，成为自治邦。1963年9月16日，新加坡成为马来西亚联邦的一员。1965年8月9日脱离马来西亚，成立新加坡共和国。新加坡成立时人口大约200万人，但整体居住状况较差，存在严重的住房短缺问题。建国到20世纪60年代末的这一阶段，为了应对这一问题，1947年建立了新加坡改进信托机构，开始进行一定的公共住房建设。1955年新加坡中央公积金成立，将公积金制度引入住房和社会保障之中。1959年发布《建屋发展法》，1960年设立建屋发展局（Housing Development Board，HDB），提出要为有需要的人提供"具有现代设施的体面的住房"的目标，确立了在整个60年代建设11万个住宅单位。为使低收入群体也能拥有住房，1964年建屋发展局提出了住房自有计划，推行"居者有其屋"的组屋计划，从出租组屋为主向出售组屋过渡。1967年颁布《土地征用法》，1968年中央公积金提出了住房提升计划，居民可以使用中央公积金储蓄购买建屋发展局住房。

到20世纪70年代和80年代，通过前20年的大力促进，住房紧缺情况得到迅速缓解，这时新加坡政府适度放松了住房市场的管制。1971年放开了住房自有计划下住房交易管制，允许住房自有计划的公共住房使用者购房满5年后退出并出售给建屋发展局规定的有资格家庭，并于1979年进一步放松管制。1981 年中央公积金住房财产计划启动，允许居民使用中央公积金储蓄归还私人住房贷款本息。1989 年放松了购买二手房的公民资格限制和收入上限，住房的流动性进一步加强。

20 世纪最后 10 年，新加坡房地产市场进一步活跃，金融自由化程度深化，建屋发展局二手住房贷款政策与市场情况逐步一致。1994 年新加坡中央公积金提出住房补贴计划，对购买按住房自有计划住房者提供一定的补贴。1995 年首次以公开招标的形式向私人房产开发商出售土地，由开发商负责设计与建造，这被称为“执行共管公寓”。该项计划主要针对的是高收入群体，目的在于为他们提供更优质的住房和更加精细的设计，以提升住房品质。

21 世纪以来，经过长期的发展，新加坡的住房问题基本得到解决，出现了较多的住房储备，建屋发展局的规模有所减小。2018 年新加坡总人口为 563.8 万人，其中新加坡公民 347.1 万人、永久居民 52.2 万人、非居民 164.4 万人。家庭总户数 132.53 万户，户平均人口 3.24 人，而截至 2018 年底新加坡共有各类住房 146 万套，户均住房 1.1 套，住房与人口总量完全匹配，只存在一些结构性问题，即部分共管公寓居住人口数稍多，整体结构方面匹配度仍属于较高水平。2012—2018 年新加坡家庭数量及趋势和不同类型住房户均人口变化见表 5.7 和表 5.8。

表 5.7　新加坡家庭数量及趋势（按居住住房类型划分）　　单位：千户

住房类型	2012 年	2013 年	2014 年	2015 年	2016 年	2017 年	2018 年
合计	1152	1174.5	1200	1225.3	1263.6	1289.9	1325.3
建屋发展局住房	939.5	961.8	965.2	981.1	1011.5	1018.6	1043.3
1 室及 2 室住房	54	59.1	64	68.8	74.1	75.4	81.4
3 室住房	214.5	223.2	220.1	223.4	230.3	229.1	233.9
4 室住房	375.4	382.4	386	392.3	407.4	409.9	420.8
5 室及执行共管公寓	293.3	294.3	292.8	295.8	298.6	302.9	307.2
共管及其他公寓	139.9	143.7	161.8	170.8	182.4	201.7	210.3
花园住宅	69	65	69.4	69.2	66.2	66.5	67.9
其他	3.6	4	3.6	4.2	3.5	3.1	3.8

资料来源：新加坡统计局 .2019 年度统计报告［R/OL］. https：//www.singstat.gov.sg/-/media/files/publications/reference/yearbook_2019/yos2019.pdf.

表 5.8　新加坡不同类型住房户均人口历年变化

单位：人

住房类型	2012 年	2013 年	2014 年	2015 年	2016 年	2017 年	2018 年
合计	3.53	3.47	3.43	3.39	3.35	3.30	3.24
建屋发展局住房	3.48	3.42	3.37	3.34	3.30	3.25	3.18
1 室及 2 室住房	2.36	2.38	2.32	2.24	2.16	2.19	2.08
3 室住房	2.79	2.74	2.70	2.69	2.67	2.63	2.58
4 室住房	3.63	3.58	3.53	3.49	3.46	3.42	3.34
5 室及执行共管公寓	3.98	3.94	3.88	3.89	3.84	3.77	3.71
共管及其他公寓	3.48	3.42	3.40	3.34	3.30	3.24	3.26
花园住宅	4.35	4.33	4.32	4.30	4.28	4.29	4.17
其他	2.99	3.38	3.02	2.92	2.65	2.85	2.67

资料来源：新加坡统计局．2019 年度统计报告[R/OL]．https：//www.singstat.gov.sg/-/media/files/publications/reference/yearbook_2019/yos2019.pdf。

新加坡一直鼓励居民购买自有住房，包括购买政府组屋计划的住房，这种做法使相关建房资金能够得到较为有效的循环，同时也使新加坡的住房自有率达到 90%以上的高水平，2018 年底住房自有率达到 91.0%。2012—2018 年新加坡住房自有和租赁家庭户数变化见表 5.9。

表 5.9　新加坡住房自有和租赁家庭户数变化

类型	单位	2012 年	2013 年	2014 年	2015 年	2016 年	2017 年	2018 年
合计	千户	1152.0	1174.5	1200.0	1225.3	1263.6	1289.9	1325.3
自有	千户	1038.2	1062.5	1083.4	1112.4	1149.1	1170.2	1205.8
租用	千户	106.8	105.7	109.8	106.2	107.6	109.8	112.4
公民家庭住房自有率	%	90.1	90.5	90.3	90.8	90.9	90.7	91.0

资料来源：新加坡统计局．2019 年度统计报告[R/OL]．https：//www.singstat.gov.sg/-/media/files/publications/reference/yearbook_2019/yos2019.pdf.

2. 现有政策

新加坡住房保障制度首屈一指的就是其住房公积金制度，也是我国住房制度改革过程中引入的重大制度设计，在促进我国住房制度改革，提升居民的住房支付能力过程中发挥了举足轻重的作用。新加坡中央公积金制度开始于 1955 年，其实质是提升劳动者福利状况的一种强制储蓄和社会保险制度，涉及医疗、教育、养老、住房等多个方面。对于住房领域而言则是通过雇员和雇主的强制性储蓄，为解决住房问题提供了稳定的资金来源。新加坡的住房公积金制度对于"居者有其屋"组屋开发投资计划，兴建公共住房解决居住困难问题提供了大量的资金，也成为新加坡居民购买住宅的一项重要资金来源。

新加坡住房保障制度的第二项重要举措就是将政府支持与市场激励结合起来。公共住房既有按身份和收入资格确定的轮候排队分配方式，同时也根据不同条件向居民出售。运用不同收入家庭的收入差异将整个住房划分成不同层次，中低收入群体的住房由政府建设并根据特定条件有偿提供，而高收入群体的住房则通过市场解决。

第三项制度安排则是住房补贴制度，对组屋计划的住房以低于市场租金的水平出租给低收入者，中央公积金和政府财政进行一定的开发建设补贴。同时，鼓励居民利用政府补贴购买组屋，增加组屋的流动性，对于最低收入群体租赁组屋也提供一定的补贴。由此，分别从供给端（针对建屋发展局）和需求端（购买或租赁组屋的居民）进行补贴，从而协助居民解决住房困难问题（见表 5.10）。

表 5.10　新加坡住房政策体系

收入阶层	阶层划分（新加坡元）	实现方式	住房类型
低收入阶层	≤1500	租赁	一、二房式
中等收入阶层	1500（不含）~12000	购买	二、三、四房式，转售组屋
高收入阶层	>12000	购买	共管式公寓、花园式住宅

资料来源：罗志拾·德．新住房保障制度的比较及启示[J]．劳动保障世界，2019(18)：14-16.

第四项制度安排是公共住房严格的准入和退出条件。购买或租用组屋需要满足公民身份、年龄、家庭人口、收入水平、财产状况等条件。组屋退出有两种方式，一是购买，即居住满 5 年，业主可以自由将组屋出售给他人，或出售给建屋发展局。二是按照建屋发展局的相关规定，对出租后的租户身份、租住人数和转租条件等进行了严格限定，符合这些条件可以出租。

总体而言，由于新加坡国土面积较小，经济条件优越，便于政府运用行政方式实施住房保障，除对最低收入者的较为有效保障外，同时运用经济激励方式将中低收入者的住房保障问题一并纳入住房政策考虑范畴。在住房公平性目标之下较为有效地实现住房生产、分配和运行的高效率。

3. 发展现状

2019年新加坡总住房存量为147.8万套，其中建屋发展局(HDB)组屋(公共住房)106.6万套，其他住房包括共管公寓、花园住宅等41.1万套，建屋发展局组屋占比从2000年的80%下降到2019年的72.1%(见表5.11)。建屋发展局自成立以来开发建设的组屋共118.2万套。自1964年引入住房自有计划以来，79%的公民根据该计划购买了住房所有权，其中2018年按此出售给公民的住房达到22106套(见表5.12)。

表5.11　新加坡住房存量

单位：套

年份	住房存量	HDB组屋	共管公寓和其他公寓	花园住宅	其他
2000	1033961	838529	114532	67229	13671
2001	1060956	857335	122512	67661	13448
2002	1080728	868856	130515	68109	13248
2003	1093351	874322	137360	68740	12929
2004	1106876	877987	146792	69250	12847
2005	1119892	880934	156746	69516	12696
2006	1125784	881679	161564	69970	12571
2007	1128485	881529	164313	70162	12481
2008	1139561	887204	169702	70249	12406
2009	1147452	887352	177104	70793	12203
2010	1164906	895482	185967	71354	12103
2011	1187110	909610	193944	71551	12005
2012	1216217	927643	204340	72032	12202
2013	1231914	933389	214148	72396	11981
2014	1271109	953975	232296	73024	11814
2015	1322898	980613	256971	73445	11869
2016	1370319	1004623	279745	74108	11843
2017	1421302	1032461	302610	74500	11731
2018	1460968	1056716	317730	74914	11608
2019	1477627	1066196	324658	75011	11762

资料来源：新加坡统计局.2019年度统计报告[R/OL].https://www.singstat.gov.sg/-/media/files/publications/reference/yearbook_2019/yos2019.pdf.

表 5.12 建屋发展局(HDB)建造和出售住房单元情况

年份	建造量(套)	居住在公共住房人口比例(%)	根据住房自有计划出售数(套)	住房自有率(%)	自有公共住房人口占总人口比重(%)
2012	19005	83	13098	94	80
2013	12744	82	12594	93	80
2014	27120	82	25183	95	80
2015	26108	82	23445	95	79
2016	26025	82	21851	95	79
2017	35210	82	27708	94	79
2018	17556	81	22106	94	79

资料来源：新加坡统计局 .2019 年度统计报告[R/OL]. https：//www. singstat. gov. sg/-/media/files/publications/reference/yearbook_2019/yos2019. pdf.

整体来看，经过长期的发展，新加坡通过住房保障制度比较有效地解决了居住困难问题，部分公共住房供应的空置量较高，处于相对供过于求的状态。

第二节 世界各国不同类型住房保障制度的特点

上述三种基本模式突出反映了世界各国和地区住房保障制度中市场因素和政府(行政干预)因素的差异，两种因素的不同组合形成了不同的效率和公平特点。世界上不同国家和地区通常按其经济发展水平、对住房保障的认识、历史传统和价值观等选择自身的住房保障制度，如英国、荷兰、法国和中国香港地区等。而制度本身的需求和供给又受到政治力量、利益冲突等的影响，在不断妥协中演进，最终形成不同的住房保障制度特色。本节主要通过对前述三个有代表性国家的住房保障制度特点进行分析，有效地把握这些模式的利弊，从而可以为提升我国的住房保障制度提供一些参考。

一、美国保障性住房制度特点

1. 市场导向住房分配

美国 1965 年和 1968 年通过《住房与城市发展法》后，“大萧条”后政府直接投资建设公共住房数量大幅减少，更多地依靠私人或私人企业建设公共住房，政府购买或租赁私人住房，租赁给低收入家庭。通过这种方式使保障性住房的开发建设更加市场化，市场价格信号发挥了充分的作用，也使联邦、州和地方政府的财政压力有所减轻，保障性住房建设市场化程度加深。

2. 家庭住房需求先行

当以实物分配方式为低收入家庭提供住房时，保障性住房所处区位往往与低收入家庭的就业区位存在较大的偏离，同时容易使得低收入家庭聚集于某一街区，形成贫民区的可能性增大。20 世纪 80 年代末 90 年代初，美国的 1987 年“租金优惠券计划”进一步拓展，低租金提供公共住房的供给端保障逐步向发放租金补贴的需求端保障变化。从保障性住房需求者的角度出发，通过对其直接提供住房补贴，然后再根据其就业区位及其变动选择住房，从而使低收入家庭的职住平衡更容易达成，也有助于低收入家庭经过一段时间提升收入水平，进而脱离保障。相对而言，美国住房保障的覆盖面较窄，住房保障家庭覆盖率不超过家庭总数的 6%，有些国家住房保障制度往往覆盖中低收入家庭，对这些群体美国主要通过提供金融方面的支持，如利率优惠、低首付等提升其住房支付能力，提供的保障相对较少。

3. 家庭相对自由选择

1968 年《住房与城市开发法》颁布后，政府对开发商进行一定的补贴，由其开发建设一定的公共住房，受保障家庭可以在政府提供公共住房和开发商提供的保障性住房间进行相对自由的选择，当然自由度取决于这些住房提供的数量和位置。1974 年的“租金证明计划”为低收入家庭提供了选择余地更大的方式，低收入家庭自行在市场上选择满足政府规定标准及以下的住房，政府与业主进行协商，协商一致后由政府支付相应租金。1987 年“租金优惠券计划”提供了更加灵活的方式，获得租金优惠券的家庭用家庭总收入的 25%来支付房租，实际租金超出这一比例的部分则可以使用租金优惠券抵销额度部分的租金，即相当于实际租金分成三部分，一部分按家庭总收入的 25%来支付，一部分使用租金优惠券支付，最后一部分自行支付，如果优惠券有剩余可以纳入今后租赁使用。这种政策设计一方面使得低收入家庭住房选择面变大，另一方面如果租赁住房标准过高则需要自行承担超出的部分，因此对低收入者按相关标准在市场上选择住房有较为充分的激励。

4. 资金以激励为主，直接补贴水平较低

通常而言，实施更大范围的住房保障往往需要政府具有较为充足的财政资源，势必需要通过更高的税收来融资，会引发其他收入群体的不满。相对而言，美国的市场经济意识较为浓重，个人主义的接受度也较高。由此美国的住房保障政策体系中，由政府直接出资进行保障的部分占比较小，而且这些资金主要用于低收入群体公共住房建设和租金补贴方面。更大范围的住房保障或者针对收入水平高于低收入群体的中低收入群体，则主要通过财政金融激励来解决，主要有向私人开发企业提供低息贷款、贴息贷款、减免税优惠等建造公共住房、低价保障性住房。向中低收入家庭提供低息贷款、贴息贷款、首付担保等，从而提升其住房支付能力。建立住房抵押贷款二级市场，由房利美、吉利美等机构进行抵押贷款证券化，提高住房抵押贷款的流动性，吸引更多资金进入住房开发领域，从而降低与住房相关的开发贷款、抵押贷款的资金成本。

二、德国保障性住房制度特点

1. 建立多层次住房供应体系，租赁住房居于主导地位

前已述及，德国 2018 年整体住房自有率为 46.5%，处于相对较低的水平。这与德国政府在住房政策方面持续推动建立多层次住房供应体系，其中租赁住房居于主导地位有关。通过为低收入者建设公共住房，优先保护承租人权益、抑制住房价格上涨，运用法律、税收、金融等手段抑制住房投机等，保持了住房市场价格的持续稳定。

2. 遵循社会市场经济体制原则，建立政府保障与市场机制相结合的保障性住房体系

德国在第二次世界大战结束后至 20 世纪 90 年代住房短缺时期，政府作为重要的力量投入公共住房建设之中，通过政府直接投资迅速缓解了住房困难问题，在此基础上引入市场力量激励社会各方资金参与公共住房建设，使住房保障与市场机制得以较好地结合。通过金融和财政政策激励开发企业参与公共住房建设，并运用一定的行政手段约束开发企业配套建设一定数量的保障性住房。

3. 建立完善系统的住房保障法律体系

70 多年间，德国制定了许多与住房保障相关的法律法规，主要有第一部和第二部《住房建设法》、第一部和第二部《住房补贴法》、第一部和第二部《住房解约保护法》《住房储蓄法》《住房所有权津贴法》《增加租赁住房供应法》等，在保障性住房开发建设、分配、补贴、融资和管理等各个方面进行了完整的立法，对于保障低收入群体住房以及参与保障性住房开发和管理的各利益主体的权益进行了详细的规定。

4. 优先保护承租人利益，租赁住房占比较高，保障性住房流动性较强

在德国整个住房存量中租赁性住房占比超过50%，由于各类家庭租赁住房负担相对较轻，选择面较宽，改变居住地、工作地和居住面积较为容易，租赁住房的流动性更高，有利于提升住房资源的配置效率。德国的自有住房和租赁住房各占一半左右的配比结构与租赁保护方向和方式有直接的关系。德国《住房解约保护法》和《增加租赁住房供应法》对租赁合同双方当事人的详细的规定，相对而言侧重于对承租人的保护，从而使出租人解约、提租等任意行为受到较大的抑制。

三、新加坡保障性住房制度特点

1. 政府主导保障性住房建设和管理

2019年新加坡全部147.8万套住房中，由建屋发展局开发建设的住房达到106.6万套，占全部住房存量的72.1%。政府在保障性住房的建设和管理中居于主导地位，建屋发展局除投资开发了大量的公共住房外，还通过完整系统的规划，为居民提供了满足其基本需要的舒适的商业设施和便利设施。

2. 实施普遍住房保障方式

新加坡政府于1964年推行“居者有其屋”的住房自有计划，除相对较少的中高收入和高收入群体外，将中等收入以下的国民总体纳入住房保障范围，实质上是一种普遍的住房保障方式，与其他国家住房保障集中于低收入甚至最低收入群体有较大的区别。这与新加坡的国家规模、地理位置、经济结构和产业状况、政府财政收入来源等密切联系。

3. 中央公积金、财政拨款和组屋出售是保障性住房开发的主要资金来源

在新加坡住房相对短缺时期，保障性住房开发建设的主要资金来源于中央公积金贷款和政府财政拨款。主要资金来源依赖中央公积金制度，中央公积金贷款为保障性住房开发提供了较为充分的资金，相当于政府运用强制性储蓄，从社会中筹集了大量稳定的、低成本的资金，有效地支持了保障性住房建设。1964年，住房自有计划允许组屋出售也使资金可以较为迅速地回笼，能够进一步用于保障性住房开发建设。

四、三种类型国家住房保障制度的比较

综合上述分析，可以发现住房保障制度是一种福利制度，是为了解决一个国家居民的住房问题或住房困难问题。不同国家的住房保障制度的差异在

于政府介入其中的程度不同。当政府介入程度较深时，其福利性水平较高，能够较好地解决公平性问题，但市场影响减弱，导致生产效率、分配效率和运行效率下降。

从三种类型住房保障制度的住房供应方式来看，按是否提供实际住房可以划分为实物供应和货币化供应，还可以按保障性住房租赁还是出售给受保障群体来划分，另外，依据政府从需求端还是从供给端入手支持，可以划分为需求端补贴和供给端补贴。几个维度结合在一起，通常可以归纳为四种形式，即实物租赁（保障房实物分配）、实物销售（保障房销售）、租赁补贴（房租补贴）和建设补贴（开发补贴）。

从表 5.13 可以清晰地看出三种类型国家住房保障制度的区别和联系。

表 5.13　三种类型国家住房保障制度的比较

特征	自由市场福利国家模式	合作主义福利国家模式	社会民主福利国家模式
典型国家	美国	德国	新加坡
保障制度类型	社会救济型	合作主义型	社会保障型
保障目标	效率目标、经济增长和社会公平	调控市场和促进社会福利	提供社会福利
保障对象	低收入等特殊阶层	鼓励私有住房和低收入阶层	中低收入阶层居民转向全民性
政策工具	法律、金融工具、财政政策	法律制度和住房储蓄制度	住房补贴、利息补贴和税收减免
住房开发投资方式	有限开发，依赖私人开发企业协助开发	政府投资开发占比较高，私人开发商部分参与	政府投资开发居于主导地位
住房分配方式	最低收入家庭政府直接分配，其他收入阶层依靠市场解决实物租赁、销售住房补贴、租房券	最低收入和中低收入政府分配实物租赁、销售住房补贴	除高收入和中高收入外主要依靠政府分配实物租赁、销售住房补贴
住房运营管理方式	直接分配部分政府管理，其他部分市场化管理	政府管理为主	政府管理主导
制度特点	市场化，政府间接参与	政府与社会共同主导去商品化	政府分配为主，市场化交易处于次要地位；高福利性、高计划性
经济效率状况	高	中	中到低
政府财政负担状况	低	中	中到高

续表

特征	自由市场福利国家模式	合作主义福利国家模式	社会民主福利国家模式
对房地产市场的影响	保障性住房占比较小，对商品房市场影响较小，政府通过财政补贴和金融手段使得中低收入者也能融入商品房市场	维持房地产市场平稳发展	公共住房占主导地位，商品房市场范围小，总体房价较为平稳

第三节　世界各国住房保障制度的借鉴意义

我国的经济制度与世界其他国家尤其是发达国家存在较大差异，政府在资源配置尤其是住房保障制度的制定和实施中居于更为优势的地位。明确政府与市场的关系，确立恰当的保障范围和实际运行方式，对提升住房保障制度的效率具有重要意义。

一、保障性住房制度的制定

1. 住房保障范围的确定

每个国家在不同的发展阶段，都制定了不同的保障性住房政策。根据不同国家的具体情况及其发展变化，确立适合本国的保障性住房制度的政策目标，在此基础上及时调整保障范围。

确定适宜的住房保障范围是公平性和效率性两者的平衡。当住房保障覆盖范围较宽，超过公平和效率的平衡点时，会激励社会大众过多地占据保障性住房，从而导致人们从事生产性活动的动力降低。当保障性住房成为一个经济社会的普遍性福利时，因非个人原因导致的住房困难问题无法有效解决。由此，需要通过政府财政承担起保障性住房的支出的责任，当然导致财政负担较重，引致后期需要增税或者削减其他领域如教育、医疗、交通等方面的支出。

当住房保障覆盖范围较窄，低于公平和效率的平衡点时，社会中出现住房困难的家庭数量较多，人们基本的居住需求无法得到有效的解决，整个社会在住房领域中的贫富差距会有所扩大，社会的稳定持续发展会受到一定程度的抑制。

各国的制度实践表明，住房保障覆盖的范围依梯度方式确定对于平衡公平和效率有着重要意义，即沿着收入从高到低的顺序，越向下行，保障性越高，政府越应当使用直接的财政手段进行保障。或者，按人们的收入进行划分，将中等收入作为分界线，中低收入、低收入、最低收入三个层级作为保障的基本范围，然后依据整体的住房状况，政府财政收支整体情况确定保障性住房具体覆盖到哪一层次。

2. 保障性住房的供给模式

保障性住房的供给模式包括实物租赁（保障房实物分配）、实物销售（保障房销售）、租赁补贴（房租补贴）和建设补贴（开发补贴）。各国的制度实践表明，不同的保障性住房供给模式的保障房数量、质量、成本、效率、监管存在显著的差异。

由政府直接投资建设保障性住房，资源较为充分，可以集中统一规划，按标准化的方式操作，进行统一管理。但由于缺乏价格激励，约束较弱，需要进行多层次的监管，因此开发效率通常较低。

政府授权非营利性机构建设和管理公共住房，这种供给模式相对利益关系明确，目标单一、明确，与政府直接投资建设相比，效率相对更高，但同样涉及大量的行政协调和监管工作，整体资金运用效率也较低。

政府授权或提供一部分资金由私人开发企业投资建设，这种做法相当于政府付费购买服务，使财政资金总额可以得到较为有效的控制，也可以借助私人开发企业面临的市场竞争压力和激励以更高的效率提供保障性住房。当然，这种供给方式可能导致私人开发企业基于自身追求利润的动机，降低保障性住房的建设质量。

政府收购私人开发企业建设的保障性住房或收购市场上的住房提供给受保障群体。这种供给模式类似于市场交易模式，当政府是市场上的平等交易主体时，收购价格能够较完整地体现市场供求关系，价格约束机制能够发挥作用。政府收购后以较低租金出租或以较低价格出售给低收入群体，是一种间接补贴的方式。

强制私人开发企业配建保障性住房，实质是加重私人开发企业和市场化商品房购买者的负担，由私人开发企业和商品房购买者承担了更重的保障负担，带来了更大的公平问题，也会使市场化商品房价格有被进一步推高的倾向。

3. 保障性住房的补贴方式

根据补贴针对的是供给方还是需求方，可以划分为供给方补贴和需求方补贴。前者主要是对开发投资的非营利机构、私人开发企业、个人建设住房进行补贴，具体形式可通过低息贷款、免息贷款、财政拨款、税费减免等，以此降低开发企业和个人建设住房的成本。这种方式下需要政府核定补贴规模、期限，通常会有虚报等问题，需要进一步设立监管机构以审核此类申请补贴的行为。

后者主要是针对受保障群体，为其租赁或购买住房提供补贴，可以是直接现金租赁和购买方面的补贴，对其具体使用方向设限（只能用于租房或购房）或不设限（获得这些现金补贴后，接受补贴者可以用于购买其他产品或劳务），也可以是租房券或购房券，用于租赁或购买时抵扣租金或房款。由此，按购租方式来区分，可以划分为租房补贴和购房补贴。获得这类补贴通常会设定一定的收入门槛、住房现状门槛，即只有收入和住房现状低于政府核实的某一标准才能获得补贴，补贴数额取决于受保障个体的收入和住房现状与标准的差距。

二、保障性住房制度的实施

深入研究发达国家不同的住房保障制度模式，会发现不管其具体结果如何，也不管其中政府和市场之间的关系如何，要取得一定的效果，较充分地解决人们的居住困难问题，在保障性住房制度的实施方面，需要下述四个方面的密切配合，即法律法规、金融制度、政策引导和宏观调控。

1. 法律法规

建立保障性住房相关的运行规则，拟订统一完善的保障性住房法律法规，是建立人们稳定的预期，协调相关各方的权利和义务关系的重要框架。通过法律能够对政府及相关部门的职责有明确的界定，能够有效确定保障性住房政策的具体实施途径，相关城市规划手段、行政手段、金融工具等如何运用，使其围绕着保障性住房政策目标具有较强的可操作性。如美国的《住房法》《住房与社区发展法》《国家保障性住房法》《住房与城市发展法》《低收入住房保护与自有住房法》《公平住房法》等，德国的《住房建设法》《住房补贴法》《住房解约保护法》等，新加坡的《组屋发展法》《住房与发展法》《土地征用法》等。

2. 金融制度

住房通常是家庭一生之中最重大的资产，需要耗费较长时间的积累才能支付，而在家庭成立初期或个人工作早期，收入水平较低且缺乏积累，无法承担住房的高昂支出。即使从一个人的整个生命周期全局来看，其具备较强的支付能力，但在早期阶段也是最需要住房的阶段往往无力承担。因此，借助金融工具实现收入在生命周期中的跨期转移就非常重要。当一个国家金融体系不完善、金融工具匮乏、金融市场不发达时，住房市场的发展会受到严重制约。保障性住房单纯依靠政府财政投入只能解决极少部分最低收入群体的住房问题，同样也需要借助金融市场进行融资。通过金融市场的协助，相关企业更容易进行保障性住房开发投资，也能协助只具备部分支付能力的家庭尽早满足居住需要。此外，发达的金融市场会使住房这类低流动性的资产流动性加强，从而住房资产能够更容易地进行重新配置，有效地提升了住房资源的利用效率。

3. 政策引导

政策引导在于根据本国制定的住房保障制度目标有序解决人们的居住困难问题。例如，美国以市场为主导，政府只集中于解决低收入群体的住房问题，其他收入阶层主要依靠自身努力并运用金融工具解决自身的居住问题，这种政策引导下人们对政府的依赖度较轻，当然也产生了住房方面差距较大的现象。德国的社会市场经济体制，政府作用与市场调节并重，因此政策引导人们选择政府开发的较低品质和档次的公共住房，收入水平较低时租赁公共住房，收入水平提高购买或租赁较高品质的公共住房，直到收入水平提升购买或租赁市场化商品房。不同收入阶层均有相对应的住房解决方案。新加坡的住房政策具有全民性、福利性的特点，除了少量的针对高收入、中高收入居民，其他居民主要依靠政府性质的建屋发展局开发的组屋解决住房问题，因此在政策引导上偏重按政府制定的相关规划，租赁小户型、租赁大户型、购买小户型、购买大户型等随着人们的收入和家庭结构的变化逐步升级调整。

4. 宏观调控

保障性住房是住房市场的一个特定部分，与市场化商品房形成统一的住房市场，二者之间存在隔离、相互影响和部分融合现象。商品房市场的供求关系和价格会对保障性住房的成本和收益产生影响，影响着人们在不同类型住房的具体选择。当两个细分市场存在较大的价格落差时，会诱发人们基于利益的投机行为，也会诱发人们违规倒卖、转租保障性住房，尤其在监管机构力量薄弱时，会产生介于二者之间的灰色市场。例如，有些国家的廉租房成为寻租的工具，有人借助一定的特权获取廉租房，在市场上转租获利，从而使本应当得到保障住房的群体反而无法享有保障利益。

再者，当两个市场的租金和价格差异较为明显时，市场化商品房租金和价格会诱发整个住房市场的投资成本提高，控制保障性住房开发成本难度加大，当保障性住房预算受限的情况下会损害其质量，也使得保障性住房开发的利润微薄，无法有效地吸引私人开发企业增加投资。因此，政府需要在宏观上运用行政手段、财政政策、货币政策等，对整个住房市场进行整体的调控，使整个住房市场处于较为稳定的状态。

三、保障性住房的准入和退出机制

不同国家及同一国家在不同时期采取的保障性住房的准入和退出机制有一定的差异，但通常都有类似的要求。

1. 保障性住房的准入条件

通常情况下，由于保障性住房有较强的福利特性，会鼓励人们获得保障资源。当缺乏准入条件时会使保障性住房供不应求，政府的财政压力加剧。一般的准入条件主要涉及几个方面：

收入条件，低于本国一定时期内的收入限额，如属于最低收入群体，低收入群体或中低收入群体。

住房条件，通常条件是无住房，或原同住成年人数量超过一定水平，或同住人平均住房面积低于一定的标准。

家庭人口和结构，通常涉及家庭人口总数，父母子女等代际结构、夫妻关系等。这一条件通常与收入条件和住房条件联系在一起，如一个家庭存在两对夫妇等，现有住房无法满足两对夫妇的基本居住需求。

资产条件，有些国家针对部分当前或一段时期收入较低，甚至失业的人群，还要考察其资产条件是否低于一定的标准，高于这一标准意味着虽然无收入或收入低，但通过资产转换能够解决其居住问题。

其他特殊条件，一般是针对特定身份，如退伍军人、残疾人、孤儿等特定人群的特别照顾条件。

2. 保障性住房的退出机制

住房保障制度的目标不同，退出导向也有较大的差异，如美国通常采取核实入住保障性住房群体的家庭收入，超过收入限额标准必须搬离。新加坡保障性住房政策的退出机制相对较为严格，政府对保障群体进行分级管理，采用分级优惠的办法，由此受保障群体在其不同的收入时期，根据自身条件选择不同标准的保障性住房，在住房自有计划下，购买退出是一种最常见的退出方式。英国采取鼓励住房私有化的政策，即人们收入达到一定水平，在政府规定的优惠条件下可以购买其租住的住房。

从各国采取的具体退出机制来看，大致可以分成三类：自愿退出（租赁转向购买，交回住房）、强制退出（强制搬离，取消补贴）和部分强制退出（减少补贴，支付市场租金）。

对于自愿退出，如新加坡，鼓励租赁家庭在一定条件下购买所租赁的组屋，激励家庭减少对政府补贴的依赖。再者就是获利保障性住房的家庭或个人在收入提高后交回保障性住房，按照市场价格或市场租金选择更加合适的住房，如搬迁到离工作地较近的住房、周边教育和配套设施更加齐全的住房、质量更好的住房等。

强制退出是当受保障群体核定的收入如家庭收入或个人收入，依获利保障性住房的条件确定，达到规定的可申请保障性住房的收入限额标准后强制搬离。强制退出也可以采取取消相应的实物补贴或货币补贴的方式，即不能再获得保障利益。

部分强制退出是当核实的受保障群体的收入达到规定的申请保障性住房收入限额标准后不强制搬离，如果原受保障家庭或个人选择继续租赁，则获得的租金补贴按一定的标准扣减。例如，当收入超过可申请保障性住房限额的150%，那么获得的租金补贴减少25%，达到200%，获得的租金补贴减少50%，达到300%，则支付市场上同类住房的租金。

上述退出机制旨在提升保障性住房的周转率，鼓励人们依靠自身的努力脱离保障，也使真正存在住房困难的低收入群体能够获得保障。当然，世界各国保障性住房退出都存在一些难点。例如，收入核实较为困难，执行退出尤其是强制搬离会引发冲突，在一些诉讼较为频繁的国家如美国，执行的时间较长，导致退出名存实亡，由此导致退出的行政管理成本较高，可操作性较弱。对我国的借鉴意义在于，如何在制定住房保障制度中考虑这些因素，激发受保障群体自发选择，使其退出有较强的内在动力，这样就能够有效提升住房保障制度的运行效率。

第六章
06 中国城市住房保障制度评价：效率角度的理论探讨

现行住房保障制度在解决我国居民尤其是中低收入阶层住房问题方面取得了突出的成就，极大地缓解了这部分居民的居住困难问题。与此同时，应当看到现行住房保障制度存在根本性的缺陷，在连年持续投入大量开发资金和行政管理成本的情况下，仍然有相当一部分中低收入者的住房状况十分窘迫，这些资金未能有效地发挥作用。即现行住房保障制度存在内在的效率缺陷，比照商品房的投入产出水平，给定同样财政投入资金的情况下本应取得更大住房空间，解决更多人的居住问题。因此，在前面章节对国内外住房保障制度实践总结的基础上，本章进一步剖析现行住房保障制度存在哪些效率缺陷，分析其运作机制，是构建效率改进导向住房保障制度框架的核心。

第一节　现行住房保障制度效率缺陷的主要表现

经济效率较高的含义是指运用同样的投入可以获得更多的产出，或者给定产出需要更少量的投入。《新帕尔格雷夫经济学大辞典》指出，非效率或低效率有不同的表现形式，如经济资源被配置于非生产性的用途，被错误使用，人为限制某些资源的使用，多种资源使用中不符合边际法则，政府人为行政干预导致某些人或某些企业可以从事某些工作等①。总体而言，现行住房保障制度下本来应该提供的更多的保障性住房由于各种原因没有被开发出来，各种资源错配和浪费较为严重，极大地限制了人们改善居住状况目标的实现。

一、生产效率较低

在生产或开发投资环节中，现行住房保障制度的效率缺陷主要表现为保

① 新帕尔格雷夫经济学大辞典（第三版）[*The New Palgrave Dictionary of Economics*（3e）] 第3306页。

障性住房项目稀缺、供应总量有限，投资和行政管理成本较高，投入产出比较低，同时保障性住房项目整体档次不高、质量欠佳、所处区位交通等配套设施不齐全，在供给端未做到保质保量。

总体而言，保障性住房的生产效率较低体现在单位投资形成的保障性住房面积较少。

保障性住房生产效率评价指标体系见表6.1。

表6.1 保障性住房生产效率评价指标体系

指标	含义	单位	代码
保障性住房开发投资总额	整个社会投入保障性住房的资金总额	亿元	GISH
保障性住房竣工建筑面积	当年保障性住房竣工建筑面积	万平方米	GASH
商品房开发投资总额	整个社会投入商品房的资金总额	亿元	GICH
商品房竣工建筑面积	当年商品房竣工建筑面积	万平方米	GACH
商品房销售金额	当年商品房销售总额	亿元	STCH
商品房销售面积	当年商品房销售建筑面积	万平方米	SACH
保障性住房开发成本	当年用于保障性住房开发的支出总额	亿元	DCSH
保障性住房行政管理成本	保障性住房开发过程中的各级行政管理人员办公费、人员费、设施费等	亿元	ACSH
保障性住房土地成本	用于保障性住房的土地在公开市场交易类似地块的土地出让金总额	亿元	ECSH

保障性住房生产效率具体计算可以依其与商品房进行对比得出，具体地，可以计算如下指标：

$$\text{保障性住房开发投资指数}=\frac{\dfrac{GISH+ACSH+ECSH}{GASH}}{\dfrac{GICH}{GACH}}\times 100\%$$

或者：

$$\text{保障性住房开发投资指数}=\frac{\dfrac{GISH+ACSH+ECSH}{GASH}}{\dfrac{STCH}{SACH}}\times 100\%$$

当该指数大于100%时，意味着保障性住房的生产效率低于商品房，其中决定其生产效率水平的重要因素在于保障性住房行政管理成本和保障性住房土地成本，保障性住房土地成本要按机会成本的概念确定，即按用于保障性住房的土地在公开市场交易类似地块的土地出让金总额计算。

2019 年商品住宅开发投资金额 97070.74 亿元，商品住宅竣工面积 68012 万平方米，商品住宅销售金额 139439.97 亿元，商品住宅销售面积 150144.32 万平方米。由此可以大致估算出每亿元投资对应的商品住宅竣工面积为 0.7 万平方米，每亿元销售金额对应的商品住宅销售面积为 1.07 万平方米，当然由于住宅投资期间与竣工和销售期间存在时间滞后，当期投资通常要在今后时期竣工和销售。不过，根据时间序列数据估算的这个数据仍然具有一定指导意义，能够大致反映投入产出状况。相对而言，保障性住房的投入产出数据缺失较为严重，根据保障性住房完工套数和套平均面积及总投资估算，每亿元投资带来的保障性住房面积不同的城市相差较大，但总体而言每亿元投资带来的保障性住房面积较小。与商品房相比，其投入产出比相对较低。产生这种状况的主要原因可能有，保障性住房投资通常是由政府主导，其预算约束限制不受市场影响，相关投资成本压力较小。

截至 2018 年底，全国城镇保障性安居工程合计开工约 7000 万套，按户均人口 3 人计算，总计解决了 2 亿多人的居住问题①。2008 年开始、2010 年全面启动的城市和工矿棚户区改造取得了巨大进展，2015—2019 年年均改造量达到 600 万套以上，合计完成 3000 多万套。与目前全国城镇约 25000 万套的住房总存量相比，占比约为 28%。最近 5 年各类棚户区改造，平均套投资额为 20 万~40 万元(见表 6.2)。

表 6.2　2012—2019 年中国棚改项目及保障性安居工程完成量

时间	类型	数量（万套）	投资（亿元）	平均投资额（元/套）
2012 年 1—10 月	城镇保障性安居工程	505	10800	213861.4
2013 年 1—11 月	城镇保障性安居工程	544	11200	205882.4
2014 年	城镇保障性安居工程	480	—	—
2015 年	城镇保障性安居工程	772	15400	199481.9
	其中：棚改	601	—	—
2016 年	各类棚户区改造	606	14800	244224.4
2017 年	各类棚户区改造	609	18400	302134.6
2018 年	各类棚户区改造	626	17400	277955.3
2019 年	各类棚户区改造	316	12000	379746.8

资料来源：根据住房和城乡建设部历年公告整理。

① 张忠山．住房保障：为安居梦托底[N]．中国建设报，2019-09-19.

从政府用于保障性住房的支出水平来看，2009 年全国公共财政住房保障支出合计 1803.40 亿元，当年全国财政总支出 76299.93 亿元，住房保障支出占比约为 2.36%。2018 年，全国公共财政住房保障支出跃升至 6806.37 亿元，增长了约 277%。2018 年全国财政总支出 238874 亿元，住房保障支出占比约为 2.85%，其中，保障性安居工程支出 3697.45 亿元，廉租房支出 38.95 亿元，农村危房改造支出 456.93 亿元，公共租赁房支出 329.63 亿元(见表 6.3)。9 年间，全国公共财政住房保障支出累计达到 42139.93 亿元，其中保障性安居工程支出 26034.87 亿元、廉租房支出 3326.80 亿元、棚户区改造支出 8155.15 亿元、农村危房改造支出 3032.64 亿元、公共租赁房支出 4326.42 亿元。从全国范围内全面改善了最低收入、中低收入家庭的住房困难问题。

表 6.3　2009—2018 年我国各类保障性住房支出规模　　单位：亿元

年份	全国公共财政住房保障支出	保障性安居工程	廉租房	沉陷区治理	棚户区改造	少数民族地区游牧民定居工程	农村危房改造	公共租赁房
2009	1803.40	726.16	464.72	22.35	113.69	29.82	60.33	—
2010	2376.88	1228.66	689.64	7.33	231.25	37.30	138.76	—
2011	3820.69	2609.54	840.28	7.38	555.12	32.28	256.40	645.01
2012	4479.62	3148.81	596.85	8.49	580.08	47.30	497.58	858.59
2013	4480.55	3013.27	389.94	4.26	713.05	38.81	381.58	789.94
2014	5043.72	3428.55	175.59	5.10	886.90	12.50	375.94	715.11
2016	6776.21	4390.87	84.82	22.35	1722.44	9.29	445.79	597.43
2017	6552.49	3791.56	46.01	4.28	1684.84	6.42	419.33	390.71
2018	6806.37	3697.45	38.95	5.78	1667.78	1.14	456.93	329.63

资料来源：财政部，Wind 数据库。

由于我国地域广阔，各地区经济发展水平差异较大，因此保障性住房项目在各地区的推进程度不同。另外，各省市保障性住房开发建设、开工、竣工、交付、分配、目前存量等数据较为缺乏，同时政府相关部门也不公布相关住房的详细情况，通常只发布一些零星的资料。例如，北京 2019 年全年建设筹集政策性租赁住房 50186 套，包括新开工公共租赁房 8032 套、筹集公共租赁房 6838 套，新开工集体土地租赁住房 29617 套、企业自持租赁住房 765 套，改建租赁住房 2054 套，发放租房补贴 2880 户。新开工产权型政策性住房 66763 套，竣工各类政策性住房 80262 套。2018 年确定的 100 个老旧小区整治项目完工 32 个。2019 年，上海廉租房历年累计受益家庭达 12.9 万户，在保家庭 4.4 万户。累计筹措公租房(含单位租赁房)17.7 万套，新建和转化租赁房源 10.1 万套，入住 21.1 万户，新增代理经租房源 12.8 万套。累计保障(含退出)60万户。共有产权保障住房全年新增签约家庭1.7万户，累计签约家庭11万户。全年新增供应各类保障房6.3万套。完成中心城区成片二级旧里以下房屋改造55.3万平方米、受益居民2.9万户。完成1184万平方米三类旧住房综合改造，受益居民约20万户①。这些数据一方面反映了我国住房保障工作有了巨大的进展，另一方面反映出整体的生产效率尚存在较为低下的问题。如上海廉租房在保家庭占上海总住房存量约0.5%，公租房当前入住家庭占比约为2.5%。共有产权保障房累计占比也仅为1.3%。

为补充政府公布数据不足的问题，本研究实地考察了各城市住房保障制度实施的基本情况，选择了住房保障制度发展较为完善、保障性住房开发富有特色的若干城市进行调研。其中被调研对象目前居住的住房类型属于保障性住房的有2068人，占总被调研者的比重为22.7%。非保障性住房的有2585人，占总被调研者的比重为70.8%。

直观地看，“您需要政府或社会帮助解决住房中存在的问题吗?”对该问题的回答中近63%的民众认为需要政府或社会的帮助(见图6.1)。当然这一比例不能排除人们即使有能力靠自身努力解决住房问题也希望获得资助的倾向，也不能排除虚假回答的可能，同时还可能反映了人们对目前房价高的忧虑。在保障性住房制度构建较为完善的城市，已有保障性住房占比为21%的情况下，依旧有过半数民众希望政府或社会帮助其解决自身住房问题。可以从一个方面反映出我国整体住房问题仍然较为突出，对保障性住房存在较大的需求，需要政府对住房保障状况、住房保障制度的实施进行全面的评估和分析。

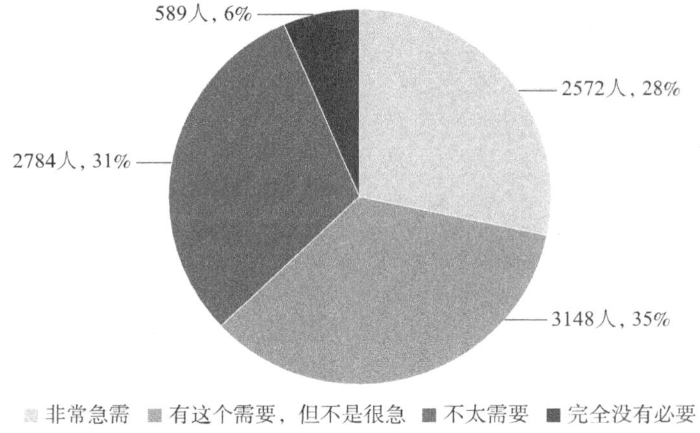

图6.1　被调研者对政府协助解决住房问题的需要程度

---

① 中国房地产业协会.2019房地产年鉴[M].北京：企业管理出版社，2020.

从调研结果来看，不仅保障性住房在供给数量上并未满足人们的需求，在供给质量上同样也未能如愿。整体调研样本中对居住条件表示不满意的比例为13%，其中居住在非保障性住房中的受访者有14%表示不满意，目前居住在保障性住房的受访者中有20%不满意，较非保障性住房不满意度高出6个百分点(见图6.2、图6.3、图6.4)。交叉频数分析的结果显示，不满意的主要原因集中于居住面积偏小、住宅小区配套设施少或配套水平低下和位置偏远交通出行不便几个方面。与其他相关研究得出的结论较为类似，即保障性住房普遍存在选址不合理、设计有缺陷、相关基础设施不完备等问题。

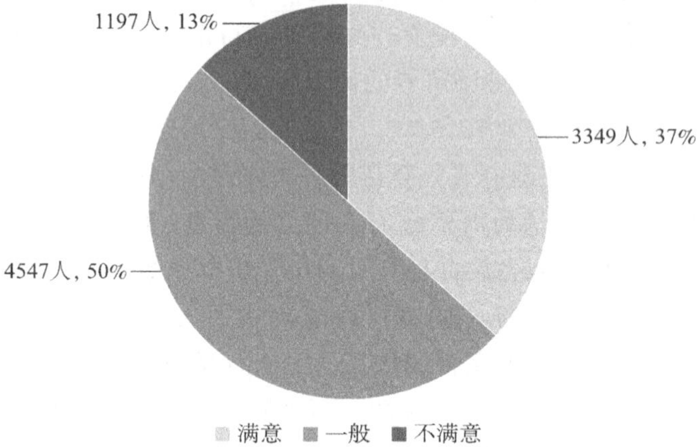

图6.2　全部被调研样本对当前居住状况的满意度

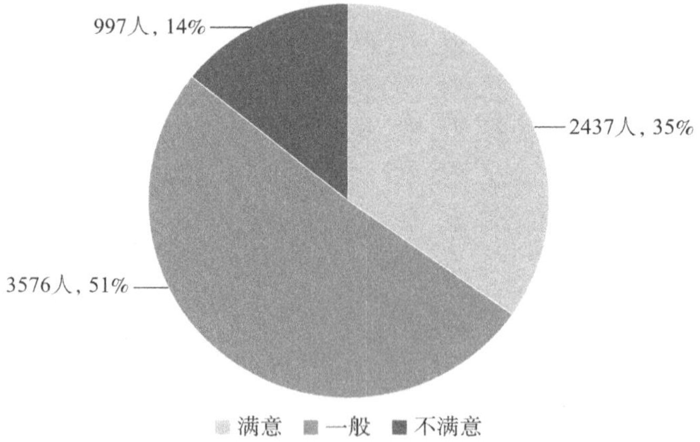

图6.3　非保障性住房项目群体对目前居住状况的满意度

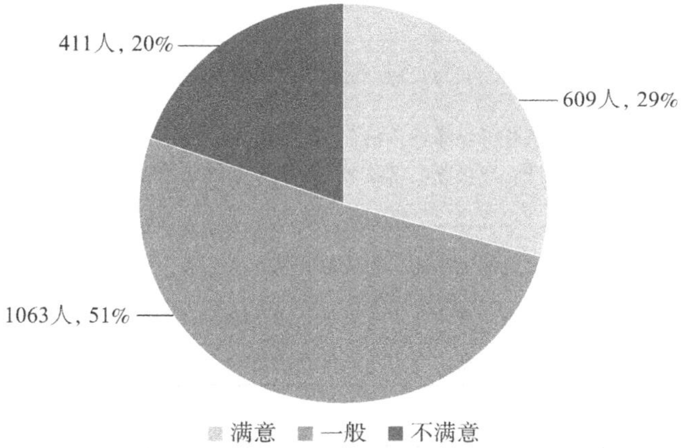

图 6.4　保障性住房项目群体对目前居住状况的满意度

二、分配效率较低

在分配环节中，效率缺陷主要表现为资源错配和交叉补贴引致的非公平性，以及分配过程中行政管理成本高昂。资源错配的含义是指获得保障性住房的有相当一部分人群具有自行解决其住房问题的能力，甚至具备较好的能力。而本应该获得保障性住房的群体的住房困难问题依旧，无法获得有效保障。交叉补贴的含义是本来应该由全社会运用整体的力量解决部分群体的住房问题，最终负担落到了购买商品房群体之上。住宅项目无偿配建保障性住房时，保障性住房的开发成本会转嫁给商品房购买群体。

同样地，对于保障性住房的分配效率，可以构建如表 6.4 所示的指标体系进行综合评价。通过测算保障性住房分配面积和套数、保障性住房行政管理成本、保障性住房分配条件（难度）以及保障性住房轮候等待时间等，测算其分配效率。具体测算时建立相对效率指数进行定量评价。由于我国并未收集这些数据，或数据口径差异巨大，本研究只提出评价保障性住房分配效率的指标体系，后续可以建立数据收集系统，深化对其分配效率的研究。

表 6.4　保障性住房分配效率评价指标体系

指标	含义	单位	代码
保障性住房分配面积	当年依各类保障性住房的差异租赁（如廉租房、公共租赁房等）或销售（经济适用房、共有产权房、两限房）等的建筑面积总和	万平方米	AASH
保障性住房分配套数	当年依各类保障性住房的差异租赁或销售的套数总和	套	ASSH
保障性住房行政管理成本	保障性住房开发过程中的各级行政管理人员办公费、人员费、设施费等，包括保障性住房入住的审核费用	亿元	ACSH

续表

指标	含义	单位	代码
保障性住房分配条件（难度）	指申请获得保障性住房的条件，如收入水平、家庭居住条件、户籍等，以及与此有关的各种证明等	定性指标分等级评分（按五级定分）	ADSH
保障性住房轮候等待时间	从提出申请至入住或租赁的时长	月	WMSH
商品房成交面积	当年新建商品房完成交易的面积总额	万平方米	DACH
商品房成交套数	当年新建商品房完成交易的套数总和	套	DSCH

在保障性住房项目如全国普遍推行的经济适用房建设的推进初期，“经济适用豪宅”“面积超200平方米保障性住房项目”“保障性住房小区停满豪华汽车”等新闻屡见不鲜。近年来，随着我国住房保障制度进一步细化，各项检查监督力度加大，上述现象基本得到有效遏制，但是在调研过程中发现，住房保障制度关注住房困难群体获得的保障相对较低，得到的住房保障福利与其在人口中的比例不相称。保障性住房制度的目标是解决中低收入家庭的住房困难问题，但这一群体的文化水平通常较低，对国家及地方与住房相关的政策通常缺乏关注意愿也缺乏了解能力。通常，获得保障性住房是按照主动申请的方式进行的，但是实际生活中文化层次较低的低收入群体通常不具备这些意识和能力。在调研过程中，我们发现相当一部分受访者对保障性住房政策知之甚少，通常是从各类新闻中了解一些大的方向，对保障性住房的具体操作和实施细节几乎不了解。调研结果显示，10%的民众对保障性住房政策表示完全不了解，31%的受访者表示不清楚（见图6.5）。

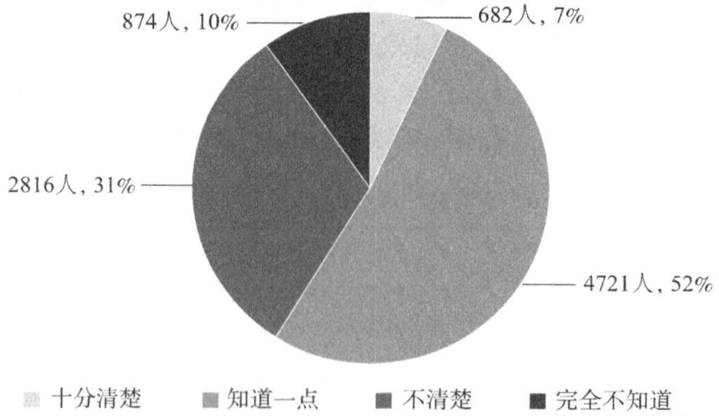

图6.5　全国范围对保障性住房政策的了解程度

根据调研所获得的数据，对受访者的收入水平和对保障性住房政策了解程度进行简单回归分析，其中收入水平按 1~6 分档确定，数值越大表示收入水平越高，政策了解程度按 1~4 表示，数值越小表示了解程度越高。回归结果表明，收入水平越高，受访者对保障性住房政策越了解，收入水平越低对政策了解程度越小（见图 6.6）。这一结果表明，本应获得保障性住房的群体申请、获得保障性住房的概率反而更低，保障性住房资源倾向于分配到收入相对较高同时受教育程度较高的群体中，保障性住房资源存在一定程度的错配。

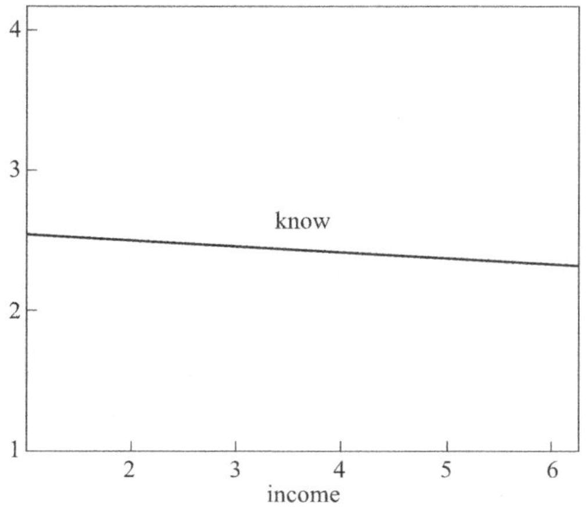

图 6.6　收入水平和对保障性住房项目政策了解程度线性回归

2011 年起，上海、石家庄等不少城市出台了新建商品房必须相应配建保障性住房的相关规定。例如，2012 年 12 月 15 日，上海市人民政府办公厅转发的《关于本市保障性住房配建实施意见的通知》，规定"凡新出让土地、用于开发建设商品住宅的建设项目，均应按照不低于该建设项目住宅建筑总面积 5%的比例，配建保障性住房；郊区有条件的区域，应进一步提高建设项目的配建比例。配建的保障性住房应无偿移交政府用于住房保障，并在建设用地使用权出让条件中予以明确。配建的保障性住房，均应以实物房源移交；由于极特殊原因无法安排建设实物房源而需折算为货币交纳"[①]。该通知直接提高了商品房开发商的开发成本，在供不应求的房地产市场，增加的大部分成

---

① 上海市人民政府办公厅转发市住房保障房屋管理局等五部门关于本市保障性住房配建实施意见的通知[EB/OL]. http：//www.shanghai.gov.cn/nw2/nw2314/nw2319/nw10800/nw11408/nw29397/u26aw33662.html.

本只会转嫁给商品房的购买者。由此，商品房的购买者为保障性住房项目的购买者买单，通过牺牲一部分群体的利益来满足另一部分群体的需求，交叉补贴有失社会公平。

若直接用作保障性住房房源使用，则该项目同时存在商品房和保障性住房区域，几乎相同的区位和房屋品质却因出现在不同市场而产生迥异的价格。混合居住模式还可能存在负外部性，保障性住房项目入住群体的收入较低，受商品房购买群体高收入的影响可能产生嫉妒心理，从而增加社会治理成本。同时，当95%左右的住户为商品房购买者时，周边的商业、娱乐、生活便利设施等通常与这一收入水平相匹配，那么，剩下的5%的保障性住房住户会面临生活成本高昂的压力，会大大降低其生活质量，会由于住房区位选择的原因导致其他方面的支出大幅增加。

在保障性住房分配过程中，行政管理成本高昂，各个城市均存在或多或少的审核周期较长等问题。由于租金和销售价格相对较低，导致持续性供不应求，申请保障性住房的居民排队轮候时间长，审核材料烦琐，审核周期短则三个月或半年，长则一年到两年，审核完成后进入排队系统，这时时限会更长。同时负责审核、分配的政府管理人员较多，工作繁重。例如，北京于2019 年全市启动公租房配租 1.45 万套，重点面向低保、低收入等特困家庭；累计推进共有产权房项目 68 个，申购项目 46 个、4.5 万套，其中面向“新北京人”提供 0.8 万余套，推进 0.3 万套人才公寓建设分配。[①] 政府公务人员完成这些行政管理工作的工作量与销售上百万套商品房的工作量相当。

调研中发现，申请过住房保障项目的调研对象反映了申请时间长、手续烦琐等问题。在流程较为顺利的前提下，申请出租型保障性住房平均耗时1 年，出售型保障性住房需 3 年。这主要是由于相关法律法规明确规定应建立严格的准入退出机制。例如，《经济适用房管理办法》中规定经济适用房的供应需要通过申请、审核、公示和轮候制度，并且在审核过程中需要对申请人进行情况核实，通常采用查档取证、入户调查、邻里访问等形式。同时，保障对象的收入和家庭情况需要阶段性复核，保障对象标准应根据当地经济发展情况动态调整。从以上制度可以看出，准入退出审核复杂且效率较低，审查人员也难以做到实时监控且极易出现错报、谎报情形。

在实际管理和操作中，保障性住房项目准入退出程序异常烦琐，政府需要配备大量的行政管理资源，行政管理成本异常高昂，保障性住房的申请、

① 中国房地产业协会 .2019 房地产年鉴[M]. 北京：企业管理出版社，2020.

审核、轮候需要经过繁杂的行政流程，审核要素、提报材料种类繁多。例如，北京市公共租赁房申请家庭情况核定表中申请家庭需要提供的材料包括20项，包括但不限于“核定表”、身份证、户口簿或暂住证明、婚姻状况证明、住房情况、拆迁补偿协议、社会保险缴纳信息、公积金缴存情况、个人所得税完税凭证、劳动（聘用）合同、就业单位资料、优抚证明、收入证明、重残证明、大病诊断证明、劳动模范证明、成年孤儿安置证明等。又如，上海市廉租房申请审核实施细则规定，需要提交9项资料，同时每项资料还有若干小项目，包括廉租房申请表、身份证明材料、户籍证明材料、婚姻状况证明、《不动产权证书》或者《租用居住公房凭证》或征收（拆迁）补偿安置凭证、收入证明材料、优先供应条件材料等。通常情况下，如果申请人为非专业人士，填写申请表也存在相当大的困难，同时收集满足规定要求的证明材料需要与政府、企业等众多部门沟通联系，需要耗费大量的时间和精力。

三、运行效率较低

在保障性住房制度运行环节中，运行效率缺陷的第一方面表现在住房保障整体管理效能低下、管理粗放，行政管理成本高昂，管理低效问题较为严重。如前所述，保障性住房相关数据基本处于不透明、不公开的状态，通常收集的相关统计数据也是归口到统计部门或直接管理部门内部使用，对外即使零星公布一些数据也非常笼统。例如，住房和城乡建设部统计栏目中并不公布关于保障性住房的任何情况。关于保障性住房的部分数据也只出现在零散的新闻报道中，数据项目不统一，数据口径不一致，也没有任何时间连续性。在地方政府部门官方网站如上海市房屋管理局、北京市住房和城乡建设委员会等，住房保障栏目通常是相关政策展示，缺乏系统反映住房保障实施状况的数据。

运行效率缺陷的第二方面表现在，保障性住房本身回收的租金或售价较低，无法实现保障性住房项目自身完整的资金循环，如果缺乏后续财政资金或社会资金的注入，那么会出现后期维护不当，降低保障性住房可有效使用年数，同时也会导致后续建设资金来源匮乏。

运行效率缺陷的第三方面则是，保障性住房项目物业管理服务整体品质较低，住房的维护保养水平较差。物业管理费收缴率较低，入住人员整体素质较低，责任意识较差。通常而言，如果按照质量下降速度从低到高排序为商品房项目、经济适用房项目、共有产权房项目、棚户区改造项目、公共租赁房项目、廉租房项目。出租型保障房项目住房质量下降速度最快，维护保养最差，出售型保障房项目虽然与商品房项目相比质量下降稍快，但相对而言尚可维持。与入住者的收入水平、住房价格水平呈现显著的线性下降关系。

衡量保障性住房运行效率可以构建如表6.5所示的评价指标体系，测算为保证保障性住房正常运行的政府行政管理成本、物业管理成本，并与商品房相应的成本状况进行对比。同时可以比较保障性住房与商品房物业管理满意度的差异，可以建立相对效率指数进行定量评价。由于这方面的数据缺失，本研究只提出了相应的指标体系（见表6.5），可以在未来建立相关的评价指标数据收集程序，对此进行深入的研究。

表6.5　保障性住房运行效率评价指标体系

指标	含义	单位	代码
保障性住房累计面积存量	截至当期各类保障性住房的累计建筑面积总和	万平方米	TASH
保障性住房累计套数存量	截至当期各类保障性住房的累计套数总和	套	TSSH
保障性住房行政管理成本	保障性住房开发过程中的各级行政管理人员办公费、人员费、设施费等，包括保障性住房入住的审核费用	亿元	ACSH
保障性住房运行成本	保障性住房管理机构（物业公司）的管理用房估算租金、人员费、管理费、运营成本	亿元	OCSH
租赁型保障房租金水平	廉租房、公共租赁房的平均租金水平	元	RSH
出售型保障房售价水平	经济适用房、两限房等的平均售价水平	元	PSH
保障性住房物业管理满意度	第三方研究机构对保障性住房物业管理的满意度调研结果	评分值	DSSH
保障性住房管理人员数量	从事保障性住房物业管理人员的数量	人	MPSH
商品房管理面积存量	截至当期商品房的累计建筑面积总和	万平方米	TACH
商品房管理套数存量	截至当期商品房的累计套数总和	套	TSCH
商品房物业管理人员数量	从事商品房物业管理人员的数量	人	MPCH
商品房物业管理满意度	第三方研究机构对商品房物业管理的满意度调研结果	评分值	DSCH

在现场实地探访保障性住房小区过程中，发现这类小区与商品房小区存在明显不同的社区氛围。通常来说，保障性住房小区的物业管理水平较低，居民的配合度较差，存在较为严重的卫生、交通、安保等问题，楼道存在垃圾堆积现象，陌生人进楼相对容易，存在较多的人身安全、消防等隐患。其中一个重要的原因在于保障房小区物业服务收费低廉，物业管理公司缺乏提

供服务的动力和能力。同时，相对于商品房的住户，最核心的问题是保障性住房项目住户相对而言更缺乏内在的归属感，保障性住房项目住户对小区内部治理关注程度较低，参与小区或各类社会组织活动的动力不足。这种情况在廉租房等出租型保障性住房项目中尤其普遍，租户主动参与意愿更低，通常会选择“搭便车”，即寄希望于通过个别人的努力改善小区状况，自身努力意愿不足，从而导致社区整体维护水平低下，保障性小区住房贬值速度较快。

通过对政府部门相关专业人员的深度访谈发现，保障性住房项目目前存在的最大问题是资金的紧缺，包括前期投入资金和后续管理资金。前期投入资金主要用于保障性住房的建设和筹措，房价的一路攀升意味着获取房源需要更多的资金储备。后续管理资金的需求主要来源于出租型保障性住房，包括房屋维修费用、退出审核费用、物业管理费用等。一方面，随着保障性住房投入使用时间的延长，房屋折旧速度加快，需要的维修费用增加；另一方面，出租型保障性住房数量的增加导致管理难度大幅提升，租金催缴、受众资格复审等都意味着需要更多人力、物力和财力的投入。

第二节　造成现行住房保障制度效率缺陷的主要原因

保障这一概念主要指借助某种组织或机构对社会成员之间的特定事项进行支持和扶助。保障制度则是进行这种支持和扶助的系统化、规则化安排。这一含义使得住房保障制度本身蕴含了一定范围、一定时间和一定幅度的无偿性和单方向性，即有利益而无对应的成本付出，内在地鼓励参与者更多地获取。因此，制度基础内在地存在着效率缺陷。这一缺陷加上历史的和现实操作的各种因素的影响，使得我国现行住房保障制度的效率更低。

一、政府过度依赖土地财政

由于分税制改革和以 GDP 增长为核心的政绩考核机制导致地方政府过度依赖土地财政，自 1993 年党的十四大提出积极推进地方财政包干制向分税制改革以来，地方政府收入大幅减少而支出责任仍然较大，导致了财权层层上移，事权层层下移的现象，即地方政府凭借少量的财权承担着较大的事权，由此产生了地方政府赤字扩大（见图 6.7），对预算外收入产生依赖。同时，地方政府官员面对以 GDP 增长为核心的政绩考核机制加剧了对通过土地出让获取预算外收入的依赖。一方面，通过出让土地获得大量土地出让金；另一方面，以土地作为招商引资的巨大诱惑，以此引进产业龙头、落地产业园拉动地方就业和 GDP，最终获得税收和较高的政绩。

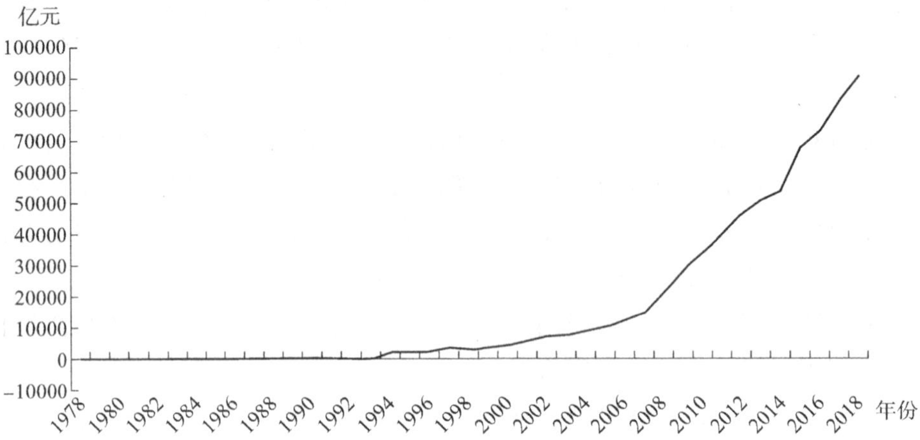

图 6.7　1978—2018 年地方财政赤字状况

资料来源：中华人民共和国财政部。

近年来，我国政府财政收入中土地使用权出让收入占比始终处于较高水平。2018 年我国土地使用权出让收入占地方财政总收入的 24.88%，总额达到 65096 亿元，同比增长 25%。由于各地方政府承担了较多的事权，在城市基础设施投资、教育、医疗卫生、住房等方面负有较大的责任，同时需要维持政府管理机构庞大的人员开支、行政管理费用，地方财政收支缺口巨大。为应对这些支出，不得不依靠土地使用权出让获取更多收入。全国财政总收入由一般公共预算收入、国有资本经营预算收入和政府性基金预算收入构成，其中，土地使用权出让收入从 2008 年占比不到 14%，增加到 2018 年占比接近 25%(见图 6.8)。

与房地产尤其是住房开发阶段相关的各项税收也是土地财政的重要组成部分。在我国主要涉及城镇土地使用税、契税、房产税、土地增值税、耕地占用税、企业所得税和增值税，如果依据与房地产业直接相关性计算，剔除企业所得税和一般增值税(与土地增值税相区别)，2018 年房地产相关税收同比增长 9.3%，达到 17968 亿元，在其中城镇土地使用税 2388 亿元、契税 5730 亿元、房产税 2889 亿元、土地增值税 5642 亿元、耕地占用税 1319 亿元。房地产相关税收占全国财政总收入的比例约为 7%(见图 6.9)。

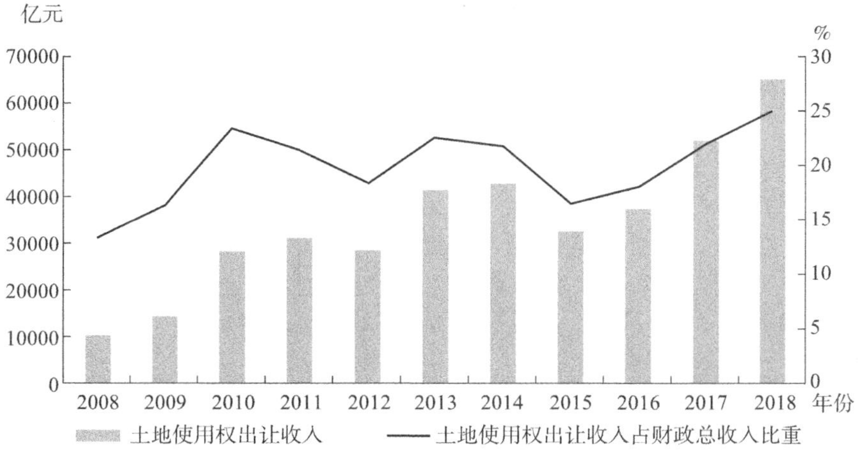

图 6.8 2008—2018 年土地使用权出让收入及占财政总收入比

资料来源：中华人民共和国财政部。

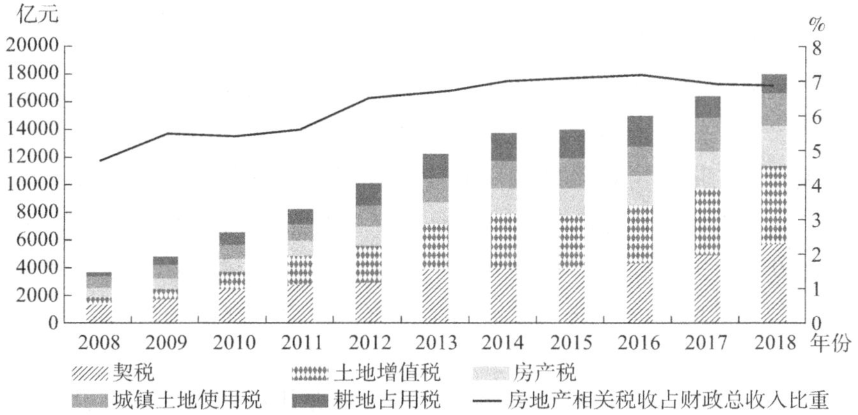

图 6.9 2008—2018 年房地产相关税收及占财政总收入比

资料来源：中华人民共和国财政部。

综上所述，我国政府来自土地及房地产方面的财政收入占全国财政总收入的比重，可以大致确定为判断土地财政依赖度的指标。2018 年我国与土地房产等相关的总收入达到 83064 亿元，可以计算出相应依赖度为 31.75%，与 2017 年相比增长 9.66%。历年来的依赖度数据如图 6.10 所示，可见，我国政府土地财政依赖度在近些年处于较高水平。

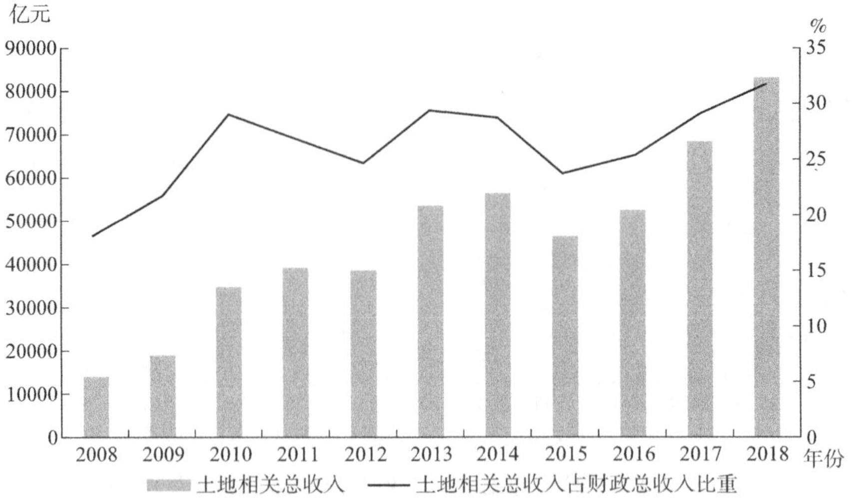

图 6.10　2008—2018 年土地相关总收入及占地方财政总收入比

资料来源：中华人民共和国财政部。

同时，地方政府通过出让土地来拉动当地经济发展以获得良好的政绩。土地价格上涨导致开发商开发成本变高，从而拉高房价。同时，房价上涨拉动土地需求增长，从而倒逼土地价格的攀升。两者相互依赖，共同促进，只有两者繁荣才能带来房地产业的不断发展和经济的持续增长。因此，为满足各方面支出的需要，地方政府实质上缺乏控制土地价格的内在动力和诱因。

当地方政府的事权和财权不匹配时，地方政府过度依赖土地财政弥补财政赤字，会造成地方政府缺乏足够的增加保障性住房的内在激励，而有动力更多地向商品房提供土地，从而导致保障性住房的供应不足。同时，保障性住房建设会增加地方政府财政负担，放慢保障性住房建设进度有助于地方政府缓解财政压力，从而导致保障性住房的生产效率较低。

二、开发商选择和管理有待改进

对于保障性住房项目开发建设的流程，调研与访谈显示，因开发模式目前主要采取政企合作的形式，故而开发流程存在一定的权力寻租现象。以某市为例，组织进行保障性住房项目开发的政府主体为市及各区级住房中心，而其开发的基本流程如下：①各住房中心与进驻当地的大型房地产开发企业（企业一般为国有企业或混合所有制企业）签订框架协议，将该企业纳入保障性住房项目建设白名单；②经区国土、住建各条线协调，确定保障性住房建设计划，然后与进入白名单的房地产企业进行洽谈，确定开发范围、项目体量、建设工期等；③确定项目的各项指标后，将项目用地经国有土地出让系统进行公开出让，设立排他性条件；④开发商获取土地，进行开发建设。

可明显看出，该流程存在两大漏洞：一是企业入围保障性住房项目开发白名单以企业自身性质为主，对于企业的其他方面考察不够公开透明，企业开发实力和企业开发产品质量并未纳入考察范围之内；二是保障性住房项目建设计划确定之后，对于某地块的保障性住房项目开发，系采用政府与意向企业协商的形式，未引入市场竞争环节，项目方案存在较大的优化空间。综合上述，当前的政企合作开发保障性住房项目的模式，仍然存在较多政企难以分开、利益混杂的现象，制度的非公开化，导致权力寻租的现象难以有效遏制。

由于国家对保障性住房项目建设的大力支持，在开发阶段给予基础设施配套费减免、审批便捷等优惠条件，开发商在市场平淡时出于维持企业正常运营和锻炼开发团队的动机，尤其是大型房企的声誉建设需要，出现了争抢保障性住房项目现象。开发商提前获得项目，在政府土地出让前签署意向合同或者建议政府带方案出让。例如，某市某保障性住房项目用途地块出让文件中规定需要提交的申请文件包括由招标、拍卖、挂牌办公室盖章确认的经人民政府认定的该地块委托建设意向文件复印件。事前锁定开发商的行为说明政府的选择过程不够透明化，暗箱操作极可能导致未选中最合适的开发商。

三、准入退出机制不完善

准入标准设置难。由于各地区的经济发展水平差异较大，相关条例规定由各市、县自行根据当地商品房价格、人均可支配收入等社会经济因素划定标准，但并未提供科学合理的制定方法。如果条件设置过高导致保障性住房项目空置，过低又会使申请人数激增严重影响审核效率，以及出现因保障性住房项目稀缺引致的应保障者未保现象。

准入审查主要以户口、收入和住房情况作为审核对象，申请人的户口所在地较易审核，但是随着民众收入方式的多样化和资产配置的多元化，政府可以获取的收入证明极有可能只是冰山一角。微商、电商等其他收入、金融资产持有量均超出审核范围，导致出现审定难度加大、申报弄虚作假、工作人员违规审批等现象。

廉租房等出租型保障性住房还存在退出审核机制，若被保障人的收入持续一年超过低收入家庭收入标准或者人均住房面积超过政策标准时需要被告知及时腾退房屋。然而，事实上廉租房一旦被出租，由于低廉的租金、长期居住的适应性和对未来收入的不确定性，租户们主观上并不愿意退出。同时，政府监督部门需要实时监控受保人群的收入和资产情况才能辨识出需要被腾退的租户，但实际操作中并不能做到对廉租房租户们的实时财产监测。

四、融资渠道狭窄

关于保障性住房项目的资金筹集，首先，该项目作为住房保障支出是财政预算支出项目之一。其次，《廉租房保障资金管理办法》中规定土地出让金按照净收益不低于10%对廉租房建设进行出资，《住房公积金管理条例》(国务院令第350号)规定住房公积金增值收益计提贷款风险准备金和管理费用后的余额全部用于廉租房的补充资金。

因此，我国现行保障性住房项目资金大部分来源于政府，包括财政拨款、土地出让金和住房公积金的投入。陆婉灵曾对2015年财政部保障性住房建设的政府投入金额进行分解，财政拨款、土地出让金投入和住房公积金收益投入占比分别为20∶4∶1。由此可见后两者占比较小且存在较大不稳定因素，因此保障性住房项目的主要资金来源是财政投入。而用于保障性住房项目的财政拨款中中央和地方的拨款比例并未给出明确规定，国务院办公厅于2018年1月印发的《基本公共服务领域中央与地方共同财政事权和支出责任划分改革方案》中也只是规定城乡保障性安居工程中央分担比例主要依据地方财政状况和保障对象数量等因素确定。财政部公开2017年全国财政支出用于保障性安居工程的专项资金为6552.49亿元，其中中央对地方的转移支付为1388.38亿元，地方支出为5164.11亿元，即中央和地方按照大约1∶4的比例进行拨付。地方政府面对庞大的住房保障支出势必加剧其财政赤字。

五、社区后续治理困难

从国外大型保障性住房项目社区衰败历程经验来看，完善大型保障性住房项目社区的自我管理和政府管理存在极大的必要性。保障性住房的入住群体一般以中低收入人群为主，大型保障性住房项目社区的出现导致该群体的聚集。而一个社会中最易出现违法行为的群体正是这些机会成本较低的中低收入者。在交通不便、医院学校等配套设施不健全的环境中，极易催生一些游走在法律边缘的经济组织。倘若政府并未因此加大管理力度，社区人群也未引起应有的重视，保障性住房项目社区很可能成为社会秩序较差的聚集区。

与此同时，保障性住房项目社区的人群对社区组织缺乏自我管理意识。中国人民大学和香港科技大学联合组织的中国综合社会问卷对于居民的社区自治参与积极性和居民的产权类型进行了调查。根据调研筛选，其结果显示，在 21809 个样本当中，参与到社区治理的社员为 7003 人，其中有产权者占比 69.53%，无产权者占比 30.47%。这充分说明了产权的完整与否对于社区成员参与社区治理的积极性具有明显的正向引导。从上述现象可见，由于外在因素和内在心理的双重影响，保障性住房社区的后续治理极为困难。

第三节　现行住房保障制度效率缺陷的主要作用方式

任何制度的设立和运行都必然改变相关行为主体的权利和义务、成本和收益关系，这些关系经过一段时间的互动会形成基于该制度的新结构和运作模式。理解围绕现行住房保障制度的各种作用机制，才能抓住产生效率缺陷的根本点。解决这些缺陷就需要从这些机制入手，或者说切断原有低效率机制，改变这些机制的作用方向，将效率因素纳入住房保障制度。

一、土地财政导致政府缺乏开发保障性住房项目的动力

在当前我国国土资源集约利用的要求下，政府建设用地指标相对有限。土地出让指标的约束使得政府必须在保障性住房项目用地与商品房用地之间做出取舍。显然，商品房的土地出让金对于政府的诱惑更大。再者，倘若选择大力建设保障性住房项目，随着保障性住房项目数量不断增加，导致房屋供给增多从而抑制商品房价格，商品房价格的回落直接影响土地拍卖市场，减少政府土地出让金的收入。而根据前文所述，现如今我国多数地方政府均严重依赖于土地出让金以保障财政收支平衡，因此在此压力下，政府并没有开发保障性住房的动力，这也直接导致保障性住房项目的稀缺现象，即在生产环节的效率较低。

二、委托开发制度缺陷影响房源质量

2007 年国家发展改革委等七个部门联合发布《经济适用房管理办法》，明确规定“经济适用房以保本微利为原则，开发商的该项目利润率不得高于 3%”。保障性住房项目通常存在占用资金量较大且占用时间较长、利润水平较低、任务重、工期紧、要求高等特点。在这种情况下，在招标、设计、施工、竣工等开发建设全过程的质量监管方面会有较多的漏洞，监管成本高昂。相关管理部门的监督审查工作重形式而轻实质，最终导致工程质量较低。

例如，调研中得到的上海市某区保障性住房项目建设的标准和合作方案，如下所示。

项目面积：30 万~70 万平方米。

楼板价：3200~3800 元/米^2。

回购价对应为 10200~10800 元/米^2(以上回购价与楼板价之间的差价均为 7000 元/米^2)。

补贴：400~900 元/米^2。

开发工期：36 个月。

回购款支付：①出正负零支付 30%；②结构封顶支付 30%；③竣工验收支付 35%；④2 年之内支付 5%(质保金)。

不配底商和自售面积。

人防、道路、绿化、社区服务中心等：代建。

整体来说，招标的项目方案存在以下寻租空间。

一是开发工期和开发体量问题。开发量较大而建设周期安排相对较短。根据一般开发商建设大型综合居住社区的经验来看，30 万平方米的大型居住社区需要 3.5~4 年的时间方可建设完成，尽管保障性住房项目在报批报建及四证办理上存在一定的优惠政策及绿色通道，但是较大的体量和相对较短的工期，会加大开发商在建设速度和工程质量上平衡的难度，因而可能存在建设质量不及一般商品住宅的问题。

二是单方建安成本问题。政府对于开发商的建安成本要求为每平方米 7000 元左右，而根据项目组调研了解的情况，上海市一般住宅的建安成本为 7200~7800 元/米^2。政府对于项目成本空间的控制，使得委托代建的开发商采用多种手段控制成本从而影响到住宅的质量。

三是回购款的支付问题。在政企合作共建保障性住房项目的模式当中，政府通常采取开发商与政府成立联合经营的项目公司，然后由政府逐步回购项目产权的模式进行委托开发。显然，回购款的支付是政府对于开发商制约的重要方式，但从前文所述可以看出，项目后续考察完成后支付的回购款仅占全部款项的 5%，该笔金额对于开发商的制约能力相对较弱，考虑到企业利用开发贷降低资金压力的问题，预计企业在施工出正负零之后，项目现金流即可回正，因而项目评估验收后发放的资金，对于开发商的制约能力相对较弱，也影响了项目质量的提升。

综上所述，保障性住房项目在委托开发制度方面存在三点缺失：一是政府机关对于体量和施工周期要求较高，要求房企加快施工速度；二是在建安成本上，采取事前核算的方式强行控制了开发商的开发成本；三是项目后续考核对于开发商的资金压力影响较小，约束力较弱。因此在开发大型保障性住房项目社区时，工程质量的保证变得相对困难，即在生产环节的效率较低。

三、审核制度缺陷阻碍有效分配

在准入退出的各个环节，相关审核标准设置存在较大的困难，由于涉及收入、家庭结构、资产状况、住房状况多因素的审核，难以保证审核的公平性。在退出过程中无法有效实时监控受保障群体的收入和住房等情况，因此，现行审核制度存在明显的缺陷。

标准设置不当会导致保障性住房资源出现错误配置，审核存在漏洞会使部分群体通过虚构瞒报欺骗获利，审核内容不全时会遗漏重要的资产项目，可能导致高收入家庭获得保障性住房福利，收入、住房、资产状况的历史变化无法做到及时监控，使得部分家庭在收入提高后不及时搬离，降低保障房的流转速度和使用效率。

综合来看，准入、退出界限模糊致使保障性住房项目的资源错配，即在分配环节的效率较低。在后续改进的过程中可尝试在退出环节设置必要的激励机制和惩罚机制。如对自行腾退保障性住房项目的受保障群体给予奖励，对收入改善但未及时提出退出申请或者被告知退出而强行霸占的受保人给予惩罚。高效的准入退出机制才能让骗取保障者无利可图，让应当获得保障者及时享受相关权益。

四、融资手段狭窄产生资金缺口

房地产项目由于耗费资金巨大、占用资金时间周期漫长，合理而稳定的融资渠道和融资手段关乎项目能否顺利执行。一方面，保障性住房项目的主流融资渠道为财政支出、土地出让金和住房公积金。但是据前文所述，由于地方财政支出压力巨大，土地出让金和公积金又存在较大不稳定性，三大主流渠道均难以维持资金的持续性。

另一方面，难以拓展其他融资渠道，如自负盈亏的商业银行。我们在数据采集的过程中遇到了“瓶颈”，各省在财政支出方面仅披露了住房保障支出一个大类，而并未公开明细科目，如货币补贴支出和实物补贴支出，部分城市甚至连住房保障支出都未公开。这严重阻碍了各方对保障性支出方面的研究，同时降低了民众对住房保障政策的信赖程度，更重要的是商业银行等其他金融机构因其信息的不公开难以判定是否应该为其投资或放贷。在日益完善的资本市场，商业银行更愿意投资或放贷给高利润的信息公开行业。

在内部融资不稳定和外部融资难以拓展的双重压力下，保障性住房项目资金紧张，若不能解决该问题将严重影响项目前期投入和后期运营的进行，即在运行环节的效率较低。

五、自治意识薄弱加大后续管理难度

保障性住房项目开发完成之后，后续的社区管理同样重要。居住区环境的维护往往是一笔很高的支出，社区环境优化仰赖于社区成员自治意识的觉醒。形成良性社区关系能够促进社区自治意识的觉醒，从自然空间关系转化为社会空间关系。与此同时，相应的治理模式由政府主导向居民自治转化。通常，商品房居住小区中，居住者的财产权利、义务和责任是对等的，居住者也有充分的内在动力维护自身财产，保护其财产能够保值增值，因此这种社会空间关系能够有效地形成。具体表现为通过选举产生业主委员会与物业公司联手共同负责社区的治理，优化社区环境。因此居民自治是社区环境优化的重要基础。

社区成员参与社区自治依赖于两点：一是构建良好的社区资本，例如我国一些传统的老公房社区，社区成员之间存在很强的社区关联度，因此形成了良好的社区资本。二是社区治理的收益要能够共享，按照我国《物权法》的相关规定，住宅小区的公共部位产权归小区的全体业主共同所有，因此，商品房小区居住者有从社区环境治理中获取直接收益（如降低物业维护费用，改善居住环境）或间接收益（如维护良好的住宅更容易在市场上交易，出售价格有较大的提升空间）的可能，因而具有参与社区治理的内在动力。

而对于保障性住房社区的居住者来说，上述两点均难以实现。首先，社区资本的构建，需要长期的社会关系维护，对于新式的保障性住房项目社区而言，并不存在这种社会关系产生的环境。而社区治理的收益，也因为社区成员对于居住物业仅持有部分产权或没有产权而无法享受。因此保障性住房项目社区容易产生环境较差、治安不力等问题。政府需要专门投入资金成立运营机构解决公区资产配置管理、社区环境保护等问题，这是一种治理的低效和资源的浪费，即在运行环节的效率较低。

07 第七章 中国城市住房保障制度评价：满意度视角的实证分析

上一章从效率角度分析了我国城市住房保障制度效率较低的原因和主要作用方式，要准确把握城市市民实际住房情况、保障性住房情况、对现有保障性住房各类特征的看法、对当地住房保障制度实施状况的认识等，还需要通过实地调研获取。虽然受城市选择、抽样偏差、调研实施过程、调研配合程度、问卷统计误差等条件的限制，实地调研结果具有一定的局限性，但可以通过这些数据判断保障性住房实际运行状况的细节特征，从而为强化住房保障制度框架设计的可实施性和可操作性提供一定的数据支撑。本章运用调研数据，重点从满意度视角对我国城市住房保障制度进行深入分析。

第一节　调研安排及样本的基本情况

一、调研安排

本书研究团队成员于 2017 年 11 月开始根据初步文献研究，起草了实地调研的深度访谈提纲，与学术界专家、政府相关部门管理人员等进行了面对面的交流，在此基础上拟订了初步的实地调研问卷。于 2018 年 4 月对实地调研问卷进行了小范围试调研，根据试调研过程中被调研者对问卷的直接反馈和取得的数据进行了调研过程分析和数据分析。其中，调研过程分析中发现的主要问题是问卷过长，占用被调研者的时间较久，调研配合意愿降低等，就此对调研问卷进行了部分问题的删减和合并处理。试调研中还发现了调研问卷本身存在的若干问题，主要包括选项不全、选项重复、语义含混、逻辑倒置、用语过度专业等，对这类问题进行了相应的调整和修改。试调研数据分析结果与期望获得的数据结果的内在一致性较好，能够有效地获得关于拟研究问题的重要信息。

调研城市的抽样方面，根据国内对中国城市的分级研究，同时考虑调研规模、时间和成本因素，结合国内现有文献研究成果和专家讨论意见，确定在一线、二线、三线城市中各选择两到三个城市进行调研。最终选择样本城市主要考虑了如下因素：

(1)在住房保障制度方面有一定特色；

(2)地域代表性强；

(3)城市人口集聚程度高；

(4)近 10 多年来城市化水平高；

(5)属于全国流动人口的重要目的地。

其中，一线城市选择了上海、深圳，二线城市选择了西安、宁波和苏州，三线城市选择了石家庄和温州。上海是直辖市，全国性经济金融中心，人口集聚程度高，经济发达，吸引了大量的外来人口，在住房保障制度的探索方面处于全国前列。深圳是特区城市，经济发达，外来人口居于城市人口的主导地位，住房保障问题较为突出。西安为西部省会城市，区域经济中心，区域人口集聚地，在住房保障制度方面具有西部地区的代表性。宁波为计划单列市，经济发达，区域人口集中地，在住房保障制度建设方面有一定的创新性探索。苏州为经济发达城市，外来人口的重要目的地，也是重要的旅游城市，外来寻业人口和旅游人员较为集中。石家庄为省会城市，区域经济中心和人口集聚地，为中部城市的典型，在住房保障制度方面也有一定的探索。温州是经济发达城市，住房价格在三线城市中居于高位，也是重要的外来务工人口集中城市，面临住房保障方面的较大压力。

完成实地调研问卷修改后，于 2018 年 7—9 月赴 7 个城市进行了实地调研，调研采取调研人员面对面调研方式，调研中调研人员从旁协助被调研者填写问卷，在不影响被调研者具体选择的情况下解释问卷，帮助被调研者理解相关问题和选项，搜集有效问卷 3349 份。最终回收有效问卷情况如表 7.1 所示。

表 7.1　调研问卷发放和回收情况

城市	目标问卷量(份)	实际回收量(份)	完成率(%)
上海	1000	1008	100.80
深圳	500	487	97.40
西安	500	444	88.80

续表

城市	目标问卷量(份)	实际回收量(份)	完成率(%)
宁波	300	316	105.33
苏州	300	306	102.00
石家庄	500	483	96.60
温州	300	305	101.67
合计	3400	3349	98.50

研究报告完成后提交专家组进行鉴定，根据鉴定专家返回的修改意见，认为不能忽略中小城市的情况，因此于2021年1—4月进行了扩展调研，对选定的中小城市进行了现场调研。扩展调研城市包括吉林省延吉市等19个中小城市(名单见表7.2)。扩展调研城市选择原则中除考虑原报告七城市选择的原则，如在住房保障制度方面有一定特色、地域代表性强和城市人口集聚程度高等以外，还增加了城市覆盖面，东部、中部、西部各地域、各省区尽量均匀分布，同时考虑了调研的可操作性和成本限制，在本科生和研究生中招募调研人员，尽可能利用2021年寒假及五一假期在当地进行调研。每个中小城市目标调研量为300份，实际回收问卷量均在300份左右，增减在正负10%以内。问卷回收后进行有效性分析，通过有效性分析的问卷纳入原报告7个城市分析之中。整体而言，扩展调研后反映的总体状况与原来7个典型城市的调研差异不大，总体趋势非常接近，不会实质性改变原来调研的结论。在后续分析中，总体分析将新增19个城市的数据纳入报告之中，为避免表格过于繁杂，分城市分析，视情况将19个城市作为整体放在表格之中。

表7.2 扩展城市调研问卷发放和回收情况

城市	目标问卷量(份)	实际回收量(份)	完成率(%)
吉林省延吉市	300	312	104.00
山东省滕州市	300	330	110.00
河北省定州市	300	320	106.67
山西省孝义市	300	315	105.00
陕西省神木市	300	279	93.00
宁夏回族自治区灵武市	300	272	90.67
河南省荥阳市	300	314	104.67
江苏省宜兴市	300	300	100.00

续表

城市	目标问卷量（份）	实际回收量（份）	完成率（%）
浙江省临海市	300	311	103.67
福建省福清市	300	297	99.00
安徽省广德市	300	275	91.67
江西省丰城市	300	300	100.00
湖北省潜江市	300	307	102.33
湖南省湘潭市	300	324	108.00
四川省彭州市	300	295	98.33
贵州省盘州市	300	282	94.00
云南省大理市	300	294	98.00
广东省四会市	300	306	102.00
海南省琼海市	300	311	103.67
合计	5700	5744	100.77

合并扩展调研的 19 个城市后，总城市数为 26 个，调研有效样本合计为 9093 份。

二、调研样本概述

1. 被调研者的人口统计特征

被调研者的人口统计特征主要从性别、年龄、文化程度、婚姻状况、职业状况等方面进行描述，结果见表 7.3。男性占比略超过 50%，为 50.94%。年龄分布方面以 26~30 岁、31~35 岁、36~40 岁和 41~45 岁 4 个以 5 年为界的年龄段占主导地位，其中 31~40 岁的被调查者约占总数的不到 40%。这一年龄分布与我国目前年龄分布大致相当，同时面临住房问题的年龄与此类似，这些被调研者的数据能够较好地反映我国住房保障及相关制度的实施状况。

在文化程度方面，初中和高中（包括中专、职高、技校）两类占比分别为 35.72%和 21.48%，总和超过 56%。文化程度在大专及以上的被调研者占比略高于 32%，与我国城市人口的文化程度平均状况较为相似，有一定的代表性。从职业分布来看，公共部门（机关、事业单位、国企等）占比为 26.49%，民营企业占比为 40.11%，也基本反映了这些城市职业的基本特征。婚姻状况方面，已婚占比超过60%，未婚占比略高于36%。综合来看，26个代表性城市样本的人口统计特征能够大致反映这些城市的基本状况，从中得出关于住房保障及住房保障制度的看法和观点，能够有效地反映相关的细节特征。

表7.3　被调研者的人口统计特征

类别	项目	数量(人)	占比(%)
性别	男	4632	50.94
	女	4461	49.06
年龄	16~20岁	147	1.62
	21~25岁	338	3.72
	26~30岁	1238	13.61
	31~35岁	1644	18.08
	36~40岁	1938	21.31
	41~45岁	1542	16.96
	46~50岁	776	8.53
	50~55岁	663	7.29
	56~60岁	476	5.23
	60岁以上	331	3.64
文化程度	小学	940	10.34
	初中	3248	35.72
	高中(包括中专、职高、技校)	1953	21.48
	大专	1512	16.63
	本科	1277	14.04
	硕士及以上	163	1.79
婚姻状况	已婚	5587	61.44
	未婚	3295	36.24
	离异	172	1.89
	丧偶	39	0.43
职业	公共部门(机关、事业单位、国企等)	2409	26.49
	民营企业	3647	40.11
	自由职业	1406	15.46
	创业	612	6.73
	学生	485	5.33
	其他	534	5.87

2. 被调研者的收入特征

从被调研者的收入情况来看，家庭月收入为3001~6000元的占27.37%，6001~9000元的占20.33%，9001~12000元的占17.66%，这三档占比略超65%(见图7.1)。与这些城市整体情况相符，如果按家庭规模户均3人计算，家庭人均月收入为1000~4000元。

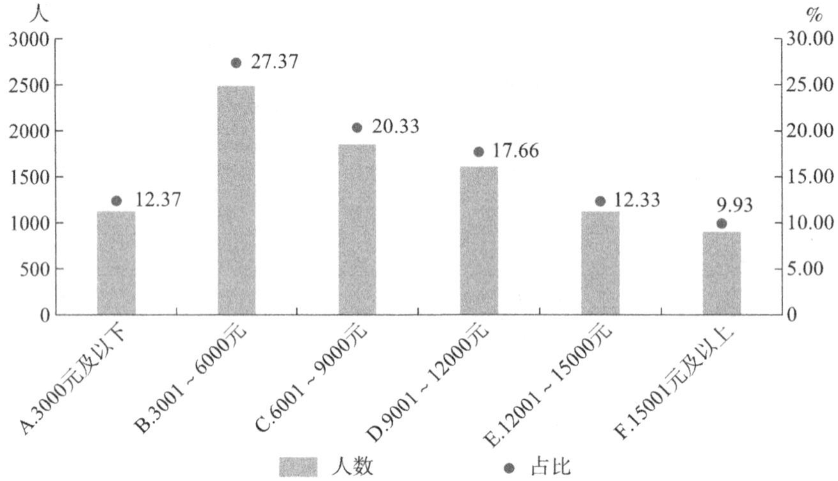

图7.1 调研样本家庭月总收入构成

调研显示，家庭月总收入超过12000元，即家庭人均收入超过4000元的被调研者占比为22.26%。26个城市的收入结构数据显示，经济越发达的城市如上海、深圳等收入水平越高，相对而言这部分人群的占比较高。其中，上海、深圳、苏州和温州4个城市调研样本的家庭月总收入超过15000元的占比分别为30.85%、28.75%、25.49%和23.61%。扩展调研19个城市的占比则为9.45%(见表7.4)。

表7.4 各城市调研样本家庭月总收入构成(%)

收入区间	上海	深圳	西安	宁波	苏州	石家庄	温州	扩展19个城市
3000元及以下	3.08	4.72	13.74	9.18	3.92	17.39	4.92	10.39
3001~6000元	11.11	14.78	26.58	20.25	13.73	35.61	23.93	36.09
6001~9000元	17.26	17.66	23.65	19.62	20.59	16.56	16.72	21.61
9001~12000元	22.52	19.71	15.09	21.20	16.67	15.73	16.39	12.74
12001~15000元	15.18	14.37	8.11	10.76	19.61	6.00	14.43	9.71
15001元及以上	30.85	28.75	12.84	18.99	25.49	8.70	23.61	9.45

3. 被调研者的住房情况

针对被调研者的住房情况，主要调查了被调研者当前的住房类型和住房面积情况。在住房类型方面，属于保障性住房的有2068人，占总被调研者的比重为22.7%，其中属于廉租房的336人、经济适用房的962人、公共租赁房的452人、限价商品房121人、福利分房197人；属于非保障性住房的有7025人，占总被调研者的比重为77.3%，其中，属于商品房的3656人，占被调研者总数的40.21%，属于一般租赁房的1704人，拆迁安置房的546人，自行搭建的537人，无房居住的165人，其他未表明的有417人（见表7.5）。如果按居住者产权归属来划分，商品房、拆迁安置房、福利分房、经济适用房（产权基本归属于居住者）和限价商品房（部分产权归属于居住者）五种类型合计占比为60.29%，与我国城市整体的住房自有自住率相比有较大的差距。主要原因在于本次调研不仅涉及本城市户籍人口，还包括外省市户籍在本城市就业的常住人口。同时还有417人未填写住房情况，剔除这部分人，基本属于自有自住的被调研者比率为63.2%。

表7.5　被调研者拥有住房的类型分布

住房类型	数量（人）	占比（%）
廉租房	336	3.70
公共租赁房	452	4.97
一般租赁房	1704	18.74
商品房	3656	40.21
经济适用房	962	10.58
拆迁安置房	546	6.00
限价商品房	121	1.33
福利分房	197	2.17
自己搭建的房屋	537	5.91
无房居住	165	1.81
其他	417	4.58
合计	9093	100

在住房面积方面，面积介于61~120平方米的被调研者占比略大于50%，居于主导地位，面积小于60平方米的占比为25.37%。面积大于90平方米的

占比略小于50%(见表7.6)。这与我国各城市住房的主流面积配比基本一致,交叉比对可以发现,租赁住房的被调研者面积一般倾向于较小,自有自住住房的被调研者面积一般倾向于较大,当然这一差异与家庭结构及居住者的生命周期阶段有关。

表7.6 被调研者目前租赁或自有住房面积分布

面积区间	数量(人)	占比(%)
小于等于30平方米	884	9.72
31~60平方米	1423	15.65
61~90平方米	2247	24.71
91~120平方米	2369	26.05
121~150平方米	1544	16.98
151平方米及以上	626	6.88

4. 被调研者的每年住房支出分布

住房支出主要包括与维持住房正常使用状况相关的支出,如物业管理费、维修保养等。主要反映了自有自住住房的被调研者的情况,其中,每年住房支出小于3000元的被调研者占比达78%以上(见图7.2)。

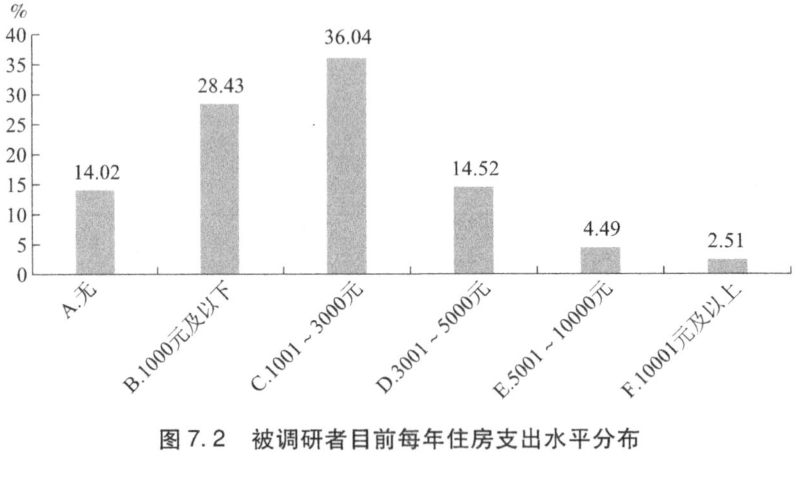

图7.2 被调研者目前每年住房支出水平分布

从各城市的情况来看,深圳被调研者年住房支出超过5000元的占比最高,超过25%,扩展19个城市的占比最低,为4.62%,其他几个城市除石家庄外都在13%左右(见表7.7)。大致按一线、二线、三线城市从高到低变化,反映了不同城市整体物价水平的差异,由于住房支出与物业管理属于劳动密集型服务，这一差异也反映了不同城市劳动力成本的不同。

表 7.7　各城市被调研者目前每年住房支出水平分布(%)

年住房支出区间	上海	深圳	西安	宁波	苏州	石家庄	温州	扩展 19 个城市
无	8.33	9.13	11.31	20.94	11.74	12.59	21.74	11.87
1000 元及以下	23.43	16.18	15.19	20.51	27.83	25.17	24.35	28.35
1001~3000 元	31.29	25.73	36.75	25.64	25.65	36.71	28.70	42.65
3001~5000 元	21.07	21.99	20.49	9.83	19.13	14.34	11.30	12.53
5001~10000 元	7.08	12.45	7.77	9.40	7.39	3.15	7.39	2.54
10001 元及以上	6.29	12.86	6.01	5.13	6.52	5.94	5.65	2.08

5. 租赁住房的被调研者支付的租金分布

从租赁住房的被调研者支付的租金分布结构来看，月租金小于 2000 元的占比达到 81.34%，中位数介于 1001~1500 元(见图 7.3)。

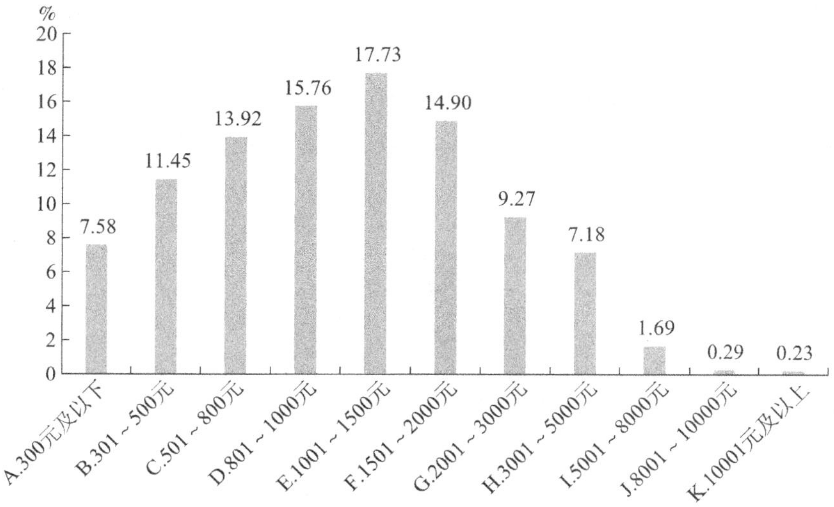

图 7.3　目前租赁住房的被调研者的月租金支出水平分布

从各城市的租金水平来看，月租金 1001~2000 元的水平居于主导地位。而上海和深圳月租金水平 2001~5000 元的占比分别达到 37.97%和 28.77%，苏州和温州则达到 14.93%和 21.67%，宁波和石家庄月租金水平 2001~5000 元的占比较低，分别为 6.12%和 5.88%，扩展 19 个城市月租金水平 2001~

5000 元的占比为 6.91%（见表 7.8）。这种格局与所处城市的物价水平、经济发展状况、租赁住房市场状况有着直接的关系。

表 7.8　各城市租赁住房的被调研者月租金分布（%）

租金区间	上海	深圳	西安	宁波	苏州	石家庄	温州	扩展 19 个城市
500 元及以下	6.01	9.43	32.31	12.24	11.94	26.47	13.33	23.87
501～1000 元	13.61	19.81	35.38	34.69	28.36	33.09	18.33	34.63
1001～2000 元	39.24	32.55	26.15	40.82	43.28	34.56	43.33	34.60
2001～5000 元	37.97	28.77	3.85	6.12	14.93	5.88	21.67	6.91
5001 元及以上	3.16	9.43	2.31	6.12	1.49	0.00	3.33	0.00

三、住房保障政策的普及和实施分析

1. 住房保障政策的普及程度

调研发现，住房保障政策的普及程度欠佳，对住房保障政策十分清楚的仅占 7%，知道一点的占 52%，不清楚的占 31%，完全不知道的占 10%（见图 7.4）。对保障性住房申请程序十分清楚的仅占 6%，知道一点的占 33%，不清楚的占 40%，完全不知道的占 21%（见图 7.5）。同时发现被调研者一般通过社会宣传和网络了解当地的住房保障政策（见图 7.6），因此未来宣传仍可将以上两种方式作为主要手段。

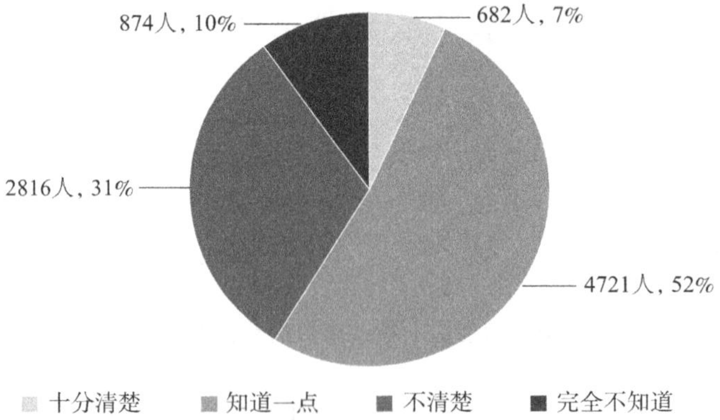

图 7.4　被调研者对住房保障政策的了解情况

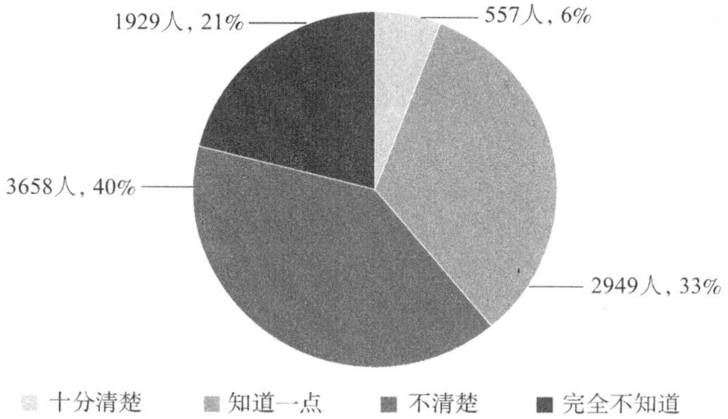

图 7.5　被调研者对住房保障申请程序的了解情况

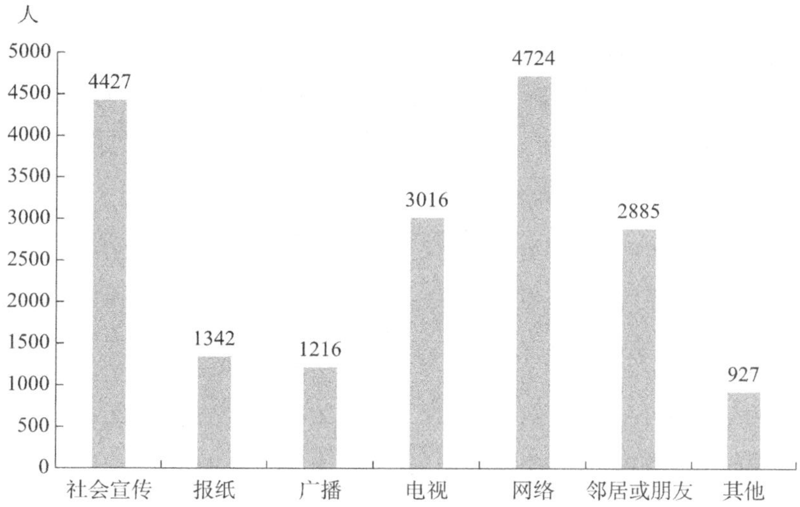

图 7.6　被调研者对住房保障政策的了解途径

2. 保障性住房申请的参与状况

从保障性住房申请情况来看，绝大部分被调研者并未参与过保障性住房的申请，73%的被调研者表示未申请过，16%的被调研者表示申请过，11%的被调研者表示正在申请中(见图 7.7)。这与我国住房制度的演变和发展历程有着直接的关系，即与从传统的福利分配到市场化改革，再到强化住房保障的演变有关。当然，由于住房保障主要集中于本城市户籍人口，这一数据也与本次调研中包括了大量的非当地城市户籍人口有关。

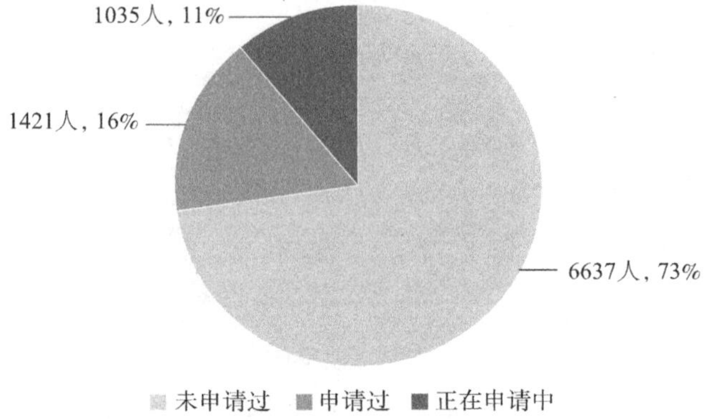

图 7.7 被调研者保障性住房的申请情况

3. 对保障房申请政策限制的基本看法

从被调研者认为保障房申请应当限制的条件分析，有相当一部分被调研者(35.29%)认为应按照实际情况灵活对待，限制条件需要因地制宜；有近30%的被调研者认为去除落户限制，外来务工人员也可申请(见图7.8)。

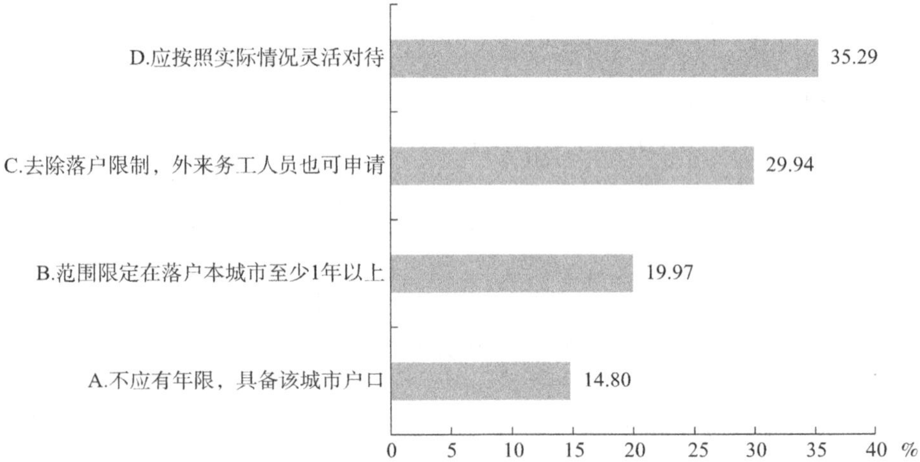

图 7.8 被调研者认为保障房申请应当限制的条件

第二节　被调研者满意度和保障性住房需求现状分析

一、被调研者的满意度状况

1. 居住满意度状况

从被调研者整体情况来看，对目前居住状况的满意度方面，总体感到满意的占33%，感到一般的占51%，感到不满意的占16%（见图7.9）。这一调研结果与其他类似调研结论较为相似。

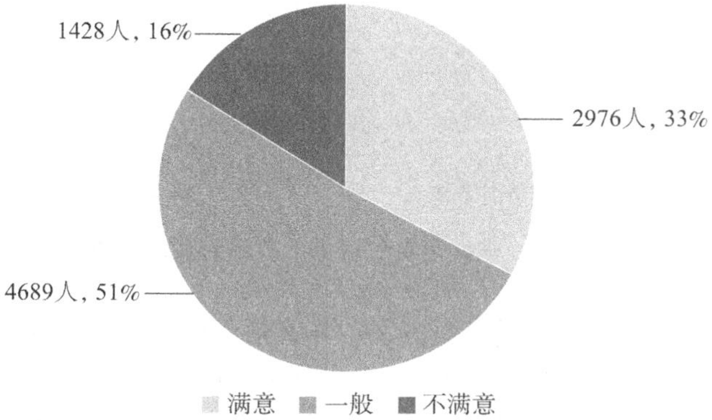

图7.9　被调研者居住满意度分布

在不同城市目前居住满意度存在一些差异，满意度较高的城市主要是宁波（46.20%）、苏州（45.10%）和温州（43.93%），而上海（28.97%）、石家庄（32.51%）、深圳（32.03%）和扩展19个城市（28.27%）的满意度较低，不满意度较高，如上海和深圳的不满意度分别达到20.34%和18.48%，原因可能与当地的住房价格较高、改善居住条件存在较大的压力有一定的关系（见表7.9）。

表7.9　不同城市被调研者目前居住满意度分布（%）

满意度	上海	深圳	西安	宁波	苏州	石家庄	温州	扩展19个城市
A. 满意	28.97	32.03	37.61	46.20	45.10	32.51	43.93	28.27
B. 一般	50.69	49.49	50.45	42.41	44.12	51.97	47.54	54.46
C. 不满意	20.34	18.48	11.94	11.39	10.78	15.53	8.52	17.27

2. 住房保障政策满意度状况

在住房保障政策满意度方面，感到非常满意的占5%，感到基本满意的占21%，感到一般的占55%，感到不太满意的占14%，感到非常不满意的占5%（见图7.10）。

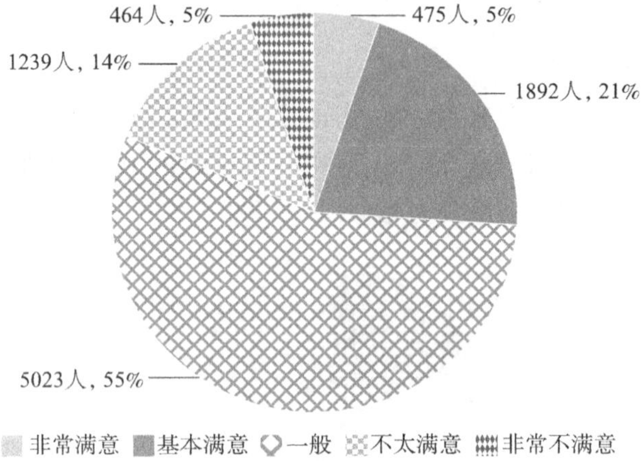

图7.10　被调研者住房保障政策满意度分布

各城市被调研者对当前住房保障政策满意度的分布差异不大，非常满意和基本满意之和分布在20%～30%，不太满意和非常不满意之和占比分布在13%～24%（见表7.10）。认为一般的被调研者占比为50%～60%，反映了相当一部分被调研者对住房保障政策关注程度较低，可能原因一方面是认为自身不符合这些政策的照顾条件，另一方面是基本居住条件能够满足自己的需求，对政策关注程度较低。

表7.10　不同城市被调研者对当前住房保障政策的满意度分布（%）

满意度	上海	深圳	西安	宁波	苏州	石家庄	温州	扩展19个城市
A. 非常满意	8.43	3.08	5.63	4.43	4.25	3.52	5.25	3.88
B. 基本满意	21.53	17.86	23.65	19.30	19.61	19.88	20.33	21.43
C. 一般	51.79	55.24	56.76	59.18	58.50	53.62	54.75	53.71
D. 不太满意	14.29	17.04	9.46	12.97	13.40	19.05	15.08	17.13
E. 非常不满意	3.97	6.78	4.50	4.11	4.25	3.93	4.59	3.85

3. 被调研者的住房类型和住房满意度的关系分析

将被调研者目前的住房类型和住房满意度进行交叉分析（见表7.11和图7.11），可以发现被调研者对保障性住房的满意度低于非保障性住房，由此可见保障性住房的条件有待改善。

表 7.11　被调研者住房类型和住房满意度的交叉分析　　单位：人

您对目前的居住条件满意吗	您的住房属于以下哪种类型		总计
	保障性住房	非保障性住房	
满意	609	2437	3046
一般	1063	3576	4639
不满意	411	997	1408
总计	2083	7010	9093

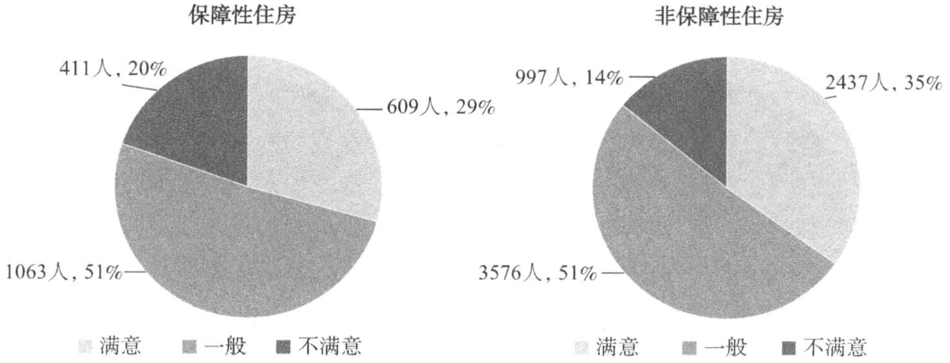

图 7.11　不同住房类型被调研者的住房满意度

4. 公积金及住房补贴情况和住房满意度的关系分析

将被调研者的公积金及住房补贴情况和住房满意度进行交叉分析（见表 7.12和图 7.12），可以看出拥有公积金和住房补贴的被调研者对自己住房的满意度高于都没有的被调研者，由此可见，公积金和住房补贴能够有效地降低人们的住房负担，对改善其居住水平具有重要作用。

表 7.12　被调研者公积金及住房补贴情况和住房满意度的交叉分析　单位：人

您对目前的居住条件满意吗	您单位是否给您缴纳了住房公积金或发放住房补贴				总计
	公积金和补贴	公积金	住房补贴	都无	
满意	726	964	151	1202	3043
一般	718	1795	215	1911	4639
不满意	232	523	73	583	1411
总计	1676	3282	439	3696	9093

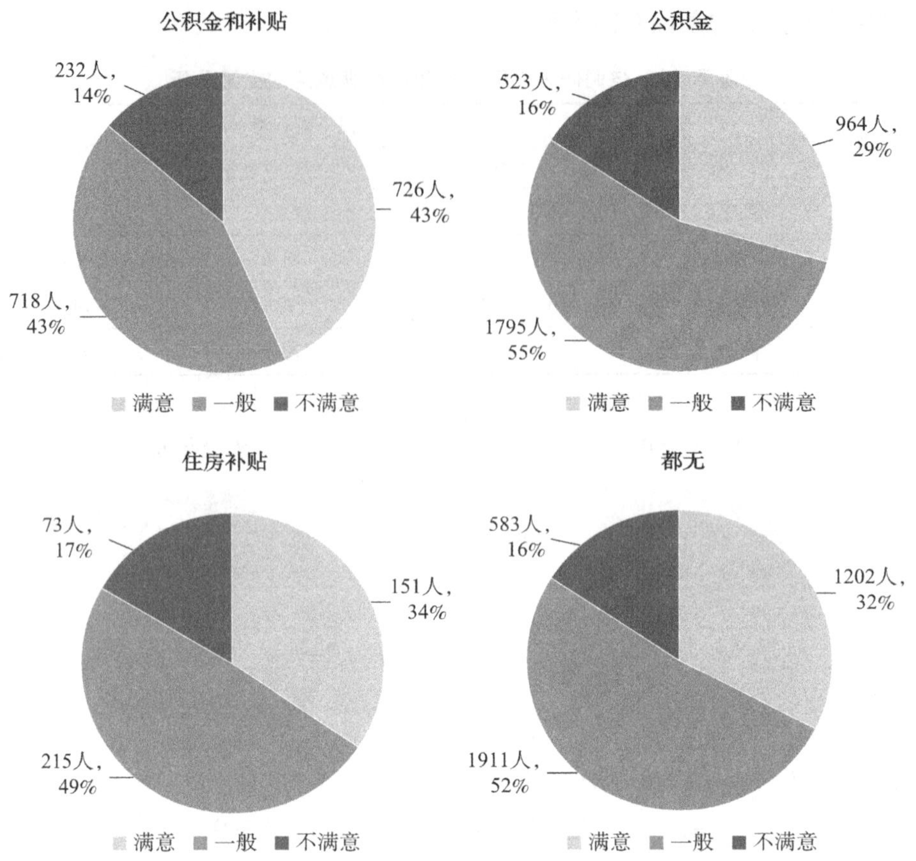

图 7. 12　不同公积金及住房补贴情况被调研者的住房满意度

5. 被调研者的政策了解情况和政策满意度的关系分析

将被调研者的政策了解情况和政策满意度进行交叉分析（见表 7. 13 和图 7. 13），可以直观地看出对于现行住房保障政策实施和规定十分了解的被调研者满意度明显高于其他被调研者，由此可见，现行住房保障政策的制定内容符合民意，然而由于宣传力度不够导致群众对其不了解，从而表示不满意。

表 7. 13　政策了解情况和政策满意度的交叉分析　　单位：人

您对本地现行的住房保障政策实施和规定总体是否满意	您知道保障性住房这项政策吗				总计
	十分清楚	知道一点	不清楚	完全不知道	
非常满意	241	165	65	31	552
基本满意	228	1196	404	98	1926
一般	166	2607	1825	445	5043

续表

您对本地现行的住房保障政策实施和规定总体是否满意	您知道保障性住房这项政策吗				总计
	十分清楚	知道一点	不清楚	完全不知道	
不太满意	51	573	397	104	1125
非常不满意	29	215	127	126	447
总计	715	4756	2818	804	9093

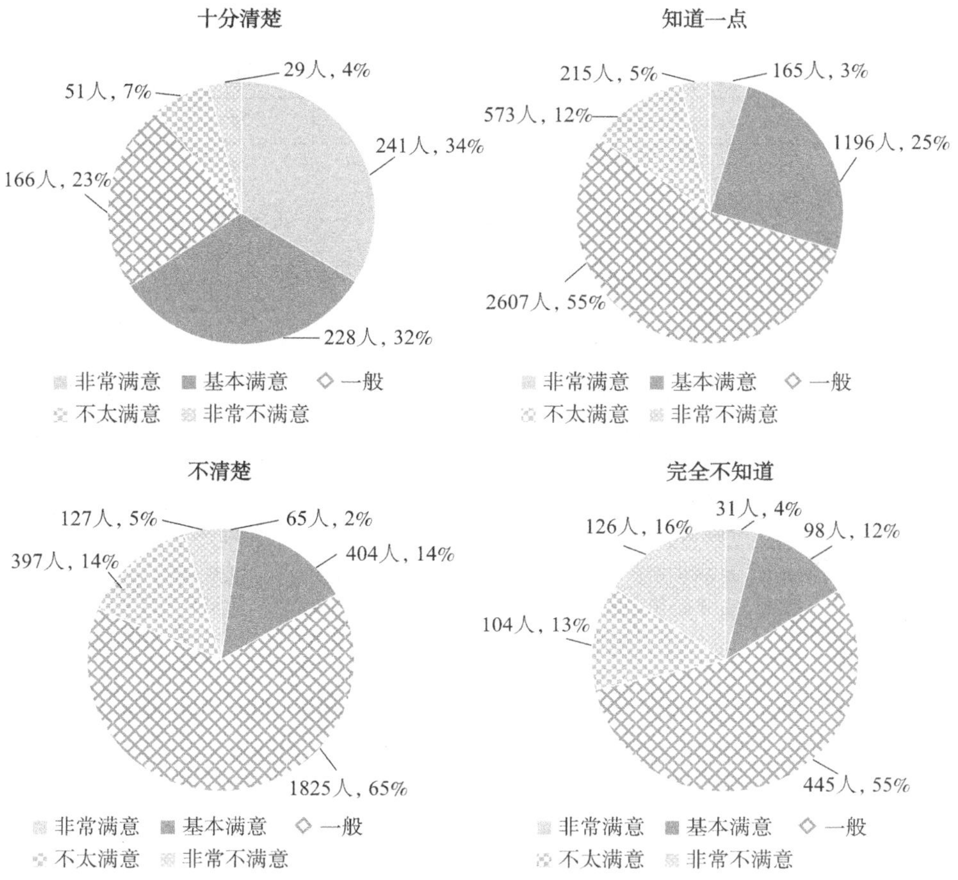

图 7.13　不同政策了解程度被调研者的政策满意度

6. 被调研者申请情况和政策满意度的关系分析

将被调研者的政策申请情况和政策满意度进行交叉分析（见表 7.14 和图 7.14），同样可以直观地看出申请过保障性住房的被调研者对现行住房保障政策的实施和规定满意度明显高于未申请过的被调研者，由此可见，现行住房保障政策在实施过程中的真实满意度较高。

表 7.14　申请情况和政策满意度的交叉分析　　单位：人

您对本地现行的住房保障政策实施和规定总体是否满意	您本人或家庭是否申请过保障性住房			总计
	申请过	正在申请	没有申请	
非常满意	143	98	311	552
基本满意	263	185	1478	1926
一般	176	113	4754	5043
不太满意	67	29	1029	1125
非常不满意	35	9	403	447
总计	684	434	7975	9093

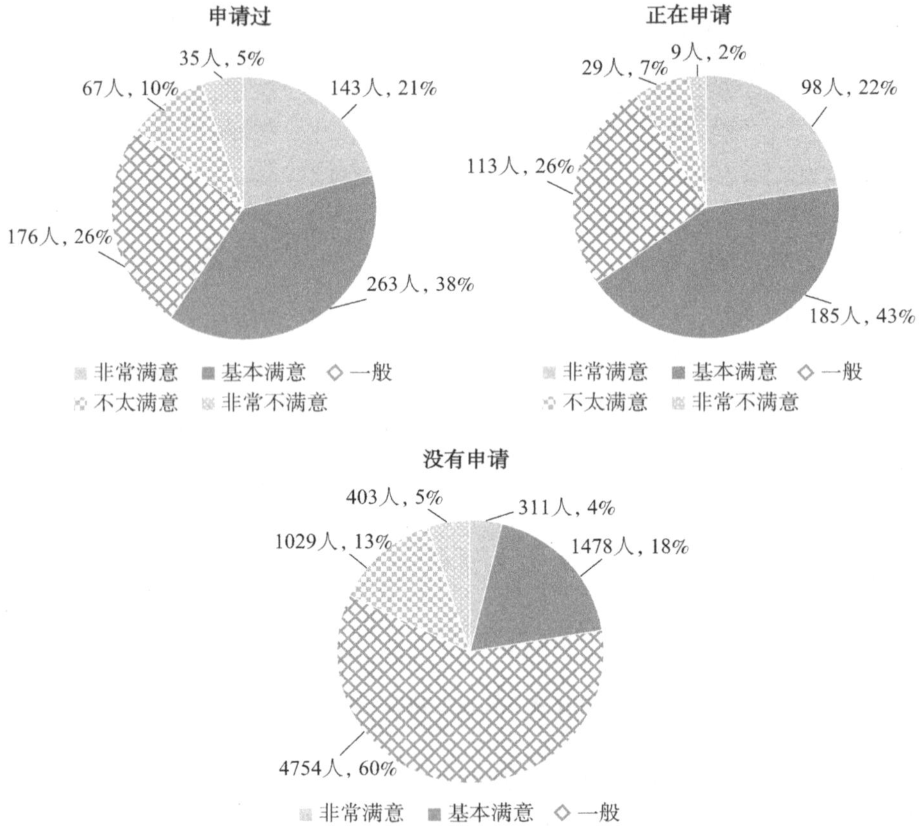

图 7.14　不同申请情况被调研者的政策满意度

7. 政策满意度和住房满意度的交叉分析

通过政策满意度和住房满意度交叉分析（见表 7.15 和图 7.15），可以发现两者具有一定相关性。这反映了人们通过住房保障制度可以有效地缓解住房困难问题，改善居住条件，也对政府实施相关政策有着较高的期望。在实地调研访谈中也发现，目前居住在保障性住房中的人群虽然对保障性住房的某些方面不满意，但整体上对政府实施的住房保障制度的满意程度较高。

表 7.15　政策满意度和住房满意度的交叉分析　　单位：人

您对本地现行的住房保障政策实施和规定总体是否满意	您对目前的居住条件满意吗			总计
	满意	一般	不满意	
非常满意	287	132	133	552
基本满意	989	719	218	1926
一般	1748	2850	445	5043
不太满意	170	573	382	1125
非常不满意	76	153	218	447
总计	3270	4427	1396	9093

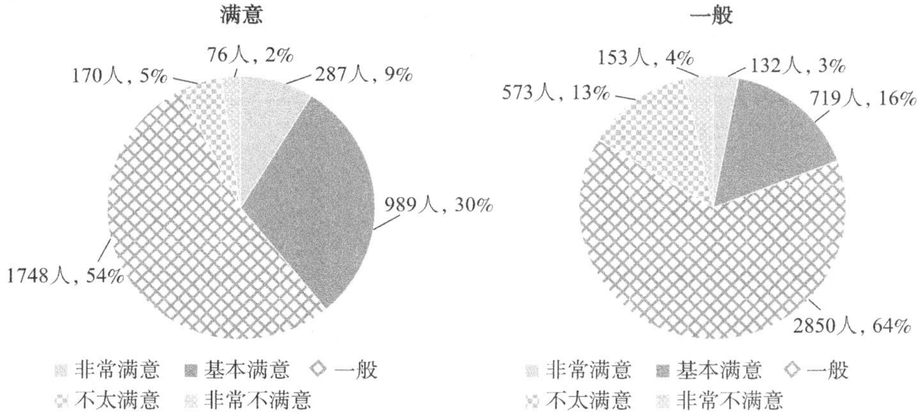

图 7.15　不同政策满意度被调研者的住房满意度

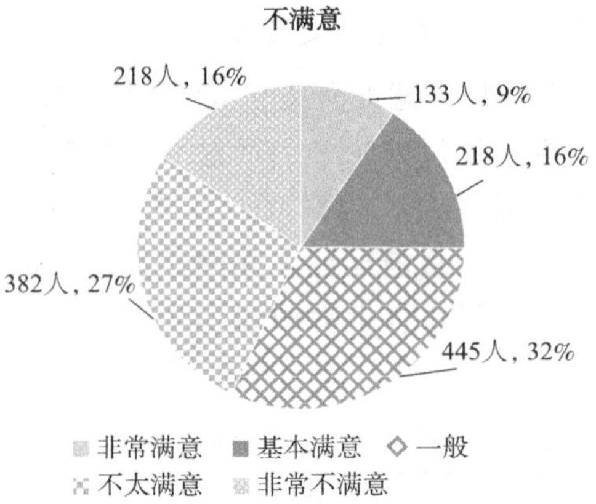

图 7.15　不同政策满意度被调研者的住房满意度(续)

故对两者进行相关性分析，结果显示两者呈显著正相关，且通过斯皮尔曼检验(见表 7.16)。

表 7.16　政策满意度和住房满意度的相关性分析

斯皮尔曼 Rho		您对目前的居住条件满意吗	您对本地现行的住房保障政策实施和规定总体是否满意
您对目前的居住条件满意吗	相关系数	1.000	0.362**
	显著性(双尾)		0.000
	个案数	9093	9093
您对本地现行的住房保障政策实施和规定总体是否满意	相关系数	0.362**	1.000
	显著性(双尾)	0.000	
	个案数	9093	9093

注：**表示在 0.01 级别(双尾)，相关性显著。

二、保障性住房需求

1. 希望政府帮助解决住房问题的意愿

从被调研者的保障性住房需求方面来看，调研发现被调研者希望政府帮助其解决住房问题的意愿较大，有 28%的被调研者表示非常需要；35%的被调研者表示有这个需要，但不是很急；31%的被调研者表示不太需要；仅有 6%的被调研者表示完全不需要(见图 7.16)。当然，对于这一调研结果要慎重解释，从基本经济动机的角度分析，人们都有动力免费或以较低代价获取福利的意愿，这种意愿与其面临的居住困难程度并不直接相关，也就是说，即使是目前居住状况良好的被调研者也有足够的动力希望政府减轻其负担、增加其福利。

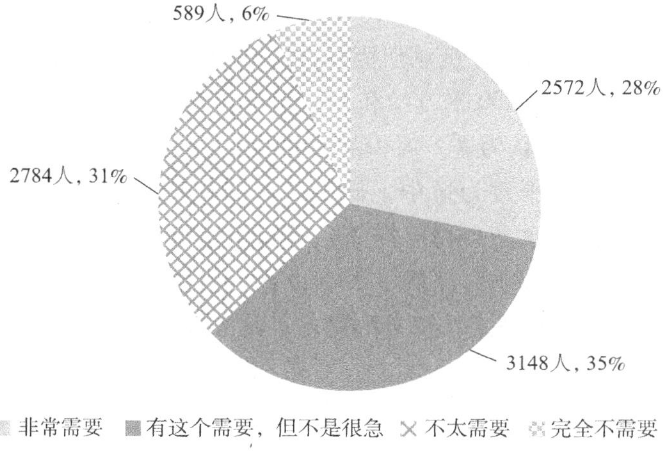

图 7.16　被调研者希望政府解决住房问题的意愿状况

2. 保障房需求类型分布

如果被调研者对保障性住房存在需求，那么其会选择哪种类型的保障性住房？调研发现，被调研者对经济适用房的偏好程度最高(占 55.28%)，其次是限价商品房(占 17.66%)，往后依次为公共租赁房及廉租房(占 17.29%)、共有产权房(占 5.84%)和其他(占 3.93%)(见图 7.17)。这一类型偏好状况反映了在我国城市中普遍偏好拥有住房产权，住房是人们安居乐业的基础性资产，也是维持稳定祥和生活的基本条件。这一数据的基本启示在于，租赁性、保障性住房通常应该考虑满足受保障群体的阶段性需求，解决人们持久性、稳定性需求的住房保障政策，仍然应当以让渡全部产权或部分产权的销售型保障房为主。

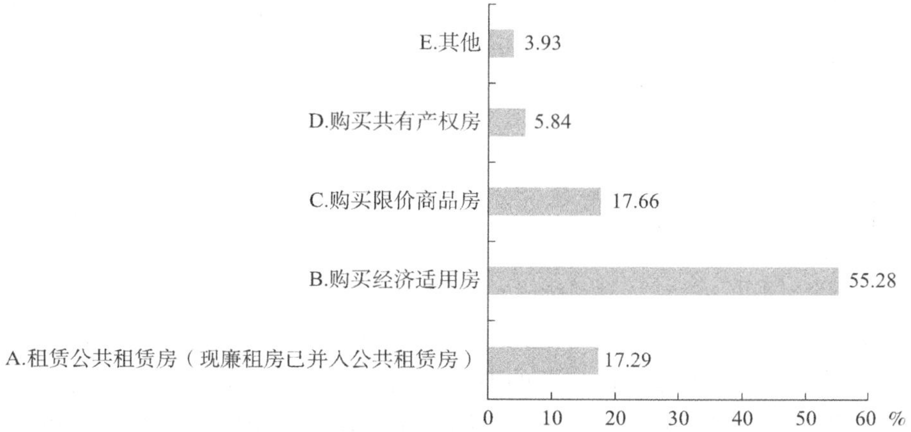

图 7.17　被调研者保障房需求类型分布

3. 保障性住房面积类型分布

选择租赁型保障房时，被调研者认为60~90平方米为宜(占比达73%以上)，其中，面积在71~80平方米和81~90平方米的占比均在30%左右(见图7.18)。被调研者普遍认为这一面积范围能够较好地满足一个家庭的各方面需求，租金整体负担水平较为适中，低于这一面积范围时家庭生活较为局促，高于这一范围则租金水平会相应提高，增加家庭负担。调研数据显示，低于60平方米的租赁住房需求占比低于25%，这一租赁住房面积范围主要是满足刚刚毕业的学生、外地务工人员等的需求，其未来选择变化范围较大。

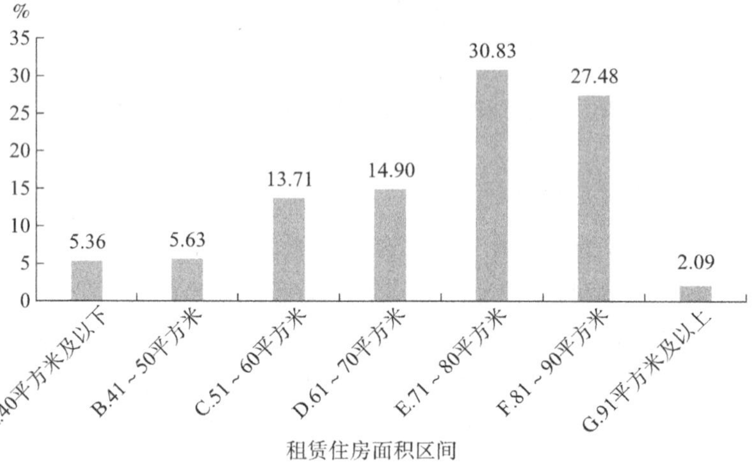

图7.18　被调研者希望租赁保障房的面积分布

从希望购买保障性住房的面积分布来看，同样以71~90平方米居于主导地位，占比近70%。购买50平方米及以下保障性住房的占比几乎可以忽略不计，小于3%(见图7.19)。值得注意的是，购买91平方米及以上保障性住房的占比超过20%，反映了被调研者希望购买各类面积较大的经济适用房，不仅能够解决其居住困难问题，更能够较为有效地实现其改善性需求。

4. 保障性住房的租金和售价分布

被调研者认为对于租赁型保障房，其租金水平“不高于周边同等租赁住房租金的25%即可”占比为34.16%，“不高于周边同等租赁住房租金的50%即可”占比为31.43%，两项合计达到65%以上(见图7.20)，反映了被调研者对租赁型保障房具有的福利性特点的期望。同时值得注意的是，还有超过32%的被调研者认为只要租金不高于周边同等租赁住房租金或其75%也是可接受的，由此反映出目前我国推广的公共租赁房有一定的市场需求基础。

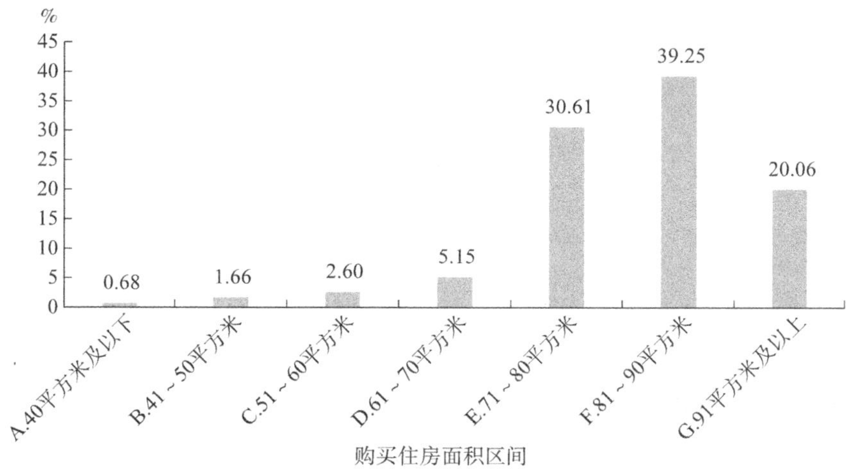

图 7. 19　被调研者希望购买保障房的面积分布

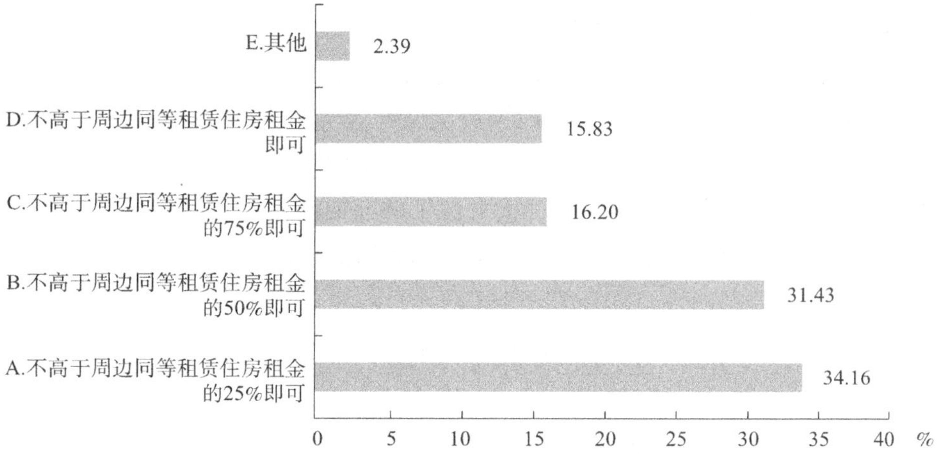

图 7. 20　被调研者可接受的租赁型保障房的租金区间

就被调研者希望购买保障性住房的售价分布而言，“不高于周边同等商品住宅的 25%即可”和“不高于周边同等商品住宅的 50%即可”的占比分别达到 29. 41%和 36. 47%，同样反映了被调研者对降低住房方面负担的期望。此外，“不高于周边同等商品住宅即可”的占比达到 12%以上（见图 7. 21）。从基本经济动机分析，人们总是希望降低自己的住房负担，选择这一选项的被调研者可能是按自身条件做出的，当然也不能排除虚假回答的可能。不过，从调研问卷外的额外交流中得知，这部分人群更关注获得保障性住房尤其是全部产权住房时能否在未来获得增值收益，住房不仅是其解决居住问题的消费品，更是能够改善其整体生活的重要资产。

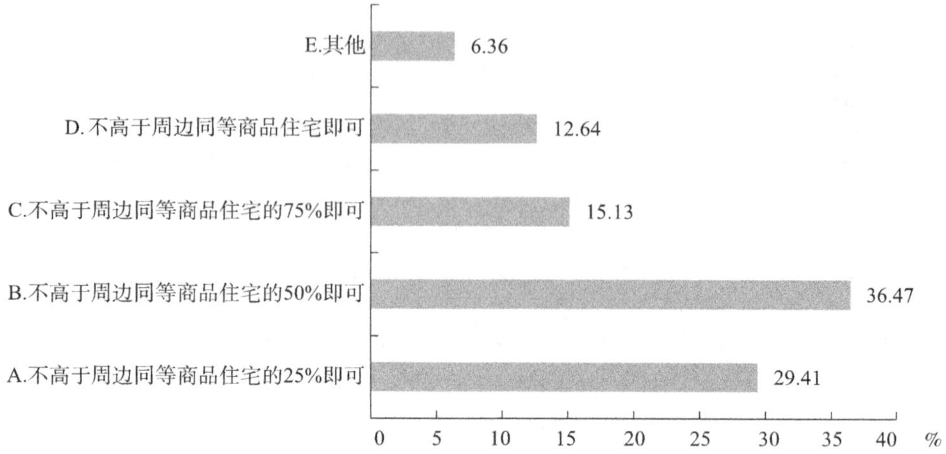

图 7.21　被调研者可接受的销售型保障房的价格区间

5. 希望保障性住房的位置分布

关于保障性住房的布局，被调研者表示更希望政府将保障性住房配建在普通小区中（近 50%），其次是专门兴建保障性住房小区（约 32%）和将二手房作为保障性住房（近 16%）（见图 7.22）。这种布局选择反映了被调研者期望与普通商品房小区适度融合的愿望，也考虑了普通商品房小区周边教育、交通、商业设施等相对较为完备，更能满足基本的生活需求。

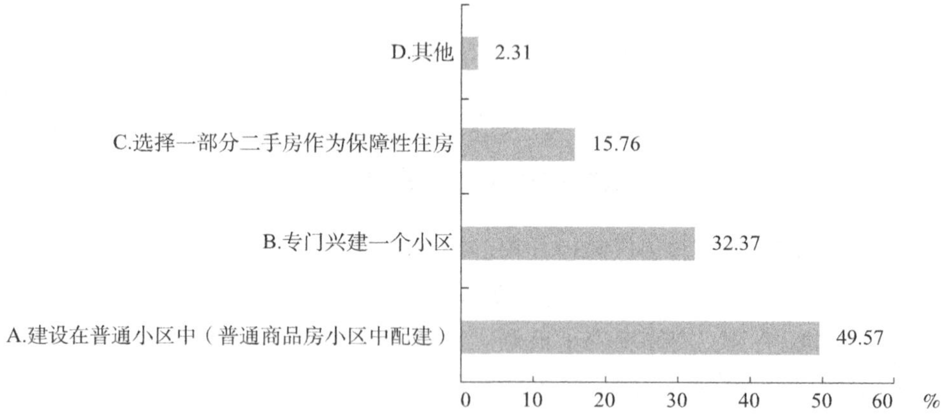

图 7.22　调研样本对保障性住房的布局需求

6. 城市中的选址分布

调研发现，被调研者希望保障性住房在城市中的选址分布，位于市区、市郊和城郊接合部的意愿相当，占比分别为 29.21%、33.04%和 34.83%，没有显著差异(见图 7.23)。可能原因在于，被调研者综合考虑了各种因素的影响，即靠近市区各种生活配套设施齐全，一定程度上提高了生活便利度，但租金或售价较高，整体物价相对较高，生活成本较高。而靠近市郊具有面积较大、租金或售价较低的好处，但生活便利程度较低。因此，不同因素的综合权衡导致被调研者对保障性住房在城市中的选址没有特别的偏好。

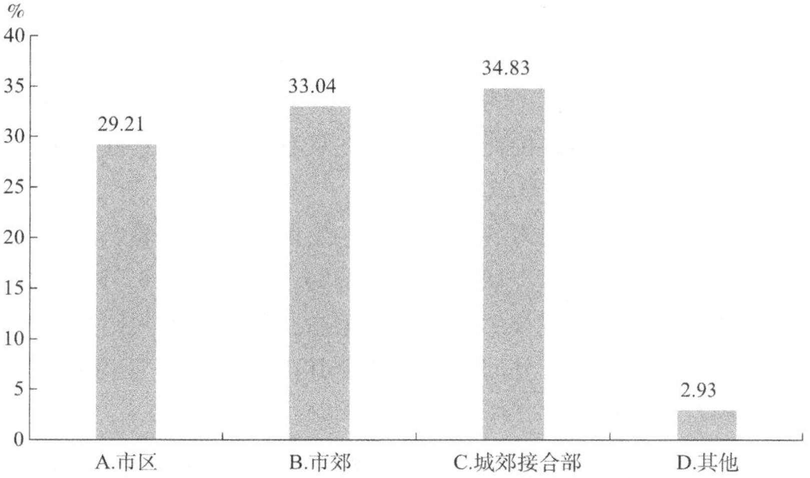

图 7.23　被调研者希望保障房的选址位置分布

全国整体情况差异较小，但 7 个城市的被调研者的选择存在一定的差异，上海选择市郊占比较大(40.97%)，深圳、宁波、苏州和温州则选择城郊接合部较多，占比分别为 39.01%、41.14%、42.48%和 38.03%，西安和石家庄的被调研者更多地选择了市区，占比分别为 34.46%和 36.44%(见表 7.17)。扩展 19 个城市的市区偏好更加强烈，主要原因在于这些中小城市市区的就业、就学、生活等能更好地满足居民的需求。

表 7.17　各城市被调研者希望保障房的选址位置差异(%)

选址位置	上海	深圳	西安	宁波	苏州	石家庄	温州	扩展 19 个城市
市区	29.66	29.98	34.46	21.20	27.78	36.44	29.51	41.66
市郊	40.97	27.93	32.66	33.54	28.10	26.09	29.84	20.93
城郊接合部	27.88	39.01	29.28	41.14	42.48	32.92	38.03	33.69
其他	1.49	3.08	3.60	4.11	1.63	4.55	2.62	3.73

7. 典型城市保障房相关特征关注程度分布

本次调研针对保障房的具体特征主要确定了面积、价格(租金)、区位、配套设施、建筑特征等维度，并在这些维度之下进一步拆分，由被调研者对这些因素进行排序，排序第一的赋值5分，排序第二的赋值4分，依次类推，表7.18中综合平均得分为该城市所有被调研者排序情况赋值后计算的平均得分。

调研中发现，26个城市保障房相关特征综合平均得分最高或次高的为区位因素，涉及轨道交通通达性、公交通达性、离市中心距离、环境质量等因素，城市均值为3.06，标准差为0.20。这一特点与普通商品房得出的结论相似，反映了人们对住房相关特征的关注程度具有很强的一致性，区位状况从根本上影响了人们的居住质量状况。

第二个最高或次高的因素各城市存在一定的差异，上海、深圳和宁波的被调研者更关注价格(租金)，城市均值为2.84，标准差为0.35。这与这几个城市房价整体水平较高有直接关系。而石家庄、苏州和温州则更关注配套设施，即医院、学校、超市、公园、商场等，其中苏州综合平均得分为3.08，是其最关注的特征因素。

表7.18　26个调研城市保障房相关特征关注程度综合平均得分差异的比较

保障房相关特征	上海	石家庄	深圳	西安	宁波	苏州	温州	扩展19个城市
面积	2.41	2.3	1.92	2.06	2.19	2.14	1.73	2.39
价格(租金)	3.39	2.65	2.78	2.71	3.33	2.78	2.36	2.75
区位(轨道交通通达性、公交通达性、离市中心距离、环境质量等)	3.49	2.94	3.17	2.98	2.85	2.99	3.04	3.05
配套设施(医院、学校、超市、公园、商场等)	2.58	2.83	2.65	2.77	2.48	3.08	2.99	2.94
建筑特征(绿化率、容积率、有无电梯、朝向、层高、装修程度等)	1.35	1.41	1.35	1.44	1.35	1.3	1.49	1.46

具体到保障房区位特征的内部诸因素来看，上海、深圳和苏州更关注轨道交通通达性，综合平均得分分别为2.98、2.47和2.54(本处区位特征分为四个子类别，排序最高得分赋值为4分)(见表7.19)。这些得分反映了不同城市对区位相关特征的不同认知，也反映了这些城市的不同建设特点，如上海的轨道交通建设密度高、通达性好，是人们住房区位选择的重要决定因素。

表 7.19　26 个调研城市保障房区位特征关注程度综合平均得分差异的比较

区位特征	上海	石家庄	深圳	西安	宁波	苏州	温州	扩展 19 个城市
轨道交通通达性	2.98	1.86	2.47	1.99	2.23	2.54	1.72	1.91
公交通达性	2.26	2.61	2.22	2.54	2.43	2.31	2.57	2.68
离市中心距离	1.69	1.88	1.51	1.56	1.74	1.73	1.65	1.93
环境质量	1.86	1.86	1.91	1.84	1.68	1.9	1.98	1.84

涉及保障房配套设施特征方面，7 个城市被调研者关注程度综合平均得分最高或次高因素均给予了学校，城市均值为 3.32，标准差为 0.25，这一得分结果反映了我国普遍将教育因素与住房联系起来，消费者赋予学区房较高价值在保障性住房这一特征中也突出地表现出来。另外，得分较高的因素在各个城市存在一定的差异，如上海（3.43）、温州（2.78）对超市，西安（3.39）、苏州（3.32）对医院等赋予较高价值（见表 7.20）。

表 7.20　26 个调研城市保障房配套设施特征关注程度综合平均得分差异的比较

配套设施特征	上海	石家庄	深圳	西安	宁波	苏州	温州	扩展 19 个城市
医院	3.15	2.82	2.69	3.39	2.82	3.32	2.38	2.90
学校	3.18	3.40	3.52	2.89	3.16	3.66	3.28	3.49
超市	3.43	2.74	2.92	2.57	3.00	2.68	2.78	2.81
公园	2.09	2.01	1.96	1.86	1.74	1.78	2.13	2.06
商场	1.86	1.67	1.76	1.82	2.16	1.88	1.93	1.72

从保障房的建筑特征来看（本特征有六个分因素，排序最高赋值 6 分），整体得分较为平均，各城市六个分因素的均值接近 3，标准差接近 0.6。同时，建筑特征以下的各因素之间的差异也不显著，前四个因素均值接近 3.3，标准差接近 0.26。相对而言，各城市被调研者对绿化率、容积率、有无电梯和朝向更为看重（见表 7.21、表 7.22、表 7.23）。

表 7.21　26 个调研城市保障房建筑特征关注程度综合平均得分差异的比较

建筑特征	上海	石家庄	深圳	西安	宁波	苏州	温州	扩展 19 个城市
绿化率	3.16	3.53	3.39	3.98	3.45	3.72	3.61	3.06
容积率	3.64	3.24	3.49	2.91	3.12	3.42	2.86	2.81
有无电梯	3.55	3.27	3.7	3.5	3.05	3.18	3.32	2.84
朝向	3.86	3.34	3.34	2.92	3.59	3.55	3.36	2.90
层高	2.77	2.55	2.32	2.38	2.71	2.72	2.59	2.21
装修程度	2.12	2.08	1.98	1.76	2.37	2.05	1.95	1.81

表 7.22　各城市保障房建筑特征得分的均值和标准差

项目	上海	石家庄	深圳	西安	宁波	苏州	温州	扩展 19 个城市
均值	3.18	3.00	3.04	2.91	3.05	3.11	2.95	2.61
标准差	0.65	0.56	0.71	0.79	0.45	0.62	0.61	0.49

表 7.23　各城市保障房建筑特征各因素得分的均值和标准差

项目	绿化率	容积率	有无电梯	朝向	层高	装修程度
均值	3.49	3.19	3.30	3.36	2.53	2.01
标准差	0.30	0.31	0.28	0.33	0.21	0.19

三、保障性住房及政策改进意愿的分析

1. 希望政府帮助形式分布

调研发现，对于政府在住房领域的帮助形式，被调研者普遍偏好“直接提供住房（实物补贴方式）”以及“直接发放租赁或购房补贴资金（货币补贴方式）”，两项合计占比达到83%以上。对于发放住房消费券，用于政府与出租方或售房方结算等方式偏好程度较低（见图 7.24）。出现这种现象的可能原因在于被调研者认为实物形式更为直接、更容易获取，也较为直观。货币补贴方式使人们较容易在不同区域选择住房，但补贴得益与实际住房方面的支出关系存在一定的不确定性。

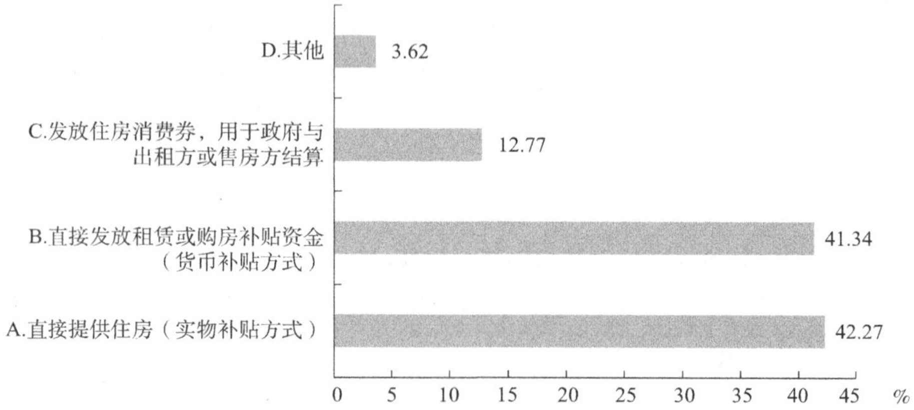

图 7.24　被调研者希望保障房提供方式

从各城市情况来看，上海（48.51%）、宁波（44.62%）和温州（40.00%）更倾向于货币补贴方式，而深圳（47.43%）、西安（44.82%）、苏州（50.00%）、石家

庄（48.45%）和扩展19个城市（54.42%）则更倾向于实物补贴方式（见表7.24）。

表7.24　各城市被调研者希望补贴方式的差异（%）

补贴方式	上海	深圳	西安	宁波	苏州	石家庄	温州	扩展19个城市
直接提供住房（实物补贴方式）	35.42	47.43	44.82	33.23	50.00	48.45	37.05	54.42
直接发放租赁或购房补贴资金（货币补贴方式）	48.51	37.37	34.91	44.62	36.27	31.88	40.00	29.40
发放住房消费券，用于政府与出租方或售房方结算	13.79	11.91	13.74	18.99	8.82	14.49	15.08	11.72
其他	2.28	3.29	6.53	3.16	4.90	5.18	7.87	4.46

2. 对保障性住房本身存在问题的认识

针对目前政府所提供的保障性住房，被调研者认为其本身存在问题表现最为集中的为“申请条件苛刻”（60.12%）和“房屋选址偏僻，远离市区”（49.92%）。第二层次的问题则集中在“周边交通不便利”（40.67%）、“准入和退出机制不健全”（39.91%）、“租金设定不合理，补贴太少”（37.08%）、“配套设施不完善”（33.61%）和“房屋设计结构差，生活设施简陋”（29.19%）等方面（见表7.25）。

表7.25　被调研者认为目前保障性住房本身存在的各种问题

项目	频数	占比（%）
申请条件苛刻	5467	60.12
房屋选址偏僻，远离市区	4539	49.92
租金设定不合理，补贴太少	3372	37.08
准入和退出机制不健全	3629	39.91
周边交通不便利	3698	40.67
房屋设计结构差，生活设施简陋	2654	29.19
配套设施不完善	3056	33.61
其他	476	5.23

注：本题为多选题，所有选项占比总和大于100%。

从各城市的情况来看，“申请条件苛刻”是普遍性的认知，选择本项的被调研者均达到53%以上，其中上海达到64.68%，深圳达到60.78%。第二个重要的问题是保障性住房“房屋选址偏僻，远离市区”，对人们的工作、生活、就学、就医等各方面造成了较大的影响，选择本项的被调研者比例高的如上海为59.03%，低的如石家庄为37.47%（见表7.26）。

表7.26　不同城市对目前保障性住房存在问题的认知差异（%）

存在的问题	上海	深圳	西安	宁波	苏州	石家庄	温州	扩展19个城市
申请条件苛刻	64.68	60.78	55.41	53.48	53.59	57.14	54.75	54.87
房屋选址偏僻，远离市区	59.03	55.03	47.52	44.94	46.08	37.47	42.30	54.91
租金设定不合理，补贴太少	37.90	36.34	33.33	41.14	41.50	28.16	34.43	29.84
准入和退出机制不健全	35.71	37.99	32.21	37.97	56.86	38.92	30.82	37.01
周边交通不便利	40.18	41.68	40.77	34.18	41.83	28.78	35.08	32.09
房屋设计结构差，生活设施简陋	27.28	27.10	27.93	33.54	29.41	27.95	30.16	25.63
配套设施不完善	31.94	37.17	32.88	34.49	35.62	29.19	40.98	30.54
其他（请注明）	3.67	3.90	6.53	4.43	6.21	7.45	9.84	2.28

注：本题为多选题，所有选项占比总和大于100%。

3. 希望住房保障政策改进方面分布

整体来看，被调研者希望住房保障政策改进方面较为集中，其中占比最高的是扩大住房保障范围（近70%），其次是降低保障房价格（64.16%）、解决保障房配套设施问题（58.70%）、提高住房租赁补贴（58.64%）（见图7.25）。

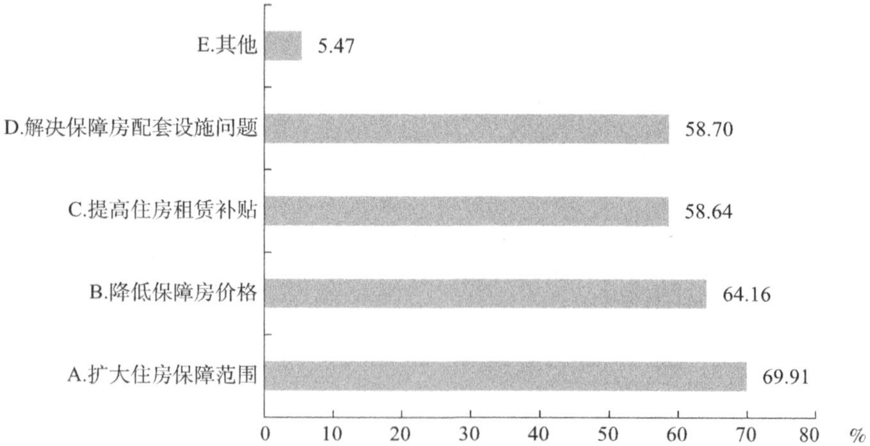

图7.25　被调研者认为保障房政策需要改进的方面

注：本题为多选题，所有选项占比总和大于100%。

具体到各个城市，经济相对越发达，住房价格水平越高，如上海、深圳和苏州，更希望扩大住房保障范围。当然对提供更多保障福利的需求水平也较高，反映出这些城市人们承担的住房负担和压力较重的特点。

表 7.27　不同城市被调研者希望政策改进方面的差异(%)

政策改进方面	上海	深圳	西安	宁波	苏州	石家庄	温州	扩展 19 个城市
扩大住房保障范围	69.74	70.64	64.86	67.72	73.86	65.84	68.52	67.24
降低保障房价格	69.35	62.01	56.98	65.19	64.05	54.87	65.90	54.04
提高住房租赁补贴	64.19	56.88	49.77	59.81	62.42	45.55	58.36	44.19
解决保障房配套设施问题	62.10	61.19	52.25	56.33	65.03	48.03	59.34	47.77
其他(请注明)	2.98	4.93	6.98	5.38	6.21	7.25	6.56	5.55

第三节　不同住房状况的被调研者相关情况的交叉分析

一、对保障房申请政策的差异

根据被调研者目前的住房情况对保障房申请限制方式交叉分析可以得出，应按照实际情况灵活对待的占比最高(见表 7.28)，反映了人们认为保障房申请限制不能一概而论，需要具备一定的灵活性。

相对而言，目前租赁住房的群体希望减少对户籍方面的限制，放宽到外来务工人员，户籍限制方式对这部分群体的利益影响最大。

表 7.28　不同住房情况的被调研者对保障房申请限制方式的差异(%)

限制方式	廉租房	经济适用房	公共租赁房	一般性的租赁房	限价商品房	商品房	拆迁安置房	自己搭建的房屋	无房居住	其他	福利分房
不应有年限，具备该城市户口即可	16.7	22.1	10.8	10.7	19.8	12.8	17.8	17.3	14.6	13.2	21.3
范围限定在落户本城市至少 1 年以上	14.0	25.3	28.3	13.9	25.6	21.0	23.8	20.9	15.8	14.6	22.3

续表

限制方式	廉租房	经济适用房	公共租赁房	一般性的租赁房	限价商品房	商品房	拆迁安置房	自己搭建的房屋	无房居住	其他	福利分房
去除落户限制，外来务工人员也可申请	31.0	15.2	31.6	43.0	30.6	25.8	22.2	23.6	39.9	19.7	26.9
应按照实际情况灵活对待	38.4	37.4	29.2	32.5	24.0	40.3	36.3	38.2	29.7	52.5	29.4
总计	100.1	100	99.9	100.1	100	99.9	100.1	100	100	100	99.9

注：因各项数据均进行了四舍五入，最终总计与100有差异。

二、对保障房租金和售价看法的差异

1. 租金水平分布

相对而言，对住房情况不同的被调研者，目前已经居住在保障性住房的被调研者希望租金水平尽可能低，如“不高于周边同等租赁住房租金的25%即可”的占比达到35.37%，而目前居住在非保障性住房的群体选择这一选项的占比为18.73%(见表7.29)。这种选择基本反映了各自所处的住房状态，是基于各自基本经济动机的选择。

表7.29 不同住房情况的被调研者对保障房租金水平看法的差异(%)

租金水平分布	保障性住房	非保障性住房
不高于周边同等租赁住房租金的25%即可	35.37	18.73
不高于周边同等租赁住房租金的50%即可	20.84	36.83
不高于周边同等租赁住房租金的75%即可	25.47	15.77
不高于周边同等租赁住房租金即可	16.63	20.63
其他	1.68	8.04

2. 保障房销售价格分布

就保障房销售价格来看，不同住房情况的被调研者对保障房售价水平反映出一定的差异，目前拥有经济适用房、限价商品房的被调研者分别希望售价低于同等商品房的25%或50%，而目前拥有商品房的被调研者这一占比较低(见表7.30)。

表 7.30　不同住房情况的被调研者对保障房售价水平看法的差异(%)

售价分布	廉租房	经济适用房	公共租赁房	一般性的租赁房	限价商品房	商品房	拆迁安置房	自己搭建的房屋	无房居住	其他	福利分房
不高于周边同等商品房的 25%即可	27.4	34.8	29.4	27.1	43.0	22.1	28.8	22.9	38.0	27.1	40.6
不高于周边同等商品房的 50%即可	30.4	27.8	28.3	34.5	32.2	38.9	35.3	39.7	27.8	29.5	42.6
不高于周边同等商品房的 75%即可	13.7	12.6	14.4	14.1	13.2	17.5	12.5	11.9	13.3	11.5	6.6
不高于周边同等商品房即可	21.1	17.7	21.0	18.1	8.3	17.8	19.0	19.4	13.3	18.7	6.6
其他	7.4	7.2	6.9	6.2	3.3	3.7	4.4	6.1	7.6	13.2	3.6
总计	100	100.1	100	100	100	100	100	100	100	100	100

注：因各项数据均进行了四舍五入，最终总计与 100 有差异。

三、对保障房选址和布局看法的差异

1. 选址位置分布

不同住房情况下，被调研者对保障房在城市中选址的差异表现在，经济适用房、公共租赁房、一般性的租赁房、限价商品房和商品房等倾向选址于市郊，廉租房自己搭建的房屋倾向选址于城郊接合部(见表 7.31)。这种选址安排同样反映了被调研者基于自身目前的居住状况，期望在未来结合自身经济条件的变化进行调整的方向。

表 7.31　不同住房情况的被调研者对保障房在城市中选址看法的差异(%)

住房类型	市区	市郊	城郊接合部	其他	总计
廉租房	30.7	30.4	33.0	6.0	100.1
经济适用房	31.4	33.5	31.6	3.5	100.0
公共租赁房	27.7	37.8	31.6	2.9	100.0
一般性的租赁房	32.3	33.5	31.5	2.8	100.1
限价商品房	34.7	42.1	19.8	3.3	99.9
商品房	25.2	36.5	36.3	2.0	100.0

续表

住房类型	市区	市郊	城郊接合部	其他	总计
拆迁安置房	36.3	28.6	31.1	4.0	100.0
自己搭建的房屋	21.0	32.0	42.1	4.8	99.9
无房居住	41.8	22.2	29.1	7.0	100.1
其他	31.9	30.0	31.4	6.7	100.0
福利分房	39.6	33.0	25.9	1.5	100.0

注：因各项数据均进行了四舍五入，最终总计与100有差异。

2. 城市中如何布局

在所有住房情况下，被调研者普遍希望城市中住房建设在普通小区中（普通商品房小区中配建），占比集中在50%左右。而目前居住在廉租房、限价商品房和公共租赁房、福利分房的被调研者选择专门兴建一个小区的占比较高，占比集中在35%以上（见表7.32）。

表7.32　不同住房情况的被调研者对保障房在城市中选址看法的差异（%）

城市中布局方式	廉租房	经济适用房	公共租赁房	一般性的租赁房	限价商品房	商品房	拆迁安置房	自己搭建的房屋	无房居住	其他	福利分房
建设在普通小区中（普通商品房小区中配建）	46.1	45.9	39.8	54.9	33.9	51.8	50.7	48.8	48.1	51.8	46.2
专门兴建一个小区	38.7	32.7	39.2	26.9	36.4	29.5	23.1	33.0	29.1	20.9	37.6
选择一部分二手房作为保障性住房	8.0	15.3	19.0	15.7	24.8	16.5	21.2	13.8	15.8	16.8	13.2
其他	7.1	6.0	2.0	2.6	5.0	2.2	4.9	4.5	7.0	10.6	3.0
总计	99.9	99.9	100	100.1	100.1	100	99.9	100.1	100	100.1	100

注：因各项数据均进行了四舍五入，最终总计与100有差异。

四、对保障房政策改进看法的差异

1. 政府帮助形式分布

对于不同住房情况下的被调研者而言，目前租赁公共租赁房、拥有限价商品房和经济适用房的选择直接提供住房即实物补贴方式的比例较高，而目前租赁一般性的租赁房、拥有拆迁安置房和以前获得福利分房者则选择发放租赁或购房补贴资金的比例较高，对发放住房消费券这种形式的接受度普遍较低(见表7.33)。

表7.33 不同住房情况的被调研者对保障房政府帮助形式意愿的差异(%)

政府帮助形式	廉租房	经济适用房	公共租赁房	一般性的租赁房	限价商品房	商品房	拆迁安置房	自己搭建的房屋	无房居住	其他	福利分房
直接提供住房(实物补贴方式)	33.6	41.3	44.9	41.8	43.8	41.7	39.0	36.9	56.3	51.3	31.5
直接发放租赁或购房补贴资金(货币补贴方式)	36.0	38.1	34.3	44.7	28.9	41.6	42.3	40.2	26.6	28.8	39.6
发放住房消费券，用于政府与出租方或售房方结算	22.6	14.0	17.0	11.0	23.1	13.3	14.1	17.9	8.9	10.1	25.9
其他	7.7	6.5	3.8	2.6	4.1	3.4	4.6	5.0	8.2	9.8	3.0
总计	99.9	99.9	100	100.1	99.9	100	100	100	100	100	100

注：因各项数据均进行了四舍五入，最终总计与100有差异。

2. 需要改进方面分布

整体来看，不同住房情况的被调研者对“申请条件苛刻”和“房屋选址偏僻，远离市区”这两个方面看法较为接近，占比分别在20%和16%左右。差异主要存在于保障性住房和非保障性住房两个方面，相对而言，目前租赁或购买到保障性住房的被调研者比较关心补贴数量和周边交通是否便利、配套设施是否完善。而非保障性住房的被调研者更关心申请条件状况与保障房的准入和退出机制(见表7.34)。

表7.34 不同住房情况被调研者对保障房本身需改进方面看法的差异(%)

需要改进方面	廉租房	经济适用房	公共租赁房	一般性的租赁房	限价商品房	商品房	拆迁安置房	自己搭建的房屋	无房居住	其他	福利分房
申请条件苛刻	19.3	18.9	19.0	22.7	17.4	20.4	21.2	20.1	20.9	21.1	17.8
房屋选址偏僻，远离市区	12.5	17.5	15.7	18.1	16.5	17.9	17.0	17.9	14.6	14.6	16.2

续表

需要改进方面	廉租房	经济适用房	公共租赁房	一般性的租赁房	限价商品房	商品房	拆迁安置房	自己搭建的房屋	无房居住	其他	福利分房
租金设定不合理，补贴太少	15.2	16.1	13.5	11.8	10.7	10.9	11.5	15.6	13.3	11.0	15.7
准入和退出机制不健全	11.0	9.7	12.8	13.1	15.7	14.9	11.4	16.2	12.7	11.5	14.7
周边交通不便利	17.0	13.1	14.2	12.7	15.7	12.8	12.6	14.2	11.4	13.9	12.7
房屋设计结构差，生活设施简陋	9.8	10.7	12.2	10.4	10.7	9.5	11.5	9.1	9.5	10.8	11.2
配套设施不完善	11.9	11.1	10.6	9.0	9.9	12.2	11.9	4.7	13.9	12.5	9.6
其他	3.3	2.9	2.0	2.2	3.3	1.6	2.7	2.2	3.8	4.6	2.0

注：本题为多选题，所有选项占比总和大于100%。

3. 政策改进的方面分布

不同住房情况下被调研者较为关注“扩大住房保障范围”“降低保障房价格”以及“提高住房租赁补贴水平”，所占比例均在25%左右，三项合计超过65%（见表7.35），可见，保障房租金和价格仍然是被调研者特别关心的问题，希望住房保障政策向这些方面倾斜。这种情况突出反映了一段时期以来房价急剧上涨对人们的影响。

表7.35　不同住房情况被调研者对保障房政策改进方面看法的差异（%）

政策改进方面	廉租房	经济适用房	公共租赁房	一般性的租赁房	限价商品房	商品房	拆迁安置房	自己搭建的房屋	无房居住	其他	福利分房
扩大住房保障范围	26.6	27.4	23.1	27.7	21.3	28.1	28.0	26.2	28.3	26.0	24.1
降低保障房价格	27.2	26.0	28.4	25.2	32.6	24.2	22.5	24.5	26.2	24.6	26.8
提高住房租赁补贴水平	24.8	22.8	25.6	23.0	27.0	21.4	23.5	23.0	23.6	22.9	26.8
解决保障房配套设施问题	16.8	20.5	21.0	22.6	18.0	24.4	23.8	24.4	19.9	23.6	21.4
其他	4.6	3.2	1.9	1.5	1.1	1.9	2.2	1.9	2.1	2.9	0.9

注：本题为多选题，所有选项占比总和大于100%。

第四节　不同收入水平的被调研者相关情况的交叉分析

一、对保障房申请限制观点的差异

如表 7.36 所示，不同收入水平的被调研者有相当一部分(32%~40%)认为应当根据实际情况灵活对待，限制条件不宜过多、过繁。相对而言，收入水平越高越认为“去除落户限制，外来务工人员也可申请”，占比从 26.91%沿收入水平从低到高上升至 30.59%。而收入水平越低越认为“不应有年限，具备该城市户口即可”，沿收入水平从低到高，占比从 16.76%下降至 12.20%。这种倾向反映了收入水平较低时面临的住房压力相对较大，放宽限制条件会对这部分群体的利益有所损害。对于落户限制方面，各收入层级被调研者选择的差异不大，均值为 19.5%，标准差为 2.31。

表 7.36　不同收入水平被调研者对保障房申请限制观点的差异(%)

申请限制	收入 3000 元及以下	收入 3001~6000 元	收入 6001~9000 元	收入 9001~12000 元	收入 12001~15000 元	收入 15001 元及以上
不应有年限，具备该城市户口即可	15.96	15.15	16.76	16.03	14.02	12.20
范围限定在落户本城市至少 1 年以上	17.49	17.64	20.68	19.55	22.46	23.56
去除落户限制，外来务工人员也可申请	30.28	29.53	26.91	29.50	30.59	30.31
应按照实际情况灵活对待	36.27	37.67	35.66	34.92	32.93	33.92
总计	100.00	99.99	100.01	100.00	100.00	99.99

注：因各项数据均进行了四舍五入，最终总计与 100 有差异。

二、对保障房租金和售价观点的差异

1. 租金水平分布

如表 7.37 所示，不同收入水平被调研者对保障房租金水平的观点呈现沿收入水平越高承受力越强的趋势变化，对于“不高于周边同等租赁住房租金的 25%即可”选项，家庭月总收入小于 9000 元者选择人数占比为 35.96%~

41.89%，而家庭月总收入超过9000元者选择人数占比即下降到23.13%~27.88%。对于“不高于周边同等租赁住房租金的50%即可”则呈现相反的变化趋势。家庭月总收入超过15000元者选择该选项的占比达到39.46%，当然，这部分人群也有25.85%选择“不高于周边同等租赁住房租金即可”。

表7.37 不同收入水平被调研者对保障房租金水平观点的差异(%)

租金水平	收入3000元及以下	收入3001~6000元	收入6001~9000元	收入9001~12000元	收入12001~15000元	收入15001元及以上
不高于周边同等租赁住房租金的25%即可	35.96	37.29	41.89	23.84	27.88	23.13
不高于周边同等租赁住房租金的50%即可	23.15	19.17	30.38	37.01	31.73	39.46
不高于周边同等租赁住房租金的75%即可	17.24	17.71	12.98	14.95	16.83	8.84
不高于周边同等租赁住房租金即可	18.23	23.96	13.86	22.42	18.27	25.85
其他	5.42	1.88	0.88	1.78	5.29	2.72

2. 保障房销售价格分布

如表7.38所示，不同收入水平被调研者对保障房售价呈现与租金类似的特点，即选择“不高于周边同等商品住宅的25%即可”选项者占比与收入反方向变化，选择“不高于周边同等商品住宅的50%即可”选项者占比与收入同方向变化。这种选择模式同样反映了人们对于保障性住房价格的承受能力随收入而变化的趋势，同时反映了人们最基本的经济动机，即都希望在一定条件下获得更多的福利。当然，调研中也发现被调研者普遍缺乏第二阶段的思维，即进行这些选择时基本不考虑补贴资金从何而来，这种补贴对保障房建设效率有何影响，基本忽略了补贴最终来自税收的逻辑。

表7.38 不同收入水平被调研者对保障房售价观点的差异(%)

售价水平	收入3000元及以下	收入3001~6000元	收入6001~9000元	收入9001~12000元	收入12001~15000元	收入15001元及以上
不高于周边同等商品住宅的25%即可	29.03	29.51	30.56	25.65	26.54	18.73
不高于周边同等商品住宅的50%即可	28.18	32.76	31.70	33.01	34.69	45.55

续表

售价水平	收入3000元及以下	收入3001~6000元	收入6001~9000元	收入9001~12000元	收入12001~15000元	收入15001元及以上
不高于周边同等商品住宅的75%即可	13.92	11.67	15.49	19.65	12.61	15.00
不高于周边同等商品住宅即可	17.49	17.55	18.98	17.33	20.76	15.73
其他	11.38	8.51	3.27	4.36	5.39	5.00

三、对保障房选址和布局观点的差异

1. 选址位置分布

从不同收入水平被调研者对保障房选址位置的观点来看，家庭月总收入不高于3000元的被调研者选择市区的比例达到35.45%，而选择市郊占比最高的是家庭月总收入超过15000元的群体（37.38%），选择城郊接合部占比最高的是家庭月总收入介于6001~9000元的群体（38.83%）（见表7.39）。这一模式反映了收入水平较低时更多考虑自身生活相关成本如何降低，而收入水平较高时则更多考虑自身不属于住房保障对象，那么保障性住房选址尽量离自己远一些。

表7.39 不同收入水平被调研者对保障房选址位置观点的差异（%）

选址位置	收入3000元及以下	收入3001~6000元	收入6001~9000元	收入9001~12000元	收入12001~15000元	收入15001元及以上
市区	35.45	27.04	27.18	34.41	35.37	30.62
市郊	27.58	29.79	32.28	31.55	33.23	37.38
城郊接合部	30.16	38.41	38.83	31.26	29.17	30.01
其他	6.81	4.77	1.72	2.78	2.24	2.00
总计	100.00	100.01	100.01	100.00	100.01	100.01

注：因各项数据均进行了四舍五入，最终总计与100有差异。

2. 城市中如何布局

如表7.40所示，不同收入水平被调研者对保障房城市中布局的观点差异相对较小，各收入层次选择“建设在普通小区中（普通商品房小区中配建）”占比均超过四成，范围为42.27%~54.57%，这一城市中布局的模式得到被调研者的普遍认可，与国外的相关研究存在较大差异，反映了我国各收入阶层的隔离分异度较小、融合度较高的特点，也充分体现了我国近些年虽然收入差别逐步扩大，但整体上仍处于收入分配较为公平的范围。

表 7.40　不同收入水平被调研者对保障房城市中布局观点的差异(%)

城市中布局	收入 3000 元及以下	收入 3001~6000 元	收入 6001~9000 元	收入 9001~12000 元	收入 12001~15000 元	收入 15001 元及以上
建设在普通小区中（普通商品房小区中配建）	52.00	48.02	42.27	48.02	54.27	54.57
专门兴建一个小区	29.23	32.91	36.73	32.65	23.58	28.01
选择一部分二手房作为保障性住房	12.21	15.08	17.99	16.54	19.41	14.50
其他	6.57	4.00	3.01	2.78	2.74	2.92
总计	100.01	100.01	100.00	99.99	100.00	100.00

注：因各项数据均进行了四舍五入，最终总计与 100 有差异。

四、对保障房政策改进观点的差异

1. 政府帮助形式分布

不同收入水平被调研者对保障房政府帮助形式的观点存在明显的差异，以实物补贴方式直接提供住房随着收入水平提高，其认可度逐步下降，从低收入群体占比 53.63%下降到高收入群体的 35.53%。而以货币补贴方式直接发放租赁或购房补贴资金则随着收入水平提高得到越来越高的认可，从低收入群体占比 30.75%提高到高收入群体的 49.04%（见表 7.41）。可见，低收入群体更偏好直接解决其居住困难问题，高收入群体更愿意接受货币方式的补贴，从而可以更好地提高其综合生活水平。

表 7.41　不同收入水平被调研者对保障房政府帮助形式观点的差异(%)

政府帮助形式	收入 3000 元及以下	收入 3001~6000 元	收入 6001~9000 元	收入 9001~12000 元	收入 12001~15000 元	收入 15001 元及以上
直接提供住房（实物补贴方式）	47.77	53.63	44.41	42.39	44.31	35.53
直接发放租赁或购房补贴资金（货币补贴方式）	30.75	27.70	39.96	38.36	38.11	49.04

续表

政府帮助形式	收入3000元及以下	收入3001~6000元	收入6001~9000元	收入9001~12000元	收入12001~15000元	收入15001元及以上
发放住房消费券，用于政府与出租方或售房方结算	12.32	12.91	12.62	16.54	14.23	10.97
其他	9.15	5.76	3.01	2.71	3.35	4.45
总计	99.99	100.00	100.00	100.00	100.00	99.99

注：因各项数据均进行了四舍五入，最终总计与100有差异。

2. 保障房本身需要改进方面分布

不同收入水平被调研者对保障房本身需改进方面的观点存在一定的差异，其中，选择“房屋选址偏僻，远离市区”选项的被调研者随着收入水平提高，其认可度上升，从14.96%提高到19.20%。而选择“租金设定不合理，补贴太少”选项的被调研者随着收入水平提高，其认可度有所下降，从14.94%下降到10.54%。相对而言，对于“申请条件苛刻”“准入和退出机制不健全”“周边交通不便利”“房屋设计结构差，生活设施简陋”“配套设施不完善”等问题，各收入阶层的认可度差异较小，选择占比大都在10%左右（见表7.42）。

表7.42　不同收入水平被调研者对保障房本身需改进方面观点的差异（%）

需要改进方面	收入3000元及以下	收入3001~6000元	收入6001~9000元	收入9001~12000元	收入12001~15000元	收入15001元及以上
申请条件苛刻	21.67	20.67	20.01	19.85	19.23	21.39
房屋选址偏僻，远离市区	15.05	14.96	16.20	16.77	18.33	19.20
租金设定不合理，补贴太少	14.94	12.69	13.83	12.65	12.96	10.54
准入和退出机制不健全	10.92	12.79	14.17	13.29	13.40	12.61
周边交通不便利	12.11	13.76	13.01	12.95	14.68	12.99
房屋设计结构差，生活设施简陋	10.92	11.12	10.00	10.32	9.02	9.02
配套设施不完善	10.10	12.11	11.00	12.44	10.79	12.14
其他	4.29	1.90	1.78	1.74	1.60	2.11

注：本题为多选题，所有选项占比总和大于100%。

3. 政策改进方面分布

不同收入水平被调研者对保障房政策改进方面，各收入阶层的被调研者差异相对较小，如选择“扩大住房保障范围”选项的均值为26.32%，标准差为0.94%；选择“降低保障房价格”选项的均值为26.64%，标准差为1.14%；选择“提高住房租赁补贴”选项的均值为21.96%，标准差为1.04%（见表7.43、表7.44）。反映了对于这几个方面不同收入群体看法的相似性，即均希望住房保障政策能够较为有效地解决人们的居住问题，改善人们的居住状况。

表7.43 不同收入水平被调研者对保障房政策改进方面观点的差异（%）

政策改进方面	收入3000元及以下	收入3001~6000元	收入6001~9000元	收入9001~12000元	收入12001~15000元	收入15001元及以上
扩大住房保障范围	27.07	27.87	25.92	25.83	25.40	25.84
降低保障房价格	26.43	27.00	28.07	27.61	25.65	25.10
提高住房租赁补贴	21.30	21.87	23.13	21.53	23.26	20.64
解决保障房配套设施问题	21.49	21.03	21.34	23.02	23.84	24.47
其他	3.72	2.23	1.54	2.01	1.84	3.96

注：本题为多选题，所有选项占比总和大于100%。

表7.44 不同收入水平被调研者选项差异的描述性统计（%）

政策改进方面	均值	标准误差	中位数	标准差	区域
扩大住房保障范围	26.32	0.38	25.88	0.94	2.47
降低保障房价格	26.64	0.47	26.72	1.14	2.97
提高住房租赁补贴	21.96	0.43	21.70	1.04	2.62
解决保障房配套设施问题	22.53	0.59	22.26	1.45	3.44
其他	2.55	0.42	2.12	1.03	2.42

第五节 调研结论总结

一、调研样本整体情况

被调研者的人口统计特征方面，男性占比略超过50%，以26~45岁年龄段占主导地位，在文化程度方面，初中和高中占比总和超过56%。职业分布上公共部门（机关、事业单位、国企等）占比为26.49%，民营企业占比为40.11%。婚姻状况方面，已婚占比超过60%，未婚占比略超36%。综合来看，7个代表性城市样本的人口统计特征能够大致反映这些城市的基本状况。

从被调研者的收入情况来看，家庭月总收入3001~6000元一档占27.37%，6001~9000元一档占20.33%，9001~12000元一档占17.66%，这三档占比略超65%。与这些城市整体情况相符，如果按家庭规模户均3人计算，家庭人均月收入在1000~4000元。

被调研者在住房类型方面，住房属于保障性住房的占总被调研者的比重为22.7%，属于非保障性住房的占总被调研者的比重为70.8%。按居住者产权归属划分，产权全部或部分归属于居住者的占比为60.29%。在住房面积方面，面积介于61~120平方米的被调研者占比略大于50%，居于主导地位，面积小于60平方米的占比略超25%。面积大于90平方米的占比略小于50%。

被调研者的每年住房支出主要包括与维持住房正常使用状况相关的支出，如物业管理费、维修保养等。主要反映了自有自住住房的被调研者的情况，其中，每年住房支出小于3000元的被调研者占比达78%以上。

从租赁住房的被调研者支付的租金分布结构来看，月租金小于2000元的占比达到81.34%，中位数介于1001~1500元。

二、住房保障政策普及和实施

住房保障政策的普及程度欠佳，对住房保障政策不清楚的占31%，完全不知道的占10%。对保障性住房申请程序，不清楚的占40%，完全不知道的占21%。同时发现被调研者一般通过社会宣传和网络了解当地的住房保障政策，因此未来宣传仍可将以上两种方式作为主要手段。

从保障性住房申请情况来看，绝大部分被调研者并未参与过保障性住房的申请。73%的被调研者表示未申请过，16%的被调研者表示申请过，11%的被调研者表示正在申请中。从被调研者认为保障房申请应当限制的条件分析，有相当一部分被调研者（35.29%）认为应当按照实际情况灵活对待，限制条件需要因地制宜。有近30%的被调研者认为不应当有落户（或户籍）限制，外来务工人员也应当可以申请。

三、被调研者的满意度状况

从被调研者整体的情况来看，对目前居住状况的满意度方面，总体感到满意的占33%，感到一般的占51%，感到不满意的占16%。对住房保障政策满意度方面，感到非常满意的占5%，感到基本满意的占21%，感到一般的占55%，感到不太满意的占14%，感到非常不满意的占5%。

将被调研者目前的住房类型和住房满意度进行交叉分析，可以发现被调研者对保障性住房的满意度低于非保障性住房，由此可见保障性住房的条件有待改善。将被调研者的公积金及住房补贴情况和住房满意度进行交叉分析，可以看出拥有公积金和住房补贴的被调研者对自己住房的满意度高于都没有的被调研者。

对于现行住房保障政策实施和规定十分了解的被调研者满意度明显高于其他被调研者，由此可见现行住房保障政策的制定内容符合民意。申请过保障性住房的被调研者对现行住房保障政策的实施和规定满意度明显高于未申请过的被调研者，由此可见现行住房保障政策在实施过程中的真实满意度较高。通过政策满意度和住房满意度交叉分析，可以发现两者具有一定相关性，整体对政府实施的住房保障制度的满意程度较高。

四、被调研者的保障性住房需求

从被调研者的保障性住房需求方面来看，调研发现被调研者希望政府帮助其解决住房问题的意愿较大，有28%的被调研者表示非常需要，35%的被调研者表示有这个需要，但不是很急。

如果被调研者对保障性住房存在需求，对于其会选择哪种类型的保障性住房，调研发现，被调研者对经济适用房的偏好程度最高(占55.28%)，其次是限价商品房(占17.66%)。

选择租赁型保障房时，被调研者认为60~90平方米为宜(占比达73%以上)，其中，面积在71~80平方米和81~90平方米的占比均在30%左右。从希望购买保障性住房的面积分布来看，同样以71~90平方米居于主导地位，占比近70%。

被调研者认为对于租赁型保障房，其租金水平“不高于周边同等租赁住房租金的25%即可”，占比为34.16%，“不高于周边同等租赁住房租金的50%即可”，占比为31.43%，两项合计达到65%以上。就被调研者希望购买保障性住房的售价分布而言，“不高于周边同等商品住宅的25%即可”和“不高于周边同等商品住宅的50%即可”的占比分别达到29.41%和36.47%，同样反映了被调研者希望降低住房方面负担的期望。

关于保障性住房的布局，被调研者表示更希望政府将保障性住房配建在普通小区中(近50%)，其次是专门兴建保障性住房小区(约32%)和将二手房作为保障性住房(近16%)。被调研者希望保障性住房在城市中的选址分布，位于市区、市郊和城郊接合部的意愿相当，占比分别约为29%、33%和35%，没有显著差异。

26个城市保障房相关特征综合平均得分最高或次高的为区位因素，涉及轨道交通通达性、公交通达性、离市中心距离、环境质量等因素。第二个最高或次高的因素各城市存在一定的差异。具体到保障房区位特征的内部诸因素来看，上海、深圳和苏州更关注轨道交通通达性。涉及保障房配套设施特征方面，7个城市被调研者关注程度综合平均得分最高或次高因素均给予了学校。从保障房的建筑特征来看整体得分较为平均。

五、保障性住房及政策改进意愿

对于政府在住房领域的帮助形式，被调研者普遍偏好“直接提供住房(实物补贴方式)”以及“直接发放租赁或者购房补贴资金(货币补贴方式)”，两项合计占比达到83%以上。

针对目前政府所提供的保障性住房，被调研者认为其本身存在问题表现最为集中的为“申请条件苛刻”(60.12%)和“房屋选址偏僻，远离市区”(49.92%)。

整体来看，被调研者希望住房保障政策改进方面较为集中，其中占比最高的是扩大住房保障范围(近70%)，接下来依次为降低保障房价格(64.16%)、解决保障房配套设施问题(58.70%)、提高住房租赁补贴(58.64%)。

六、不同住房状况的被调研者相关情况的交叉分析

根据被调研者目前的住房情况对保障房申请限制方式交叉分析可以得出，应按照实际情况灵活对待的占比最高，反映了人们认为保障房申请限制不能一概而论，需要具备一定的灵活性。相对而言，目前租赁住房的群体希望减少对户籍方面的限制，放宽到外来务工人员，户籍限制方式对这部分群体的利益影响最大。

对住房情况不同的被调研者，目前已经居住在保障性住房的被调研者希望租金水平尽可能低，如“不高于周边同等租赁住房租金的25%即可”的占比达到35.37%。就保障房销售价格来看，不同住房情况的被调研者对保障房售价水平反映出一定的差异，目前拥有经济适用房、限价商品房的被调研者分别希望售价低于同等商品房的25%或50%，而目前拥有商品房的被调研者这一占比较低。

在不同住房情况下，被调研者对保障房在城市中选址的差异表现在经济适用房、公共租赁房、一般性商品房、限价商品房和商品房等倾向选址于市

郊，廉租房、自己搭建的房屋倾向选址于城郊接合部。

在所有住房情况下，被调研者普遍希望城市中住房建设在普通小区中(普通商品房小区中配建)，占比集中在50%左右。而目前居住在廉租房、限价商品房和公共租赁房、福利分房的被调研者选择专门兴建一个小区的占比较高，占比集中在35%以上。

对于不同住房情况下的被调研者而言，目前租赁公共租赁房、拥有限价商品房和经济适用房的选择直接提供住房即实物补贴方式的比例较高，而目前租赁一般性的租赁房、拥有拆迁安置房和以前获得福利分房者则选择发放租赁或购房补贴资金的比例较高。

从整体上看，不同住房情况的被调研者对"申请条件苛刻"和"房屋选址偏僻，远离市区"这两个方面看法较为接近，占比分别在20%和16%左右。差异主要存在于保障性住房和非保障性住房两个方面。

不同住房情况下被调研者较为关注"扩大住房保障范围""降低保障性住房价格"以及"提高住房租赁补贴水平"，所占比例均在25%左右，三项合计超过65%。

七、不同收入水平的被调研者相关情况

不同收入水平的被调研者有相当一部分(32%~40%)认为应当根据实际情况灵活对待，限制条件不宜过多、过繁。相对而言，收入水平越高越认为"去除落户限制，外来务工人员也可申请"，占比沿收入水平从低到高上升。而收入水平越低越认为"不应有年限，具备该城市户口即可"，沿收入水平从低到高，占比从高到低下降。

不同收入水平被调研者对保障房租金水平的观点呈现收入水平越高承受力越强的趋势变化。不同收入水平被调研者对保障房售价呈现与租金类似的特点，即选择"不高于周边同等商品住宅的25%即可"选项者占比与收入反方向变化，选择"不高于周边同等商品住宅的50%即可"选项者占比与收入同方向变化。

从不同收入水平被调研者对保障房选址位置的观点来看，家庭月总收入低于3000元的被调研者选择市区的比例达到35.45%，而选择市郊占比最高的是家庭月总收入超过15000元的群体(37.38%)，选择城郊接合部占比最高的是家庭月总收入介于6001~9000元的群体(38.83%)。不同收入水平被调研者对保障房城市中布局的观点差异相对较小，各收入层次选择"建设在普通小区中(普通商品房小区中配建)"占比均超过四成。

不同收入水平被调研者对保障房政府帮助形式的观点存在明显的差异，

以实物补贴方式直接提供住房随着收入水平提高，其认可度逐步下降，从低收入群体占比 53.63%下降到高收入群体的 35.53%。而以货币补贴方式直接发放租赁或购房补贴资金则随着收入水平提高得到越来越高的认可，从低收入群体占比 30.75%提高到高收入群体的 49.04%。

不同收入水平被调研者对保障房本身需改进方面的观点存在一定的差异，其中，选择“房屋选址偏僻，远离市区”选项的被调研者随着收入水平提高，其认可度上升，而选择“租金设定不合理，补贴太少”选项的被调研者随着收入水平提高，其认可度有所下降。不同收入水平被调研者对保障房政策改进方面，各收入阶层的被调研者差异相对较小。

08 第八章 中国城市住房保障潜在需求与财政可承受度的实证分析

对住房保障制度实际运行状况的分析关系到对制度运行效率的判断，影响住房保障制度运行效率的主要因素的相对重要性，以及确定未来制度进行调整的方向、方式和具体措施。本章从保障性住房需求、最大化社会福利及最小化财政支出和住房保障支出与商品房价格关系三个维度进行实证研究，根据实证结果对第三章建立的理论模型的相关要素进行证实或证伪，从而为第九章建立以效率改进为导向的住房保障制度框架设计提供实证依据。

第一节　保障性住房需求的实证分析

保障性住房需求是住房保障制度覆盖面的重要决定因素，在一定的价格结构、收入限制、政府政策目标、政府财政压力情况下，保障性住房需求决定了覆盖面的上限。同时，过度的保障往往会吸引人们过多地寻求政府福利，一方面加重了社会整体的负担，另一方面对效率会产生极其严重的负面效应，会诱发人们降低个人努力的内在激励，恶化整个住房保障制度更有效地解决中低收入、低收入和最低收入群体的住房问题。本节运用城市级别数据，结合前面的理论模型奠定的因果逻辑基础，通过实证模型分析决定保障性住房需求的主要因素及其定量关系。

一、变量和资料来源

基于数据可得性、统计全面性及定量结果具有一定的普遍意义，本节选用国务院公布的全国 70 个大中城市作为研究对象，这 70 个城市包括全国除拉萨外的直辖市、省会、自治区首府和计划单列市 35 个，以及厦门、大理、秦皇岛等 35 个城市。相对而言，这些城市具有较高的代表性，其经济总量、城市规模和区域的影响力较强，同时相关房地产价格统计基础有较强的历史延续性和统计口径一致性。从时间上看，由于历史性原因，各种保障性住房类型在各城市出现年份不同，统计口径也有显著差异，故选取数据较为完整、统计口径具有可比性的时间段，最终纳入分析的是我国2010—2019年70个大中城市的年度面板数据。对于个别城市、个别年份的缺失数据，采用时序趋势分析的方法将缺失值补齐。具体的变量选取见表8.1。

表8.1　变量一览表

变量名称	变量代码	变量含义
保障性住房供应总量	*y*	保障性住房供应总计
住房价格	*pri*	当期商品房的平均价格
建安成本	*cost*	商品房的建设成本
城市人均GDP	*per_ gdp*	人均国民生产总值
房地产开发投资额	*inv*	当期房地产开发投资额
住宅开发面积	*dev*	当期住宅房屋建筑竣工面积
土地供应量	*sup*	国有建设用地供应面积
常住人口	*pop*	当期常住人口数
城市化率	*urban*	城镇常住人口与总常住人口之比
当年住房存量	*cl*	城镇人均建筑面积与城镇常住人口之积
城市经济增长率	*g_rate*	城市国民生产总值增长率
城市财政收入	*inc*	地方财政年度收入，包括地方政府本级财政收入以及中央税收返还和转移支付
政策虚拟变量	*xg*	规定自2011年起实施限购令的城市为1，未实施限购令的城市为0
消费物价指数	*cpi*	城市居民消费价格指数
利率	*rate*	银行间同业拆借一年期加权利率
货币供应量	*ms*	M2
社会消费品零售总额	*sc*	社会消费品零售总额
城市储蓄	*save*	城乡居民储蓄年末余额

数据资料来源于Wind数据库、国家统计局、中国经济与社会发展统计数据库、克而瑞(CRIC)数据库、各省市的自然资源规划局、中国土地市场网、

国土资源局、中国建设工程造价信息网等。

1. 被解释变量

保障性住房供应总量(y)：国有建设用地保障性住房供应总计值。其中保障性住房根据我国的分类主要包括经济适用房、限价商品房、公共租赁房(含廉租房)及棚户区改造住房等。数据主要来自各省、市自然资源规划局。

2. 解释变量

住房价格：各城市住房年平均价格，代表住房价格水平。数据来自中国经济与社会发展统计数据库、克而瑞(CRIC)数据库。

建安成本：商品住宅的每平方米建筑安装成本，不包括土地成本，选取小高层建筑为代表。数据主要来自中国建设工程造价信息网。

城市人均 GDP：各地人均 GDP，代表各地国民经济发展状况。数据来自国家统计局、Wind 数据库。

房地产开发投资额：整个社会投入房地产的资金，其中包括房地产企业开发的统建代建、拆迁还建的各种类型房地产，主要涉及住房、办公楼、宾馆、饭店、度假村、仓库、厂房等各类房屋建筑物和构筑物，还包括相关的配套设施以及土地开发工程或者直接购置土地等方面的投资。数据来自 Wind 数据库。

住宅开发面积：各地每年新增开发面积，本节使用住宅房屋建筑竣工面积替代。数据来自知网数据库。

土地供应量：政府每年供应的国有建设用地面积。数据来自 Wind 数据库。

常住人口：实际居住于某地区一段时间(半年以上含半年)的人口，包括户籍人口和常住流动人口。数据来自 Wind 数据库。

城市化率：反映城市化水平，城镇常住人口与城市行政区域内总人口的比值。数据来自国家统计局。

当年住房存量：住房存量反映一个城市总体可供人们居住的空间数量，使用人均住房面积与常住人口数量之积计算。数据来自国家统计局、各城市统计年鉴。

城市经济增长率：表示地区经济增长速度，使用该城市 GDP 的年增长率表示。数据来自 Wind 数据库。

城市财政收入：地方财政年度收入，包括地方政府本级财政收入以及中央税收返还和转移支付。数据来自中经网统计数据库。

政策虚拟变量：自 2011 年起，各城市陆续实行限购限贷政策，如实行则取 1，如没有则取 0。数据来自各城市政府网站。

3. 控制变量

消费物价指数（*cpi*）：反映居民家庭通常所购买的有代表性的消费品和服务项目价格水平变动情况的宏观经济指标。数据来自中经网统计数据库。

利率：一定时期内利息额与借贷资金额即本金的比率，为反映资金市场的供求状况，本节使用银行间同业拆借一年期加权利率表示。数据来自 Wind 数据库。

货币供应量：某一时点流通中的现金量和存款量之和，中国人民银行使用货币和准货币概念，用 M2 表示，即广义的货币供应量，包括流通中的现金（M0）、活期存款、准货币（包括单位定期存款、居民储蓄存款、其他存款、证券公司客户保证金、住房公积金中心存款、非存款类金融机构在存款类金融机构的存款等）。数据来自 Wind 数据库。

社会消费品零售总额：反映国内零售市场变动情况和经济变化程度的指标。计量了社会各行业向居民和各类机构提供的各种消费品总量，数据来自 Wind 数据库。

城市储蓄：居民可支配收入扣除消费后的余额，使用城乡居民储蓄年末余额表示。数据来自 Wind 数据库。

二、实证模型

根据前述理论模型的基本分析，影响住房市场的供给需求因素、保障性住房供给因素、政府对保障性住房的各类补贴和限制因素以及政府的限购限贷政策等都会对保障性住房需求产生重要影响，这些因素与保障性住房需求间的理论逻辑关系前文已经进行了详细分析，此处不再赘述。结合学术界相关研究取得的成果，可以建立如下实证模型。

$$y_{it}=\alpha+\beta_1 pri_{it}+\beta_2 urban_{it}+\beta_3 inc_{it}+\beta_4 cost_{it}+\beta_5 sup_{it}+\beta_6 pop_{it}+\beta_7 per\_gdp_{it}+\beta_8 inv_{it}+\beta_9 dev_{it}+\beta_{10}g\_rate_{it}+\beta_{11}xg_{it}+\beta_{12}cl_{it}+\beta_{13}Z_{it}+\varepsilon$$

其中，y_{it}表示 i 城市第 t 期的住房需求量；pri_{it}表示 i 城市第 t 期的住房价格；$cost_{it}$表示 i 城市第 t 期的建安成本；per_gdp_{it}表示 i 城市第 t 期的人均国民生产总值；inv_{it}表示 i 城市第 t 期的房地产开发住宅投资额；dev_{it}表示 i 城市第 t 期的住宅开发面积；sup_{it}表示 i 城市第 t 期的土地供应量；pop_{it}表示 i 城市第 t 期的常住人口数量；$urban_{it}$表示 i 城市第 t 期的城市化率；cl_{it}表示 i 城市第 t 期的住房存量；inc_{it}表示 i 城市第 t 期的财政收入；g_rate_{it}表示 i 城市第 t 期的经济增长率；xg_{it}表示 i 城市第 t 期限购政策的虚拟变量；Z_{it}为其他可能影响住房价格的变量，根据相关文献和理论分析本节选择消费物价指数、利率、货币供应量、社会消费品零售总额、城市储蓄纳入模型之中。

综合前述理论分析，本节涉及的解释变量与被解释变量的预期关系如表8.2所示，其中，“+++”表示强烈正相关，“++”表示显著正相关，“+”表示正相关，“---”表示强烈负相关，“--”表示显著负相关，“-”表示负相关，“?”表示不确定。

表8.2 本节模型解释变量与被解释变量的预期关系

变量	预期关系
商品房价格	+++
建安成本	---
城市人均GDP	---
房地产开发投资额	++
住宅开发面积	++
土地供应量	++
常住人口数量	+++
城市化率	+++
当年住房存量	---
城市财政收入	++
城市经济增长率	+++
政策虚拟变量	?
消费物价指数	+++
利率	---
货币供应量	++
社会消费品零售总额	---
城市储蓄总额	++

三、回归分析

1. 样本的描述性统计

本文采用Stata 15软件对数据进行分析，首先进行描述性统计分析，结果见表8.3。

表 8.3 描述性统计

变量	观测值	均值	标准差	极小值	极大值
保障性住房需求水平（万平方米）	700	155.479	173.296	1	1487.43
住房价格（元/米^2）	700	7936.462	5357.474	2100	54648.55
建安成本（元/米^2）	700	1579.247	327.452	689.5	2963
城市人均 GDP（元）	700	6793.43	33894.85	13212	203489
房地产开发投资额（亿元）	700	788.435	906.14	44.57	4231.38
住宅开发面积（万平方米）	700	741.881	651.442	12.684	5942.38
土地供应量（万平方米）	700	3142.16	2519.644	122.34	18228.84
常住人口（万人）	700	732.126	488.263	68.5	3124.32
城市化率（%）	700	63.104	14.768	34.32	100
当年住房存量（万平方米）	700	26073.53	15474.21	2310.505	1112000
城市财政收入（亿元）	700	476.436	885.436	11.686	7165.1
城市经济增长率（%）	700	10.214	6.385	-24.921	38.612
消费物价指数	700	102.544	1.279	100.4	106.4
利率（%）	700	4.48	0.879	2.89	5.37
货币供应量（亿元）	700	1228157.108	446313.3897	625609.29	1986488.82
社会消费品零售总额（亿元）	700	2541.65	2917.44	1433.068	13497.21
城市储蓄（亿元）	700	4026.214	3577.63	228.645	38865.00

2. 回归结果及分析

就基本经济理论而言，保障性住房需求是一个意愿和能力组合的变量，即在价格等影响需求的因素综合作用下，人们愿意并且能够购买或租赁的保障性住房数量，现有统计数据无法反映这一点，因此本节采用保障性住房供应总量作为替代变量。在现有条件下，其合理性在于保障性住房供应总量基本都能够被吸收掉，类似于商品房的成交量概念，即每一个保障性住房供应总量值都是一定条件下需求曲线上的一个点，虽然其他条件下的保障性住房需求状况无法获知，但利用这一点可以分析相关因素或解释变量的影响程度。

因此，本节利用全国数据，以保障性住房供应总量为因变量，以住房价格、建安成本、城市人均 GDP、房地产开发投资额、住宅开发面积、土地供应量、常住人口、城市化率、城市经济增长率、城市财政收入、限购政策为解释变量，同时控制消费物价指数、利率、货币供应量、社会消费品零售总额以及城市储蓄，进行回归分析。

回归分析之前，为防止多重共线性问题，对数据进行多重共线性检验，检验发现常住人口(*pop*)的方差膨胀因子为26.450，当年住房存量(*cl*)的方差膨胀因子为15.080，均大于10，因此存在多重共线性，其主要原因在于住房存量数据与人均住房面积、常住人口数量直接相关。本节在后续分析时，剔除了当年住房存量(*cl*)这一变量。

基于面板数据，本节采用线性无偏估计——OLS估计，利用F检验和豪斯曼检验进行固定效应、随机效应及混合效应模型选择。根据固定效应、随机效应和混合效应模型的特点，结合本节涉及模型的基本因果逻辑关系，由于这些解释变量之间都存在或大或小的相关性，再考虑豪斯曼检验的结果，最终选择固定效应模型来进行估计。

采用分步回归后，通过不断加入解释变量的方法找到最优模型，确定房价(*pri*)、城市化率(*urban*)、城市经济增长率(*g_rate*)以及城市财政收入(*inc*)为重要解释变量。

方程(1)为基础模型，利用全国数据，以保障性住房需求水平为因变量，房价(*pri*)、城市化率(*urban*)、城市经济增长率(*g_rate*)以及城市财政收入(*inc*)为解释变量，同时控制消费物价指数、利率、货币供应量、社会消费品零售总额以及城市储蓄，进行回归；方程(2)加入建安成本(*cost*)和土地供应量(*sup*)；方程(3)在方程(2)的基础上加入常住人口(*pop*)；方程(4)在方程(3)的基础上加入其他剩余解释变量，结果见表8.4。

表8.4 多元线性模型回归结果

变量	(1)	(2)	(3)	(4)
	y	*y*	*y*	*y*
pri	0.012*** (0.004)	0.013** (0.004)	0.014** (0.005)	0.012** (0.005)
urban	6.103** (2.338)	6.541** (2.847)	5.633** (2.667)	5.816** (2.806)
inc	−0.194*** (0.041)	−0.195*** (0.042)	−0.159*** (0.049)	−0.171*** (0.053)
g_rate	0.862*** (0.998)	0.853*** (0.856)	0.827*** (0.849)	0.737*** (0.865)

续表

变量	(1)	(2)	(3)	(4)
	y	y	y	y
cost		-0.047* (0.026)	-0.048* (0.027)	-0.059** (0.029)
sup		0.009* (0.005)	0.008** (0.004)	0.008* (0.004)
pop			-0.823* (0.454)	-0.966** (0.469)
per_ gdp				0.001 (0.001)
inv				0.025 (0.036)
dev				-0.025 (0.019)
xg				9.319 (10.013)
cpi	3.413 (4.458)	2.491 (4.557)	2.938 (4.415)	5.062 (6.348)
rate	0.292 (4.125)	-0.683 (4.533)	0.828 (4.272)	-2.133 (4.866)
ms	-8.473E-05*** (0.000)	-8.384E-05*** (0.000)	-7.219E-05** (0.000)	-1.435E-04** (0.000)
sc	-0.002 (0.001)	-3.57E-4 (0.001)	0.003 (0.001)	3.77E-4 (0.001)
save	0.005 (0.008)	0.006 (0.008)	0.006 (0.008)	0.007 (0.007)
Constant	-502.1 (495.482)	-385.766 (500.386)	170.466 (501.03)	96.673 (682.511)
Observations	700	700	700	700
R-squared	0.3241	0.3426	0.3674	0.3785

注：*** 表示 $p<0.01$，** 表示 $p<0.05$，* 表示 $p<0.1$；括号内为稳健性标准误。

为控制变量的规模效应，缩小数据的绝对值，减弱异方差性，本节对保障性住房供应总量、城市人均 GDP、常住人口、货币供应量、社会消费品零售总额以及城市储蓄做对数处理。建立多元半对数线性模型，回归结果显示，房价(*pri*)、城市化率(*urban*)、城市经济增长率(*g_rate*)以及城市财政收入(*inc*)为重要解释变量，同样通过分步回归的方法找到最优模型(见表8.5)。

表 8.5 多元半对数线性模型回归结果

变量	(5)	(6)	(7)	(8)
	lny	lny	lny	lny
pri	5.324E-05*** (0.000)	5.174E-05*** (0.000)	4.392E-05*** (0.000)	5.771E-05*** (0.000)
urban	0.04** (0.017)	0.033* (0.018)	0.032* (0.018)	0.03* (0.018)
inc	-2.12E-04 (0.000)	-2.25E-04 (0.000)	-2.982E-04** (0.000)	-3.463E-04** (0.000)
g_ rate	0.225*** (0.285)	0.217*** (0.245)	0.209*** (0.235)	0.121*** (0.271)
ln*per_ gdp*		1.084* (0.544)	0.926* (0.515)	0.879* (0.485)
inv			1.97E-04 (0.000)	3.17E-04 (0.000)
ln*pop*				-3.293* (1.798)
cpi	-0.019 (0.027)	-0.017 (0.028)	-0.013 (0.028)	-4.63E-02 (0.028)
rate	0.023 (0.032)	-0.013 (0.038)	-0.009 (0.037)	-0.018 (0.037)
ln*ms*	-1.089*** (0.264)	-1.644*** (0.427)	-1.632** (0.414)	-1.444*** (-0.364)
ln*sc*	-0.007 (0.045)	-0.042 (0.056)	-0.046 (0.054)	0.003 (0.061)
ln*save*	-0.138 (0.161)	-0.181 (0.157)	-0.137 (0.16)	-0.211 (0.151)
Constant	18.92*** (4.689)	15.716*** (4.983)	16.58*** (4.856)	35.435*** (12.444)
Observations	700	700	700	700
R-squared	0.172	0.179	0.184	0.213

注：***表示 $p<0.01$，**表示 $p<0.05$，*表示 $p<0.1$；括号内为稳健性标准误。

对各解释变量对保障性住房供应总量影响进行非线性回归检验，从表 8.6 中发现房价的二次项对保障性住房供应总量的影响并不显著，说明二者之间的非线性假设不成立；城市财政收入的二次项对保障性住房供应总量有显著影响。

表 8.6　多元非线性模型回归结果

变量	(3)	(9)	(10)	(11)
	y	*y*	*y*	*y*
pri2		1.99E-07 (0.000)		
pri	0.014** (0.005)	0.002 (0.009)	0.012*** (0.004)	0.013*** (0.004)
urban	5.633** (2.667)	5.16* (2.659)	4.516* (2.505)	4.615* (2.543)
inc2			-2.572E-05*** (0.000)	-1.893E-05*** (0.000)
inc	-0.159*** (0.049)	-0.156*** (0.049)	0.055 (0.098)	
cost	-0.048* (0.027)	-0.045* (0.026)	-0.027 (0.022)	-0.031 (0.024)
g_rate	0.827*** (0.849)	0.225*** (0.234)	0.212*** (0.228)	0.133*** (0.281)
sup	0.008** (0.004)	0.009** (0.004)	0.008** (0.009)	0.008** (0.004)
pop	-0.823* (0.454)	-0.847* (0.46)	-1.208** (0.518)	-1.101** (0.473)
cpi	2.938 (4.415)	3.791 (4.295)	4.986 (4.106)	4.506 (4.437)
rate	0.828 (4.272)	1.528 (4.456)	-0.511 (3.989)	-0.349 (4.061)
ms	-7.219E-05** (0.000)	-4E+297-5*(0) (0.000)	-7.443E-05** (0.000)	-7.289E-05** (0.000)
sc	0.003 (0.001)	0.001 (0.001)	0.001 (0.001)	0.001 (0.001)
save	0.006 (0.008)	0.007 (0.007)	0.009 (0.006)	0.009 (0.007)

续表

变量	(3)	(9)	(10)	(11)
	y	y	y	y
Constant	170.466 (501.03)	158.555 (492.437)	227.633 (520.225)	208.016 (499.065)
Observations	700	700	700	700
R-squared	0.367	0.364	0.439	0.427

注：*** 表示 $p<0.01$，** 表示 $p<0.05$，* 表示 $p<0.1$；括号内为稳健性标准误。

除了少数解释变量，如常住人口，与理论预期的关系是基本一致的。回归结果显示，房价、城市化率、城市经济增长率、城市财政收入对保障性住房供应总量有显著的影响。控制变量方面，货币供应量与保障性住房供应总量在5%的水平上显著负相关，货币供应量越多，保障性住房供应越低，货币政策的变动也会对保障性住房的供给产生影响。

通过模型(3)可以看出，房价与保障性住房供应总量在5%的水平上显著正相关，系数为0.014，房价提高1单位，可引致保障性住房供应量增加0.014单位。反映了房价越高，人们的购买力相对较弱，相对而言中低收入阶层的支付能力越低，需要政府给予的住房支持越大，因而对保障性住房的需求越大，需要政府提供更多的保障性住房，故保障性住房供应总量越大。城市经济增长率、城市化率与保障性住房供应总量显著正相关，系数分别为0.827、5.633，反映了城市经济增长率、城市化率每提高1单位，保障性住房供应量分别增加0.827单位和5.633单位。反映出随着越来越多的农村人口不断进入城市，城市化进程加快，人们对住房的需求水平提高，从而加剧了住房短缺问题，需要政府投入的保障性住房供应越大。城市经济增长率与城市化率表现出类似的影响。

从模型(3)可以看出，城市财政收入与保障性住房供应总量在1%的水平上显著负相关，系数为-0.159。模型(11)同样反映出，城市财政收入的二次项与保障性住房供应总量显著负相关，城市财政收入越多，说明城市总体经济越发达，居民的生活水平越高，所需要的保障性住房越少，因而保障性住房供给相对减少。模型(3)反映了建安成本每增加1单位，保障性住房供应总量减少0.048单位，呈负相关关系，即建安成本状况对保障性住房供应有一定的抑制效应。

模型(3)及其他模型显示出，常住人口与保障性住房供应总量显著负相关，系数为-0.823，即常住人口增加1单位，保障性住房供应总量减少0.823

单位。出现这一结果的主要原因在于常住人口既包括户籍人口也包括非户籍人口，而多数城市的住房保障制度主要针对户籍人口，只有少数城市或少数保障性住房项目对非户籍人口开放。因此，当一个城市在经济增长加速、存在较多就业机会时，对非户籍人口的吸引力加大，在该城市户籍人口相对稳定的情况下，非户籍人口增加，常住人口增加并不能推动该城市增加保障性住房供应。

模型(3)中土地供应量与保障性住房供应总量在5%的水平上显著正相关，系数为0.008，显示出土地供应量越多，可提供的保障性住房越多。土地供应量与保障住房供应总量没有呈现较为显著的关系，可能是因为选取的变量为建设用地供应面积，包含了工业用地、商业用地等其他非住宅用地。

分步回归的结果显示，反映限贷限购等方面的政策虚拟变量不显著。模型(4)将政策虚拟变量纳入模型之中，没有表现出统计显著性。从实际市场反应来看，政府政策对市场会产生显著影响，统计上没有显著性的原因可能非常复杂，不能直接得出政策没有影响的结论。其原因可能包括：一是模型本身的结构可能存在不足，无法充分地反映出在不同时点各城市采取的力度不一的不同类型政策的影响；二是本节收集的数据存在一些缺失；三是不同政策发挥作用的时间滞后性非常复杂，无法通过模型将政策影响独立筛选出来。

四、本节结论

总结实证分析结果，本节得出的实证分析结论主要是，房价、城市经济增长率、城市化率与保障性住房需求有显著正相关关系；货币供应量与保障性住房需求存在强烈负相关关系；城市财政收入、建安成本、常住人口与保障性住房需求存在负相关关系；消费物价指数、利率、城市储蓄总额与保障性住房需求存在正相关关系，社会消费品零售总额则呈现一定的负相关关系；政策虚拟变量与保障性住房需求之间的关系不确定。

这些实证结论反映出如下重要政策含义，为建立兼容效率的住房保障制度提供了重要的定量依据。主要涉及以下几个方面：

(1)替代效应，某些政策变量的变化，例如，控制商品房价格的政策，会使人们的需求转向商品房，原定的保障性住房供应量可能会超过需求量，导致保障性住房结构性或阶段性的过剩。

(2)激励效应，政府采取某些如调整土地供应量、利率、税收(反映在政府财政收入总量和结构的变化上)等政策，会改变开发商、家庭的成本和收益状况，从而改变其消费结构和投资结构。

(3)结构效应，即会改变人们的消费结构、企业的投资结构、商品房和保障性住房的存量结构。

(4)混合效应，即各类政策变量对保障性住房需求影响的效应是混杂在一起的，确定了政策目标之后，必须对各个变量对其影响的方向和力度进行综合权衡，才能判断是否以及在何种程度上达到了政策目标，否则会出现效应的相互对冲，或者出现朝向某个极端的变化，造成偏离政策目标的结果。

(5)短期和长期效应，即改变某些政策变量在实施初期会产生实现或趋向政策目标的效应，但从较长期的时间序列来看，可能出现背离或相反方向的变化。

需要注意的是，本节的实证分析存在较大的局限性，对相关实证结论和政策意蕴需要谨慎解释。主要是由于我国通常只由各省、市间断性地发布一些保障性住房的相关数据，缺乏全国统一的详细数据口径，发布时点也不统一，同时一些省市尤其是西部省市发布年份不连续，数据缺失较为严重。因此，在实证研究中只能选择相对较为齐全的变量、时间段进行一定的分析。其中，被解释变量和解释变量只能使用可得性较高的宏观变量。涉及微观层面的分析只能通过现场调研获取。因此，实证分析结果只能在一定意义上解释保障性住房需求问题，只能部分解释住房保障制度的效率水平和存在的问题。

第二节　最大化社会福利及最小化财政支出的实证分析

住房保障制度要实现较高的生产效率、分配效率和运行效率，涉及如何以给定的财政支出获得最大的社会福利效果，或者在社会福利水平既定情况下，最小化财政支出，是我国住房保障制度提升人民群众的获得感、使全体人民获益、发挥社会主义优越性的重要体现。本节结合第二章、第三章的理论和模型分析，通过对与住房相关的社会福利水平的近似间接度量、保障性住房财政支出决定因素的实证分析，反映其中的定量关系。

一、变量和资料来源

1. 样本选择

本节同样使用国务院确定的全国 70 个大中城市的面板数据，选取了 2010—2019 年 70 个大中城市年度数据用于实证分析。另外，在 2010 年之前，各省统计年鉴将保障性住房财政支出归于社会保障与就业一栏，2010 年之后才单独列出。考虑到一个省内城市差别巨大，以省级数据为基础进行分析较为粗糙，本节选取公共服务支出数据可得的2014—2019年35个大中城市的年度数据进行分析。

模型一进行回归时，样本为70个大中城市2010—2019年的面板数据。模型二进行回归时，选择了35个大中城市2014—2019年的面板数据。

资料来源于国家统计局官方网站、中国土地市场网、国土资源局、中国建设工程造价信息网、Wind数据库以及各省(自治区、直辖市)及地级市的财政局预算执行及决算报告、统计年鉴等。其中，某个城市个别数据存在缺失时，在不影响统计分析基本结果的前提下，根据时间序列数据的趋势分析法予以补齐。

2. 变量选择(见表8.7)

(1)被解释变量

人均住房面积(*per_ ha*)：用常住人口计算的平均每人拥有的住宅建筑面积表示，数据来自克而瑞(CRIC)数据库及统计年鉴。本节所谓的福利状况代表了单个人或家庭在一定境遇下的主观满足程度水平，是一种主观的感受，而社会福利状况是将所有涉及个体的福利状况加总的结果。从理论上来说，由于福利的主观性和不同个体福利状况之间存在复杂关系，加总得到社会福利水平是非常困难的。对于人们住房方面的福利状况只能使用近似的替代变量来反映，本节采用人均住房面积代表一个城市的社会福利水平状况，相对而言较为客观，也能够反映福利状况变化的基本趋势，即人均住房面积增长时人们的居住条件存在较为普遍的改善，选择余地更大。当然用人均住房面积来反映城市的社会福利状况存在一定的局限性和片面性。

保障性住房财政支出(*fin*)：基于全面反映某地区或城市住房保障力度的考量，通过《中国财政年鉴》选取各省级区域财政决算表中的住房保障支出数据作为省级数据。而各大中城市的数据来自各城市人民政府官网发布的各年度财政预算执行及决算报告，以其中全市住房保障支出作为其保障性住房财政支出额。

(2)解释变量

住房价格：各地住房年平均价格，代表房地产价格水平。数据来自中国经济与社会发展统计数据库、克而瑞(CRIC)数据库。

城市人均GDP：各地人均GDP。数据来自Wind数据库。

房地产开发投资额：社会投入房地产方面的资金总额。数据来自Wind数据库。

住宅开发面积：各地每年新增开发面积，用住宅房屋建筑竣工面积代替。数据来自知网数据库。

土地供应量：每年政府供应的国有建设用地面积。数据来自 Wind 数据库。

常住人口：实际经常居住在某地区一定时间(半年以上含半年)的人口。数据来自 Wind 数据库。

城市化率：城镇常住人口与城市行政区域内总人口的比值。数据来自国家统计局。

城市经济增长率：用地区 GDP 年增长率表示。数据来自 Wind 数据库。

城市财政收入：地方财政年度收入。数据来自中经网统计数据库。

政策虚拟变量：根据各城市实施限购限贷等政策情况确定，如实行则取 1，如没有则取 0。数据来自各城市政府网站。

(3)控制变量

消费物价指数、利率、社会消费品零售总额、城市储蓄等变量定义和资料来源与第一节相同，不再赘述。

居民消费支出总额：反映一个城市的居民在各类耐用品、非耐用品和劳务方面的支出，用居民最终消费支出表示。数据来自中经网统计数据库。

表 8.7　变量一览表

变量名称	变量代码	变量含义
人均住房面积	*per_ha*	城市人均住房面积
保障性住房财政支出	*fin*	政府用于保障性住房的支出
住房价格	*pri*	当期商品房的平均价格
城市人均 GDP	*per_gdp*	人均国民生产总值
房地产开发投资额	*inv*	当期房地产开发投资额
住宅开发面积	*dev*	当期住宅房屋建筑竣工面积
土地供应量	*sup*	国有建设用地供应面积
常住人口	*pop*	当期常住人口数
城市化率	*urban*	城镇常住人口与总常住人口之比
城市经济增长率	*g_rate*	城市国民生产总值增长率
城市财政收入	*inc*	地方财政年度收入，包括地方本级收入、中央税收返还和转移支付

续表

变量名称	变量代码	变量含义
政策虚拟变量	*xg*	规定自 2011 年起实施限购令的城市为 1，未实施限购令的城市为 0
消费物价指数	*cpi*	城市居民消费价格指数
利率	*rate*	银行间同业拆借一年期加权利率
社会消费品零售总额	*sc*	社会消费品零售总额
城市储蓄	*save*	城乡居民储蓄年末余额
居民消费支出总额	*exp*	居民最终消费支出

3. 样本的描述性统计

表 8. 8 为 2010—2019 年 70 个大中城市的变量描述性统计情况。表 8. 9为 2014—2019 年 35 个大中城市的变量描述性统计情况。

表 8. 8　70 个大中城市变量描述性统计

变量名称	变量代码	观测值	均值	标准差	极小值	极大值
人均住房面积（平方米）	*per_ha*	700	34. 867	7. 36	18. 42	66
住房价格（元/米^2）	*pri*	700	7936. 462	5357. 474	2100	54648. 55
城市人均 GDP（元）	*per_gdp*	700	6793. 43	33894. 85	13212	203489
房地产开发投资额（亿元）	*inv*	700	788. 435	906. 14	44. 57	4231. 38
住宅开发面积（万平方米）	*dev*	700	741. 881	651. 442	12. 684	5942. 38
土地供应量（万平方米）	*sup*	700	3142. 16	2519. 644	122. 34	18228. 84
常住人口（万人）	*pop*	700	732. 126	488. 263	68. 5	3124. 32
城市化率（%）	*urban*	700	63. 104	14. 768	34. 32	100
城市财政收入（亿元）	*inc*	700	476. 436	885. 436	11. 686	7165. 1
政策虚拟变量	*xg*	700	0. 35	0. 477	0	1
城市经济增长率（%）	*g_rate*	700	10. 214	6. 385	-24. 921	38. 612
消费物价指数	*cpi*	700	102. 544	1. 279	100. 4	106. 4
利率（%）	*rate*	700	4. 48	0. 879	2. 89	5. 37
社会消费品零售总额（亿元）	*sc*	700	2541. 65	2917. 44	1433. 068	13497. 21
城市储蓄（亿元）	*save*	700	4026. 214	3577. 63	228. 645	38865. 00
居民消费支出总额（亿元）	*exp*	700	3671. 44	3452. 61	1460	11721. 117

表 8.9　35 个大中城市变量描述性统计

变量名称	变量代码	观测值	平均值	标准差	极小值	极大值
人均住房面积(平方米)	*per_ha*	210	33.452	8.44	21.36	66
保障性住房财政支出(亿元)	*fin*	210	1352.216	1496.351	146.43	7547.6
住房价格(元/米^2)	*pri*	210	10297.08	7434.172	4111	54648.55
城市人均 GDP(元)	*per_gdp*	210	88164.94	28815.17	45735.47	203489
房地产开发投资额(亿元)	*inv*	210	1438.421	1004.53	238.4	4231.38
住宅开发面积(万平方米)	*dev*	210	872.264	987.00	12.684	5942.38
土地供应量(万平方米)	*sup*	210	3380.364	2686.254	122.34	18228.84
常住人口(万人)	*pop*	210	911.491	612.413	212.89	3124.32
城市化率(%)	*urban*	210	72.968	11.454	46.07	100
城市经济增长率(%)	*g_rate*	210	8.537	5.32	-24.921	38.612
城市财政收入(亿元)	*inc*	210	908.058	1253.526	26.005	7165.1
政策虚拟变量	*xg*	210	0.643	0.481	0	1
消费物价指数	*cpi*	210	101.859	0.555	100.4	106.4
利率(%)	*rate*	210	4.545	0.679	3.55	5.37
社会消费品零售总额(亿元)	*sc*	210	2933.18	2425.43	1788.52	13497.21
城市储蓄(亿元)	*save*	210	4238.263	2765.66	1249.54	38865.00
居民消费支出总额(亿元)	*exp*	210	3854.22	2461.54	2236.47	11721.117

为防止解释变量重复问题，对本节涉及的变量进行多重共线性检验，结果如表 8.10 所示，房地产开发投资额、住宅开发面积、社会消费品零售总额和居民消费支出总额的 *VIF* 值接近或超过 10，显示存在较为严重的多重共线性问题，结合本节研究主题的经济理论研究，先行剔除住宅开发面积、居民消费支出总额两个变量后再进行多重共线性检验，检验结果如表 8.11 所示，剔除部分变量后多重共线性问题得以缓解。

表 8.10　相关变量的多重共线性检验

变量名称	变量代码	*VIF*	1/*VIF*
人均住房面积	*per_ha*	1.64	0.61
保障性住房财政支出	*fin*	2.08	0.48
住房价格	*pri*	1.63	0.61
城市人均 GDP	*per_gdp*	1.22	0.82

续表

变量名称	变量代码	*VIF*	1/*VIF*
房地产开发投资额	*inv*	9.13	0.11
住宅开发面积	*dev*	11.24	0.09
土地供应量	*sup*	2.67	0.37
常住人口	*pop*	5.26	0.19
城市化率	*urban*	3.06	0.33
城市经济增长率	*g_rate*	3.57	0.28
城市财政收入	*inc*	3.31	0.30
政策虚拟变量	*xg*	1.83	0.55
消费物价指数	*cpi*	1.51	0.66
利率	*rate*	3.67	0.27
社会消费品零售总额	*sc*	12.18	0.08
城市储蓄	*save*	1.24	0.81
居民消费支出总额	*exp*	11.38	0.09

表 8.11　剔除部分变量后的多重共线性检验

变量名称	变量代码	*VIF*	1/*VIF*
人均住房面积	*per_ha*	1.77	0.56
保障性住房财政支出	*fin*	2.18	0.46
住房价格	*pri*	2.63	0.38
城市人均 GDP	*per_gdp*	1.22	0.82
房地产开发投资额	*inv*	4.28	0.23
土地供应量	*sup*	3.37	0.30
常住人口	*pop*	4.32	0.23
城市化率	*urban*	2.37	0.42
城市经济增长率	*g_rate*	2.66	0.38
城市财政收入	*inc*	3.18	0.31
政策虚拟变量	*xg*	2.02	0.50
消费物价指数	*cpi*	2.11	0.47
利率	*rate*	2.64	0.38
社会消费品零售总额	*sc*	4.24	0.24
城市储蓄	*save*	2.16	0.46

二、实证模型

根据理论模型及前面的分析，可以确定本节的两个被解释变量分别是人均住房面积和保障性住房财政支出，解释变量为房价、人均 GDP、常住人口、城市化率、土地供应量、政策、房地产开发投资额、当年住房存量、经济增长率、政府财政收入等，分别建立多元线性模型，具体如下：

$$per\_ha_{it}=\alpha+\beta_{1,1}pri_{it}+\beta_{1,2}per\_gdp_{it}+\beta_{1,3}inv_{it}+\beta_{1,4}sup_{it}+\beta_{1,5}pop_{it}+\beta_{1,6}urban_{it}+\beta_{1,7}inc_{it}+\beta_{1,8}xg_{it}+\beta_{1,9}Z_{it}+\varepsilon \tag{8.1}$$

$$fin_{it}=\alpha+\beta_{2,1}pri_{it}+\beta_{2,2}per\_gdp_{it}+\beta_{2,3}inv_{it}+\beta_{2,4}sup_{it}+\beta_{2,5}pop_{it}+\beta_{2,6}urban_{it}+\beta_{2,7}g\_rate_{it}+\beta_{2,8}inc_{it}+\beta_{2,9}xg_{it}+\beta_{2,10}Z_{it}+\varepsilon \tag{8.2}$$

其中，per_ha_{it}表示 i 城市第 t 期的人均住房面积；fin_{it}表示 i 城市第 t 期的保障性住房财政支出；pri_{it}表示 i 城市第 t 期的住房价格；per_gdp_{it}表示 i 城市第 t 期的人均国民生产总值；inv_{it}表示 i 城市第 t 期的房地产开发投资额；sup_{it}表示 i 城市第 t 期的土地供应量；pop_{it}表示 i 城市第 t 期的常住人口数量；$urban_{it}$表示 i 城市第 t 期的城市化率；inc_{it}表示 i 城市第 t 期的财政收入；g_rate_{it}表示 i 城市第 t 期的经济增长率；xg_{it}表示 i 城市第 t 期限购政策的虚拟变量；Z_{it}为其他可能影响住房价格的变量，根据相关文献和理论分析选择了消费物价指数、利率、社会消费品零售总额及城市储蓄。本节模型解释变量与被解释变量的预期关系见表 8.12。

表 8.12　本节模型解释变量与被解释变量的预期关系

变量	预期关系
商品房价格	---
城市人均 GDP	+++
房地产开发投资额	++
土地供应量	++
常住人口数量	---
城市化率	--
城市财政收入	--
城市经济增长率	+++
政策虚拟变量	?
消费物价指数	---
利率	---

续表

变量	预期关系
社会消费品零售总额	---
城市储蓄总额	--

注：+++表示强烈正相关，++表示一般正相关，+表示弱正相关，---表示强烈负相关，--表示一般负相关，-表示弱负相关，? 表示不确定。

三、回归分析

本节采用 Stata 15 软件对数据进行分析。

模型一：人均住房面积(社会福利水平)。

与第一节的模型类似，本节采用最小二乘法进行估计(OLS 估计)，利用豪斯曼检验和 F 检验进行随机效应、固定效应和混合效应的模型选择，最终选择了固定效应模型。通过分步回归，得出房价(*pri*)、人均 GDP(*per_gdp*)和常住人口(*pop*)为重要解释变量。

模型一(1)为基准模型，利用 70 个城市的面板数据，以人均住房面积为被解释变量，房价(*pri*)、人均 GDP(*per_gdp*)、城市经济增长率(*g_rate*)和常住人口(*pop*)为解释变量，同时控制消费物价指数、利率、社会消费品零售总额及城市储蓄进行回归；方程(2)加入城市化率(*urban*)；方程(3)在方程(2)的基础上加入土地供应量(*sup*)；方程(4)在方程(3)的基础上加入其他剩余解释变量，结果见表 8. 13。

表 8. 13 人均住房面积多元线性模型回归结果

变量	(1)	(2)	(3)	(4)
	per_ha	*per_ha*	*per_ha*	*per_ha*
pri	-3. 71E-3 * * *(1. 29E-4)	-2. 87E-4 * *(1. 242E-4)	-3. 27E-4 * *(1. 216E-4)	-4. 13E-5(5. 47E-5)
per_gdp	8. 24E-5 * *(3. 07E-5)	8. 56E-5 * *(2. 44E-5)	8. 43E-5 * *(2. 91E-5)	2. 98E-5 *(1. 84E-5)
pop	-0. 036 *(0. 023)	-0. 031 * *(0. 013)	-0. 034 * *(0. 023)	-0. 151 * * *(0. 03)
g_rate	-0. 034 * * *(0. 016)	-0. 031 * *(0. 015)	-0. 033 * *(0. 018)	-0. 0242 * *(0. 013)
urban		0. 145(0. 09)	0. 154(0. 12)	-0. 019(0. 065)
sup			1. 98E-5(1. 054E-5)	3. 88E-5(4. 98E-5)
xg			-0. 217(0. 651)	-0. 337(0. 253)
inv				-0. 013 *(7. 652E-4)

续表

变量	(1)	(2)	(3)	(4)
	per_ha	per_ha	per_ha	per_ha
inc				-6.36E-8(5.13E-8)
cpi	0.053(0.126)	-0.026(0.096)	0.032(0.247)	0.084(0.11)
rate	0.164(0.175)	0.215(0.086)	0.208(0.083)	-0.217(0.14)
sc	1.37E-8(2.69E-9)	-2.43E-9(1.57E-09)	-2.51E-9(1.39E-9)	-4.95E-9(2.78E-9)
save	7.14E-9(6.43E-9)	6.78E-9(1.53E-08)	7.81E-9(1.24E-8)	-3.08E-8**(6.88e-9)
Constant	43.285*(15.374)	41.632(17.458)	36.587(18.963)	29.457**(13.143)
Observations	700	700	700	700
R-squared	0.4242	0.4936	0.5038	0.5634

注：*** 表示 $p<0.01$，** 表示 $p<0.05$，* 表示 $p<0.1$；括号内为稳健性标准误。

由于不同类别数据的绝对量值差异较大，为减弱异方差性，对部分变量进行对数处理，这些变量变化为房价(ln*pri*)、城市人均 GDP(ln*per_ gdp*)、常住人口(ln*pop*)、土地供应量(ln*sup*)、房地产开发投资额(ln*inv*)、城市财政收入(ln*inc*)、社会消费品零售总额(ln*sc*)、城市储蓄(ln*save*)。运用多元半对数线性模型进行回归，结果见表 8.14。

表 8.14　人均住房面积多元半对数线性模型回归结果

变量	(5)	(6)	(7)	(8)
	per_ha	per_ha	per_ha	per_ha
ln*pri*	-0.342**(0.123)	-0.338**(0.121)	-0.324**(0.125)	-0.268**(0.093)
ln*per_gdp*	0.085**(0.031)	0.084***(0.029)	0.083***(0.041)	0.0546***(0.051)
ln*pop*	-0.21*(0.013)	-0.243*(0.024)	-0.197*(0.016)	-0.158***(0.013)
g_rate	0.022***(0.011)	0.021***(0.012)	0.021***(0.012)	0.024***(0.011)
urban		0.063(0.09)	0.081(0.037)	-0.038(0.049)
ln*sup*			-0.58(0.094)	0.236(0.516)
xg			-0.352(0.474)	-0.347(0.231)
ln*inv*				-0.016**(0.009)
ln*inc*				-0.563**(0.147)
cpi	0.096(0.144)	0.063(0.142)	0.093(0.261)	0.216(0.072)
rate	-0.021(0.194)	-0.051(0.214)	-0.447(0.181)	-0.375**(0.084)

续表

变量	(5)	(6)	(7)	(8)
	per_ha	per_ha	per_ha	per_ha
lnsc	−0. 396***(0. 176)	0. 023(0. 396)	0. 019(0. 332)	−0. 214**(0. 17)
lnsave	0. 073(0. 023)	0. 031(0. 22)	0. 027(0. 034)	0. 044***(0. 023)
Constant	−41. 253(26. 542)	−48. 734*(24. 159)	−56. 436**(25. 314)	−24. 354257**(11. 232)
Observations	700	700	700	700
R−squared	0. 4247	0. 5244	0. 5057	0. 5841

注：***表示 $p<0.01$，**表示 $p<0.05$，*表示 $p<0.1$；括号内为稳健性标准误。

通过各解释变量对人均住房面积影响进行非线性回归检验，结果发现房价的二次项(*pri2*)对人均住房面积的影响不显著，常住人口的二次项(*pop2*)对人均住房面积存在统计显著性，二者之间存在非线性关系，结果见表 8. 15。

表 8. 15　人均住房面积非线性模型回归

变量	(9)	(10)	(11)	(12)
	lnper_ha	lnper_ha	lnper_ha	lnper_ha
pri	−4. 96E−4*(3. 24E−4)	−3. 25E−4**(7. 96E−5)	−3. 27E−4**(8. 43E−5)	−6. 44E−5(6. 78E−5)
pri2	4. 98E−9(4. 33E−9)			
lnper_gdp	8. 196**(2. 146)	8. 358***(2. 366)	8. 443***(2. 527)	5. 232***(1. 761)
pop	−0. 138**(0. 026)	0. 114(0. 216)	0. 105(0. 122)	−0. 074(0. 031)
pop2		−6. 48E−6**(2. 43E−6)	−6. 73E−6**(2. 55E−6)	−8. 24E−6***(2. 67E−6)
g_rate	0. 043**(0. 022)	0. 034**(0. 019)	0. 051**(0. 033)	0. 041**(0. 036)
urban		0. 055(0. 14)	0. 068(0. 076)	−0. 039(0. 037)
sup			−5. 48E−5(2. 13E−4)	5. 71E−7(3. 52E−5)
xg			−0. 347(0. 439)	−0. 314(0. 308)
inv				−0. 011***(4. 26E−4)
inc				−4. 97E−8(4. 24E−8)
cpi	0. 076(0. 125)	0. 077(0. 175)	0. 082(0. 31)	0. 124(0. 096)
rate	0. 063(0. 245)	−0. 013(0. 174)	−0. 022(0. 173)	−0. 049**(0. 022)
lnsc	−0. 557**(0. 182)	−0. 195(0. 406)	−0. 193(0. 268)	−0. 261(0. 211)
save	5. 26E−9(1. 28E−8)	5. 32E−09(3. 19E−9)	3. 87E−9(7. 35E−9)	−2. 77E−8***(3. 65E−9)
Constant	−45. 482(30. 165)	−57. 315**(29. 474)	−59. 015**(28. 342)	−28. 634(13. 092)

续表

变量	(9)	(10)	(11)	(12)
	lnper_ha	lnper_ha	lnper_ha	lnper_ha
Observations	700	700	700	700
R-squared	0.4851	0.4957	0.5084	0.5327

注：*** 表示 $p<0.01$，** 表示 $p<0.05$，* 表示 $p<0.1$；括号内为稳健性标准误。

从回归结果来看，多元半对数线性模型回归结果拟合优度较高，模型一（8）的 R^2 为 0.5841。除房地产开发投资额、政策虚拟变量、消费物价指数外，其他解释变量与被解释变量的基本关系和影响程度与理论预期相符，见表 8.16。这几个变量存在不相符的原因可能是房地产开发投资额包含了除住宅以外的其他房地产类型，代表性有所不足。消费物价指数原先预期当期提高时会挤占消费者可用于住房方面的支出，人均住房面积会下降，回归结果为正可能是因为住房具有较强的投资品的属性，当物价上涨时，人们为了保值增值可能会增加住房方面的支出。

表 8.16　各解释变量回归结果与理论预期的相符程度

变量	预期关系	回归结果	与理论预期相符程度
商品房价格	---	ln*pri* −0.141**(0.085)	基本符合
城市人均 GDP	+++	ln*per_gdp* 0.044***(0.048)	符合
房地产开发投资额	++	ln*inv* −0.002**(0.001)	不符合
土地供应量	++	ln*sup* 0.209(0.532)	符合
常住人口数量	---	ln*pop* −0.14***(0.009)	符合
城市化率	--	*urban* −0.044(0.052)	基本符合
城市财政收入	--	ln*inc* −0.426**(0.122)	符合
城市经济增长率	+++	*g_ rate* 0.013**(0.016)	符合
政策虚拟变量	?	*xg* −0.246(0.227)	不符合
消费物价指数	---	*cpi* 0.127(0.089)	不符合
利率	---	*rate* −0.245**(0.095)	基本符合
社会消费品零售总额	---	ln*sc* −0.153**(0.18)	基本符合
城市储蓄总额	--	ln*save* 0.023***(0.018)	符合

模型一（8）中具有较强统计显著性的变量包括城市人均 GDP、常住人口、城市经济增长率和城市储蓄总额。其中城市人均 GDP（ln*per_gdp*）回归系数为

0.0546，根据多元半对数线性模型的特点，该回归系数表达的是弹性概念，即人均 GDP 变化 1%，人均住房面积会变化 0.0546%。常住人口（ln*pop*）的回归系数为-0.158，表明常住人口每增加 1%，人均住房面积减少 0.158%，反映了人口集中造成的拥挤效应导致人们在居住方面的福利下降。城市经济增长率（*g_rate*）的回归系数为 0.024，表明城市经济增长率每变化 1 单位，人均住房面积的自然对数值变化 0.024 单位。城市储蓄（ln*save*）的回归系数为 0.044，表明城市储蓄每增加 1%，人均住房面积增加 0.044%。

模型一（8）中具有一般统计显著性的变量有房价（ln*pri*），回归系数为-0.268；房地产开发投资额（ln*inv*），回归系数为-0.016；城市化率（*urban*），回归系数为-0.038；城市财政收入（ln*inc*），回归系数为-0.563；社会消费品零售总额（ln*sc*），回归系数为-0.214；利率（*rate*），回归系数为-0.375。值得关注的是，城市化率和城市财政收入与理论预期相同，都与人均住房面积呈反方向变动，反映了我国在人口自然增长率停滞情形下，机械增长率（农村地区人口向城市集中，以及中小城市向大城市或特大城市集中）使某些城市的城市化率提升导致其住房方面的福利下降。而城市财政收入增加会加重企业和个人的负担，减弱其住房支付能力，从而导致其住房方面的福利水平下降。

模型一（8）中没有统计显著性的变量主要有土地供应量（ln*sup*），回归系数为 0.236；消费物价指数（*cpi*），回归系数为 0.216；政策虚拟变量（*xg*），回归系数为-0.347。由于政策虚拟变量主要反映各城市是否采取限购限贷等管制政策，理论预期是其最终影响不确定，回归结果为负值但在统计上不显著，无法得出有统计意义的结论，不过，回归系数为负可能也反映出目前采取的各种管制政策对人们在住房方面的福利水平会产生负面效应。

模型二：保障性住房财政支出。

与模型一相似，模型二采用线性无偏估计——OLS 估计，最终选择固定效应模型。利用分步回归得出，房价（*pri*）、人均 GDP（*per_gdp*）、城市经济增长率（*g_rate*）和常住人口（*pop*）是最为重要的解释变量。

模型二（1）为基准模型，利用 35 个大中城市的面板数据，以保障性住房财政支出为被解释变量，以房价（*pri*）、人均 GDP（*per_gdp*）、城市经济增长率（*g_rate*）和常住人口（*pop*）为解释变量，同时控制消费物价指数、利率、社会消费品零售总额及城市储蓄进行回归。模型二（2）加入城市财政收入（*inc*）和政策虚拟变量（*xg*）；模型二（3）在模型二（2）的基础上加入土地供应量（*sup*）；模型二（4）在模型二（3）的基础上加入剩余其他解释变量，结果见表 8.17。

表 8.17 保障性住房财政支出多元线性模型回归结果

变量	(1)	(2)	(3)	(4)
	fin	fin	fin	fin
pri	0.081***(0.017)	0.039**(0.014)	0.04**(0.018)	0.038**(0.013)
per_gdp	0.002(0.003)	0.003*(0.002)	0.003*(0.002)	0.002(0.002)
pop	-0.8(1.634)	-0.79(1.094)	-0.79(1.086)	-0.441(1.149)
g_rate	0.266***(1.501)	0.249***(1.69)	0.247***(1.718)	0.244***(1.856)
inc		0.073***(0.023)	0.073***(0.022)	0.076***(0.025)
xg		-60.226**(1.904)	-56.139*(29.222)	-65.972**(1.72)
sup			-0.008(0.017)	-0.011(0.019)
dev				2.88E-6(2.57E-6)
inv				0.043(0.065)
urban				1.166(3.383)
cpi	-19.034(20.192)	-8.5341(18.099)	-6.814(18.247)	3.013(17.132)
rate	-36.865***(13.085)	-11.799(9.837)	-9.778(11.191)	-13.441(11.907)
sc	3.56E-05*(1.91E-5)	6.98E-6(1.31E-5)	7.53E-6(1.31E-5)	4.78E-6(1.41E-5)
save	7.56E-6(4.93E-6)	6.77E-6**(2.79E-6)	6.52E-6**(2.79E-6)	6.87E-6*(2.94E-6)
exp	0.004***(0.001)	-0.001(9.9E-5)	-0.001(9.51E-4)	-0.001(8.831E-4)
Constant	2604.303(2023.175)	-183.462(1919.534)	-323.305(1913.846)	-1395.794(1884.111)
Observations	210	210	210	210
Number of c	351	35	35	35
R-squared	0.7935	0.8243	0.8259	0.8841

注：***表示 $p<0.01$，**表示 $p<0.05$，*表示 $p<0.1$；括号内为稳健性标准误。

为选择最为适合的计量模型，本节同时运用多元半对数线性模型进行了回归，对数据绝对值较大的变量取自然对数处理，结果见表 8.18。

表 8.18 保障性住房财政支出多元半对数线性模型回归结果

变量	(5)	(6)	(7)	(8)
	lnfin	lnfin	lnfin	lnfin
lnpri	1.411***(1.669)	1.216***(1.624)	2.007***(1.421)	1.072***(1.628)
lnper_gdp	0.471***(0.171)	0.463***(0.159)	0.282*(0.162)	0.311*(0.175)
g_rate	-1.279***(0.467)	-1.276***(0.415)	-1.264***(0.395)	-1.285***(0.105)

续表

变量	(5)	(6)	(7)	(8)
	lnfin	lnfin	lnfin	lnfin
lninc		0. 132**(0. 058)	0. 106**(0. 015)	0. 104*(0. 054)
lninv			1. 359**(1. 844)	1. 524**(1. 979)
lnsup				1. 74(1. 979)
lndev				-1. 898(1. 972)
xg				-1. 631(0. 024)
lnpop				1. 39(1. 481)
urban				0. 003(0. 003)
cpi	0. 006(0. 017)	0. 017(0. 015)	0. 018(0. 018)	0. 012(0. 02)
rate	-0. 027***(0. 008)	-0. 025***(0. 007)	-0. 024***(0. 007)	-0. 025***(0. 009)
lnsc	0. 768*(0. 431)	0. 516(0. 429)	0. 242(0. 473)	0. 17(0. 528)
lnsave	-0. 228*(0. 133)	-0. 177(0. 117)	-0. 676(0. 129)	-0. 276(0. 135)
lnexp	0. 941(0. 794)	0. 898(0. 774)	0. 146*(0. 829)	0. 124(0. 106)
Constant	-3. 164(3. 229)	-6. 352(3. 456)	-2. 212(3. 912)	-3. 008(4. 24)
Observations	210	210	210	210
Number of c	353	35	35	35
R-squared	0. 8143	0. 8254	0. 8309	0. 8437

注：***表示 $p<0.01$，**表示 $p<0.05$，*表示 $p<0.1$；括号内为稳健性标准误。

从模型的整体结果来看，最为简单的多元线性回归模型二(4)的 R^2 值为 0. 8841，拟合优度非常高，整体解释力较强，相比而言，多元半对数线性回归模型二(8)的 R^2 值为 0. 8437，解释程度低于模型二(4)，因此，本节以第一组模型二(1)～(4)为基础进行分析。

模型二(1)显示，住房价格(*pri*)、利率(*rate*)和城市经济增长率(*g_rate*)3 个变量显现较强的统计显著性，回归系数分别 0. 081、-36. 865 和 0. 266，反映了住房价格与保障性住房财政支出之间同方向变动，当住房价格提高时为保证一定的住房保障水平，保障性住房财政支出包括各类租金补贴、保障房开发投资支出等需要相应增加。而利率水平则会对保障性住房财政支出产生负向影响。社会消费品零售总额(*sc*)与保障性住房财政支出呈较弱的统计显著性，回归系数为 3. 56E-05，估计值较小，两者之间存在较小的定量影响。

模型二(2)显示，引入城市财政收入和政策虚拟变量后，城市财政收入(*inc*)表现出较强的统计显著性，回归系数为0.073，反映了城市税收和其他非税收入能够为保障性住房财政支出提供资金来源。政策虚拟变量(*xg*)回归系数为-60.226，其含义在于如果该城市采取限购限贷等政策，那么政府用于保障性住房财政支出的量会降低，反映出这些政策对抑制房价有一定的影响，可以在一定程度上降低人们的住房支付压力，减少对保障性住房的需求。

模型二(3)显示，加入土地供应量(*sup*)变量后，该变量没有统计显著性，整体的拟合优度也没有显著提升，R^2 值从0.8243提高到0.8259，增加了0.0016。可见，土地供应量对保障性住房财政支出的影响较小。

纳入根据理论分析涉及的全部解释变量后，模型二(4)显示，城市人均GDP、常住人口、房地产开发投资额、城市化率、消费物价指数等与保障性住房财政支出之间没有显示出统计显著性。出现这种情况的可能原因主要有：一是保障性住房财政支出是政府可以较强控制的量，经济目标可能居于较为次要的地位，政府决策受政治目标和社会目标的影响较大，更为关注保障性住房支出的社会效益；二是数据采集及处理可能存在缺失和不足；三是模型选择可能存在偏误。

四、本节结论

上述实证研究的结果表明，采取有利于城市经济增长的制度设计，在给定财政资源情形下改善人们的居住条件，是最大化社会福利的重要政策途径，也是财政资源高效率使用的重要保障。保障水平给定条件下控制保障性住房支出水平，对减轻整个经济社会的负担、提升城市经济增长率、增加保障性住房建设投入具有重要意义。

具体而言，本节通过实证结果分析，可以得出以下结论：

(1)住房价格是影响人均住房面积(反映与住房相关的社会福利水平高低的替代变量)和保障性住房财政支出的重要因素之一，房价上升会导致人均住房面积减少，同时引起保障性住房财政支出增加。因此，控制房价水平对提高社会福利水平和减少保障性住房财政支出具有重要作用。

(2)随着经济增长，人均住房面积会有所增加，保障性住房财政支出也会有所增加，但显著性较小。城市经济增长水平为人们提升住房方面的福利水平奠定了基础，从而进一步吸引产业和人口向城市聚集，是提升城市规模经济效应和降低经济活动成本的重要基础。同时也为政府筹集保障性住房资金奠定了良好的税源基础。

(3)从定量结果来看，常住人口数量与人均住房面积反方向变动，即人口集中造成的拥挤效应导致人们在居住方面的福利下降。当然，从经济理论角度来看，这一定量结果还有较大的不确定性，人口集中时具有提供产品和劳务的强规模经济性，使得提供同样规模住房的成本较低，有提高人们住房方面福利水平的正面效应。

(4)城市财政收入(税收和政府非税收入)增加会加重企业和个人的负担，减弱其住房支付能力，从而导致其住房方面的福利水平下降。城市财政收入增加能够为保障性住房财政支出提供更多的资金来源，从而更有能力增加保障性住房支出。限购限贷等政策对抑制房价有一定的影响，可以在一定程度上降低人们的住房支付压力，增加人均住房面积，提高人们在住房方面的福利水平，降低保障性住房方面的财政支出压力。

住房保障制度的重要目标在于在现有经济条件下最大限度地提升国民在住房方面的福利水平。上述实证结论的政策含义在于：

(1)采取有利于城市经济增长的制度设计，在给定财政资源情形下改善人们的居住条件，是最大化社会福利的重要政策途径，也是保证财政资源高效率使用的重要保障。

(2)最大化社会福利的核心要义在于提升国民的居住水平，改善其居住状况，尤其是中低收入者的居住水平。受能够得到的数据限制，本节只研究了一般的人均住房面积的影响，如果扩展研究考虑不同收入阶层的人均住房面积状况将为住房保障制度提供更深入的细节。如果以改善处于社会最底层、依靠个人努力无法解决、遭受重大疾病、家庭变故等情况的人群的居住条件为目标，那么这种制度的针对性更强，更能有效地发挥制度的作用和效能。

(3)保障水平给定条件下控制保障性住房支出水平，对减轻整个经济社会的负担、提升城市经济增长率、增加保障性住房建设投入具有重要意义。如果住房保障制度的覆盖面适当缩小，致力于最低收入、低收入群体，则可以简化流程，减少甄别成本，减少准入限制监管成本，也有助于引入市场竞争方式提升分配效率。

(4)现有数据表明，城市财政收入水平对住房福利水平、保障性住房财政支出的影响相反，表明税收具有较强的双向效应。一方面，税收对于提供保障性住房资金来源是非常重要的；另一方面，税收对于人们需求的抑制效应和对创新及依赖自身改善居住条件的抑制效应也相当显著。政策设计中税收及其衍生的政策工具需要权衡“度”的把握和控制。

(5)利率对住房方面的福利水平和保障性住房财政支出都有负向影响，表明货币政策工具对个人、企业和政府都有重要的决策意义。针对商品房市场和保障性住房的选择性货币政策，如差异化贷款条件、利率、首付、贷款年限、准入门槛等，将显著改变人们的住房决策，从而影响住房方面的福利水平和政府在保障性住房方面的投入及其效果。

第三节　住房保障支出和商品房价格的实证分析

国内外住房保障制度发展状况和理论分析表明，由政府直接或间接主导的保障性住房建设通常关注其社会目标和取得的社会效益，在激励机制方面容易忽视或无法有效兼顾保障性住房的生产效率、分配效率和运行效率。保障性住房与商品房之间存在一定范围的替代性问题，当住房保障支出超出一定水平时，会使整个社会资源利用效率下降。即保障性住房供给增加，商品房供给相应减少，商品房价格提高，使高效率的商品房市场占比下降，从而降低了整体效率。本节结合省级和大中城市数据对住房保障支出和商品房价格的关系进行实证分析，阐明其中的定量结果。

一、样本和变量选择

1. 样本选择

住房保障一直是我国政府关注的重点民生工作，相关统计数据归入公共财政预决算收支表中的社会保障与就业，2010 年起为向社会提供更加完整直接的信息，将住房保障支出单独列出。为保证数据的连续性和统计口径的一致性，本节涉及的住房保障支出的数据选取了 2010—2019 年各省级区域和 2014—2019 年 35 个大中城市的年度数据。

具体来说，资料来源于全国各省、自治区、直辖市以及地级市的财政预算执行和决算报告、中指数据库(CREIS)、国家统计局官方网站、《中国财政年鉴》以及《中国统计年鉴》等。其中，35 个大中城市的数据中，部分市级住房保障支出一些年份数据未列示者，使用当地省、自治区等的省级数据比例进行缺失值补齐，或者按照假定时间序列依几何平均变化进行插值后再进行补齐操作。

2. 变量选择(见表 8. 19)

(1)被解释变量

商品房销售均价(*pri*)：省(自治区、直辖市)层面的商品房销售平均价格，以及国家统计局确定的35个大中城市（包括省会城市、计划单列市等）剔除了保障房、动迁安置房等的商品房平均销售价格。数据主要来自CREIS。

（2）解释变量

住房保障支出（*fin*）：省级层面数据来自《中国财政年鉴》，以各省级行政区财政决算表中住房保障支出数据为准。35个大中城市数据来自各城市人民政府官网公布的各年度的财政预算执行和决算报告中的本市范围的住房保障支出数据等。

（3）控制变量

根据前述理论分析及其他学者的相关研究成果，重点研究住房保障支出对商品房价格的影响，为较全面地反映商品房价格的影响因素，选择了如下变量作为控制变量。

房地产开发投资额（*inv*）：整个社会投入房地产的资金，主要反映房地产市场的供给一方的影响，数据来自《中国统计年鉴》。

人均国内生产总值（*per_ gdp*）：按常住人口计算，等于省级行政区或城市国内生产总值除以常住人口数量，数据来自《中国统计年鉴》。

常住人口密度（*resipop*）：按常住人口计算，等于省级行政区或城市常住人口数量除以其土地面积，反映房地产市场需求一方的影响，数据来自国家统计局官方网站和《中国统计年鉴》。

城市化率（*urban*）：为人口城市化率，指该区域城镇常住人口占总人口的比例，反映了城市人口的集中程度，同样是体现房地产市场需求一方的重要变量，数据来自《中国统计年鉴》。

利率（*rate*）：为利息率，指一定时期利息占本金的比率，是度量房地产市场供求双方资金成本的重要指标，为直接体现资金市场供求关系的变化，本节采用了上海的银行间一年期同业拆放利率（Shibor）的加权利率确定，数据来自上海银行间拆放利率官网（http：//www. shibor. org/）。

表8.19　变量类型、名称及代码

变量类型	变量名称	单位	变量代码
被解释变量	商品房销售均价	元/米^2	*pri*
解释变量	住房保障支出	亿元	*fin*

续表

变量类型	变量名称	单位	变量代码
控制变量	房地产开发投资额	亿元	*inv*
	人均 GDP	元	*per_ gdp*
	常住人口密度	万人/千米^2	*resipop*
	人口城市化率	—	*urban*
	Shibor 利率	—	*rate*

为减弱指标数据绝对量值差异较大的规模效应，本节对所有指标的数值均进行对数处理，减弱实证分析中的共线性和异方差性。同时对经对数处理后的回归系数的解释更加方便，能够有效反映变量变化的相对影响。

二、实证模型

根据第三章建立的理论模型，本节的被解释变量为商品房价格，而解释变量则分别为公共服务支出、住房保障支出以及这两个变量的交互项，具体实证模型如下：

$$pri_{it}=\alpha_1+\beta_{11}fin_{it}+\beta_{12}Z_{it}+\mu_i$$

其中，pri_{it}表示 i 地区第 t 期商品房成交均价，fin_{it}则表示 i 地区或城市 t 期的住房保障支出额。Z_{it}为控制变量向量，表示各种影响商品房价格的除解释变量以外的其他因素，包括地区或城市的人均 GDP、房地产开发投资额、常住人口密度、人口城市化率、Shibor 利率等。α 为常数项，μ_i 为随机误差项。

相关变量的描述性统计如表 8.20 和表 8.21 所示。

表 8.20　31 个省级区域各变量的描述性统计

变量	均值	方差	极小值	极大值	观测值
商品房销售均价(元/米^2)	6310.87	4400.62	2761.00	54648.55	310
住房保障支出(亿元)	144.69	92.12	6.32	556.55	310
房地产开发投资额(亿元)	1853.09	1502.00	3.74	4231.38	310
人均 GDP(元)	48718.50	23956.52	13119.00	203489	310
常住人口密度(万人/千米^2)	0.044	0.068	0.00025	0.547	310
人口城市化率(%)	54.86	13.62	22.67	89.60	310
利率(%)	4.12	0.81	2.61	5.37	310

表 8.21　35 个大中城市各变量的描述性统计

变量	均值	标准差	极小值	极大值	观测值
商品房销售均价（元/米^2）	10297.08	7434.172	4111	54648.55	210
住房保障支出（亿元）	44.17	70.68	5.27	556.55	210
房地产开发投资额（亿元）	1438.421	1004.53	238.4	4231.38	210
人均 GDP（元）	88164.94	28815.17	45735.47	203489	210
常住人口密度（万人/千米^2）	0.247	0.541	0.018	0.547	210
人口城市化率（%）	72.968	11.454	46.07	100	210
利率（%）	4.545	0.679	3.55	5.37	210

为保证时间序列数据具有平稳性，同时保证估计结果具有一定的有效性，本节使用 Stata 15 软件进行 IPS 分析，单位根检验得出的基本结果如表 8.22 所示。结果显示，商品房销售均价等部分变量的绝对量值未能通过单位根检验，经过一阶差分计算得到的 P 值均小于 0.05，表明其一阶差分序列具有平稳性，各变量为同阶单整，证明实证模型是可行的。对于各大中城市的数据，相关变量的有效数据的时间序列较短，不需要考虑数据非平稳性，因此略掉单位根检验。

表 8.22　省级区域数据的单位根检验

变量	绝对量值方程		一阶差分方程	
	统计值	P 值	统计值	P 值
商品房销售均价（取自然对数）	5.663	1.000	−3.240	0.001
住房保障支出（取自然对数）	−4.900	0.000	−4.596	0.000
房地产开发投资额（取自然对数）	−2.253	0.012	−3.150	0.001
人均 GDP（取自然对数）	−4.505	0.000	−4.875	0.000
常住人口密度（取自然对数）	6.000	1.000	−3.137	0.001
人口城市化率（取自然对数）	−2.308	0.011	−7.375	0.000
利率（取自然对数）	−6.850	0.001	−5.949	0.001

三、回归分析

1. 基本回归结果分析

为减少解释变量与控制变量重复解释的问题，首先进行多重共线性检验，结果见表 8. 23。

表 8. 23 相关变量的多重共线性检验

城市变量	*VIF*	1/*VIF*	省级区域变量	*VIF*	1/*VIF*
per_ gdp	2. 66	0. 38	*per_ gdp*	6. 28	0. 16
urban	2. 07	0. 48	*urban*	5. 02	0. 20
inv	1. 93	0. 52	*inv*	4. 53	0. 22
resipop	1. 28	0. 78	*resipop*	3. 56	0. 28
fin	1. 04	0. 96	*fin*	1. 53	0. 66
rate	1. 03	0. 97	*rate*	1. 02	0. 98
MeanVIF	1. 67	—	*MeanVIF*	3. 66	—

结果表明，省级区域相关变量的方差膨胀因子的最大值为 6. 28，城市变量的方差膨胀因子的最大值为 2. 66，都小于 10，当解释变量的容忍度大于 0. 1，方差膨胀系数小于 10 时，说明解释变量之间不存在较强的多重共线性问题。

采取分步回归法，表 8. 24 得出的结果显示，模型的总体拟合优度 R^2 值从 0. 512 逐步提高到 0. 754，显示模型具有较强的解释力。从模型一(4)来看，住房保障支出呈现较强的统计显著性，回归系数为 0. 108，反映了当住房保障支出每增加 1%，那么商品房均价会提高 0. 108%，即对商品房均价有较为显著的推高效应。人均 GDP、常住人口密度同样呈现较强的统计显著性，回归系数分别为 0. 568 和 0. 144。而房地产开发投资额和利率在 5%的水平上显著，回归系数为负，分别为-0. 068 和-0. 071，体现了增加房地产开发投资额、提高利率对商品房均价的抑制作用。

表 8. 24 31 个省级区域的回归结果(模型一)

变量	(1)	(2)	(3)	(4)
	pri	*pri*	*pri*	*pri*
fin	0. 281 *** (0. 02)	0. 091 *** (0. 021)	0. 106 *** (0. 02)	0. 108 *** (0. 02)
inv		-0. 017 (0. 026)	-0. 074 *** (0. 027)	-0. 068 ** (0. 027)
per_ gdp		0. 622 *** (0. 052)	0. 517 *** (0. 077)	0. 568 *** (0. 08)

续表

变量	(1)	(2)	(3)	(4)
	pri	*pri*	*pri*	*pri*
resipop			0.139*** (0.04)	0.144*** (0.04)
urban			0.515** (0.232)	0.347 (0.243)
rate				-0.071** (0.032)
Constant	7.59*** (0.129)	1.965*** (0.431)	1.932*** (0.555)	2.11*** (0.557)
Observations	310	310	310	310
Number of c	31	31	31	31
R-squared	0.512	0.727	0.748	0.754
Prob>F	0	0	0	0
Prob>chi2	0.001	0	0.007	0

注：***表示 $p<0.01$，**表示 $p<0.05$，*表示 $p<0.1$；括号中为标准误。

同样采取分步回归法分析 35 个大中城市的数据，可以得出模型二的回归结果（见表 8.25）。模型二与模型一结果类似，模型二的总体拟合优度 R^2 值比模型一有所下降，从模型二（1）的 0.3532 逐步提高到模型二（4）的 0.6136。从模型二（4）来看，住房保障支出同样呈现较强的统计显著性，回归系数为 0.113，即住房保障支出增加 1%，那么商品房均价会提高 0.113%，同样反映出对商品房均价的较为显著的推高效应。人均 GDP、常住人口密度同样呈现较强的统计显著性，回归系数分别为 0.737 和 0.311。而在 35 个大中城市层面，房地产开发投资额和利率没有显著性，可能与这一层面涉及的数据时间段较短有直接关系。

表 8.25　35 个大中城市的回归结果（模型二）

变量	(1)	(2)	(3)	(4)
	pri	*pri*	*pri*	*pri*
fin	0.266*** (0.032)	0.123*** (0.033)	0.107*** (0.031)	0.113*** (0.033)
inv		-0.006 (0.053)	-0.063 (0.05)	-0.065 (0.05)

续表

变量	(1)	(2)	(3)	(4)
	pri	pri	pri	pri
per_ gdp		0. 903*** (0. 12)	0. 738*** (0. 12)	0. 737*** (0. 12)
resipop			0. 315*** (0. 07)	0. 311*** (0. 07)
urban			0. 335 (0. 26)	0. 355 (0. 266)
rate				0. 024 (0. 061)
Constant	8. 527*** (0. 129)	-1. 197 (1. 226)	0. 573 (1. 342)	0. 457 (1. 379)
Observations	210	210	210	210
Number of c	35	35	35	35
R-squared	0. 3532	0. 5624	0. 6117	0. 6136
Prob>F	0	0	0	0
Prob>chi2	0	0	0	0. 002

注：***表示 $p<0.01$，**表示 $p<0.05$，*表示 $p<0.1$；括号中为标准误。

2. 住房保障支出对商品房价格的非线性效应分析

为加深对住房保障支出影响的研究，根据相关理论分析和其他文献的研究成果，住房保障支出与商品房价格可能存在非线性关系，回归结果见表 8. 26。

表 8. 26　商品房价格与住房保障支出（非线性检验）

变量	城市区域	省级区域
	pri	pri
Fin2	0. 0476*** 0. 0125	0. 0257*** 0. 0065
Fin	-0. 2503** 0. 1004	-0. 1603** 0. 0694
Inv	-0. 0454 0. 0483	-0. 0709*** 0. 0268

续表

变量	城市区域	省级区域
	pri	*pri*
Per GDP	0.7435*** 0.1148	0.6163*** 0.0802
Resipop	0.2596*** 0.0699	0.1313*** 0.0375
Urban	0.5057* 0.2596	0.2771 0.2358
Rate	0.0058 0.0577	-0.0575* 0.0323
Constant	-1.517 1.2792	2.4756*** 0.5553
Observations	210	310
Number of c	35	31
R-squared	0.6555	0.7514
Prob>F	0	0
Prob>chi2	0	0

注：***表示 $p<0.01$，**表示 $p<0.05$，*表示 $p<0.1$；括号中为标准差。

非线性检验结果显示，住房保障支出和商品房价格两个变量的二次项均在1%的水平上呈现显著的正相关关系，一次项方面则在5%的水平上呈现负相关关系。由此反映出商品房价格与住房保障支出二者间可能存在较为显著的门限效应特点。运用 Stata 15 软件分别对省级区域和城市数据检验门限效应，结果见表8.27。

表8.27　省级区域和城市数据的门限检验情况

	城市区域	省级区域
自助法次数(次)	5000	5000
选择频率(%)	0.05	0.05
门限值估计	3.3694	4.1427
LM 检验	36.44	28.46
P 值	0	0.0013

通过选择频率0.05同时5000次自助法检验，门限检验的 LM 检验值和 *P*

值均显示存在门限效应。由此，根据表 8. 27 估计出来的门限估计值进行分区间回归和门限值检验，结果见表 8. 28 和图 8. 1。部分曲线位于 95% 显著性的参考水平线的下方，表明显著存在门限值。

表 8. 28　31 个省级区域的门限回归情况

区间分布	变量	系数估计值(标准差)
区间 1 fin≤57. 862	*fin*	0. 219(0. 851)
	inv	-0. 0289(0. 0673)
	per_ gdp	0. 121(0. 314)
	resipop	-0. 0315(0. 114)
	urban	1. 217(0. 793)
	rate	0. 189(0. 219)
	Constant	1. 773(2. 331)
区间 2 fin>57. 862	*fin*	0. 0897 ** (0. 0493)
	inv	-0. 183 *** (0. 0364)
	per_ gdp	0. 722 *** (0. 116)
	resipop	0. 191 *** (0. 0223)
	urban	0. 091(0. 231)
	rate	-0. 051(0. 0737)
	Constant	2. 293 *** (0. 464)

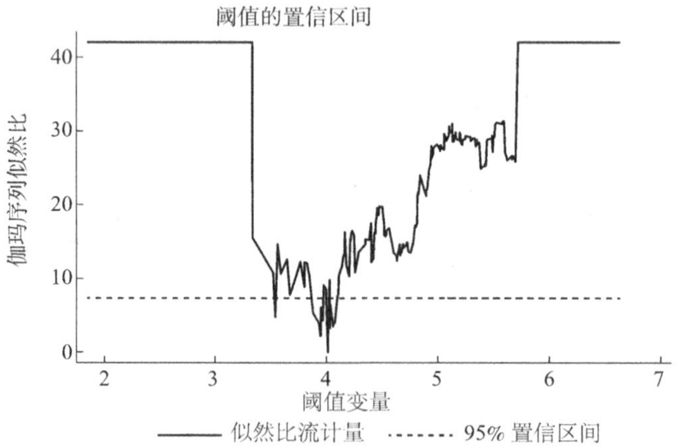

图 8. 1　省级数据门限值检验情况

表 8. 28 显示，区间 1 和区间 2 的区分点为 57. 862 亿元，当住房保障支出水平低于或等于 57. 862 亿元时，住房保障支出与商品房价格呈正相关关系，

回归系数为 0.219，影响相对较弱，没有统计显著性；住房保障支出大于 57.862 亿元的情况下，商品房价格与住房保障支出在 5%的水平上呈显著正相关，回归系数为 0.0897，表明住房保障支出每增加 1%，该省级区域商品房价格会提高 0.0897%。

表 8.29　35 个大中城市的门限回归情况

区间分布	变量	系数估计值（标准差）
区间 1 *fin*≤29.472	*fin*	−0.0974（0.0667）
	inv	0.0523（0.0582）
	per_ gdp	0.0661（0.124）
	resipop	0.374***（0.0626）
	urban	0.704***（0.261）
	rate	−0.162（0.153）
	Constant	6.732***（1.171）
区间 2 *fin*>29.472	*fin*	0.239***（0.0564）
	inv	−0.062（0.0531）
	per_ gdp	1.074***（0.141）
	resipop	−0.00236（0.0476）
	urban	0.623***（0.219）
	rate	0.0342（0.151）
	Constant	−6.144***（1.907）

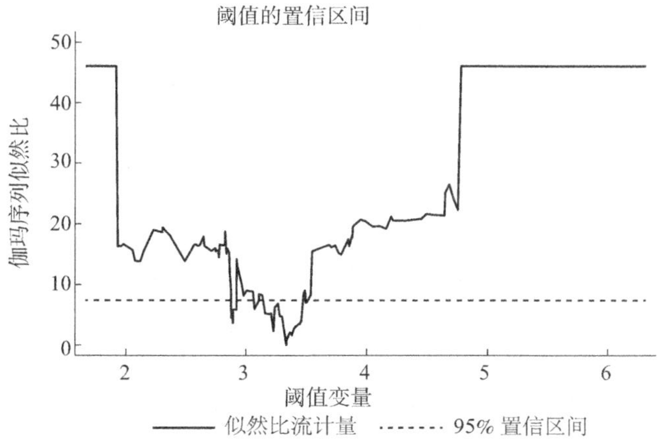

图 8.2　城市数据门限值检验情况

与前述类似，城市数据的门限回归结果与省级区域数据存在同样的模式。当住房保障支出小于等于29.472亿元时，没有统计显著性，回归系数为-0.0974；当住房保障支出大于29.472亿元时，存在较强的统计显著性，回归系数为0.239，表明住房保障支出每增加1%，该城市的商品房价格提高0.239%。

将两组数据进行对比可以发现，市级数据的估计值显著高于省级数据，反映了住房保障更多是地方政府的职责。地方政府的相关行为尤其是在住房、教育、治安、城市基础设施建设等方面，财政资金分配的结构等对本地区商品房价格具有较大的影响。这一结果也反映出地方政府对于保障性住房的开发投资活动对商品房的挤出效应，在一定程度上替代了商品房，减少了商品房供给，引致其价格上涨。

四、本节结论

通过本节的实证分析，可以得出如下重要结论：

(1)住房保障支出水平对商品房价格存在显著影响，与商品房价格呈正相关关系。

(2)保障性住房建设对商品房产生了替代效应，导致商品房供给减少，价格提高。

(3)住房保障支出水平存在门限效应，住房保障支出低于一定门限值，其对商品房价格的影响方向具有不确定性，可能提高也可能降低商品房价格。当住房保障支出超过一定的门限值，住房保障支出水平会显著推高商品房价格。

由上述实证分析结论，本节可以得出一些重要的政策含义：

(1)商品房市场与保障性住房建设共处于一个住房市场，二者之间存在非常重要的替代和互补关系，住房保障制度设计必须考虑二者之间的相互影响关系。

(2)抑制商品房价格提高不仅是房地产开发企业和个人购房者之间作用的结果，还与政府尤其是地方政府的财政支出行为直接相关。

(3)住房保障制度设计中需要充分考虑利用商品房市场自身的高效率性，为更有效率地改善人们的居住条件，住房保障制度需要限制在一定范围内，尽可能不降低整体住房市场的运行效率。

09 第九章 以效率改进为导向的中国住房保障制度的优化研究

纵观我国20余年住房状况的变化，可以清晰地看到在解决人们的居住问题方面，当前住房保障制度取得了突出的成就，是改革开放以来我国取得的丰硕成果之一。结合高效住房保障制度应满足的基本特征，本研究第六章阐述了我国现行住房保障制度存在的效率缺陷，使得我国的住房保障制度不能更好地发挥作用，出现了一定的效率损失。第二章、第三章、第七章和第八章分别从理论和实证角度研究了各种制度性设计的影响。在此基础上，本章试图提出效率改进导向的住房保障制度框架，为住房保障制度改革提供具有可操作性和较强参考意义的方案。

第一节 效率改进导向住房保障制度框架设计的基本特征

任何一项制度的产生和发展都是在经济和社会活动中相关参与主体不断互动、协调乃至妥协中形成的，其中起核心作用的是参与主体内在的激励因素和激励机制。可以说，有什么样的激励机制就会有相应的制度演进路径和结果，只有从激励机制角度入手才能将效率因素真正纳入住房保障制度之中，在不增加整体投入的情况下提高国民居住方面的福利水平。

一、当前住房保障制度效率缺陷的核心

根据第六章的分析可知，当前我国住房保障制度存在的主要缺陷在于效率不足，即生产效率、分配效率和运行效率都存在一些问题，导致巨大的保障性住房财政支出不能有效地发挥效能，不能更好地解决中低收入阶层的居住问题。而效率不足的核心在于当前住房保障制度改变了人们住房消费行为的激励机制，发生了部分社会福利渗漏到不需要保障的部分群体。同时导致

保障性住房提供过程中开发建设成本居高不下，行政管理成本过高，保障性住房整体建筑质量低于社会平均水平或者不能达到同样投资水平应该达到的质量水平。

在整个保障性住房的开发建设、分配和运行过程中，各参与方的利益存在巨大的差异，每一方只拥有关于其他方的少量信息，信息是不完全、不对称的。在信息不对称情形下，信息经济学的基本原理表明，委托人和代理人目标不同，委托人无法或不愿意掌握代理人的相关信息，代理人完全有可能在寻求自身利益的过程中损害委托人的利益。只有设计适当的激励机制，才会促使代理人按委托人利益最大化的方式行事，在保障性住房方面才会使整体社会福利最大化，才能有效地解决受保障群体的居住问题。

对代理人而言，适当的激励机制必须满足两个条件，即参与约束和激励相容。所谓的参与约束，即委托人为代理人提供的报酬或利益至少不低于代理人从事另外活动时的最高的机会收益，使代理人愿意实现委托人的目标。激励相容是指按委托人选择的激励机制，代理人将选择对委托人最优的行动。

当前住房保障制度下存在着非常复杂的委托—代理关系，在缺乏适当激励机制的情况下，会导致效率低下，实践中也会形成各种各样的腐败现象。具体的委托—代理关系主要包括如下几种类型：

(1)保障性住房是为受保障群体提供的，而资金是一部分国民提供的，逻辑关系上而言，这两个群体是生产建设环节的委托人，但实际上保障性住房生产建设主体是政府，是逻辑上的代理人，实质上的委托人。实际开发建设者是开发商或相关建设机构，是代理人。这一委托—代理链条中，政府作为实质委托人聚合上一层次委托人即受保障群体的利益缺乏内在的动力，而监管开发商或相关建设机构的动力不足，也就是说，监管带来的利益是政府执行官员自身无法获得的，政府官员可能会选择“无过错”的行为方式，或者由于信息不对称政府会使用相对容易观察的单一指标进行监管。而住房本身是复杂产品，单一指标监管使得在生产建设过程中生产者只为受监管的单一指标提供产出，而忽视或降低其他方面的品质。例如，如果政府监管保障性住房的套数，那么建设者会全力提供足够的住房套数，但这类住房可能缺乏满足基本生活需要的某些特征。实际生活中已经多次出现过卧室配置无法正常安置床铺的现象。

(2)分配过程中，保障性住房是一部分国民向另一部分国民的收入转移，是委托人，实际操作中是政府依靠特定或不特定来源的税收融资来提供，政府是实际的操作者，是一部分国民的代理人，也是向受保障群体进行保障房分配的次一级委托人。由于受保障群体也是纳税人的一部分，在这个意义上也是委托人。在这种委托—代理关系中受保障群体除了在提供部分资金的意义上是委托人外，属于旁观者的角色，即在分配过程中完全可以不顾及受保障群体的利益。例如，受保障群体对保障性住房的需求特征可能无法有效地反映到产品设计方面，也没有渠道约束保障房的品质。同时，政府作为保障房的分配主体，理论上应当确立社会福利最大化为其目标，但在实际操作中政府工作人员并不必然依此目标进行操作。政府工作人员作为代理人，其目标与国民希望的目标可能存在巨大的偏差。

（3）保障性住房制度在运行过程中存在两类委托—代理关系，一是租赁型保障房的业主（通常是政府，公共租赁房业主是企业，这一类保障性住房接近市场化方式，相对效率较高）是委托人，物业服务企业是代理人。二是销售型保障房的业主，通常受保障群体是委托人，物业服务企业是代理人。对于前者，物业管理费通常难以弥补物业服务企业正常的经营成本，需要政府另行补贴，因此物业服务企业对服务受保障群体的动力不足，服务质量低下。同时政府无法有效监管企业的成本费用，造成这些资金的使用效益存疑。对于后者，相对而言激励机制较为完整，受保障群体有动力监督物业服务企业，相关服务信息的不对称性较低，不过，通常保障性住房支付较低的物业管理费，从而导致物业服务企业无力或不愿提供较高品质的服务。

二、提升生产效率的制度框架特征

提升生产效率的制度框架的重点在于能够将保障性住房生产建设领域中委托人和代理人的利益协调起来，使各层级代理人有动力为实现委托人的目标而自动努力，提升保障性住房资金的使用效率。具体而言，要具备如下特征：

（1）开发商和各类投资主体有参与保障性住房建设的积极性。

这意味着不管保障性住房资金来自财政，还是来自社会筹资，承担生产建设的开发商都能够通过这类业务获得与社会类似投资相近的报酬率，各类投资主体也有利可图，相关资金投入能够体现资源的基本价值，产生的利润信号能够吸引稀缺的资源进入保障性住房投资建设领域。

（2）开发商有动力按照保障性住房客户的需求特征开发恰当的产品。

受保障群体通常收入水平较为低下，支付能力较弱，限制了其选择范围。因此，在居住方面的许多需求特征与商品房市场的客户群体不同，按住宅市场一般状况和特征开发保障性住房往往无法有效地满足这类群体的需求，例如单套面积过大，功能区配置不合理，所处地段与收入不匹配，周边配套设施超过受保障群体的支付能力等。因此，合理的保障性住房制度需要激发开发商通过深入的市场研究掌握受保障群体需求特征并根据市场环境的变化进行适应性调整的基本动力。开发商有动力将受保障群体看作一种客户类型，而不是将保障房视为对受保障群体的“施舍”，如果将其视为“施舍”，那么受保障群体似乎就没有选择的权利。

(3)政府提供的相关资源能够反映其市场价值，不会导致资源尤其是土地资源的错误配置和低效使用。

以效率改进为导向的住房保障制度的有效实施，需要充分发挥价格机制、市场机制的作用，减少人为的行政干预。由政府提供的相关资源如土地供应，政府运用行政强制手段要求提供的资源如强制商品房开发商无偿配建保障房，相关资源的初始配置要充分体现资源的市场价值，按竞争性状态下的土地、住房的价格确定其价值。

目前执行的无偿提供部分保障性住房用地相当于全体纳税人补贴一部分受保障群体，存在公平性困局。同时补贴是一种“黑箱式”的隐性补贴，无法核定补贴的真实代价，也无法确定受保障群体到底获得多大的利益，隐性状态下无法进行比较，更无法确定其他补贴方式是否效率更高，抑制了人们寻求更有效率的补贴方式。

开发商无偿配建保障房，需要以更高价格出售商品房才能保本获利，其实质是直接由购买商品房的购房者补贴获得保障性住房的群体，公平问题更加严重。实践表明，配建保障房代价的隐性化，造成的另一恶果是，保障房获得者低价获得利益并未因此而尊重为其承担相应代价的商品房购买者，反而由于存在商品房和保障房品质差异对商品房购买者产生怨恨情绪，加之所处地段消费水平超出受保障群体的支付能力，使两个群体的矛盾更加明显而激烈。

因此，相关资源不反映市场价值、补贴隐性化是造成这类问题和矛盾的主要原因，需要避免为保障性住房免费提供土地，取消开发商无偿配建保障房的制度。

三、提升分配效率的制度框架特征

任何一种保障性住房都带有补贴性、福利性、部分无偿性，根据基本的经济学原理，当价格或代价降低时，会产生需求的放大效应，价格越低需求的放大效应越明显。而实际情况又通常是政府无法提供足够多的保障性住房满足放大的需求，因此，保障性住房始终面临低价情况下供不应求的境况，需要辅助其他手段来分配有限的保障性住房。那么，提升分配效率的住房保障制度需要尽可能弥合其间的差异，尽量减少需求的放大部分。应当具备如下一些特征：

（1）政府依一定目标确定的保障性住房客户群体，甄别成本低，准入限制易于观察且成本低廉，分配监督程序简单，分配迅速。

在保障性住房分配领域，面临的第一个难题就是：谁有权获得保障性住房？受保障群体具备何种特征？保障要达到什么程度？如何将之从大众中甄别出来？如何确保获得保障的人群确实符合保障的要求？

为解决这一系列的问题，传统的住房保障制度通常是经过繁复的甄别程序，运用各种辅助工具和证明材料控制受保障群体的规模。由此，会耗费巨额的行政管理成本，也会使受保障群体等待分配时间十分漫长。

以效率改进为导向的住房保障制度在分配方面，需要引入受保障群体的自选择机制，即受保障群体有激励和自我甄别机制，需求的放大效应尽可能地受到抑制。从理论和实践角度看，哪类保障性住房与市场机制结合得紧密，其自我甄别机制越容易应用，行政管理成本越低，分配越迅速高效。

例如，我国目前的公共租赁房的分配效率较高，其租金大约是市场租金的80%~90%，较为有效地控制了需求的放大效应。同时其面积规模控制在基本居住需求层面。筛选受保障群体的评价指标简单且易于审核，例如，依据政府相关部门登记信息确认其有无住房，不审核其收入信息等，基本上不需要对其分配过程和结果额外进行监督控制。

再如，共有产权房（政府所持有的产权部分在实际操作时的成本较高，后文进行分析，本处仅从分配角度考虑）相当于以市场价格销售，当前支付价款较低，相当于以较低价格获得住房的使用权，变现或更换时再行支付或扣除自身不拥有产权的部分。从理论上说，这部分保障性住房可以不设定任何购买条件，即只要家庭有意愿就可以自行选择。但实践中通常会限定购买群体，不过，这种做法除增加行政管理成本、降低分配效率外意义不大。

（2）根据自身的收入状况、家庭人口特征、就业状况、家庭成员就学和就医状况，受保障群体的保障性住房需求不会扩大化，即保障性住房只能达到满足其最基础需求的水平。

这一制度特征反映的是保障性住房供给层面的要求。保障性住房补贴性的特性决定了如果不限制其产品类型、面积规模、所处地段和配套设施配置，很容易出现制度性的寻租空间，人们就有足够的动力获得这些补贴，产生我国一再出现的“经济适用豪宅”“豪华廉租房社区”等现象。经济学中的需求是指消费者在一定市场条件下愿意且能够购买的数量，即购买意愿和支付能力两者共同决定了需求水平的高低。因此，保障性住房的产品类型需要与保障支付能力较弱群体的最基础居住需求联系起来，使得那些支付能力更高的家庭缺乏购买意愿。

例如，满足四口之家最基础居住需求的建筑面积限定在50平方米，中等及高收入阶层虽然具备相应的支付能力，但缺乏消费的意愿，由此可以抑制其寻租行为。

同时，制度上可以限定保障性住房的功能性区间布局、装修档次等，进一步抑制中高收入者进入这一市场领域。当供给层面进行适当控制后，可以减少事先甄别指标、程序和准入门槛要求，进一步降低分配的行政管理成本。

(3)受保障群体的收入水平一旦达到某个门槛值会自动(主动)退出保障性住房使用。

这一制度特征是指要设计某种方式使受保障群体有动力在不需要保障时退出保障。上述运用供给层面控制就是一种方式，当保障房面积限制在较小水平时，已经接受保障群体的收入水平提高后，这一面积无法满足其需求，退出保障的意愿就会增强。可以说面积限制越小，收入提高越快，受保障群体退出意愿越强，退出速度就越快。其他方式还包括给予主动、准时退出的受保障群体一定的奖励。例如，可以设计受保障群体自行购买商品房，能够获得与原保障性住房同等面积的税费减免等。

四、提升运行效率的制度框架特征

提升住房保障制度运行效率的重点在于能够有效地节约行政管理成本，能够为受保障群体提供最基础的居住服务，人们进入和退出保障手续简单，能够根据工作、就学、就医等条件变化迅速调整居住地。同时，物业服务企业有动力、高效率地提供服务，政府不需要为维护保障性住房支付较高的成本。具体而言，包括如下几个方面：

(1)政府对保障性住房的监管成本能够达到与商品房类似的水平，即不增加政府监管成本，能够将保障性住房纳入整个房地产市场的管理体系。

目前，在同等住房面积情况下，我国政府耗费在保障性住房的行政管理成本往往是商品房的几倍乃至十几倍，即便如此，发生在保障性住房领域的贪污腐败现象仍相当严重。可见，强化监管的效能并不显著，不在制度设计上激发各参与主体的内在动力，会出现层层强化监管，资金越来越多地向监管倾斜，反而淡化了保障中低收入者居住问题的主要目标。因此，在保障性住房运行过程中简化流程、减少甄别指标，在运行的各个环节上设计合理的激励方式才能够提升运行效率。

(2)保障性住房引入市场化物业管理机构进行管理，物业管理企业能够正常运营并获得与社会一般报酬水平相适应的利润。

与保障性住房开发建设类似，保障房的传统物业服务通常采取低价或免费的方式提供，同样存在需求的放大效应。物业服务市场化可以有效地抑制受保障群体过度使用物业服务，也使物业服务企业能够更好地弥补经营成本并获取一定的利润，维持企业持续经营的动力。

此外，政府可以采取服务外包的方式，物业管理企业除常规的物业管理职能外，还承担受保障性群体整体准入后的动态变动管理，即保障性住房后期退出和进入动态管理。这样既控制了保障房运行过程中政府的行政管理成本，也能够较充分地利用物业服务企业经营过程中获取的直接信息，一定程度上可以减少政府和受保障群体信息不对称带来的一系列问题。

(3)获得住房保障的群体有动力在超出保障条件后主动退出。

分配效率主要涉及受保障群体进入阶段，运行效率则主要涉及受保障群体入住后阶段。这两者是高度相关的，表现在受保障群体进入时能够有效限制不符合条件者进入，而进入后一旦条件不符合也有动力主动退出，主动退出后的保障住房能够较为迅速地重新分配给其他符合条件的受保障群体。使住房保障制度具备这一制度特征相对而言比较困难，可能会出现某些受保障群体在收入水平提高后将保障房转让给其他人使用，从中牟取差价利益等现象。因此，需要在制度设计中充分考虑这一因素。出售型保障住房不限制交易，如共有产权房可以进行市场交易，交易中进行产权登记时补交政府产权部分价款后完成交易。对于出租型保障房，原出租型保障房的承租者信息与其后期交易信息相关联，即该承租者购买商品房办理产权登记手续时需要提交退出保障房的证明。或者，可以在登记制度中增加出租型保障房的登记类型，将保障房使用权单列为一种产权类型纳入整体登记范围。

(4)利用现有住房保障制度下的保障程度、面积档次、所处区域存在差异的存量住房实现梯级保障。

20 多年来，我国现行住房保障制度下出现了权利、义务存在较大差异的保障房存量，解决了大量中低收入者的住房问题。以效率改进为导向的住房保障制度需要在制度设计上与这些存量住房有效衔接。具体而言，需要对这些保障房存量进行完整的梳理，明确其保障程度，划分不同的保障类型，并与效率改进导向住房保障制度对照分析，分层次纳入效率改进导向住房保障制度的范围。例如，原出售型保障房满足出售条件后剔除住房保障制度范围，完全按市场化商品房执行。原出租型保障房如果已经无法满足当前经济条件下人们的最基础住房需求，采取自然消退方式处理，等建筑寿命结束拆除重建。保障房存量中能够满足最基础住房需求部分，根据分配效率和运行效率的制度安排作为执行这一制度的房源。

第二节　效率改进导向住房保障制度的目标和结构

建立效率改进导向住房保障制度需要在原有住房保障制度实施经验的基础上，政府确定合理的改善人们居住水平的目标，该目标的设定以不妨碍人们自主改善居住条件的内在动因作为基准线，同时降低实施的行政管理成本，尽可能激发人们的自主意识。

一、效率改进导向住房保障制度的目标

住房保障制度设立的初衷是为存在阶段性居住困难的国民提供满足其最基础住房需求的住房，其范围太小无法有效缓解人们的居住困难问题，而范围太大则鼓励不劳而获、寻租、腐败、浪费和不公平分配，社会大众也会承受过大的税收负担，同时会使市场价格机制无法发挥作用，降低资源配置效率。效率改进导向住房保障制度的目标，需要确定在当前经济条件下、财政收入水平状况下，社会一般大众最基础住房需求水平，如何在与商品房提供成本类似水平上提供这些保障性住房。具体而言，主要包括以下几个方面：

1. 在政府确定的拟保障群体数量或范围目标的基础上实现全面保障

根据经济发展阶段和财政可负担状况确立拟保障群体的规模，其收入水平、现在住房水平位于社会平均水平的区间。纳入保障范围的群体分类型进行全面保障，这是提升国民整体居住水平、福利状况，保持社会和谐稳定发展的重要基础。

2. 住房保障的直接行政管理成本不超过或略超过商品房市场运行的成本

降低住房保障的直接行政管理成本，减少浪费，节约保障房建设和分配时间，是效率改进导向住房保障制度的重要方面。商品房市场主要依赖市场参与各方自主激励约束机制，尤其是购房者会基于自身直接的经济利益，维护自身的权益，有充分的动力监督开发商的行为。而开发商也有直接的动力

控制成本，提供满足客户需求的产品。而保障性住房的激励约束机制不强，或者委托—代理关系链条复杂，使其效率较为低下。因此，在制度目标上需要以商品房运行效率或运行成本为参照点，理顺其中的委托—代理关系，尽可能地将受保障群体、开发商、物业服务企业和政府的利益纳入制度之中，共同控制保障性住房的整体成本。

3. 开发企业自愿主动进入保障性住房开发建设

效率改进导向住房保障制度将保障性住房与商品房设置为平行的可部分替代的市场，为开发企业设定与商品房类似的市场环境，使开发企业在投资、市场分析、产品设计等方面有利可图，能够运用在商品房市场获得的经验为受保障群体开发合适的保障性住房。

4. 社会化机构自愿主动进入保障性住房运营管理环节

商品房在开发企业出售后的运营管理是由购房者与物业服务机构自行根据市场条件进行交易和协商的过程。而保障性住房涉及受保障群体的认定、准入、退出等较为复杂的事务，相关管理机构会承担更多的职责。需要在住房保障制度方面设计合理的补偿机制，由政府采取服务外包等方式提升保障性住房运营管理服务的吸引力，在一定范围内发挥市场机制的功能，提升运营管理效率。

5. 受保障群体有动力提升收入水平脱离保障

住房保障制度顺利运行不应当产生消极的效应，尤其是不应当激励人们对住房保障的依赖性，制度设计中应当有足够的机制使受保障群体有动力通过自身的努力脱离保障。即住房保障制度的目标是使确实由于非自身努力原因的受保障群体能够满足最基础的居住需求，是“托底”安排，是社会中能力较强者对能力较弱者的扶助和支持，最终还是需要人们通过自身的努力更好地解决居住问题。

二、效率改进导向住房保障制度的激励措施

为实现效率改进导向住房保障制度的各项目标，平衡商品房市场和保障房准入条件，使保障房投资活动具有相似的吸引力，激发各参与主体的积极性，需要配之以一定的激励措施，使各层次委托人与代理人的目标趋于一致，或者促使代理人充分考虑委托人的利益。

1. 财政定向减免税激励

投资方面的减免税，通常开发商进行保障房建设是协助政府实现相应的

政策目标，与商品房投资活动相比，定价受到政府制约，利润率水平偏低，在这一过程中可以根据保障房投资类型，设计相应的减免税激励措施，如增值税、企业所得税减免等。基本原则是以商品房开发的平均利润率为基准，这种类型的保障房越接近商品房则减免税比例越少，越接近廉租房则减免税水平越高。

进入方面的减免税主要针对筛选甄别受保障群体的企业或管理机构，即政府可以运用市场化竞争的方式将保障房分配管理工作外包给专业的企业或管理机构，这类企业履行相应职能时可以根据其收入水平与社会一般水平的差异进行税费减免。

退出方面的减免税主要是针对受保障群体，如原受保障群体退出保障房而购买商品房，那么可以相应抵免与保障房面积相同的税费，以此激励受保障群体尽快退出保障，自行解决居住问题，也能在一定程度上制约较长时间占用保障房的行为。

管理过程中的减免税针对的是保障房运行过程中的物业服务企业，当保障房社区的物业管理费用与商品房相同或接近时，不进行税费减免。当其物业管理费用与商品房相比较低时，根据差额进行不同程度的税费减免，以使物业服务企业能够获得与社会同等水平的收入。

2. 财政定向现金和非现金激励

政府提供保障性住房一般可以采取实物、货币、实物加货币三种方式。从经济学效率角度而言，实物方式的成本较高，政府管理负担较重，同时这类保障房往往集中布置于某一区域，比较难以顾及受保障群体住房与职业平衡，职业变动时受保障群体不容易改变居住区域，其生活成本较高。货币补贴（或称现金补贴、收入补贴）的优点在于政府管理负担较轻，有了这些补贴，受保障群体容易运用市场化、分散化的方式解决居住问题，在工作和家庭状况发生变动的情况下，容易调整居住区域。同时也能避免较多低收入群体聚居产生的社会问题。此外，如果要控制相应的激励只限于解决受保障群体的居住问题，还可以发行类似住房券的工具，即符合条件的受保障群体可以运用市场化方式租赁、购买住房，住房券可以相应抵充租金或房价，得到住房券的出租人、卖主从政府相关部门兑付规定价款。

3. 低档次、低标准自我约束激励

前已述及，在住房保障制度实施中，由于监管困难，标准相对模糊，可能会出现不符合条件的群体获得保障房，如中高收入者获得经济适用房，从中牟取利益。为了使不符合条件者约束自身行为，避免保障房成为普遍性福利、增加整体财政负担，保障房的定位应当确定在只满足最基础的住房需求，即以低档次、低标准的方式进行负向激励，一方面使中高收入者缺乏购买或租赁保障房的意愿，另一方面也使已经入住保障房者一旦收入水平提高到一定程度就有足够的意愿退出保障。

4. 非行政筛选自由准入激励

降低政府保障房领域的行政管理成本还可以考虑自由准入方式，即政府不对入住保障房者进行筛选，也不对其收入、是否拥有住房等条件划线，按一定标准建设保障房后允许所有人申请购买或租赁。相当于提供了一种低标准商品房，由此节约行政筛选甄别成本，将这部分资金用于建设更多的保障房。这种激励方式通常在住房较为紧张、筛选甄别较为困难的情况下颇为有效。例如，目前提出的针对新进入城市的农民工、尚处于职业生涯早期的大学毕业生、支付能力相对较弱的中低收入群体等，可以运用这种激励方式。

5. 非财政融资损益平衡激励

这一激励方式属于金融领域，主要是针对开发建设保障房的开发企业，对其开发投资发生的利息根据社会一般报酬水平进行减免或补贴，鼓励开发企业筹集更多的资金用于保障性住房建设。同时，该项激励也可用于出售型保障房的受保障群体，由于这类群体的收入水平相对较高，最容易通过自身努力退出保障，因此鼓励这类群体购买自住保障房能够缓解保障房建设的压力。

三、效率改进导向住房保障制度的基本结构

基于尽可能地运用市场机制解决保障性住房在生产、分配和运行过程中的各种问题，在保障目标既定情况下实现居住水平迅速改善、社会福利最大化、保障成本最小化的主导思想，效率改进导向住房保障制度的基本结构可以考虑人工设计保障性住房的独立市场或称模拟市场。

整体上将保障性住房划分为三级结构，即需求主导层、供求相互适应层和供给主导层。三级结构中市场化程度各不相同，政府参与和干预程度逐次增强，有效地发挥了市场机制的调节作用。

1. 需求主导层

这一层级主要针对支付能力相对较强的受保障群体，对其进行需求方现金或收入补贴和其他非现金补贴。这类群体拥有一定的住房支付能力，也最

有能力在较短时间内脱离保障，依靠自身努力迅速改善居住条件。因此，需求主导层可以采取受保障群体自身收入加现金补贴加非现金补贴(如住房券、优惠贷款等)筹集购买保障性住房的资金，由此购买按能够满足基本居住需求档次的类似商品房的保障性住房。

2. 供求相互适应层

这一层级主要针对支付能力中等、无法在一定现金和非现金补贴条件下购买保障性住房的受保障群体。采取需求方收入补贴、非现金补贴(住房券、优惠贷款等)，再加上供给限定来满足其基本居住需求，即基本居住保障加个体改善部分。形式上既可以是租赁型也可以是出售型。基本居住保障由政府免费或低价提供，个体改善部分是指家庭可以自行提供一定数量的资金提升居住标准、面积大小、户型结构、地段位置。这种操作既能够使支付能力中等的受保障群体获得最基础的保障，又能够适应其需求的个别特征，更好地实现职业、就学、就医等与居住相匹配。

3. 供给主导层

这一层级主要针对支付能力很弱、缺乏收入来源、无法以自身能力解决居住问题的受保障群体，这种情况下采取补贴保障性住房的供给方(开发商、政府相关机构等)，为这类群体量身定制最基础保障住房，这类保障房采取租赁形式。

第三节　效率改进导向保障性住房供应的实施方式

效率改进导向住房保障制度的具体实施中，保障性住房供应领域是重中之重，也是目前住房保障制度实际运行中最容易出现问题的领域。考虑到我国各区域、各城市以及历史原因，保障性住房供应既要有一定的历史延续性，又要有一定的创新性，在保障范围、资金来源、保障支出方式、空间选择、保障退出等方面进行系统的更新。

一、效率改进导向住房保障制度的保障范围

效率改进导向住房保障制度的基础在于“托底”保障，不加重整体经济负担，同时在制度设计上强化个人或家庭自主解决居住问题，避免使其成为普遍的住房福利，也避免重蹈福利分房严重低效率的覆辙，因此，住房保障的范围需要严格限定，限制在整个社会收入层级的较低层面，限定指标宜单一

化、简单化、可操作性强、成本低，例如可以考虑如下一些单一指标：

（1）以收入比例的某一区间或个人所得税免税额的某一水平确定。

按整个社会收入分等的五分位数的某一区间确定。例如，按收入五等分一般划分为最高20%的高收入阶层、次高20%的中高收入阶层、中间20%的中等收入阶层、较低20%的中低收入阶层和最后20%的低收入阶层，然后在最高20%中划出前5%为极高收入阶层，最后20%中划出后5%为极低收入阶层。按比例划分的优点在于收入是动态变化的，同一家庭在不同时期所处阶层不同，由此可以动态地调整进入和退出保障人群的范围。在这种情况下，最后20%的低收入阶层适宜作为保障范围。通过住房保障，可以使这类群体的居住水平达到与中低收入阶层类似的水平。中低收入阶层处于不保障、不负担水平，相当于由收入前60%的阶层对最低20%的阶层进行适当扶助。

按个人所得税免税额的某一水平确定保障范围。例如按月收入达到个人所得税起征点的80%、60%、50%等为上限，如月收入低于5000元×80%（60%、50%）= 4000元（3000元、2500元）等。在新的个人所得税法按年核算、允许特定扣除情况下，可以确定年收入的某一水平内为保障范围。这种情况下容易利用税务部门的税收数据确定范围，尤其是大数据技术应用日益成熟的情况下，政府部门能够相对准确、完整地获得这些信息，汇总测算较为简便易行，避免了高额的行政管理成本。

（2）以产权登记材料为准，家庭拥有的住房水平处于所处城市最低15%、10%、5%等确定保障范围。

住房保障制度主要集中于解决人们的居住困难问题，因此家庭当前拥有的住房水平也是可选保障范围标准之一。同样，为了避免成为整体性住房福利，以拥有住房状况作为标准，其范围也需要严格设定，根据第八章的实证研究，从效率和财政可负担角度出发，这一比例宜低于20%。

（3）以反向指标确定受保障群体，即不直接将受保障群体的收入、职业、住房条件等作为限制指标，而是限定保障性住房面积、档次和配套设施条件，这些条件只能满足入住者最基本的居住需求。这种方式可以称为无保障范围的保障制度，侧重基于家庭自我选择的激励方式的运用。

二、保障性住房的提供方式

根据前述效率改进导向住房保障制度的基本结构，各层级保障性住房的提供方式可以理解为减少政府直接参与成分，增加市场化配置方式。具体实施方式如下。

1. 需求主导层

(1)不限制租赁还是销售，以销售方式为主；

(2)需求方收入补贴和非现金补贴相结合；

(3)受保障群体进入保障性住房的类商品房市场；

(4)受保障群体支付类似市场水平的物业服务费用；

(5)不限制获得保障房后的交易，即无交易时限、无额外交易条件，按商品房交易法规执行。

2. 供求相互适应层

(1)不限制租赁还是销售，鼓励销售方式；

(2)基本保障部分免费或收取成本费，个体改善部分支付市场价格；

(3)基本保障部分物业管理服务免费或收取成本费、运行费，个体改善部分支付类似市场水平的物业服务费用；

(4)允许在同类保障性住房范围内自由交易，无交易时限、无额外交易条件，限制与类型外保障性住房、商品房进行交易。

3. 供给主导层

(1)租赁方式为主；

(2)提供最基本住房保障，低档次、低标准；

(3)物业服务免费或按成本水平收取运行费。

三、保障性住房的资金来源和保障支出方式

1. 保障性住房的资金来源

保障性住房总体资金来源包括特定政府税收项目，如土地增值税、印花税、城市建设维护税、城镇土地使用税、房产税、城市房地产税、个人所得税等，受保障群体分层支付的租金、物业管理费、购买价款等，开发企业的自有资金、预收货款和银行贷款等。

2. 针对受保障群体的保障支出方式

需求主导层群体的收入补贴支出，不限定受保障群体购买或租赁住房的档次、面积、地段，符合某一条件即通过税收减免、收入直接补贴和非现金补贴等方式进行补贴。此外还可以设计用于购买保障房的特殊公积金方式。

供求相互适应层，由政府筹集资金建设基本保障住房(设定保障面积、档次和地段)，受保障群体支付保障性住房运行费(以物业管理费和设备设施运

行费形式）及超过基本保障住房范围部分由受保障群体按市场价格支付补足。

供给主导层，由政府筹集资金建设基本保障住房（设定保障面积、档次和地段），受保障群体支付保障性住房运行费（以物业管理费和设备设施运行费形式）。

3. 针对保障房开发企业的保障支出方式

开发针对需求主导层保障性住房的，对开发商不予补贴，保障支出通过补贴受保障群体，按类似商品房价格的方式向开发商支付对价。

开发针对供求相互适应层保障性住房的，对开发商补贴基本保障住房部分的开发成本和社会一般利润，个体改善部分由受保障群体直接按类似商品房价格支付对价。

开发针对供给主导层保障性住房的，对开发商全额进行补贴，或者由政府全额支付开发费用，执行类似招标投标代建方式。

4. 针对物业服务企业的保障支出方式

提供需求主导层保障性住房的物业服务企业不进行补贴，受保障群体按市场价格支付物业服务费。

提供供求相互适应层保障性住房的物业服务企业补贴基本保障住房部分，受保障群体支付个体改善部分的市场价物业服务费用。

提供供给主导层保障性住房的物业服务企业全额或部分补贴，由政府执行类似招标投标方式招聘物业服务企业进行管理，受保障群体自行支付部分物业服务费用。

四、保障性住房的空间选址

1. 需求主导层

这一层级政府只在需求一方提供一定的收入补贴和（或）非现金补贴，不对这类受保障群体住房选择的面积、档次和地段等进行限制。减少空间地域、地段选择方面的限制，有助于受保障群体根据自身状况更好地实现职住平衡，减少通勤时间和成本，提升整体福利水平。

2. 供求相互适应层

这一层级政府通过市场化方式（经由开发商开发）开发保障性住房，补贴基本保障部分，超过部分由受保障群体自行按市场价格支付，受保障群体调整保障房区域需要支付区域市场价格差额。其中所处区域以供给主导层区域为基准，区域差价由市场价格差异确定。空间选择方面相对固定与集中，与交通便捷节点相联系，减少了这类群体的通勤时间和成本。

3. 供给主导层

这一层级政府通过市场化方式（经由开发商开发）开发限定档次、面积和地段的保障性住房，空间选择上以集中布置、相对偏远地域为主，降低了土地成本，减轻了财政负担，同时较为偏远区域的生活费用相对低廉，能够较为有效地降低这类群体的生活成本。

五、各层次受保障群体的保障退出方式

1. 需求主导层

这一层级相当于通过政府扶助性政策帮助这类群体解决住房问题，受保障群体无须退出。为保证保障的公平性及减轻纳税人负担，可以设定补贴周期和补贴额度，一定时间周期内应保尽保。例如，通过财政可负担性测算能够支持的水平，由此确定补贴周期是10年、20年或者一生，在该周期内一人只能享受一次类似补贴。

2. 供求相互适应层

这一层级在一定范围内允许受保障群体进行市场交易，不限制交易时间，交易价格中基本保障部分上缴政府住房保障基金。例如，总面积50平方米，基本保障部分20平方米，住房总售价为200万元时，计为每平方米4万元，如果上市出售则需要上缴20平方米乘以4万元/米^{2}等于80万元的基本保障费用。完成返还保障费用后，该保障房可以转化为商品房进入市场。为简化上缴流程，也可以适用市场价格评估方式，即不按交易价格而依评估机构评估值计算基本保障部分应归还政府基金的数额。

这一层级的保障房可以在同一层级进行对等自由交易。例如，某人在A区拥有一套50平方米的保障房，工作变动到B区，那么可以与B区类似面积的保障房进行交易，两个区域有区域价差则需要补足。

3. 供给主导层

这一层级的受保障群体可以在收入提高的情况下通过交易退出该层级，进入其他层级或直接购买商品房，购买商品房时交易登记前置条件为需要退出承租的保障房。

允许在该层次保障性住房的独立市场中进行交易，即单独设计属于供给主导层的保障性住房交易市场，受保障群体可以在该市场范围内自由交换。

此外，保障房退出方式还涉及具体退出依据的条件，可以按进入指标予

以确定，如下所示：

（1）依收入指标进入，则依税务部门个人所得税核定的收入超过上限则半年内强制退出；

（2）依住房面积指标进入，则依住房登记部门核定的购入产权住房即强制退出（可以附加半年左右的搬迁缓冲期）；

（3）依无限制进入方式进入者，不进行退出，由受保障群体自行决定是否继续承租。

六、不同区域、不同城市保障差异

由于我国不同区域、不同城市的经济发展水平、收入分布状况、住房拥有情况以及过去20年保障性住房建设情况千差万别，因此，效率改进导向住房保障制度设计同时需要充分考虑不同区域、不同城市的具体情况，制定相应的调整性规则。

（1）保障范围以所处城市保障群体占本市全部居民的某一百分比确定，该比例按全国水平测算后确定，不同城市根据本市实际情况可以在一定范围内调整。

全国性住房保障范围宜制定相对较紧的比例，如全部居民家庭的20%、15%等，不规定人均住房面积的绝对值、家庭或人均收入的绝对值指标，避免绝对值指标与具体城市无法适应的问题。例如，某东部城市受保障群体的收入水平为月收入3000元，在西部城市该收入绝对值可能就是中等或中等以上收入水平。

（2）对东部、中部、西部三类城市的保障性住房进行供、需两个方面的个别研究。

总体而言，通过对东部、中部、西部三类城市的城市经济的优势、人口的自然增长和机械增长情况、政府财政收入和支出的水平及结构、产业结构及其变迁、历史保障性住房开发建设情况、当地商品房建设情况及住房拥有状况分布等因素的分析，确定受保障群体比例，在此基础上确定各城市的保障性住房需求和供给水平。

东部城市：人口聚集程度高且吸引大量中西部城市和农村人口流入，城市规模经济效益明显，具备较高的经济增长率，城市经济发展需要也能吸纳更多的劳动力，城市税收较有保障，财力较为充沛，保障性住房比例可以适当提高，保障比例可以在全国平均水平基础上增加若干比例，尤其是要拟订新市民、农民工的住房保障政策措施。

中部城市：人口聚集程度处于平均水平，城市具有一定的规模经济效益，具备较高的经济增长率，城市经济发展需要也能吸纳更多的劳动力，城市税收有一定的税收基础，财力中等，保障性住房比例可以确定在全国平均水平。

西部城市：人口聚集程度较低，且人口向经济发达城市迁移的趋势较为明显，对人口和劳动力的吸纳能力较弱，城市财政入不敷出，增加保障性住房会导致城市发展的负担加重，保障性住房比例可以在全国平均水平基础上扣减若干比例。

10 第十章 研究结论

通过党和政府以及全国人民的多方探索和实践，我国的住房保障制度因应经济、社会、文化和技术的变化而不断向前发展。与此同时，理论上还存在一些亟待突破的难点，实践中还存在一些问题，需要理论和实践有效结合，进一步推动建立有中国特色社会主义特色的效率改进导向的住房保障制度，高效地解决人民群众的住房问题。本章对前述研究进行一些总结，说明本研究得出的理论结论、实证结论和政策建议结论。

第一节 理论结论

根据前述理论研究，本研究报告得出的主要理论结论简要概括如下：

（1）高效住房保障制度的特征主要体现在公平普适性、补贴有效性、替代非扭曲性和强化激励性几个方面。公平普适性在于这一制度面向全体国民，任何国民满足一定的条件均能够获得相关保障，同时不使得社会中其他国民承担的成本超过必要的限度。补贴有效性意指住房保障制度对一部分国民由于其非自身原因导致的住房不足进行补贴，补贴有效性能够缓解其住房不足但不会激励没有得到补贴者的寻租行为。替代非扭曲性是指保障性住房与商品房之间共同形成房地产市场，二者之间存在此消彼长的关系，尽可能运用价格机制、市场机制解决城市住房问题，避免商品房市场受替代影响而降低效率。强化激励性主要强调对国民具有良性激励效能，尤其是受保障群体在环境和自身收入状况改变时有动力脱离保障，激发个人不断依靠自身的能力改善居住条件。

（2）现行住房保障制度下本来应该提供更多的保障性住房，由于生产效率、分配效率和运行效率较为低下而没有开发出来，各种资源错配和浪费较为严重，极大地限制了人们改善居住状况目标的实现。

（3）造成现行住房保障制度效率缺陷的主要原因在于，政府过度依赖土地财政、开发商的选择和管理有待改进、准入退出机制不完善、融资渠道狭窄和社区后续治理困难。

（4）现行住房保障制度的效率缺陷的主要作用方式包括土地财政导致政府缺乏开发保障性住房项目的动力、委托开发制度缺陷影响房源质量、审核制度缺陷阻碍有效分配、融资手段狭窄产生资金缺口和自治意识薄弱加大后续管理难度。

（5）住房价格是供给和需求两种力量共同作用的结果，任何因素都是通过对需求、供给或两者共同对住房价格起作用。如果政府希望干预住房价格，那么可以通过对供求两类因素中的一个或多个起作用。政府改变住房价格，那么住房与其他非住房产品和劳务的相对价格发生变动，家庭会改变收入在两类产品方面的分配。政府改变不同产品和劳务的相对价格会产生扭曲效应，改变资源在不同领域的分配。当政府具有其他政策目标时，这些目标通常会产生冲突。如果政府控制土地数量和使用方向，那么土地成本会提高，其他条件给定的情况下，住房价格会相应提高。政府政策往往带有政府对市场前景的判断，这种判断会通过对家庭和开发商的价格预期传递到住房均衡价格上来。

（6）金融中介机构的介入改变了家庭的选择空间，家庭收入可以在时间和空间的一定范围内调整，政府对家庭住房贷款进行补贴时，会改变价格和数量的时间路径，使住房价格比无补贴时波动性更大。如果政府使开发商的信贷政策发生变化，那么会改变开发商进行住房投资的量，即补贴会增加开发商投资。但最终效应如何，取决于政府补贴资金的来源。金融机构降低了消费者、开发商的信息成本和交易成本，使原本无法进行的生产和消费活动可以进行。

（7）政府作为保障性住房的直接供给者，资金来源于对家庭和企业的税收，与企业的区别是以社会福利最大化为目标。政府作为直接供给者对人们的收入（收入效应）产生影响。改变了消费者的住房需求选择空间，从商品房转向保障性住房，其经济实质是所有家庭用税收来补贴获得保障性住房的家庭。住房供给结构发生变化，整个房地产市场的价格的数量结构均发生变化。如果政府给予开发商开发保障性住房的优惠条件，那么商品房会被保障性住房供给所替代。

（8）政府作为约束者，采取限购、限贷、限售、限产品结构、限贷款条件和资金流向等手段，限制了家庭、开发商和银行的选择范围。从经济效率角度来看，缩小选择范围会使资源调整到最佳用途受到限制，通常情况下会造成效率损失。对家庭的约束，限购政策相当于对需求施加一个数量型条件，限制政策必然会大幅提高行政管理成本，降低市场交易活动的效率。对开发商的约束，限售相当于对供给施加一个数量型条件，限产品结构则是使开发商的产品供给结构与市场需求结构可能一致也可能不一致，出现结构性供求非均衡，使限售数量与开发商利润最大化数量及家庭效用最大化数量不一致，最终会降低整个经济活动的效率。对银行等金融机构的约束，限贷款条件相当于限定了进入房地产市场的家庭数量，限资金流向相当于限定了房地产开发商投资的基本方向。政府对三类市场参与主体的行为约束，改变了三方的决策空间，改变了不同选择的相对价格或成本收益关系，从而产生资源配置的扭曲效应。扭曲程度和方向取决于各种限制政策的具体特性，会产生各种限制政策对市场活动的混杂效应。

第二节 实证结论

根据前述实证研究，本研究报告得出的主要实证结论如下：

(1)调研发现，被调研者对经济适用房和限价商品房的偏好程度最高。选择租赁型保障房时，被调研者认为60~90平方米为宜。从希望购买保障性住房的面积分布来看，同样以71~90平方米居于主导地位。租赁型保障房认为其租金水平“不高于周边同等租赁住房租金的25%即可”和“不高于周边同等租赁住房租金的50%即可”，占比合计达到65%以上。就被调研者希望购买保障性住房的售价分布而言，“不高于周边同等商品住宅的25%即可”和“不高于周边同等商品住宅的50%即可”的占比合计达到65.88%。被调研者表示更希望政府将保障性住房配建在普通小区中。保障性住房在城市中的选址分布，位于市区、市郊和城郊接合部的意愿相当。26个城市保障房相关特征综合平均得分最高或次高的为区位因素。

(2)对于政府在住房领域的帮助形式，被调研者普遍偏好“直接提供住房(实物补贴方式)”和“直接发放租赁或购房补贴资金(货币补贴方式)”。针对被调研者认为目前政府所提供的保障性住房存在问题最为集中的为“申请条件苛刻”和“房屋选址偏僻，远离市区”，被调研者希望扩大住房保障范围，降低保障房价格，解决保障房配套设施问题和提高住房租赁补贴。

(3)房价、城市经济增长率、城市化率对保障性住房需求具有显著的正相关关系；货币供应量与保障性住房需求存在强烈的负相关关系；城市财政收入、建安成本、常住人口与保障性住房需求存在负相关关系；消费物价指数、利率、城市储蓄总额与保障性住房需求存在正相关关系，社会消费品零售总额则呈现一定的负相关关系；政策虚拟变量与保障性住房需求之间的关系不确定。

(4)住房价格是影响人均住房面积(反映与住房相关的社会福利水平高低的替代变量)和保障性住房财政支出的重要因素之一，房价上升会导致人均住房面积减少，使得保障性住房财政支出负担加重。因此，控制房价水平对提高社会福利水平和减少保障性住房财政支出具有重要作用。随着经济不断增长，人均住房面积会有所增加，保障性住房财政支出也会有所增加，但显著性较小。城市经济增长水平为人们提升住房方面的福利水平提供了保障，也是吸引产业和人口向城市聚集，提升城市规模经济效应和降低经济活动成本的重要基础。同时也为政府筹集保障性住房资金奠定了良好的税源基础。从定量结果来看，常住人口数量与人均住房面积反方向变动，即人口集中造成的拥挤效应导致人们在居住方面的福利下降。当然，从经济理论角度来看，这一定量结果还有较大的不确定性，人口集中时具有提供产品和劳务的强规模经济性，使得提供同样规模住房的成本较低，具有提高人们住房方面福利水平的正面效应。

(5)城市财政收入(税收和政府非税收入)增加会加重企业和个人的负担，减弱其住房支付能力，从而导致其住房方面的福利水平下降。城市财政收入增加能够为保障性住房财政支出提供更多的资金来源，从而更有能力增加保障性住房支出。限购限贷等政策对抑制房价有一定的影响，可以在一定程度上降低人们的住房支付压力，增加人均住房面积，提高人们在住房方面的福利水平，减少保障性住房方面的财政支出。

(6)商品房价格受到住房保障支出水平的强烈影响，二者呈现正相关变动的关系。保障性住房建设对商品房产生了替代效应，导致商品房供给减少，价格提高。住房保障支出水平存在门限效应，住房保障支出低于一定的门限值，其对商品房价格的影响方向具有不确定性，可能提高也可能降低商品房价格。当住房保障支出超过一定的门限值，住房保障支出水平会显著推高商品房价格。

第三节 政策建议结论

（1）建立效率改进导向住房保障制度框架的基本特征主要包括：

提升生产效率的制度框架特征：要发挥开发商和各类投资主体参与保障性住房建设的积极性，开发商有动力按照保障性住房客户的需求特征开发恰当的产品，政府提供的相关资源能够反映其市场价值，不会导致资源尤其是土地资源的错误配置和低效使用。

提升分配效率的制度框架特征：政府依一定目标确定的保障性住房客户群体，甄别成本较低，准入限制易于观察且成本低廉，分配监督程序简单，分配迅速。根据自身的收入状况、家庭人口特征、就业状况、家庭成员就学和就医状况，受保障群体的保障性住房需求不会扩大化，即保障性住房只能达到满足其最基础需求的水平。受保障群体的收入水平一旦达到某个门槛值会自动（主动）退出保障性住房使用。

提升运行效率的制度框架特征：政府对保障性住房的监管成本能够达到与商品房类似的水平，即不增加政府监管成本，能够将保障性住房纳入整个房地产市场的管理体系。保障性住房引入市场化物业管理机构进行管理，物业管理企业能够正常运营并获得与社会一般报酬水平相适应的利润。获得住房保障的群体有动力在超出保障条件后主动退出。利用现有住房保障制度下的保障程度、面积档次、所处区域存在差异的存量住房实现梯级保障。

（2）效率改进导向住房保障制度的目标为：在政府确定的拟保障群体数量或范围目标的基础上实现全面保障，住房保障的直接行政管理成本不超过或略超过商品房市场运行的成本，开发企业自愿主动进入保障性住房开发建设，社会化机构自愿主动进入保障性住房运营管理环节，受保障群体有动力提升收入水平脱离保障。

（3）效率改进导向住房保障制度的激励措施有财政定向减免税激励、财政定向现金和非现金激励、低档次低标准自我约束激励、非行政筛选自由准入激励、非财政融资损益平衡激励等。

（4）效率改进导向住房保障制度的基本结构是基于尽可能地运用市场机制解决保障性住房在生产、分配和运行过程中的各种问题，在保障目标既定情况下实现居住水平迅速改善、社会福利最大化、保障成本最小化的主导思想，效率改进导向住房保障制度的基本结构可以考虑人工设计保障性住房的独立市场或称模拟市场。整体上将保障性住房划分为三级结构，即需求主导层、供求相互适应层和供给主导层。三级结构中市场化程度各不相同，政府参与和干预程度逐次增强，有效地发挥了市场机制的调节作用。

(5)效率改进导向保障性住房供应的实施方式，在保障范围方面在于“托底”保障，不加重整体经济负担，同时在制度设计上强化个人或家庭自主解决居住问题，避免使其成为普遍的住房福利，也避免重蹈福利分房严重低效率的覆辙，住房保障的范围需要严格限定，限制在整个社会收入层级的较低层面，限定指标宜单一化、简单化、可操作性强、成本低。在保障性住房的提供方式上，减少政府直接参与成分，增加市场化配置方式。在保障性住房的资金来源上主要是特定政府税收项目。在保障性住房的空间选址上，减少空间地域、地段选择方面的限制，尽可能利用市场化方式进行保障性住房选址，实现职住平衡，减少通勤时间和成本，提升整体福利水平。在各层次受保障群体的保障退出方式上严格划分不同保障层次，设计不同的退出方式，设计明确、简化和低成本的退出制度。

参考文献

[1] ALAN K R. The impact of interest rates, income, and employment upon regional housing prices [J]. The Journal of Real Estate Finance and Economics, 1990, 3(4): 373-391.

[2] ALBRIGHT L. Do affordable housing projects harm suburban communities? Crime, Property values, and Taxes in Mount Laurel, NJ[J]. City & Community, 2013, 12(2): 89-112.

[3] ANDREW H. Central city infrastructure investment and suburban house values[J]. Regional Science and Urban Economics, 1997, 27(2): 199-215.

[4] ANNE L, DAVID L B. How do housing allowances affect rents? An empirical analysis of the French case[J]. Journal of Housing Economics, 2004, 13(1): 36-67.

[5] APGAR, WILLIAM C J. Which housing policy is best[J]. Housing Policy Debate, 1990, 1(1): 1-32.

[6] ARNOT T, RICHARD J, Joseph E S. Aggregate land rents, expenditure on public goods, and optimal city size [J]. Quarterly Journal of Economics, 1979, 93(4): 471-500.

[7] ARNOTT, RICHARD. Time for revisionism on rent control? [J]. Journal of Economic Perspectives, 1995, 9(1): 99-120.

[8] ARUN K. National housing policy: The implications[J]. Economic and Political Weekly, 1989, 24(23): 1285-1291, 1293-1294.

[9] ATTANASIO O. Consumer durables and inertial behaviour: Estimation and aggregation of (S, s) rules for automobile purchases [J]. Review of Economic Studies, 2000(67): 667-696.

[10] BAJARI P, BENKARD L J. Estimating dynamic models of imperfect competition[J]. Econometrica, 2007 (75): 1331-1370.

[11] BARKLEY, DAVID L. The economics of change in rural America[J].

American Journal of Agricultural Economics, 1995, 5.

[12] BAYER P, FERREIRA F, MCMILLAN R. A unified framework for measuring preferences for schools and neighborhoods [J]. Journal of Political Economy, 2007, 115(4): 588-640.

[13] BEATRICE A, ANTHONY L, ANDREA W, et al. Demographic and psychosocial predictors of housing security in older lesbian and Gay Australians[J]. The International Journal of Aging and Human Development, 2019, 89(1).

[14] BEEN, VICKI, JOSIAH M, et al. Urban Land-Use regulations: Are homevoters overtaking the growth machine? [J]. Journal of Empirical Legal Studies, 2014, 11(2): 227-265.

[15] BENEDICT, THOMAS W S, CASEY J D. Housing & transportation cost Trade-offs and burdens of working households in 28 metros[J]. Centre for Neighbourhood Technology, 2006, 7.

[16] BENGT T, JÓZSEF H, IVÁN T. The reform of housing in Eastern Europe and the Soviet Union, 1992.

[17] BENJAMIN J, CHINLOY P, JUD D. Real estate versus financial wealth in consumption[J]. Journal of Real Estate Finance and Economics, 2004, 29: 341-351.

[18] BRATT R G. Policy review[J]. Housing Studies, 2003, 18(4): 607-635.

[19] BRONWYN B. Rental security and the property manager in a tenant's search for a private rental property[J]. Housing Studies, 2020, 35(4).

[20] BUSSO, MATIAS, et al. Assessing the Incidence and Efficiency of a Prominent Place Based Policy[J/OL]. The American Economic Review, 2013, 103(2): 897-947. JSTOR, www.jstor.org/stable/23469686.

[21] CAMPBELL J, COCCO J. How do house prices affect consumption? Evidence from micro data [J]. Journal of Monetary Economics, 2007, 54: 591-621.

[22] CARROLL S, LI W. The home ownership experience of households in bankruptcy[J]. Cityscape, 2011, 13: 113-134.

[23] CASE K, QUIGLEY J, SHILLER R. Comparing wealth effects: The stock market versus the housing market[J]. Advances in Macroeconomics, 2005 (5): 1-34.

[24] CECILIA E. Economic incentives, housing allowance, and housing

consumption: An unintended consequence of a shift in housing policy[J]. Journal of Housing Economics, 2014, 3(23): 17-27.

[25] CHAMBERS M, GARRIGA C, SCHLAGENHAUF D. Accounting for changes in the home ownership rate[J]. International Economic Review, 2009a (50): 677-726.

[26] CHAMBERS M, GARRIGA C, SCHLAGENHAUF D. The tax treatment of homeowners and landlords and the progressivity of income taxation[J]. Journal of Monetary Economics, 2009c (53): 1425-1450.

[27] CHAMBERS M, GARRIGA C, SCHLAGENHAUF D. The loan structure and housing tenure decisions in an equilibrium model of mortgage choice [J]. Review of Economic Dynamics, 2009b (12): 444-468.

[28] CHASKIN, ROBERT J, MARK L J. Contested Space: Design Principles and Regulatory Regimes in Mixed-Income Communities in Chicago[J/OL]. The Annals of the American Academy of Political and Social Science, 2015, 660: 136-154. JSTOR, www. jstor. org/stable/24541831.

[29] CHING, ANDREW T, et al. Quantifying The Impacts Of Limited Supply: The Case Of Nursing Homes [J/OL]. International Economic Review, 2015, 4(56): 1291-1322. JSTOR, www. jstor. org/stable/24517953.

[30] CHRISTIAN A L H, Christopher M. Why do households without children support local public schools? Linking house price capitalization to school spending[J]. Journal of Urban Economics, 2009, 65(1): 74-90.

[31] CHUL-INLEE. Does provision of public rental housing crowd out private housing investment? A panel VAR approach[J]. Journal of Housing Economics, 2007, 16(1): 1-20.

[32] COATHAM, VERONICA. Public-sector Housing: Rethinking Policies and Approaches to Estate Renewal[J/OL]. The Town Planning Review, 2012, 6 (83): xv-xx. JSTOR, www. jstor. org/stable/23325609. Accessed 28 June 2020.

[33] DELUCA, STEFANIE, et al. Segregating Shelter: How Housing Policies Shape the Residential Locations of Low-Income Minority Families[J/OL]. Annals of the American Academy of Political and Social Science, 2013(647): 268-299. JSTOR, www. jstor. org/stable/23479104. Accessed 28 June 2020.

[34] DEMERATH, NICHOLAS, et al. Panel Ⅳ: Housing Needs and Housing Standards[J/OL]. Land Economics, 1949, 1(25): 116-132. JSTOR, doi: 10. 2307/3144881. Accessed 28 June 2020.

[35] DIAZ A, LUENGO-PRADO M. On the user cost and home ownership [J]. Review of Economic Dynamics, 2008(11): 584-613.

[36] DIAZ A, LUENGO-PRADO M. The wealth distribution with durable goods[J]. International Economic Review, 2010(51): 70-143.

[37] EDGAR O O. Housing programs for low-income households[J]. NBER Working Paper 8208, 2001.

[38] EDWARD G, GYOURKO J, RAVEN. Why is manhattan so expensive? Regulation and the rise in house prices[J]. The Journal of Law and Economics, 2005, 48(2): 331-369.

[39] ELIZABETH A G, RAPHAEL W B. The role of private agents in affordable housing policy [J]. Journal of Public Administration Research and Theory: J-PART Vol. 20, Supplement 1: The State of Agents: A Special Issue (Jan., 2010) (pp. i81-i99).

[40] FERNANDEZ V J, KRUEGER D. Consumption over the life cycle: How important are consumer durables? [J]. Macroeconomic Dynamics, 2011 (15): 70-725.

[41] FILIPA S, TOMASZ W. Capital Inflows and the U. S. housing boom [J]. Journal of Money Credit and Banking, 2005, 47(S1): 221-256.

[42] FIREBAUGH, GLENN, et al. Residential Inequality: Significant Findings and Policy Implications[J/OL]. The Annals of the American Academy of Political and Social Science, 2015(660): 66-360. JSTOR, www.jstor.org/stable/24541842.

[43] FLAVIN M, YAMASHITA T. Owner-occupied housing and the composition of the household port folio[J]. American Economic Review, 2002 (92): 62-345.

[44] FLEURBAEY, MARC, KOICHI T. Universal Social Orderings: An Integrated Theory of Policy Evaluation, Inter-Society Comparisons, and Interpersonai Comparisons[J/OL]. The Review of Economic Studies, 2014, 81, (3): 101-1071. JSTOR, www.jstor.org/stable/43551620. Accessed 28 June 2020.

[45] GALIANI, SEBASTIAN, et al. Estimating Neighborhood Choice Models: Lessons from a Housing Assistance Experiment[J/OL]. The American Economic Review, 2015, 105(11): 415-3385. JSTOR, www.jstor.org/stable/43821378.

[46] GALSTER G. Comparing Demand-side and Supply-side housing policies: Make an spatial perspectives[J]. Housing Studies, 1997(12).

[47] GARRIGA C, SCHLAGENHAUF D. Home equity, foreclosures, and

bailouts[J]. Working Paper, Federal Reserve Bank of St. Louis, 2009 卷(期).

[48] GEORGE C, GALSTER, PETER T. The impact of neighbors who use section 8 certificates on property values[J]. Housing Policy Debate, 1999, 10(4): 879-917.

[49] GIBB, KENNETH. Market Signals, Planning and Social Housing[J/OL]. The Town Planning Review, 2013, 1(84): 63-80. JSTOR, www.jstor.org/stable/23474308.

[50] GLAESER, EDWARD L, JOSEPH G. Rethinking federal housing policy: How to make housing plentiful and affordable[R]. Washington, DC: American Enterprise Institute, 2008.

[51] GRADDY, ELIZABETH A, RAPHAEL W B. The Role of Private Agents in Affordable Housing Policy[J/OL]. Journal of Public Administration Research and Theory: J-PART, 2010(20): i81-i99. JSTOR, www.jstor.org/stable/20627910. Accessed 28 June 2020.

[52] GRIGSBY W G, BOURASSA S C. Trying to understand low-income housing subsides: Lessons from the United States[J]. Urban Studies, 2003, 40(5-6): 973-992.

[53] GYOURKO J, LINNEMAN P. Equity and efficiency aspects of rent control: An empirical study of New York City[J]. Journal of Urban Economics, 2006, 26(1): 54-74.

[54] GYOURKO, JOSEPH, RAVEN M. Regulation and housing supply[R]. NBER Working, 2014.

[55] GYOURKO, JOSEPH, CHRISTOPHER M, et al. Superstar cities[J]. American Economic Journal: Economic Policy, 2013, 5(4): 99-167.

[56] HALL G, RUST J. Simulated Minimum Distance Estimation of a Model of Optimal CommodityPrice Speculation with Endogenously Sampled Prices[N]. Working Paper, Brandeis University, 2003.

[57] HAMILTON B W. Capitalization of intraductional differences in local tax prices [J]. The American Economic Review, 1976, 66(5): 743-753.

[58] HAN L. The effects of price uncertainty on housing demand: Empirical evidence from U.S. markets[J]. Review of Financial Studies, 2010 (32): 928-3889.

[59] HANSEN L, SINGLETON K. Generalized Instrumental variables estimation of nonlinear rational expectations models [J]. Econometrica, 1982 (50):

86-1269.

[60] HANSEN. Threshold effects in non-dynamic panels: Estimation, testing and inference[J]. Journal of Econometrics, 1999, 93(2): 345-368.

[61] HENRY O, POLLAKOWSKI, SUSAN M. Wachter. The effects of Land-use constraints on housing prices [J]. Land Economics, 1990 (3): 315-324.

[62] HINCKS, STEPHEN, et al. Introduction: Planning and Housing: Concepts, Policy Instruments and Market Analysis[J/OL]. The Town Planning Review, 2013, 84(1): 1-7. JSTOR, www.jstor.org/stable/23474305.

[63] HINTERMAIER T, Koeniger W. Debt portfolios [D]. Queen Mary College, 2011.

[64] Holmes C. A new vision for York: Rout Housing[J]. New Ledge, 2005.

[65] HSIEH, CHANG-TAI, ENRICO M. Housing constraints and spatial misallocation[D]. NBER Working Paper 21154, 2015.

[66] HURST E, STAFFORD F. Home is where the equity is: Mortgage refinancing and household consumption[J]. Journal of Money, Credit and Banking, 2004, (36): 985-1014.

[67] IACOVIELLO M, PAVAN M. Housing and debt over the life cycle and over the business cycle[R]. Federal Reserve Board, 2011.

[68] JADIDZADEH, ALI, RON K. Patterns and Intensity of Use of Homeless Shelters in Toronto [EB/OL]. Canadian Public Policy / Analyse De Politiques, 2018, 4(44): 55-342. JSTOR, doi: 10.2307/26585557. Accessed 28 June 2020.

[69] JAMES B, SIMON D. Success and failure in housing provision: European systems compared pergamon[J]. Journal of European Social Policy, 1994(6).

[70] JAN B, OTTO V. Between self-help-and institutional housing: A bird's eye view of Mexico's housing production for low and (lower) middle-income groups[J]. Habitat International, 2010, 3(34): 359-365.

[71] JESKE K. Macroeconomic models with heterogeneous agents and housing[J]. Federal Reserve Bank of Atlanta Economic Review First Quarter, 2005: 26-34.

[72] JESKE K, KRUEGER D, MITMAN K. Housing and the macroeconomy: The role of implicit guarantees for government sponsored enterprises [D]. University of Pennsylvania, 2011.

[73] JIM C, RATIONAL E. Market fundamentals and housing price

volatility[J]. Journal of Real Estate Economics, 1996, 24(4): 441-470.

[74] JONATHAN L B, ELIE B Z, ROBERT H H. Comparing the effectiveness of weatherization treatments for low-income, American, urban housing stocks in different climates[J]. Energy and Buildings, 2014, 69: 535-543.

[75] JONES, MARIAN M. Creating a Science of Homelessness during the Reagan Era[J/OL]. The Milbank Quarterly, 2015, 93(1): 78-139. JSTOR, www. jstor. org/stable/24369873. Accessed 28 June 2020.

[76] JOSEPH G, TODD S. Superstar cities [J]. American Economic Journal: Economic Policy, 2013, 5(4): 167-199.

[77] JOSEPH, MARK L, ROBERT J C, et al. The theoretical basis for addressing poverty through Mixed-Income development[J]. Urban Affairs Review, 2007, 42(3): 369-409.

[78] JULIAN D. Affordable housing in Australia: Some key problems and prip, pripities for action[J]. Melbourne: Australian Housing and Urban Research Institute, 2007(9).

[79] KAETHE K L. English housing policy since the war[J]. The American Economic Review, 1937, 27 (3): 503-518.

[80] KAROLIEN D B, JAN V H. Explaining the spatial variation in housing prices: An economic geography approach [J]. Applied Economics, 2013, 45(13): 1673-1689.

[81] KIYOTAKI N, MICHAELIDES A, NIKOLOV K. Winners and losers in the housing market [J]. Journal of Money, Credit and Banking, 2011, 43: 96-255.

[82] KRISTIN S S, HEATHER S. When There Is No Welfare: The Income Packaging Strategies of Mothers without Earnings or Cash Assistance following an Economic Downturn[J/OL]. RSF: The Russell Sage Foundation Journal of the Social Sciences, 2015, 1(1): 58-139. JSTOR, doi: 10.7758/rsf.2015.1.1.08. Accessed 28 June 2020.

[83] KRISTOF, FRANK S. Federal housing policies: Subsidized production, filtration and objectives: Part I [J]. Land Economics, 1972, 4(48): 20-309. JSTOR, doi: 10.2307/3145307. Accessed 28 June 2020.

[84] LAMONT O, STEIN J C. Leverage and house-price dynamics in US cities[J]. The Rand Journal of Economics, 1999, 30(3): 498-514.

[85] LAURENT G, FLORENCE G N. Introduction: Housing Economics

and Urban Policies[J/OL]. Annals of Economics and Statistics, 2018, 130: 35-38. JSTOR, www.jstor.org/stable/10.15609/annaeconstat2009.130.0035.

[86] LI W, YAO R. The life cycle effects of house price changes[J]. Journal of Money, Credit and Banking, 2007, 39: 1375-409.

[87] LI W, LIU H, YAO R. Housing over time and over the life cycle: A structural estimation[R]. Federal Reserve Bank of Philadelphia, 2009.

[88] LINDSEY V, MEGHAN L, WANDA M. A Review of housing and food intersections: Implications for nurses and nursing research[J]. Canadian Journal of Nursing Research, 2019, 51(4).

[89] LUSTIG H, NIEUWERBURGH S V. Can housing collateral explain Long-Run swings in asset returns? [D]. UCLA, 2006.

[90] LUTZ, BYRON. Quasi-Experimental Evidence on the Connection between Property Taxes and Residential Capital Investment[J/OL]. American Economic Journal: Economic Policy, 2015, 7(1): 30-300. JSTOR, www.jstor.org/stable/24465951.

[91] MALPEZZI S, BALL G. Rent control in developing countries[J]. World Bank Discussion Paper, 1991, 129.

[92] MANKIW N G, WEIL D N. The baby boom, the baby bust, and the housing market a reply to our crities[J]. Regionalence and Urban Economics, 1989, 21(4): 573-579.

[93] MARC N. Towards a housing policy[J]. The Journal of Modern African Studies, 1965, 4(3): 543-565.

[94] MATTEO I. House prices, borrowing constraints, and monetary policy in the business cycle[J]. The American Economic Review, 2005, 95(3): 739-764.

[95] MATTIAS B. China's housing provident Fund: Its success and limitations[J]. Housing Finance International, 2006.

[96] MCRAE, SHAUN. Infrastructure quality and the subsidy trap[J/OL]. The American Economic Review, 2015, 105(1): 35-66. JSTOR, www.jstor.org/stable/43497053.

[97] MEERA M, DINESH M. Faith in "Invisible Hand" draft national housing policy[J]. Economic and Political Weekly, 1987, 34(22): 1435-1437.

[98] MICHAEL D E, STUART S R. Crowd out effects of place-based subsidized rental housing: New evidence from the LIHTC program[J]. Journal of

Public Economics, 2010, 11-12(94): 953-966.

[99] MICHAEL D E, Amanda R. Housing vouchers and the price of rental housing [J]. American Economic Journal: Economic Policy, 2015, 7 (3): 154-176.

[100] MICHAEL H. Social housing in transition[J]. Netherlands Journal of Housing and the Built Environment, 1994(4): 38-40.

[101] MICHAEL J P. Explaining intermetropolitan variation in housing prices, rents and land prices[J]. Real Estate Economics, 1996, 24(2): 219-245.

[102] MICHAEL P, MURRAY. Subsidized and unsubsidized housing stocks 1935 to 1987: Crowding out and cointegration[J]. Journal of Real Estate Finance and Economics, 1999, 18(1): 107-124.

[103] MILLER N, LIANG P. Exploring metropolitan housing price volatility [J]. Journal of Real Estate Finance and Economics, 2006(33): 5-18.

[104] MILTON F, GEORGE J S. Roofs or ceilings? The current housing problem[J]. Irvington-on-Hudson, N. Y.: Foundation for Economic Education, Inc. 1946: 22.

[105] MILTON F, ROSE F. Free to choose[M]. Penguin: Harmondsworth, 1980.

[106] MOSLEY, JENNIFER E. Keeping the Lights On: How Government Funding Concerns Drive the Advocacy Agendas of Nonprofit Homeless Service Providers[J/OL]. Journal of Public Administration Research and Theory: J-PART, 2012, 4(22): 66-841. JSTOR, www.jstor.org/stable/23321344. Accessed 28 June 2020.

[107] MOULTON, SHAWN. Does Increased Funding for Homeless Programs Reduce Chronic Homelessness? [J/OL]. Southern Economic Journal, 2013, 3 (79): 20-600. JSTOR, www.jstor.org/stable/23809686. Accessed 28 June 2020.

[108] N. GREGORY M. Consumer durables and the real interest rate[J]. The Review of Economics and Statistics, 1985, 3 (67): 353-362.

[109] N. GREGORY M. Real business cycles: A new keynesian perspective [J]. The Journal of Economic Perspectives, 1989, 3 (3): 79-90.

[110] NATHAN G. Housing policy and the family[J]. Journal of Marriage and Family, Government Programs and the Family, 1967, 1(29): 140-163.

[111] OATES W. The effects of property taxes and local public spending on property values: An empirical study of tax capitalization and the tiebout hypothesis [J]. The Journal of Political Economy, 1969, 77(6) : 957 -971.

[112] OHLS J. Public policy toward low incoming housing and filtering in housing markets[J]. Journal of Urban Economics, 2 (April): 144-171.

[113] ORTALO M F, RADY S. Housing market dynamics: On the contribution of income shocksand credit constraints[J]. Review of Economic Studies, 2006, (73): 459-85.

[114] ORTALO M F, ANDREA P. On the political economy of urban growth: Homeownership versus Affordability[J/OL]. American Economic Journal: Microeconomics, 2014, 1(6): 81-154. JSTOR, doi: 10.2307/43189657. Accessed 28 June 2020.

[115] OWENS, ANN. Assisted Housing and Income Segregation among Neighborhoods in U. S. Metropolitan Areas[J/OL]. The Annals of the American Academy of Political and Social Science, 2015 (660): 98-116. JSTOR, www.jstor.org/stable/24541829.

[116] PAUL M C. Governance and the quasi-public organization: A case study of social housing [J]. Critical Perspectives on Accounting, 2005 (16): 929-949.

[117] PETERSON W C P, TATEH J. An economic model of the demand and need for social housing[J]. Department of Environment, Transport and the Regions, London, 1988: 227.

[118] PHINNEY, ROBIN. Exploring residential mobility among Low-income families[J/OL]. Social Service Review, 2013, 4(87): 815-780. JSTOR, doi: 10.1086/673963.

[119] PIAZESSI M, SCHNEIDER M, TUZEL S. Housing, Consumption, and Asset Pricing[J]. Journal of Financial Economics, 2007(83): 531-69.

[120] RAMSEY R. Developing affordable housing: A practical guide for nonprofit organition[M]. 2006.

[121] RICHARD V. Transportation sorting and house values[J]. Real Estate Economics, 1991, 19(2): 117-137.

[122] ROBERT M B, JERRY K. Housing policy in developing countries: Conjectures and refutations[J]. The World Bank Research Observer, 2005, 2(20): 233-257.

[123] RUBIN, JEFFREY I, et al. Affordable Housing and Municipal Choice [J/OL]. Land Economics, 1990, 3(66): 40-325. JSTOR, doi: 10.2307/3146733. Accessed 28 June 2020.

[124] RICHTER S, VALLIANATOS H, ANITEYE P, et al. Migration, Health, and gender and its effects on housing security of ghanaian women[J]. Global Qualitative Nursing Research, 2017, 3.

[125] VASOO S, JAMES L E. Singapore, Social development, Housing and the central provident fund[J]. International Social Welfare, 2001(10).

[126] SANDRA J N. Housing policy and Home-based care[J]. The Milbank Quarterly, 1995, 3 (73): 407-441.

[127] SAVITCH H V, SARIN A. Fragmented regionalism: Why metropolitan America continues to splinter[J]. Urban Affairs Review, 2017, 53(2): 381-402.

[128] SAZAMA, GERALD W. Lessons from the History of Affordable Housing Cooperatives in the United States: A Case Study in American Affordable Housing Policy[J/OL]. The American Journal of Economics and Sociology, 2000, 4(59): 573-608. JSTOR, www.jstor.org/stable/3487827. Accessed 28 June 2020.

[129] SCHLEICHER, DAVID. City unplanning[J]. Yale Law Journal, 2013, 122(7): 1670-1737.

[130] SCHNEIDER, MARK, PAUL T. The antigrowth entrepreneur: Challenging the "Equilibrium" of the growth machine[J]. Journal of Politics, 1993, 55(3): 36-720.

[131] SCOTT S. Rent vouchers and the price of low-income housing[J]. Journal of Public Economics, 2002, 83(1): 109-152.

[132] SHESTER, KATHARINE L. The Local Economic Effects of Public Housing in the United States, 1940—1970[J/OL]. The Journal of Economic History, 2013, 4(73): 978-1016. JSTOR, www.jstor.org/stable/24551009.

[133] STADELMANN D, BILLON S. Capitalization of fiscal variables and land scarcity[J]. Urban Studies, 2012(49): 1571-1594.

[134] STÉPHANE G, TRISTAN-P M. The Negative and Persistent Impact of Social Housing on Employment[J/OL]. Annals of Economics and Statistics, 2018, 130: 66-133. JSTOR, www.jstor.org/stable/10.15609/annaeconstat2009.130.0133.

[135] STIJN V N, PIERRE-O W. Why has house price dispersion gone up? [J]. The Review of Economic Studies, 2010, 77(4): 1567-1606.

[136] THEODOS, BRETT, et al. Housing Unit Turnover and the Socioeconomic Mix of Low-Income Neighborhoods[J/OL]. The Annals of the American

Academy of Political and Social Science, 2015, 660: 35-117. JSTOR, www. jstor. org/stable/24541830.

[137] THOMAS C J. The Census: And the Estimation of Housing Need and Housing Progress[J/OL]. The Town Planning Review, 1957, 2(28): 131-144. JSTOR, www. jstor. org/stable/40101590. Accessed 28 June 2020.

[138] TIEBOUT, CHARLES M. A pure theory of local expenditures[J]. Journal of Political Economy, 1956, 64(5): 416-24.

[139] TIEBOUT. A pure theory of local expenditures[J]. Journal of Political Economy, 1956, 64(5): 416-424.

[140] TOMAN, MICHAEL A. The difficulty in defining sustainability[J]. Resources, 1992, 106 (Winter): 3-6.

[141] TRISH H-L, HELEN G, RAHAMAN M. Vulnerable adults in the privately rented sector in England: A snapshot of current practice issues[J]. Practice, 2019, 31(2).

[142] VALLEJOS Q, QUANDT S, GRZYWACZ J. Migrant farmworkers' housing conditions across an agricultural season in North Carolina[J]. American Journal of Industrial Medicine, 2011(7): 533-537.

[143] WHITE E N. Modern Europe—Etat, finances et economie pendant la revolution francaise [J]. The Journal of Economic History, 1992, 3.

[144] WILLIAM A F. Regulatory takings: Law, Economics, and Politics [M]. Cambridge, MA: Harvard University Press, 1995.

[145] YANG F. Consumption over the Life-cycle: How different is housing? [J]. Review of Economic Dynamics, 2009(12): 43-423.

[146] YUMIKO A. Public housing revisited: Racial differences, housing assistance, and socioeconomic attainment among low-income families[J]. Social Science Research, 2010, 6 (39): 1108-1125.

[147]埃斯平·安德森. 福利资本主义的三个世界[M]. 苗正民，滕玉英，译. 北京：商务印书馆，2010.

[148] 北京市共有产权房管理暂行办法[EB/OL]. http://zjw. beijing. gov. cn/ bjjs/xxgk/fgwj3 /gfxwj/ zfcxjswwj/432910/index. shtml.

[149] 国务院办公厅转发建设部等部门关于调整住房供应结构稳定住房价格意见的通知(国办发〔2006〕37 号)[EB/OL]. http://www. gov. cn/ztzl/2006-06/30/content_323678. htm.

[150] 经济适用房管理办法[EB/OL]. http://www. chinanews. com/ es-

tate/ kong/ news/ 2007/ 12-01/1092713. shtml.

[151] 白贵秀. 住房保障制度研究[J]. 兰州学刊，2008(5)：15，117-123.

[152] 白彦锋，宫旭，贾潇. 地方公共服务支出规模及结构对房价影响的实证分析——基于拓展的 Tiebout 模型[J]. 税收经济研究，2012(1)：45-55.

[153] 北京市住房和城乡建设委员会，发展和改革委员会，财政局，规划和国土资源管理委员会. 关于印发《北京市共有产权房管理暂行办法》的通知(京建法〔2017〕16 号)[EB/OL]. http：//zjw. beijing. gov. cn/bjjs/xxgk/ztzl/gycqzf/zcfg23/432910/index. shtml.

[154] 卞靖. 国外住房保障制度主要模式及对我国的启示——从社会构造和政治价值理念维度进行分析[J]. 当代经济管理，2012，34(11)：39-43.

[155] 卞雅琼. 关于解决城市夹心层住房保障问题的构想——以新毕业大学生为例[J]. 湖北经济学院学报(人文社会科学版)，2012，9(7)：71-72.

[156] 博立特·马克. 住房金融[M]. 朱田顺，译. 北京：改革出版社，1990.

[157] 蔡冰菲. 保障性住房建设中地方政府与中央政府的博弈分析[J]. 社会科学家，2009(12)：40-43.

[158] 蔡冰菲. 政府住房保障责任的理论基础论析[J]. 社会科学家，2008(3)：38-40，45.

[159] 蔡鹏，严荣. 新市民的住房问题及其解决路径[J]. 同济大学学报(社会科学版)，2020，31(1)：70-82.

[160] 曹国安，曹明. 西方国家的住房保障体制及其启示[J]. 中国房地产，2003(6)：73-76.

[161] 曾德珩，温晓娟. 国内外公租房运营管理制度比较研究[J]. 城市发展研究，2012，19(10)：80-85.

[162] 曾广录. 保障性住房私人融资的不足性及弥补对策[J]. 当代财经，2011(8)：24-33.

[163] 陈伯庚. 住房社会保障的理论思考和科学把握[J]. 上海房地，2012(4)：6-8.

[164] 陈多长，周宇霆，虞晓芬. 基于土地出让收入的我国保障房融资问题研究[J]. 中国房地产，2013(2)：7-14.

[165] 陈嘉颖. 我国保障房公共服务支出抑制商品房价格上涨的实证研究[D]. 湖南：中南大学，2013.

［166］陈杰，王文宁．经济适用房供应对商品房价格的影响效应［J］．广东社会科学，2011(2)：11-18.

［167］陈杰．中国住房公积金的制度困境与改革出路分析［J］．公共行政评论，2010(3)：91-119.

［168］陈杰．我国保障性住房的供给与融资：回顾与展望［J］．现代城市研究，2010，25(9)：13-17.

［169］陈杰．新型城镇化模式下的中国住房供应制度转型［J］．中国发展，2016，16(5)：80-88.

［170］陈杰．制度经济学视角下的中国住房制度变迁分析［J］．社会科学辑刊，2010(6)：104-108.

［171］陈景坤．太原市公共租赁房政策实施评价及对策研究［D］．太原：山西财经大学，2019.

［172］陈立中，蔡潇潇．住房保障的收入效应与分配效应：方法和实证［J］．中国房地产，2013(24)：40-47.

［173］陈琳，丁烈云，谭建辉，等．低收入家庭住房需求特征与住房保障研究——来自广州的实证分析［J］．中国软科学，2010(10)：133-142.

［174］陈琳，杜海涛，谭建辉，等．基于 Logistic 回归模型的外来务工人员住房保障意愿研究——来自广东佛山的实证分析［J］．广州大学学报(社会科学版)，2018，17(2)：75-82.

［175］陈琳，谭剑，谭建辉，等．保障性住房建设任务分配模型构建探讨——基于广州的实证分析［J］．广州大学学报(社会科学版)，2016 卷(期).

［176］陈璐，黄善林．基于宅基地制度改革的贫困农户住房保障及其对策研究——以黑龙江省 9 县(区)3370 户农户为样本［J］．求是学刊，2019，46(4)：72-81.

［177］陈涛．我国城镇保障性住房规模动态仿真及其优化配置研究［D］．南昌：南昌大学，2011.

［178］陈伟，任兰杰．住房保障对居民收入分配的调节作用研究——以北京市为例［J］．生产力研究，2019(11)：14-17，161.

［179］陈伟．住房保障对收入分配的调节作用及其政府政策选择［J］．北京邮电大学学报(社会科学版)，2015，17(3)：89-93.

［180］陈翔．中国住房保障制度优化研究［D］．郑州：河南大学，2017.

［181］陈晓娜．城镇化背景下进城农民住房保障影响因素的实证研究［D］．石家庄：河北经贸大学，2019.

［182］陈孝可．新型城镇化背景下住房保障担保研究［J］．合作经济与科

技，2015(12)：56-58.

[183] 陈姚佳．房价与我国居民人均可支配收入关系的实证分析[J]．漳州职业技术学院学报，2018(2)：57-62.

[184] 陈怡芳，骆晓强，高峰．德国、瑞士住房制度管理及对我国的启示[J]．中国财政，2012(9)：18-20.

[185] 陈余芳，黄燕芬．欧洲典型国家住房保障政策比较研究及启示——基于福利体制理论的视角[J]．现代管理科学，2016(11)：93-95.

[186] 陈知雨．住房租金管制研究动态及借鉴[J]．城市建筑，2019，16(15)：23-28.

[187] 陈志勇，陈莉莉．“土地财政”：缘由与出路[J]．财经研究，2012(1)：29-34.

[188] 陈中友．合肥市廉租房准入与退出机制研究[D]．合肥：安徽大学，2014.

[189] 成思危．中国城镇住房制度改革——目标模式与实施难点[M]．北京：民主与建设出版社，1999.

[190] 程春．我国廉租房保障体系中政府责任问题研究[D]．武汉：华中师范大学，2013.

[191] 程鸿群，袁宁，杨洁．我国住房保障投入合理值测算与地区差异研究[J]．统计与决策，2018，34(4)：53-57.

[192] 程文华．我国保障性住房分配政策研究[D]．济南：山东大学，2015.

[193] 程益群．住房保障法律制度研究[D]．北京：中国政法大学，2009.

[194] 褚超孚，贾生华．浙江省城镇住房保障“三阶段”动态演进的框架模型[J]．浙江社会科学，2005(4)：207-212.

[195] 褚超孚．城镇住房保障模式及其在浙江省的应用研究[D]．杭州：浙江大学，2005.

[196] 崔光灿，姜巧．城市廉租房保障时间及家庭特征研究——基于生存分析视角[J]．人口与经济，2016(3)：1-10.

[197] 崔光灿，姜巧．上海共有产权保障住房运作模式及效果分析[J]．城市发展研究，2015，22(7)：118-124.

[198] 崔光灿，廖雪婷．产权支持与租赁补贴：两种住房保障政策的效果检验[J]．公共行政评论，2018，11(2)：20-35，189-190.

[199] 崔光灿，汤海燕，黄静．中国廉租房退出中的问题及完善途径[J].

城市问题，2015(8)：74-81.

[200] 崔光灿．共有产权保障住房供后管理常态化模式探讨[J]．上海房地，2017(2)：6-8.

[201] 崔光灿．住房保障中的福利依赖与就业自助[J]．上海房地，2014(2)：33-34.

[202] 崔永亮．基于城乡统筹的农村住房保障体系构建研究[J]．农村经济，2012(1)：74-76.

[203] 崔智海，陈琳，普会霞．廉租房保障扩面政策实施效果分析——来自广州的实证研究[J]．科技和产业，2013，13(10)：68-72，96.

[204] 崔竹．城镇住房分类供应与保障制度研究[D]．北京：中共中央党校，2008.

[205] 戴骏．完善中国住房保障的研究[D]．天津：复旦大学，2013.

[206] 邓宏乾，贾傅麟．住房保障的补贴模式、标准与范围研究[J]．华中师范大学学报(人文社会科学版)，2015，54(5)：38-45.

[207] 邓宏乾．英国公共住宅政策的发展及其启示[J]．经济学动态，2000(2)：76-78.

[208] 丁超，雷婕．公共财政框架下的俄罗斯住房保障制度改革[J]．俄罗斯研究，2017(1)：106-129.

[209] 丁超．俄罗斯住房财政保障制度改革研究[D]．北京：中央财经大学，2016.

[210] 丁军．我国利率调整对房价影响的理论与实证研究[J]．改革与战略，2013(3)：45-48.

[211] 丁维莉，章元．局部改革与公共政策效果的交互性和复杂性[J]．经济研究，2009. 06。

[212] 丁萧．农民工市民化住房供给成本研究——以广东省佛山市为例[J]．调研世界，2014(11)：41-46.

[213] 丁祖昱．中国城市化进程中住房市场发展研究[D]．上海：华东师范大学，2013.

[214] 董藩，陈辉玲．住房保障模式经济效应考查——基于住房过滤模型的思考[J]．河北大学学报(哲学社会科学版)，2010，35(2)：1-7.

[215] 董藩，刘毅．徘徊还是进步：2003—2008 年中国住宅政策的评论[J]．中南民族大学学报(人文社会科学版)，2009，29(3)：146-151.

[216] 董藩，伍瑞姝．中国受保家庭的遴选与保障性住房的分配[J]．首都经济贸易大学学报，2012，14(4)：33-39.

［217］董昕．动态趋势与结构性差异：中国住房市场支付能力的综合测度［J］．经济管理，2012，34(6)：119-127.

［218］董昕．中国政府住房保障范围的变迁与现状研究［J］．当代财经，2011(5)：84-91.

［219］董媛．运城市住房公积金运行状况研究［D］．太原：山西财经大学，2016.

［220］董再平．地方政府“土地财政”的现状、成因和治理［J］．理论导刊，2008(12).

［221］杜海涛．基于区域异质性的新市民保障性住房租购选择研究［D］．广州：广州大学，2019.

［222］杜静，刘啸，张建坤．基于结构方程模型的住房市场与住房保障关系研究［J］．现代城市研究，2013，28(6)：103-107，115.

［223］杜静，施海峰．住房保障与商品房市场的耦合协调发展研究［J］．工程管理学报，2013，27(3)：86-91.

［224］杜文．发达国家住房保障制度建设的基本经验［J］．经济体制改革，2005(3)：140-143.

［225］杜文．我国城镇住房保障制度研究［D］．成都：四川大学，2006.

［226］杜晓鹏．中国房地产政策导向与住宅市场发展［J］．住宅产业，2009(12)：39-41.

［227］段亚男．公共租赁房管理的国际实践及启示［J］．探索，2017(5)：151-156.

［228］范静波．我国政府基本住房保障服务研究——基于东部地区居民满意度的实证分析［J］．南京师范大学学报(社会科学版)，2017(6)：59-65.

［229］方建国．政府住房保障制度新政的经济学分析——重新认识“实物补贴”和“货币补贴”问题［J］．中山大学学报(社会科学版)，2008(6)：194-198，205.

［230］方琴．我国主要城市公租房准入和退出机制现状研究［J］．现代商贸工业，2012，24(7)：42-43.

［231］方蔚琼．我国农民工城镇住房保障研究［D］．福州：福建师范大学，2015.

［232］费林海，欧阳华生，杨茜，等．基于逻辑分析法的住房保障项目绩效审计研究：一个应用框架［J］．公共财政研究，2019(3)：17-28.

［233］封海洋．我国住房保障退出机制问题对策研究［J］．产业与科技论坛，2013，12(20)：13-14.

[234] 冯皓，陆铭．通过买房而择校：教育影响房价的经验证据与政策含义[J]．世界经济，2010(12)：89-104.

[235] 冯楠．住房保障水平区域差异研究[D]．天津：天津财经大学，2014.

[236] 冯念一，陆建忠，朱嬿．对保障性住房建设模式的思考[J]．建筑经济，2007(8)：27-30.

[237] 付晓枫．基于政府购买服务视角的我国城镇住房保障问题研究[D]．北京：中央财经大学，2015.

[238] 高洁．浙江省公共租赁房问题的调查与思考[J]．浙江社会科学，2012(2)：146-150，160.

[239] 高鋆．城市住房保障与保障对象的就业问题研究：理论分析与杭州经验[D]．杭州：浙江工业大学，2015.

[240] 郜震浩．房价与人均可支配收入的关系——以深圳市为例[J]．时代金融，2018(14)：123.

[241] 葛春燕．河北省城镇居民住房保障水平研究[D]．保定：河北大学，2014.

[242] 葛怀志．基于需求视角的公共住房撮合分配模型研究[D]．武汉：华中科技大学，2013.

[243] 葛伶俊．廉租房保障方式及其比较——历史经验与现实选择[J]．学习与实践，2008(1)：119-123.

[244] 葛琼晶．农民工住房保障成本分担的困境及对策研究[D]．宁波：宁波大学，2018.

[245] 宫汝凯．分税制改革、土地财政和房价水平[J]．世界经济文汇，2012(4)：90-104.

[246] 苟兴朝，罗富民．城镇化视阈下的我国公共保障性住房有效供给[J]．乐山师范学院学报，2013，28(1)：131-136.

[247] 苟兴朝．不同外部约束条件下的住房保障供给模式选择[J]．现代城市研究，2014(4)：50-55.

[248] 高晓慧．对现阶段我国住房政策效应的分析[J]．价格理论与实践，2000(8)：31-32.

[249] 顾建发．城市规模与民生供给的利益平衡与管理逻辑——以上海住房的保障性供给体系为例[J]．上海城市管理，2015，24(1)：16-21.

[250] 顾书桂．劳动力价值仍是公租房租金确定的基础——兼论公租房退出机制[J]．经济问题，2012(8)：18-23.

［251］顾书桂．论以租代买的经济性质——兼驳“买不如租”观［J］．哈尔滨师范大学社会科学学报，2011(2)：49-53.

［252］顾书桂．中国租房货币补贴的悖论［J］．贵州社会科学，2012(8)：67-73.

［253］顾书桂．住房商品化、住房问题与中国土地财政转型［J］．人文杂志，2013(1)：46-50.

［254］顾书桂．住宅过滤模型的应用价值及政策局限性探析［J］．西部学刊，2019(23)：21-25.

［255］顾书桂．住宅市场运行与政府有效干预［J］．社会科学研究，2013(3)：20-25.

［256］郭丽．政府责任视角下毕业大学生族的住房保障问题的困境与破解路径［J］．经济研究导刊，2017(21)：50-51.

［257］郭亮．地方政府住房保障体系建设研究［D］．南京：东南大学，2019.

［258］郭欣欣．财政收支与房价的关系——基于国内 35 个大中城市的相关数据［J］．华北水利水电大学学报(社会科学版)，2017(6)：69-73.

［259］郭兴方．地方公共服务支出对该地房价的蒂布特(Tiebout)效应——基于上海市 17 区县的数据［J］．海派经济学，2017(3)：88-100.

［260］郭玉坤，裘丽岚．国外住房保障制度的共同特征及发展趋势［J］．城市问题，2007(8)：85-89.

［261］郭祖军．基于需求视角的住房保障政策选择研究［J］．建筑经济，2015，36(2)：54-57.

［262］国家计委，建设部．国家计委、建设部关于印发经济适用房价格管理办法的通知(计价格〔2002〕2503 号)［EB/OL］．http：//www. mohurd. gov. cn/wjfb/200611/t20061101_157655. html.

［263］国家统计局城市社会经济调查总队．新中国城市 50 年［M］．北京：新华出版社，1999.

［264］国家统计局上海调查总队课题组，马俊贤，郭丽莉．上海外来农民工住房保障问题研究［J］．统计科学与实践，2013(11)：33-35.

［265］国务院办公厅．关于进一步做好房地产市场调控工作有关问题的通知(国办发〔2011〕1 号)［EB/OL］．http：//www. gov. cn/zwgk/2011-01/27/content_1793578. htm.

［266］国务院．关于解决城市低收入家庭住房困难的若干意见［EB/OL］．http：//www. gov. cn/zwgk/2007-08/13/content_714481. htm.

[267] 国务院．关于进一步深化城镇住房制度改革、加快住房建设的通知(国发〔1998〕23号)[EB/OL]. http://www.anhua.gov.cn/257/310/312/content_1112726.html.

[268] 国务院．关于进一步深化城镇住房制度改革、加快住房建设的通知[EB/OL]. http://www.china.com.cn/law/flfg/txt/2006-08/08/content_7058347.htm.

[269] 国务院．关于深化城镇住房制度改革的决定(国发〔1994〕43号)[EB/OL]. http://www.gov.cn/zhuanti/2015-06/13/content_2878960.htm.

[270] 韩雪娜，靳军．中低收入群体住房保障国际比较及启示[J]. 商业经济，2008(4)：3-4，20.

[271] 韩雅丽．城市中低收入居民住房保障问题研究[J]. 时代金融，2014(27)：157-158.

[272] 韩瑶．基于公共服务均等化视角下我国住房服务保障模式研究[J]. 劳动保障世界，2020(2)：36-37.

[273] 韩艺，钱思梦．"购租并举"对我国住房保障体系的影响研究[J]. 企业改革与管理，2017(13)：202-203，209.

[274] 韩永超，陈春，沈昊婧．基于特征价格模型的重庆轨道交通对沿线房价的影响研究——以轨道3号线为例[J]. 价格月刊，2017(1)：6-10.

[275] 韩正龙，王洪卫．公共服务支出偏向背景下公共服务供给与住房价值关系研究——基于优化公共产品供给结构视角[J]. 财经论丛，2015(3)：24-31.

[276] 何小钢，陈行龙，聂爱云．住房市场需求结构演进与需求调控管理——基于改革开放以来住房制度改革视角的分析[J]. 江西社会科学，2009(2)：193-199.

[277] 贺建清，舒莉芬．城市夹心层群体住房保障问题研究[J]. 价格理论与实践，2011(3)：39-40.

[278] 侯江红，刘文婧．城乡居民对基本公共服务满意度的对比分析——基于2013年中国综合社会调查数据[J]. 华北电力大学学报(社会科学版)，2017(5)：81-92.

[279] 侯婧雅．保障性住房保障范围和保障对象的界定[J]. 东方企业文化，2015(19)：367.

[280] 侯玟琦．住房保障制度中的政府责任分析[J]. 住宅与房地产，2017(3)：10.

[281] 侯明慧．家庭人口结构对住房需求的影响——基于CHFS数据的实

证研究[D]. 北京：首都经济贸易大学，2018.

[282] 侯淅珉. 基于社会福利的住房保障准入条件、模式与策略研究[D]. 武汉：华中科技大学，2013.

[283] 侯淅珉. 如何破解住房保障融资困难：国际经验与中国实践[J]. 财政研究，2012(12)：42-45.

[284] 胡川宁. 住房保障法律制度研究[D]. 重庆：西南政法大学，2014.

[285] 胡国平，韦春丽. 保障性住房租购选择研究[J]. 中国人口·资源与环境，2017，27(7)：120-127.

[286] 胡吉亚. 以供给侧结构性改革保障青年群体"住有所居"——以北京市保障性住房为例[J]. 中国青年社会科学，2017，36(2)：58-63.

[287] 胡绍雨. 新时期我国住房保障制度的改革探索[J]. 技术经济与管理研究，2013(3)：75-79.

[288] 胡渊. 构建我国多层次住房保障体系问题研究[D]. 武汉：华中师范大学，2008.

[289] 胡长明，马涛，郭斌奇，等. 保障人群住房需求度的研究——以西安市为例[J]. 工程管理学报，2014，28(4)：133-137.

[290] 黄安永，朱新贵. 我国保障性住房管理机制的研究与分析——对加快落实保障性住房政策的思考[J]. 现代城市研究，2010(10)：16-20.

[291] 黄程栋. 住房保障与社区服务责任：美国的经验教训及其启示[J]. 安徽行政学院学报，2017，8(6)：97-102.

[292] 黄俊峰. 低收入群体住房保障中的政府责任研究[D]. 长沙：湖南师范大学，2015.

[293] 黄立莎. 我国保障性住房资金可持续问题研究[D]. 大连：东北财经大学，2018.

[294] 黄锐. 浅谈住房公积金体系的建立[J]. 中国房地信息，2006，2.

[295] 黄诗韵. 人口结构变化对房价的影响研究——基于城市人口迁入的视角[D]. 上海：华东师范大学，2018.

[296] 黄燕芬，唐将伟. 福利体制理论视阈下英国住房保障政策研究[J]. 价格理论与实践，2018(2)：12-18.

[297] 黄燕芬，张超，杨宜勇. 福利体制理论视阈下瑞典住房保障政策研究[J]. 价格理论与实践，2018(8)：23-29.

[298] 黄征学. 经济适用房的政策效应分析[J]. 经济科学，2004(3)：92-101.

[299] 季雪．“小产权房”的问题、成因及对策建议——基于对北京地区实情的考察[J]．中央财经大学学报，2009(7)：65-69.

[300]城镇经济适用房建设管理办法．(建房〔1994〕761 号)[EB/OL]. http://www. mohurd. gov. cn/wjfb/200611/t20061101_157519. html.

[301] 建设部，国家发展改革委，监察部，财政部，国土资源部，人民银行，国家税务总局．关于印发《经济适用房管理办法》的通知[EB/OL]. http：//www. mohurd. gov. cn/wjfb/200712/t20071201_157795. html.

[302] 建设部，国家土地管理局，国家工商行政管理局，国家税务总局．关于加强房地产市场宏观管理促进房地产业健康持续发展的意见[EB/OL]. http：//www. mohurd. gov. cn/wjfb/200611/t20061101_157486. html.

[303] 建设部，国务院住房制度改革领导小组，财政部．关于印发《城镇经济适用房建设管理办法》的通知[EB/OL]. http：//news. 0731fdc. com/topic/20028/26/17014653. html.

[304] 蒋从斌．城镇化背景下中国流动人口住房保障政策改善的阻力[J]．中国管理信息化，2017，20(14)：188-189.

[305] 蒋芳芳．哈尔滨市中低收入家庭住房保障体系研究[D]．哈尔滨：哈尔滨工业大学，2008.

[306] 蒋华东．住房保障：建立健全政府主导的多元供给体制[J]．经济体制改革，2009(3)：153-156.

[307] 蒋敏丹，章枫萍，秦晨．共有产权房定价模式研究——以淮安、黄石为例[J]．企业导报，2015(13)：7-9.

[308] 焦怡雪．城市居住弱势群体住房保障的规划问题研究[D]．中国城市规划设计研究院，2007.

[309] 解海，靳玉超，洪涛．供求结构适配视角下中国住房供应体系研究[J]．学术交流，2013(1)：112-116.

[310] 金艾裙，郑雅君．保障性住房可持续发展的现实困境与路径重塑[J]．牡丹江大学学报，2019，28(10)：5-8.

[311] 金岳卿．城镇住房保障对象进退管理模式研究[D]．杭州：浙江工业大学，2017.

[312] 鞠方，林辉叶，周建军．土地出让收入、地方公共服务支出对我国房价影响的区域差异性研究[J]．财经理论与实践，2013(1)：77-81.

[313] 康峰．国外保障性住房融资模式与启示[J]．中国金融，2012(24)：68-69.

[314] 匡萍．我国廉租房配租机制的比较分析[J]．价格理论与实践，

2011(3)：37-38.

[315] 况伟大，李涛．土地出让方式、地价与房价[J]．金融研究，2012，(8)：56-69.

[316] 况伟大．预期、投机与中国城市房价波动[J]．经济研究，2010(9)：67-78.

[317] 况伟大．利率对房价的影响[J]．世界经济，2010(4)：134-145.

[318] 赖华东，蔡靖方．基于住宅过滤模型的城市住房保障政策选择[J]．学习与实践，2007(3)：51-56.

[319] 赖华东，蔡靖方．城市住房保障政策效果及其选择——基于住宅过滤模型的思考[J]．经济评论，2007.05.

[320] 赖力，陈青．中等收入群体的住房困境及对策[J]．经济导刊，2010(10)：76-77.

[321] 赖一飞，黄芮，唐松，等．利率波动、房地产投资与房地产价格的关联模型[J]．武汉大学学报，2014(1)：96-100.

[322] 雷晓康，吴砚．陕西省城镇低收入家庭住房保障政策研究[D]．西安：西北大学，2010.

[323] 李斌．社会排斥理论与中国城市住房改革制度[J]．社会科学研究，2002(3)：106-110.

[324] 李超君，张鸣．从大规模公共住房建设到有针对性的住房供给——二战后德国公共住房政策的发展和演进[C]//中国城市规划学会．生态文明视角下的城乡规划——2008 中国城市规划年会论文集．大连：大连出版社，2008：4471-4481.

[325] 李福华．我国廉租房制度的沿革及对策探析[J]．郑州航空工业管理学院学报(社会科学版)，2012，31(2)：94-97.

[326] 李光耀，庞冠琪，倪箐阳．住房保障性政策对在杭大学毕业生群体的效用研究[J]．当代经济，2016(35)：6-8.

[327] 李国敏，刘洵．城市基本住房用地制度之理论探讨——基于底线公平的视角[J]．湖北大学学报(哲学社会科学版)，2018，45(3)：129-136.

[328] 李好好，邓华光．我国保障性住房建设面临的问题及对策分析[J]．当代经济，2010(23)：72-73.

[329] 李宏，闫坤如．新中国成立 70 年城镇住房制度的嬗变与启示[J]．广西社会科学，2019(8)：57-62.

[330] 李辉婕，张腾．市场失灵、政府失灵与住房保障[J]．生产力研究，2009(15)：18-20，203.

[331] 李进涛，涂姗．公共租赁房可支付能力测度研究——以武汉市为例[J]．技术经济与管理研究，2016(9)：97-101.

[332] 李俊杰．不同特征家庭住房保障收入线的测定——基于等值化方法[J]．贵州财经大学学报，2014(5)：84-89.

[333] 李俊杰．住房保障收入线测定及调整机制研究[D]．南京：东南大学，2015.

[334] 李凯．俄罗斯住房保障研究[D]．咸阳：西北农林科技大学，2010.

[335] 李莉．美国公共住房政策的演变[D]．厦门：厦门大学，2008.

[336] 李泠烨．住宅征收中的住房保障研究[J]．兰州学刊，2014(11)：101-108.

[337] 李龙，卫小强，关显阳，等．论我国保障性住房政策——基于土地财政视角[J]．湖北经济学院学报(人文社会科学版)，2013，10(1)：62-63.

[338] 李鸥，李三梅．新就业大学生住房保障对策探析——以北京市为例[J]．山西农经，2020(3)：42-43.

[339] 李书田，匡敏．"经济适用房"建设缘何步履维艰？[J]．价格与市场，2005(3)：14-15.

[340] 李薇辉，袁莉，孙玲玲．各国政府住房保障比较研究[J]．上海师范大学学报(哲学社会科学版)，2005(5)：45-51.

[341] 李祥，高波，李勇刚．房地产税收、公共服务供给与房价——基于省际面板数据的实证分析[J]．财贸研究，2012(3)：67-75.

[342] 李小兰．论我国城镇住房保障制度建设——香港住房保障政策与模式的启示[D]．武汉：武汉科技大学，2007.

[343] 李雅文，邢戬．符合中国国情的住房保障和供给制度研究[J]．产业与科技论坛，2019，18(5)：241-242.

[344] 李亚辉．关于我国住房保障政策的经济效应分析[D]．济南：山东大学，2016.

[345] 李扬，汪利娜，殷剑峰．普遍住房保障制度比较和对中国的启示[J]．财贸经济，2008(1)：37-43.

[346] 李英，孙燕玲．稳定房价与住有所居——论住房保障目标[J]．2012(6)：42-45.

[347] 李勇辉，方祥．公共财政框架下我国廉租房建设融资途径探究[J]．湘潭大学学报(哲学社会科学版)，2010，34(3)：64-67.

［348］李勇辉，李小琴，沈波澜．安居才能团聚？——保障性住房对流动人口家庭化迁移的推动效应研究［J］．财经研究，2019，45(12)：32-45.

［349］李玉麟．从住房支付能力角度对低收入社区居民住房保障问题的研究［D］．昆明：云南财经大学，2014.

［350］李哲，李梦娜．共有产权房政策的反思：定位、现状与路径［J］．当代经济管理，2018，40(4)：39-45.

［351］李志明，徐悦．城市中低收入者住房保障：巴西经验及启示［J］．学术论坛，2012，35(3)：77-79，85.

［352］李智，林炳耀．特殊群体的保障性住房建设规划应对研究——基于南京市新就业人员居住现状的调查［J］．城市规划，2010，34(11)：25-30.

［353］厉谷曼．杭州市夹心层群体住房保障问题研究［D］．杭州：浙江工业大学，2019.

［354］梁凯，李伊珍．保障性住房覆盖率及其决定因素［J］．住宅与房地产，2016(Z2)：72-76.

［355］梁绍连，杜德斌．我国住房保障政策公平性的缺失［J］．城市问题，2007(11)：67-70.

［356］廖俊平，罗党论，袁尚．政府干预、市场预期与限价房实施——基于广州限价房申购者的问卷分析［J］．中国房地产，2011(2)：14-21.

［357］廖希飞．我国公共住房保障法律制度研究［D］．北京：中国政法大学，2011.

［358］林晨蕾，郑庆昌．公共服务均等化视角下新生代农民工住房保障模式选择——公共租赁房优势与发展路径［J］．理论与改革，2015(3)：70-73.

［359］林立．公共租赁房建设规模与分配机制研究［D］．重庆：重庆大学，2015.

［360］林琳．我国住房租赁市场的政府规制研究［D］．武汉：湖北大学，2018.

［361］林梅．发达国家住房保障的基本模式及其经验与启示［J］．当代世界与社会主义，2012(5)：104-107.

［362］刘斌．农民工市民化的住房成本测算及区域比较——研究述评和一个简明的测算框架［J/OL］．西部论坛：1-14［2020-05-28］．http：//kns. cnki. net/kcms/detail/50. 1200. C. 20200429. 1336. 002. html.

［363］刘旦．我国保障性住房建设模式浅析［J］．经济论坛，2012(4)：116-119.

[364] 刘刚．保障性住房的后续管理问题及其解决途径[J]．现代经济信息，2018(5)：62.

[365] 刘广平，陈立文，尹志军．基于住房支付能力的住房保障对象界定研究[J]．技术经济与管理研究，2015(12)：93-97.

[366] 刘洪玉，吴璟，杨赞，等．共有产权房制度促进住房保障和供应体系建设[J]．清华金融评论，2014(5)：75-79.

[367] 刘姣．居民商品房梯度消费与房价关系研究[D]．西安：西安建筑科技大学管理学院，2010.

[368] 刘蕾，郭义，刘倩．农业转移人口市民化与住房保障的交互效应研究[J]．财政科学，2019(10)：107-116.

[369] 刘梅．需求主导型的城市住房保障体系研究[D]．青岛：青岛大学，2008.

[370] 刘梦珊．地方政府土地出让收入、公共服务支出与房地产价格之间关系的分析[D]．西安：西北大学，2010.

[371] 刘帅，孔明，任欢．我国新市民住房保障现状、问题及对策[J]．现代商业，2020(5)：83-84.

[372] 刘双良．农民工城市住房保障问题分析与对策研究[J]．经济与管理研究，2010(1)：50-55.

[373] 刘伟丽，孟庆昇，付雪辉．国内城镇住房质量指标体系研究——基于北京、上海和深圳统计数据的分析[J]．财经问题研究，2014(8)：59-65.

[374] 刘卫民．公共租赁房建设与运营管理的个性操作：重庆例证[J]．重庆社会科学，2012(2)：100-104.

[375] 刘晓凤．美国财政支出与社会公平的灰色关联分析[J]．行政事业资产与财务，2009(4)：60-65.

[376] 刘亚娟．基本公共服务均等目标下的农村住房保障制度设计[J]．江西社会科学，2018，38(1)：246-253.

[377] 刘亚娟．政府住房保障义务研究[D]．广州：华南理工大学，2018.

[378] 刘雁妮．公共租赁房配租制度研究[D]．重庆：重庆大学，2016.

[379] 刘奕兵．基于政策制定与政策有效性角度分析共有产权房政策[J]．科技经济导刊，2018，26(27)：178-179.

[380] 刘友平，陈险峰，虞晓芬．公共租赁房运行机制的国际比较及其借鉴——基于美国、英国、德国和日本的考察[J]．建筑经济，2012(3)：68-72.

［381］刘友平，张丽娟．住房过滤理论对建立中低收入住房保障制度的借鉴［J］．经济体制改革，2008（4）：154－158.

［382］刘玉录．城市居民收入与住房政策设计［J］．中国房地产，1997（9）．

［383］刘园，李捷嵩．保障房真能有效抑制房价上涨吗？——基于动态面板门限模型［J］．经济与管理评论，2017（5）：5－11.

［384］刘圆圆．住房租赁市场政府责任研究［D］．武汉：华中师范大学，2017.

［385］刘云，宁奇峰，陈伟．香港保障性住房供应体系的特点及其启示［J］．上海经济研究，2002，4.

［386］刘振彪，陈嘉颖．我国保障房财政支出对商品房价格影响的实证研究［J］．保险职业学院学报，2013，27（6）：13－17.

［387］刘正才．不同国家规模下住房保障制度特征的比较研究［J］．经济体制改革，2015（4）：173－178.

［388］刘祖云，毛小平．中国城市住房分层：基于 2010 年广州市千户问卷调查［J］．中国社会科学，2012（2）：94－109，206－207.

［389］刘祖云，吴开泽．住房保障准入与退出的香港模式及其对内地的启示［J］．中南民族大学学报（人文社会科学版），2014，34（2）：83－87.

［390］刘维新．“体制与制度创新”是经济适用房改革的必然选择［J］．中国房地产金融，2007（2）：3－4.

［391］柳德荣．美国的廉租房保障措施及借鉴［J］．城市问题，2011（7）：91－95.

［392］龙胜平，孙斌艺．竞争性契约条件下住宅租赁市场道德风险的理论分析［J］．统计与决策，2009（23）：171－173.

［393］龙树国，田满文，颜淑蓉．资源约束下的中国住房发展目标［J］．宏观经济研究，2010（9）：68－75.

［394］龙雯．公共住房保障中的政府责任研究［D］．长沙：湖南大学，2012.

［395］娄文龙，杨春江，唐学庆．农民工住房保障供给机制存在的问题及其解决路径［J］．城市问题，2016（10）：69－76.

［396］娄文龙，张娟．政策工具视角下住房保障政策文本量化研究——基于改革开放 40 年的考察［J］．四川理工学院学报（社会科学版），2019，34（5）：1－23.

［397］娄文龙．农民工住房保障问题研究述评［J］．湖南农业大学学报

（社会科学版），2016，17(5)：55-62.

[398] 卢珂，李国敏．住房公平与政府正义[J]. 社会科学辑刊，2012(4)：137-140.

[399] 卢媛．北京市保障性住房制度与中低收入家庭安居问题的数量分析[D]. 北京：首都经济贸易大学，2013.

[400] 罗曼．国外住房保障的经验及我国住房保障体系的优化[J]. 淮海工学院学报（社会科学版），2010，8(7)：121-123.

[401] 罗锐．我国城市内生型低收入群体住房保障的政府责任探析[J]. 湖北大学学报（哲学社会科学版），2014，41(6)：131-135.

[402] 罗锐．转型时期中国住房保障政策研究[D]. 武汉：武汉大学，2015.

[403] 罗雅，胡宏伟，刘宇．中国住房保障政策实施效果评估——基于1997—2010年的数据[J]. 学术研究，2012(6)：55-61，159.

[404] 吕萍，丁富军，王建华，等．政府与市场相结合的住房保障模式——以沈阳市住房货币补贴为例[J]. 公共管理与政策评论，2016，5(4)：13-20.

[405] 吕萍，修大鹏，李爽．保障性住房共有产权模式的理论与实践探索[J]. 城市发展研究，2013，20(2)：144-148.

[406] 马翠花．"租购并举"住房制度背景下住房公积金制度改革研究[J]. 当代经济，2018(15)：4-5.

[407] 马光荣．城市低收入家庭住房保障问题研究——以镇江为例[J]. 当代经济，2009(11)：35-37.

[408] 马建平．中国保障性住房制度建设研究[D]. 长春：吉林大学，2011.

[409] 马启轩．公共租赁房制度研究[D]. 重庆：西南政法大学，2011.

[410] 马庆斌．保障性住房的国际经验借鉴和政策启示[J]. 宏观经济管理，2010(10)：65-67，72.

[411] 马先标．契合我国国情的保障房新体制研究[J]. 社会政策研究，2017(3)：90-101.

[412] 马骁骑．关于天津市住房保障模式几个问题的研究[D]. 天津：天津大学，2012.

[413] 孟浩，沈晓艳，居祥．共有产权和贴息贷款："夹心层"住房保障模式比较研究[J]. 南京审计大学学报，2018，15(2)：78-86.

[414] 孟星．中国住房保障制度建设20年[J]. 中国房地产，2012(22)：

49-55.

[415] 莫智，邓小鹏，李启明．我国保障性住房与英美可负担住房的比较[J]．中国房地产，2010(4)：61-63.

[416] 娜仁格日勒．新型城镇化背景下农民工住房保障问题探析[J]．经贸实践，2016(16)：256.

[417] 倪鹏飞．中国住房保障制度体系的总体设计[J]．价格理论与实践，2013(4)：11-16.

[418] 倪志纯，孙金虎，裴慧敏．美国住房保障、监管制度及借鉴[J]．宏观经济管理，2013(5)：88-89.

[419] 宁燕平，郑博文．我国城镇住房保障中的政府职能研究[J]．时代金融，2015(33)：375，377.

[420] 牛毅．经济适用房政策的绩效评价[J]．财贸经济，2007(12)：127-134.

[421] 欧江波．城市房地产调控的理论与模拟实证研究[D]．广州：暨南大学，2012.

[422] 欧阳华生，崔到陵．住房保障水平影响因素研究：一个典型相关分析框架[J]．上海金融学院学报，2014(2)：76-84.

[423] 欧阳华生，黄智聪．区域间经济发展、城镇化与住房保障财政供给——基于空间计量模型框架的实证研究[J]．财贸经济，2014(6)：5-13.

[424] 欧阳华生，江克忠，贾春梅．基于财政分权的地方住房保障财政供给能力实证研究[J]．湖北经济学院学报，2014，12(2)：59-65.

[425] 潘爱民，韩正龙．经济适用房、土地价格与住宅价格——基于我国29个省级面板数据的实证研究[J]．财贸经济，2012(2)：106-113.

[426] 潘伟，杜刚．我国政府干预住房分配问题研究[J]．统计与管理，2020，35(4)：4-8.

[427] 潘文辉．美国低收入家庭住房保障政策对我国的启示[J]．中国房地产，2005(4)：45-48.

[428] 彭华民，唐慧慧．排斥与融入：低收入农民工城市住房困境与住房保障政策[J]．山东社会科学，2012(8)：20-29.

[429] 彭开明．杭州市租赁型保障房发展经验的启示[J]．上海房地，2019(4)：7-9.

[430] 平新乔，陈敏彦．融资、地价与楼盘价格趋势[J]．世界经济，2004 (7)：3-10.

[431] 蒲火元，曹宗平，李超．人口流动对中心城市房价的影响：以广

州为例[J]. 南方人口，2018(5)：27-40.

[432] 七部门. 关于加快发展公共租赁房的指导意见[EB/OL]. http：//www. mohurd. gov. cn/zxydt/201006/t20100613_ 201316. html.

[433] 钱瑛瑛. 中国住房保障政策研究——经济适用房与廉租房[J]. 中国房地产，2003(8)：57-60.

[434] 邱冬阳，王牧. 廉租房——城镇住房弱势群体救助的现实选择[J]. 重庆建筑大学学报，2003(6).

[435] 邱泰如. 住房保障的公共性与相应的政府责任[J]. 红旗文稿，2011(3)：12-14.

[436] 曲顺兰，申亮. 我国廉租房提供的财税政策研究[J]. 财政研究，2007(9)：64-66.

[437] 权艳. 住房保障政策绩效评价研究[J]. 城乡建设，2015(7)：63-64.

[438] 冉珍梅，钟坚. 中国地价、房价和物价的互动关系——基于面板数据联立方程模型的分析[J]. 华侨大学学报(哲学社会科学版)，2018(6)：45-57.

[439] 任兰杰. 北京市住房保障水平与居民收入差距的关系研究[D]. 北京：北京邮电大学，2019.

[440] 任淑娟. 有效解决城市保障房源不足与空置的矛盾策略——以银川市为例[J]. 决策与信息，2020(4)：61-67.

[441] 商鹏翼. 农民工市民化进程中住房保障问题探析——基于一种“回迁式”购房选择[J]. 江西农业大学学报(社会科学版)，2010，9(2)：22-25，69.

[442] 上海市房屋土地资源管理局. 上海市城镇廉租房试行办法[EB/OL]. http：//unn. people. com. cn/GB/channel2/2196/2197/200106/20/73316. html.

[443] 上海市人民政府关于修改《上海市共有产权保障住房管理办法》的决定(沪府令 26 号)[EB/OL]. http：//www. shanghai. gov. cn/nw2/nw2314/nw2319/nw12344/u26aw63342. html.

[444] 尚教蔚. 城乡统筹背景下的农民工住房保障问题研究——基于公共租赁房制度[J]. 城市，2016(11)：52-56.

[445] 尚教蔚. 新型城镇化发展中的关键问题：农民工住房保障[J]. 城市，2015(12)：20-23.

[446] 尚梅. 中低收入阶层居民住房问题研究——探索西安市城镇居民保障性住房与商品性住房供给比例[J]. 价格理论与实践，2008(5)：44-45.

[447] 尚维，俞骏．北京市共有产权房制度主要特点与潜在问题研究[J]．住区，2018(3)：104-108.

[448] 佘晨晓．福利需要视角下中低收入家庭住房保障改革研究——改革开放以来的制度综述[J]．经济研究导刊，2016(29)：52-53.

[449] 申卫星．经济适用房共有产权论——基本住房保障制度的物权法之维[J]．政治与法律，2013(1)：2-11.

[450] 沈建新．福建省城镇居民保障性住房供给研究[J]．东南学术，2012(6)：134-142.

[451] 沈洁，谢嗣胜．公共租赁房融资模式研究[J]．经济问题探索，2011(1)：87-93.

[452] 盛婷婷，张海波．住房保障体系中的廉租房退出机制[J]．南京人口管理干部学院学报，2013，29(1)：13-16，51.

[453] 盛新红．新型城镇化过程中农民工住房保障研究[J]．住宅与房地产，2017(6)：28.

[454] 施勇，刘广祎．住宅政策性金融运行机制的国际比较及启示[J]．金融纵横，2019(11)：94-100.

[455] 宋博通，赖如意．发达国家和地区公共住房准入线制定方法比较及深圳的现实选择[J]．特区经济，2019(7)：20-23.

[456] 宋程．青年住房问题研究——基于长三角城市群青年民生调查的分析[J]．青年学报，2020(1)：27-33.

[457] 宋林．试析城镇住房保障中政府的角色定位[J]．河海大学学报(哲学社会科学版)，2010，12(2)：76-79，92.

[458] 宋强，王奕，管正波．基于多元二次回归的房地产价格与住房保障规模分析[J]．科技与企业，2012(23)：247-248.

[459] 宋祥来．住房保障视角下的房地产税改革策略研究[J]．城市发展研究，2011，18(3)：27-31，36.

[460] 孙斌栋，刘学良．美国混合居住政策及其效应的研究述评——兼论对我国经济适用房和廉租房规划建设的启示[J]．城市规划学刊，2009(1).

[461] 孙斌艺，何德媛．限购限贷房产税政策与房地产市场的变化趋势[J]．上海房地，2014(4)：12-14.

[462] 孙斌艺，卢雅．财政政策对住房价格影响的理论和实证分析[J]．上海房地，2017(6)：8-11.

[463] 孙斌艺，余倩妮．房价变动的利率和限购政策混合效应研究[J]．华东师范大学学报(哲学社会科学版)，2018，50(6)：92-99，175.

[464] 孙斌艺，张永岳，谢福泉. 上海商业地产市场容量及合理规模研究[J]. 科学发展，2012(10)：70-79.

[465] 孙斌艺. 低碳、低碳地产和经济政策[J]. 华东师范大学学报(哲学社会科学版)，2012，44(5)：86-91，155.

[466] 孙斌艺. 地价和房价的决定因素及行政干预政策的效应分析[J]. 上海房地，2016(3)：28-29.

[467] 孙斌艺. 二手住宅挂牌价格投资特征的实证分析——以上海市为例[J]. 华东师范大学学报(哲学社会科学版)，2009，41(3)：83-88.

[468] 孙斌艺. 房地产市场的预期与资源配置[J]. 上海房地，2011(2)：19-21.

[469] 孙斌艺. 刚性需求和规划需求：房地产市场分析中的概念谬误[J]. 科学经济社会，2008，26(4)：88-91，95.

[470] 孙斌艺. 交易成本、城市发展与新市民住房制度调整[J]. 华东师范大学学报(哲学社会科学版)，2016，48(4)：55-61，169.

[471] 孙斌艺. 浅论房地产市场无效性与信息披露[J]. 改革与战略，2003(Z1)：31-33.

[472] 孙斌艺. 实际收入、房价和通货膨胀[J]. 上海房地，2008(11)：38-39.

[473] 孙斌艺. 影响房地产需求的主要因素分析[J]. 上海房地，1997(5)：19-25.

[474] 孙斌艺. 住房保障制度中实物补贴和货币补贴的效率分析[J]. 重庆大学学报(社会科学版)，2015，21(6)：86-92.

[475] 孙斌艺. 住宅市场的微观结构：关于教育因素对上海住宅价格影响的计量经济分析[J]. 财贸经济，2008(9)：114-118.

[476] 孙聪，宋志达，郑思齐. 农民工住房需求特征与城市住房保障体系优化——基于北京市“城中村”调研的研究[J]. 农业技术经济，2017(4)：16-27.

[477] 孙建欣，吕斌，陈睿. 中国城市经济适用房保障模式研究[J]. 城市发展研究，2012(5).

[478] 孙玲. 新型城镇化背景下浙江省城镇住房保障制度研究[D]. 金华：浙江师范大学，2014.

[479] 孙令君. 房地产新政背景下城市居民购、租房倾向定量分析报告——以上海居住人口为例[J]. 新经济，2014(32)：54-55.

[480] 孙娜. 吉林省保障性住房准入机制研究[J]. 中国集体经济，2015

(24)：14-15.

［481］孙伟增，王定云，郑思齐．地方公共服务支出、房价与居民住房支付能力［J］．清华大学学报，2015(6)：165-193.

［482］孙莹．公共租赁房动态管理问题与对策研究［D］．青岛：中国海洋大学，2014.

［483］孙远太．从福利到权利：住房保障制度的结构化逻辑［J］．河南大学学报(社会科学版)，2011，51(3)：40-46.

［484］孙玥．我国住房公积金制度路径选择［J］．价格理论与实践，2014(6)：90-92.

［485］谭安富．论住房保障对农业转移人口市民化的推拉效应［J］．兰州学刊，2014(6)：99-104.

［486］谭小芬，林木材．人民币升值预期与中国房地产价格变动的实证研究［J］．中国软科学，2013(8)：55-66.

［487］汤勃，张炯．国外住房保障制度之比较研究［J］．法制与社会，2011(3)：177-178.

［488］汤腊梅．基于收入增长的城市居民住房支付能力分析［J］．求索，2010(11)：86-87，95.

［489］汤茜草．国内住宅福利与住房保障研究［J］．华东理工大学学报(社会科学版)，2011，26(2)：91-98.

［490］唐钧．中国住房保障问题：社会政策的视角［J］．中共中央党校学报，2010，14(1)：47-50.

［491］唐云锋．从上海的实践与国外经验看我国廉租房制度建设［J］．宏观经济研究，2009(10)：40-47.

［492］陶红飞．经济适用房开发对商品房价格的影响［J］．经济论坛，2006(9)：53-54.

［493］童伟．城市化进程中城乡住房保障服务均等化研究——以北京市为例［J］．中央财经大学学报，2012(12)：8-13.

［494］汪利娜．我国保障性住房政策演变及思考［J］．现代城市研究，2009，24(12)：7-11.

［495］汪泓，赵鉴．构建和完善上海廉租房体系的研究［J］．上海工程技术大学学报，2001，S1：32-37.

［496］王斌，高戈．中国住房保障对房价动态冲击效应——基于 SVAR 的实证分析［J］．中央财经大学学报，2011(8)：54-59.

［497］王超．公平正义视阈下城市住房保障模式变革研究［D］．武汉：武

汉科技大学，2014.

［498］王崇锋，石龙．基于国际比较视角的青岛市住房发展策略研究［J］．山东大学学报（哲学社会科学版），2012（1）：32-39.

［499］王川，任宏，余菊．城市化、住房自有与住房保障——基于重庆经验的实证分析［J］．建筑经济，2009（7）：85-87.

［500］王春雷，蒋艳萍．我国中低收入阶层住房问题研究［J］．时代金融，2014（11）：27-28.

［501］王国田．国外住房保障和供应制度的对比［J］．城乡建设，2018（19）：71-73.

［502］王继中，章顺文，陈华旭．住房保障供给侧改革模式创新的一些探索——基于深圳市的实践［J］．当代经济，2017（27）：102-104.

［503］王金明，高铁梅．对我国房地产市场需求和供给函数的动态分析［J］．经济论坛，2004（8）：69-74.

［504］王竞，王祖山．住房“居住”功能回归的政策选择——基于保障资源归集与配置的视角［J］．现代经济探讨，2019（3）：79-85.

［505］王军．我国住房保障财政基础法理分析与实现路径［J］．理论视野，2019（4）：63-69.

［506］王昆，宋振江，杨俊．城市跨江轨道交通对居住用地分化的影响——以湖北省武汉市为例［J］．城市交通，2018（2）：32-42.

［507］王兰，孙文尧，吴莹．主观感知的城市环境对居民健康的影响研究——基于全国 60 个县市的大样本调查［J］．人文地理，2020，35（2）：55-64.

［508］王蕾．以公平为基点反思我国住房保障政策［J］．华东政法大学学报，2011（6）：117-123.

［509］王立凯，张帅．自住房屋需求与预期收入差距——基于住房地位寻求视角的解释［J］．经济问题，2015（12）：33-39.

［510］王湃，黄志兵．新型城镇化背景下的外来人口住房保障问题研究［J］．未来与发展，2015，39（12）：6，7-11.

［511］王培刚，周长城．社会公正视野下的中国城市低收入者住房保障研究［J］．社会科学战线，2007（3）：186-192.

［512］王荣．拓宽市民化住房保障模式的研究［J］．北方经贸，2017（3）：1-3.

［513］王瑞玲，李世蓉，汪红霞．我国住房保障体系研究［J］．山西财经大学学报，2012，34（S3）：40.

[514] 王诗勇．住房公积金、公众认知与改革方向——基于中国16个城市的调查数据[J]．青海金融，2018(8)：14-17.

[515] 王松华．我国住房保障体系非均衡供给的实证分析[J]．经济问题，2009(4)：41-42，125.

[516] 王薇．保障房供给的城市包容性增长机理与效应研究[D]．杭州：浙江大学，2019.

[517] 王伟，汤玉刚．分权化住房保障治理模式的经济分析[J]．财经问题研究，2009(9)：18-21.

[518] 王伟，吴松年．公平的"价格"：以住房保障为例[J]．财贸研究，2010，21(1)：71-75，118.

[519] 王伟，张森，谷伟哲．基于政府协同机制的公共住房体系研究[J]．天津大学学报(社会科学版)，2013，15(1)：61-65.

[520] 王先柱，赵奉军．保障性住房对商品房价格的影响——基于1999—2007年面板数据的考察[J]．经济体制改革，2009(5)：143-147.

[521] 王贤磊．我国保障住房供给问题的研究[D]．武汉：华中师范大学，2013.

[522] 王晓艳．大连市X区住房保障现状及对策研究[D]．大连：大连理工大学，2012.

[523] 王晓瑜，汪雪．新就业人员公共租赁房的单位供给模式研究——基于南京市新就业人员住房供需现状的调研[J]．住宅与房地产，2019(22)：256.

[524] 王新．保障房建设中政府的职能定位与协调机制[J]．河南师范大学学报(哲学社会科学版)，2010，37(1)：67-69.

[525] 王学龙，杨文．中国的土地财政与房地产价格波动——基于国际比较的实证分析[J]．经济评论，2012(4)：88-144.

[526] 王彦鹏．城镇居民保障性住房建设与配置——基于财政学的视角[J]．地方财政研究，2009(10)：4-6，10.

[527] 王玉倩．共有产权房保障制度创新研究[J]．经济师，2013(6)：286-287.

[528] 王政懿．论我国经济适用房共有产权制度的完善[D]．武汉：华中科技大学，2019.

[529] 王竹．城镇住房保障面积标准研究[D]．南京：南京工业大学，2016.

[530] 王祖山，张志军．保障性住房非产权化的选择、困境与多元化道

路——基于居住福利的视角[J]. 现代经济探讨，2012(2).

[531] 魏丽莉. 政府职能的回归与重塑——改革开放40周年住房保障政策优化的逻辑和方向[J]. 兰州学刊，2018(11)：5-16.

[532] 魏丽艳. 保障性住房公平分配的准入退出机制研究[J]. 东南学术，2012(3)：40-48.

[533] 魏玮. 城市外来务工人员住房支付能力及其影响因素——以上海市为例[J]. 城市问题，2015(11)：98-103.

[534] 吴宾，李娟. 基于住房视角的农业转移人口市民化的漂浮困境及其化解机制[J]. 农村经济，2016(12)：95-100.

[535] 吴宾，李娟. 农民工住房保障政策失灵及其矫正策略[J]. 湖南农业大学学报(社会科学版)，2016，17(2)：36-42.

[536] 吴宾，孙慧慧. 我国住房保障政策实施的政府绩效评估研究[J]. 中国海洋大学学报(社会科学版)，2013(4)：70-76.

[537] 吴宾，孙莹. 廉租房动态管理机制的构建与完善探析[J]. 青岛农业大学学报(社会科学版)，2012，24(3)：47-51，62.

[538] 吴福象，姜凤珍. 保障房、高档房与我国房地产市场调控——基于东中西三大地带省际面板数据的实证分析[J]. 财经理论与实践，2012，33(5)：86-90.

[539] 吴建瓴，蒋青，刘茜. 土地财政与经济高速增长[J]. 经济体制改革，2014(5)：82-86.

[540] 吴立群，宗跃光. 保障性住房共有产权与贴息贷款对比分析[J]. 中国房地产金融，2012(9)：3-7.

[541] 吴立群，宗跃光. 共有产权房保障制度及其实践模式研究[J]. 城市发展研究，2009，16(6)：131-133.

[542] 吴锐，李跃亚. 经济适用房与高房价关系的实证分析——基于VAR模型[J]. 技术经济，2011(4)：81-85.

[543] 吴涛，苗妙. 经济适用房社区后续配套问题的案例研究——以W经济适用房社区为例[J]. 社会科学，2018(7)：54-62.

[544] 吴炜. 劳动力再生产视角下农民工居住问题研究[D]. 南京：南京大学，2013.

[545] 吴翔华，王剑，蒋清洁. 关于住房保障收入线确定的研究——以南京市配租型住房为例[J]. 价格理论与实践，2014(12)：52-54.

[546] 吴翔华，魏端，李强. 我国典型城市居民住房租买选择差异研究[J]. 调研世界，2016(5)：3-6，40.

[547] 吴翔华，徐培，陈宇嵚．外来务工人员住房租购选择的实证分析[J]．统计与决策，2018，34(14)：99-102.

[548] 吴翔华，於建清，王竹，等．住房市场失灵的度量与实证分析——以江苏省为例[J]．商业经济研究，2017(19)：181-183.

[549] 吴莹．基本公共服务均等化视角下的城市住房保障满意度研究——基于全国社会态度与社会发展状况调查[J]．城市观察，2019(2)：123-132.

[550] 吴永宏．中国城市住房保障制度设计与实践运行研究[D]．苏州：苏州大学，2013.

[551] 吴宇哲，王薇．住房保障与城市经济增长协同机制研究[J]．河海大学学报(哲学社会科学版)，2016，18(6)：27-33，95.

[552] 吴志宇．论我国住房置业担保制度的重构——以中低收入者的住房保障为基点[J]．中州学刊，2010(4)：74-79.

[553] 武恒聚．中国住房保障制度的进展与完善[J]．黑龙江社会科学，2009(6)：69-71.

[554] 武中哲．城市低收入家庭住房需求与住房保障政策选择——基于济南和青岛的调查[J]．经济与管理评论，2013，29(3)：135-142.

[555] 武中哲．我国住房保障市场机制研究[J]．山东行政学院学报，2014(3)：61-64，69.

[556] 武中哲．住房保障制度实践中的政府行为与后果[J]．上海行政学院学报，2017，18(5)：21-27.

[557] 武中哲．住房保障中的福利政治与政府行为——以“后单位社会”为背景[J]．社会科学，2014，10：72-79.

[558] 席卫群．国外住房保障体系中财税政策的借鉴及启示[J]．税务研究，2008(4)：89-91.

[559] 肖淞元．中国城市住房保障制度的演变、问题及建议[J]．中国房地产，2012(20)：41-52.

[560] 谢宝富．在公平与效率之间寻找平衡——香港保障房政策的运行机制评析[J]．人民论坛·学术前沿，2017(10)：74-83.

[561] 谢佳慧．保障房对居民消费和就业的影响研究[D]．大连：东北财经大学，2018.

[562] 谢树锋，庞永师．国内外住房保障体系比较及其启示[J]．广州大学学报(社会科学版)，2008(9)：41-44.

[563] 谢义维，江峰．发达国家住房保障制度体系比较研究[J]．江西社

会科学，2014，34(9)：197-201.

[564] 谢义维．主要发达国家住房保障制度及中国的实践研究[D]．长春：吉林大学，2014.

[565] 谢永祥．身份治理与农民工城市居住权——以上海为例[J]．西北人口，2018，39(2)：74-80.

[566] 谢越云．宏观经济视域下住房保障与房地产市场调控[J]．时代经贸，2019(9)：21-22.

[567] 新华社．2018 年全国保障性安居工程财政支出同比增长 46.4%[EB/OL]．http：//www.gov.cn/xinwen/2019-06/05/content_5397707.htm.

[568] 熊景维．农民工的城市住房困境及其解决路径[J]．城市问题，2016(5)：98-103.

[569] 熊景维．我国进城农民工城市住房问题研究[D]．武汉：武汉大学，2013.

[570] 修大鹏，吕萍，戚仕军．政府与市场：住房保障边界及其确定[J]．经济问题探索，2013(8)：1-8.

[571] 徐虹．我国房地产市场的分层调控政策研究[J]．中央财经大学学报，2013(5).

[572] 徐虹．保障性住房政策的选择运用[J]．中央财经大学学报，2008(6)：13-18.

[573] 徐虹．北京市公共住房区位布局研究[J]．中国房地产，2011(20)：41-49.

[574] 徐虹．经济适用房退出机制改革研究[J]．价格理论与实践，2012(2)：38-39.

[575] 徐镭，朱宇方．政策工具的制度属性——以德国住房投资模式为例[J]．经济社会体制比较，2013(4)：83-93.

[576] 徐龙顺，李婵，卢海阳，等．医疗卫生、住房保障与居民生活满意度关系研究——基于 CGSS 2013 数据实证分析[J]．西北人口，2017，38(4)：87-95.

[577] 薛栋文．公租房退出机制的研究[D]．上海：华东政法大学，2017.

[578] 薛兆丰．大规模保障房能抑制房价吗[J]．光彩，2011(5)：10.

[579] 闫慧．我国城镇保障性住房供应体系改革研究[D]．太原：山西财经大学，2014.

[580] 严金海．中国的房价与地价：理论、实证和政策分析[J]．数量经

济技术经济研究，2006(1)：17-26.

[581] 颜剑，秦俊勇. 土地财政：无奈之举[J]. 小康，2004(12)：45.

[582] 杨呈，彭惠梅. 住房保障与消费的联动效应——基于 STR 非线性模型的实证分析[J]. 洛阳理工学院学报(社会科学版)，2013，28(1)：19-21，25.

[583] 杨春志，康俊亮. 共有产权房制度研究[J]. 北京航空航天大学学报(社会科学版)，2016，29(5)：1-6.

[584] 杨卉. 城镇住房货币化与农民工住房保障对策探讨[J]. 企业研究，2019(3)：60-61.

[585] 杨建荣，孙斌艺. 政策因素与中国房地产市场发展路径——政府、开发商、消费者三方博弈分析[J]. 财经研究，2004(4)：130-139.

[586] 杨靖，张嵩，汪冬宁. 保障性住房的选址策略研究[J]. 城市规划，2009，33(12)：53-58.

[587] 杨菊华. 制度要素与流动人口的住房保障[J]. 人口研究，2018，42(1)：60-75.

[588] 杨绍媛. 住房保障税收政策研究[D]. 济南：山东大学，2008.

[589] 杨盈盈. 基于供给侧改革的我国住房保障建设新模式研究[J]. 中国管理信息化，2018，21(2)：163-164.

[590] 杨志勇. 论我国城乡住房保障差异及解决路径[J]. 经济师，2015(9)：53-54，57.

[591] 姚峰. 利率变动对房地产价格的影响研究[D]. 长沙：中南大学，2009.

[592] 姚涟华. 共有产权保障房供给机制分析[D]. 上海：中共上海市委党校，2018.

[593] 姚玲珍. 中国公共住房政策模式研究[M]. 上海：上海财经大学出版社，2009.

[594] 姚敏. 城镇居民住房保障法律制度研究——以土地利益的公平分享为视角[J]. 法制与社会，2012(8)：215-216.

[595] 叶晓甦，黄丽静. 公平和效率指导下的我国保障性住房体系建设[J]. 城市发展研究，2013(2)：35-39.

[596] 易磬培. 中国住房租赁制度改革研究[D]. 广州：华南理工大学，2018.

[597] 殷玉如. 住房公积金制度问题研究[D]. 武汉：武汉大学，2015.

[598] 尹中立. 中国住房制度的变革与重构[J]. 清华金融评论，2017

（2）：34-36.

［599］尹宗明．决策、运作、监督三位一体实现住房公积金高效运作［J］．中国房地产，2005（8）：74-75.

［600］游前程．民生视阈下的农民工住房保障问题研究［J］．城市建设理论研究（电子版），2017（17）：238.

［601］于淼，吕萍．城市青年住房现状、问题及对策研究——基于天津市青年群体的调查分析［J］．现代管理科学，2019（10）：118-120.

［602］余凌志．廉租房保障水平研究［D］．上海：上海交通大学，2007.

［603］俞仲侃．农民工住房保障成本分担制度构建研究［D］．宁波：宁波大学，2017.

［604］虞晓芬，方雪敏．不同住房保障方式下住户居住满意度研究［J］．中国房地产，2016（36）：42-50.

［605］虞晓芬，方雪敏．公共财政支持住房保障的政策研究——以浙江省为例［J］．中国房地产，2012（14）：16-22.

［606］虞晓芬，傅剑，林国栋．社会组织参与住房保障的模式创新与制度保障——英国住房协会的运作经验与借鉴［J］．城市发展研究，2017，24（1）：117-122.

［607］张超，黄燕芬，杨宜勇．住房适度保障水平研究——基于福利体制理论视角［J］．价格理论与实践，2018（10）：20-25.

［608］张晨子．新加坡住房保障政策对我国保障性住房建设的启示［J］．成都大学学报（社会科学版），2011（4）：1-5.

［609］张旦辉．需求吸纳和土地挤占影响下的保障性住房建设与住宅价格联动研究——35 个大中城市面板数据的应用［D］．深圳：深圳大学，2017.

［610］张帆，张建坤，仵亦畅．保障性住房的动态发展轨迹研究及启示——以南京为例［J］．建筑经济，2017，38（5）：59-63.

［611］张宏霞．城市低收入群体住房保障政策研究——以抚顺市棚户区改造为例［J］．河北科技师范学院学报（社会科学版），2017，16（4）：6-10.

［612］张锦洪．中国住房制度改革绩效实证研究［J］．兰州学刊，2010（1）：127-129.

［613］张娟娟．我国公共租赁房退出机制研究［D］．重庆：西南政法大学，2013.

［614］张军．中国经济未尽的改革　多位经济学家解读 14 项改革攻坚难题［M］．北京：东方出版社，2015.

［615］张璐，高恒，李烨．我国城镇住房保障范围现状与问题浅析［J］．

城市观察，2019(5)：67-76.

[616] 张孟娇．咸阳市区住房保障机制及其运行研究[D]．延安：延安大学，2016.

[617] 张敏．我国城镇低收入人群住房政策研究[D]．苏州：苏州大学，2007.

[618] 张鹏，高波．我国住房政策的几个重要问题探讨[J]．现代经济探讨，2013(8)：14-18.

[619] 张平石．中国住房问题宏观政策研究[D]．武汉：武汉大学，2009.

[620] 张萍．城市公共住房体系建构策略与建筑形态研究[D]．天津：天津大学，2014.

[621] 张齐武．城市住房援助政策评估与仿真实验[D]．武汉：华中农业大学，2013.

[622] 张蕊．不同类型城市保障性住房建设模式选择研究[D]．天津：天津商业大学，2017.

[623] 张锐．我国政府住房保障支出水平分析[J]．山西财经大学学报，2007(S1)：112-113.

[624] 张晓凤，赵艳霞，赵燕，等．住房保障政策对商品住宅供需影响研究——基于住房过滤理论的分析[J]．管理观察，2017(10)：73-75.

[625] 张协奎，李泽君．典型国家住房保障制度的比较及其启示[J]．广西大学学报(哲学社会科学版)，2011，33(2)：18-22.

[626] 张协奎，袁红叶．城市农民工住房保障问题研究——以南宁市为例[J]．广西大学学报(哲学社会科学版)，2010，32(3)：1-5.

[627] 张昕．完善我国住房保障政策体系的建议[J]．经济研究参考，2008(36)：33.

[628] 张昕垈．我国公共住房及其政策问题研究[D]．北京：首都经济贸易大学，2017.

[629] 张璇．天津市保障性住房政策对房价的影响研究[D]．河北：河北工业大学，2014.

[630] 张雪涛．宏观经济视角下的住房保障与房地产市场调控[J]．城乡建设，2009(3)：43-44.

[631] 张艳．廉租房保障之实物配租研究[J]．理论导刊，2010(8)：15-17.

[632] 张燕君，侯远志，杜文龙．土地制度与“土地财政”对房价上涨的

影响及平抑对策[J]. 理论导刊，2012(2)：16-22.

[633] 张洋. 长沙市新生代农民工住房保障满意度影响因素的实证研究[D]. 长沙：湖南农业大学，2016.

[634] 张翼. 低收入群体的住房保障与信贷支持——基于住房过滤理论的分析[J]. 城市发展研究，2009，16(5)：108-112.

[635] 张跃松. 保障房分配均等满意度评价研究——以北京市为例[J]. 公共管理与政策评论，2017，6(1)：38-45.

[636] 张泽颖. 城镇家庭住房保障框架与评析[J]. 生产力研究，2012(8)：137-139.

[637] 张泽颖. 从公平性角度谈我国城镇住房保障政策的演进[J]. 商业时代，2012(10)：8-9.

[638] 张璋，周新旺，毛昊莹. 农村集体土地建设公租房存在的问题及对策调研——以北京市为例[J]. 山西农业大学学报(社会科学版)，2019，18(4)：49-55.

[639] 张振勇，郭松海. 国内外住房保障理论与政策述评及对我国的启示[J]. 山东经济，2010，26(1)：44-51.

[640] 张忠山. 住房保障：为安居梦托底[N]. 中国建设报，2019-09-19.

[641] 章敏敏. 青年农民工公共服务满意度及影响因素研究[J]. 改革与开放，2019(7)：81-85.

[642] 章暐旸. 公共租赁房政策研究[D]. 南京：南京大学，2016.

[643] 赵安平，罗植. 扩大民生支出是否会推高房价[J]. 世界经济，2012(1)：43-57.

[644] 赵辰茜. 城镇住房保障工程财政负担的测算方法研究[D]. 北京：清华大学，2017.

[645] 赵奉军，高波，骆祖春. 支付能力、金融支持与住房供给双轨制[J]. 江海学刊，2011(3)：67-73，238.

[646] 赵红艳，施琳琳. 基于财政视角的中低收入居民住房保障体系研究[J]. 地方财政研究，2008(3)：2.

[647] 赵洁，杨政怡. 基本公共服务供给增加居民的主观幸福感了吗？——基于 CGSS 2013 数据的实证分析[J]. 西安财经学院学报，2017，30(6)：80-86.

[648] 赵净. 典型国家的住房保障货币补贴制度及对我国的启示[J]. 经济研究参考，2016(37)：65-70.

[649] 赵鹏程，汪玲．代际差异视角下新生代农民工城镇住房保障研究[J]．西华师范大学学报(哲学社会科学版)，2018(2)：99-103.

[650] 赵昱，周雷，刘行．沈阳市经济适用房投入比对商品房价格影响的实证分析[J]．工程管理学报，2013(6)：102-105.

[651] 郑华，黄冬登．住房保障资源市场化配置的博弈分析[J]．五邑大学学报(社会科学版)，2018，20(3)：51-56，94.

[652] 郑娟尔，吴次芳．地价与房价的因果关系——全国和城市层面的计量研究[J]．中国土地科学，2006(6)：31-37.

[653] 郑宁，佟继英，刘阳．河北省住房保障政策研究[J]．农村经济与科技，2020，31(4)：279，307.

[654] 郑世刚．货币政策与房价波动关系的实证分析[J]．统计与决策，2018(18)：146-149.

[655] 郑世刚．我国“夹心层”住房问题与城市公租房制度研究[J]．广西财经学院学报，2011，24(5)：42-45.

[656] 郑思齐，符育明，任荣荣．住房保障的财政成本承担：中央政府还是地方政府？[J]．公共行政评论，2009，2(6)：109-125，204-205.

[657] 郑思齐，孙伟增，徐杨菲．中国城市住房保障覆盖范围的算法设计与应用[J]．系统工程理论与实践，2014，34(11)：2791-2800.

[658] 郑思齐，张英杰．保障性住房的空间选址：理论基础、国际经验与中国现实[J]．现代城市研究，2010，25(9)：18-22.

[659] 郑云峰．中国城镇保障性住房制度研究[D]．福州：福建师范大学，2014.

[660] 中国房地产业协会．2020 中国房地产年鉴[M]．北京：企业管理出版社，2020.

[661] 建设部，财政部，民政部，国土资源部，国家税务总局．城镇最低收入家庭廉租房管理办法[EB/OL]．http：//www. mohurd. gov. cn/fgjs/jsbgz/200611/t20061101_159059. html.

[662] 钟玲玲．新加坡住房保障制度及其对我国的启示研究[D]．上海：华东政法大学，2015.

[663] 钟书文，陈琳，谭建辉，等．基于 Logistic 的外来务工人员住房保障意愿影响因素研究——以广州为例[J]．工程管理学报，2019，33(1)：153-158.

[664] 钟书文．广州市共有产权房模式研究[D]．广州：广州大学，2019.

［665］钟庭军．多主体供应、多渠道保障的德国住房租赁市场［J］．中国房地产，2019(34)：10-15.

［666］钟治峰，唐琳．保障性住房制度设计研究——以安徽省住房保障工作为例［J］．城市发展研究，2012，19(4)：88-94.

［667］仲小瑾．完善我国住房保障的对策研究［J］．中国城市经济，2010(12)：94.

［668］周健，谢诗伟，黄青，等．基于标准化视角的公租房运营管理路径研究［J］．中国质量与标准导报，2019(3)：35-37，43.

［669］周京奎，吴晓燕．公共投资对房地产市场的价格溢出效应研究——基于中国30省市数据的检验［J］．世界经济文汇，2009(1)：15-32.

［670］周礼文．保障性住房法律制度研究［D］．长沙：中南大学，2012.

［671］周木森．成都市低收入群体住房保障政策实施中的现状与问题研究［J］．经贸实践，2017(1)：288.

［672］周文兴，林新朗．经济适用房投资额与商品房价格的动态关系［J］．技术经济，2011(1)：85-88.

［673］周雯倩．湖南省农民工市民化过程中住房保障制度研究［D］．湘潭：湘潭大学，2015.

［674］周游．我国住房制度改革问题及对策研究——基于现阶段住房市场调控视角［J］．财经界(学术版)，2012(3)：25-26.

［675］周宇新．城镇保障性住房分配管理机制研究［D］．昆明：云南财经大学，2016.

［676］朱蕾静，张冀民．基于地方财政收入和住房保障的房地产政策研究［J］．金融经济，2015(24)：30-32.

［677］朱莎．住房保障中地方政府的行为与激励机制研究［D］．杭州：浙江工业大学，2014.

［678］朱天华．我国城镇居民住房保障制度体系研究［D］．保定：河北大学，2015.

［679］朱婷．我国住房保障中融入传统伦理的必要性——从新加坡和香港经验看［J］．福建师范大学学报(哲学社会科学版)，2009(1)：28-32.

［680］朱亚鹏．实现住房权利：中国的实践与挑战［J］．公共行政评论，2010，3(3)：71-90，204.

［681］住房和城乡建设部，财政部，国家发展改革委．关于公共租赁房和廉租房并轨运行的通知［EB/OL］．http：//www.mohurd.gov.cn/wjfb/201312/t20131206_216468.html.

［682］住房和城乡建设部，国家发展改革委，财政部，国土资源部．关于加快发展公共租赁房的指导意见［EB/OL］. http：//www. mohurd. gov. cn/zxydt/201006/t20100613_201315. html.

［683］祝坤．我国住房保障政策的影响因素研究［J］. 劳动保障世界（理论版），2011（8）：76-78.

［684］祝仲坤．公众满意度视角下中国住房保障政策评价［J］. 人口与发展，2018，24（1）：43-53.

［685］邹春芳．论住宅保障法的基本原则［D］. 武汉：华中科技大学，2007.

［686］邹湘江．城市人口规模与住房数量增长研究［J］. 现代城市研究，2015（12）：17-23.

［687］左楠．农民工住房公积金缴存与商品房购买研究［D］. 南京：南京农业大学，2014.